세계 · 지방화시대의 한국학 9

학자의 생애

세계 · 지방화시대의 한국학 9

학자의 생애

조 동 일

계명대학교출판부

머 리 말

계명대학교 석좌교수가 되어 하고 있는 연속 공개강의 "세계 · 지방화 시대의 한국학" 제9회 2008년 2학기분에서 "학자의 생애"를 고찰했다. 학문을 어떻게 해야 하는가 하는 의문을 동서고금의 탁월한 학자 12인과 만나 풀어나갔다. 과거의 유산 재평가를 통해 현재의 고민을 해결하고 미래를 창조하는 지혜를 얻고자 했다. 그 결과를 이 책으로 펴낸다.

2004년 2학기에 강의를 시작할 때에는 2009년 1학기까지의 5년 10학기가 긴 시간이라고 생각했다. 그런데 어느덧 마지막에서 두 번째 강의를 마치고, 한 학기만 남았다. 세월이 빨리 흐르니 헛되이 보내지 말아야 하겠다. 다음과 같은 전체 계획이 잘 진행되고 있는 것을 확인하면서, 끝까지 최선을 다할 것을 다짐한다.

1 길을 찾으면서 (2004년 2학기 강의, 2005년 2월 출간)
2 경계 넘어서기 (2005년 1학기 강의, 2005년 8월 출간)
3 국내외 학문의 만남 (2005년 2학기 강의, 2006년 2월 출간)
4 고금학문 합동작전 (2006년 1학기 강의, 2006년 8월 출간)
5 표면에서 내면으로 (2006년 2학기 강의, 2007년 2월 출간)
6 비교연구의 방법 (2007년 1학기 강의, 2007년 8월 출간)

7 일반이론 정립 (2007년 2학기 강의, 2008년 2월 출간)

8 학문의 정책과 제도 (2008년 1학기 강의, 2008년 8월 출간)

9 학자의 생애 (2008년 2학기 강의, 2009년 2월 출간)

10 학문하는 보람 (2009년 1학기 강의, 2009년 8월 출간)

세계·지방화시대의 한국학이 나아갈 길을 찾기 위해 동서고금의 체험을 근거로 학문학 일반론을 이룩하는 작업을 세 단계로 전개한다. 첫 단계 작업 제1권부터 제3권까지에서는 학문 밖에서 안으로 들어갔다. 둘째 단계 작업 제4권부터 제7권까지에서는 학문 안을 다졌다. 셋째 단계 작업 제8권부터 제10권까지에서는 학문 안에서 밖으로 나온다.

학문 안에서 밖으로 나온다는 것은 학문하는 사람에 관해 논의한다는 말이다. 이 작업은 세 단계로 전개된다. 지난번의 제8권의 학문의 정책과 제도에서는 세상 형편을 시비했다. 이번의 제9권 학자의 생애에서는 본받을 만한 선례를 찾았다. 다음번의 제10권 학문하는 보람에서는 내 자신을 되돌아본다.

이 책도 강의에 동참하고 원고를 손보아준 분들과의 공동작업이다. 열띤 토론에 힘입어 생각을 더 하고 원고를 다듬게 되어 깊이 감사드린다. 다음 분들이 수고를 아끼지 않고 도와준 덕분에 교정을 제대로 본 것을 자랑스럽게 생각하고 깊이 감사한다.

김헌선, 오상택, 김영숙, 이민희, 서영숙, 황재문, 윤동재, 정천구, 신연우, 임재해, 김재웅, 장옥관, 정소연, 이동길, 안창수, 박주원, 육재용, 최귀묵, 안동준, 윤주필, 천혜숙, 박미영, 안장리

2009년 1월 10일

교정을 마치면서

조 동 일

차 례

제1강 누구를 찾는가

출발점 확인

지난번 강의에서 학문의 정책과 제도를 제대로 마련해야 한다고 했다. 바람직한 방안을 제시하고 실현을 촉구했다. 올바른 주장은 동조자가 늘어나게 마련이어서 실현 가능하다고 믿고 낙관하는 것이 마땅하지만, 그 때가 언제인지는 예측하기 어렵다.

여건이 바람직하게 개선되어야 학문을 할 수 있는 것은 아니다. 학문은 내심에서 분출되는 욕구의 발현이므로 어떤 조건에서도 그만둘 수 없다. 학문을 제대로 하는 학자의 생애는 환경과의 싸움으로 연속되어 있다. 역경 때문에 더욱 분발해 놀라운 경지에 이를 수 있다. 그 내막을 탐구해 학문이 무엇이며 어떻게 해야 하는가 하는 의문에 대한 해답을 다시 찾으면 많은 것을 얻을 수 있다.

학자의 생애는 학문에 뜻을 둔 사람이면 누구나 알고 싶어 한다. 그러나 마땅한 저작이 나와 있지 않고, 강의를 하는 곳도 없어 길을 찾지 못한다. 모두들 자기 전공분야의 구체적인 작업에 몰두해 널리 살피지 못하는 형편이다. 특정 학자에 대한 지식을 더 얻으려고 애쓰다가 이따금 앎의 근거가 되는 삶을 문제 삼고자 하면 막막해진다. 학자의 생애 일반론이 필요하다고 여기기는 해도 가능하다고 믿지는 않는다.

잘못을 개탄하고 말 것은 아니다. 남들이 하지 않으니 우리가, 내가 해야 한다. 학문을 제대로 해서 탁월한 업적을 이룩한 국내외 학자들의 생애를 살피면서 학문하는 자세를 되돌아보고 가다듬는 작업을 맡아 나서면서 동학들의 관심과 참여를 촉구한다. 한국학이 세계학으로 나아가 새로운 창조를 선도하려면 뛰어난 통찰력과 비상한 노력이 필요해 이 작업을 시도한다.

뜻이 간절해도 목적을 달성할 수 있는 것은 아니다. 학자의 생애를 널리 찾아 논하는 작업은 교수로 재직하는 동안 두 가지 제약 조건 때문에 하지 못했다. 전공분야를 넘어설 수 없었다. 많은 노동이 필요한데 시간이 너무 모자랐다. 정년퇴임을 하고 전공분야가 한정되어 있지 않는 석좌교수가 되어 모든 시간을 한 곳에 바칠 수 있어 이 일을 해냈다.

동서고금 학자 12인을 탁월한 학문을 한 분들의 본보기로 삼아 어떤 삶에서 앎이 이루어졌는지 살피는 것이 구체적인 작업이다. 12인이라는 숫자는 본보기로 삼기에 적당하고, 제대로 다루기는 무척 벅차다. 시대, 문명권, 전공분야, 사용한 언어 등이 각기 달라 혼자 감당하기에는 역부족임을 고백한다. 잘 아는 사람들 여럿이 분담해 고찰하는 것이 마땅하다고 할 수 있다. 공동강의를 하고 공저로 책을 내는 것이 좋은 방법이라고 할 수 있다.

그러나 12인을 고찰하는 공동작업은 시작하기 어렵고, 한다고 해도 문제의식을 공유하지 못해 일관성을 잃을 염려가 있다. 삶의 문제는 버려두고 앎의 문제를 각기 다른 방식으로 다루고 말 가능성이 크다.

많은 노력을 들인 결과가 기대에 미치지 못한다고 나중에 후회하는 것은 바람직하지 않다.

12인을 모두 혼자 만나기로 한다. 모험인 줄 알고, 착오가 있다는 비난을 들을 각오를 하고 새로운 시도를 한다. 앎보다 삶을 더욱 중요시하면서 연구 업적의 자세한 내용은 젖혀두고 생애와 학문의 관계를 밝히고, 학문에 대한 견해를 논의의 대상으로 삼는다. 세계·지방화시대의 한국학을 위한 학문론의 하나가 되게 했다.

필요한 사실 해명이 불가피하지만 최소한으로 줄이기로 한다. 두 가지 가정을 하고 12인과 토론을 진행한다. 내가 과거로 돌아가 그 분이었다면 어떻게 했겠는가? 그 분이 오늘날로 와서 내가 된다면 무엇을 어떻게 연구하겠는가? 이 두 의문에 대한 대답을 내 나름대로 제시하면서 나의 학문론을 전개하는 데 이른다.

이 일은 선행 작업과 다각도로 연결된다. 제1권에서 시작한 길 찾기의 새로운 성과이고, 제2권에서 경계를 넘어서자고 한 주장의 확고한 실현이다. 제3권에서 국내외 학문의 만남, 제4권에서 고금학문 합동작전을 시도한 결과를 넉넉하게 보여준다. 제5권에서 표면에서 내면으로 나아가자 하고, 제6권에서 비교연구의 방법을 찾고, 제7권에서 일반이론 정립을 시도한 작업을 다시 다진다. 제8권에서 다룬 학문의 정책과 제도를 넘어선다.

착상의 연원

아무리 큰일이라도 착상을 하게 된 데는 사소한 동기가 있다. 학자의 생애를 가지고 한 학기 강의를 하고 책을 써야 한다고 어느 날 조금 특별한 사유가 있어 작심했다. 어떤 일이 있었는지 말하기로 한다.

정년퇴임을 앞두고 마지막 강의를 하는 주간에 있었던 일이다. 박사 학위를 받고 교수가 되어 여러 해 활동하고 있는 제자가 찾아왔다. 연작으로 쓰고 있는 대저 첫 권을 내놓았다. 책을 받고 여기 저기 들추어보면서 많은 이야기를 나누었다. 그 날 주고받은 말을 간추려 여기 적는다.

「농가월령가」에서 농사일은 "마치면서 시작나니"라고 했다. 학문 또한 그렇다. 반드시 내가 다시 시작하는 것은 아니다. 나는 일을 마치려고 하는데 다음 사람이 새로 시작한다. 미진한 과업을 모두 시작하는 사람에게 맡기고 마치는 사람은 물러나 쉬는 것이 마땅하지 않을까 한다. 후속 연구서의 부피와 밀도를 나는 이제 물러나 쉬어도 되는 증거로 삼을 수 있다. 내가 저지른 갖가지 과오를 나는 힘이 미치지 못해, 후속 연구에서 시정할 수 있기를 기대한다.

그런데 그 날 가지고 온 저서가 어느 정도 새로운가를 두고 말을 하지 않을 수 없었다. 대저를 쓰려고 하다가 절충적인 자세를 택한 것이 불만이다. 다루는 범위 안에 드는 시대, 사람, 주제 등을 모두 존중하면서 이것저것 거론했다. 흔히 있는 논의를 너무 길게 하고, 아무도 하지 않은 작업을 찾아 과감하게 나서려고 하지 않았다.

왜 그런가 물으니, 용기가 부족한 탓이라고 했다. 그렇다. 용기가 부족하면 범속한 학문을 하는 데 머무르고 비범한 학문을 하지는 못한다. 범속한 학문에서는 즐거움을 느끼고 감격을 누리지 못해 얼마쯤 하다가 그만둔다. 중년에 이르면 침체기에 들어선다.

학문하는 사람 대부분은 바라는 바가 그리 크지 않다. 기존 작업의 결함을 찾아 바로잡는다. 대강 넘긴 것을 자세하게 살핀다. 선행 작업을 비슷한 방식으로 방대하게 한다. 이 정도에 머무는 것은 범속한 연구이다. 자세하게 살피면 많은 발전이 있었어도, 획기적인 의의가 있는 목표를 설정하고 달성하지 않으면 범속한 연구이다. 범속한 연구를 오래 해서 대성한 경지에 이르면 탁월한 연구를 했다고 할 것은 아니다.

범속한 연구를 늦도록 열심히 하는 분들의 성실하고 끈기 있는 노력에 경의를 표해야 마땅하다. 후진이 노력을 절약할 수 있는 성과를 축적하는 것은 훌륭한 일이다. 그러나 범속한 연구와 탁월한 연구는 다르다. 양이 아닌 질로 구별된다. 탁월한 연구의 길에 들어서면 끈기를 버리지 말자고 다짐하지 않아도 즐거워서 열심히 한다. 뒤의 사람들에게 노력 절약과는 다른 차원의 발상 비약을 선물로 내놓는다.

탁월한 학문으로 나아가는 길을 열기 위해 무엇을 어떻게 해야 하는가? 학문의 원리와 방법을 논하는 것만으로는 부족하다. 실제 연구를 잘 하면 되는 것도 아니다. 학문하는 사람에 대한 탐구를 하면서 우리 자신을 되돌아보아야 한다.

다음 번에 있었던 일을 하나 더 든다. 책을 일단 써놓은 다음 어느 중견학자와 대화를 나누었다. 요즈음 일상문화를 다루는 논저가 많이 나오는 것을 어떻게 생각하는가 하고 물었다. 마땅하지 않게 여기고 있으면서 무엇이 잘못인지 분명하게 알고 싶었다고 했다. 물음에 대답하다가 심각한 논의를 하게 되었다. 이 책의 필요성을 절감하고, 더욱 열심히 보태고 다듬어야 한다고 깨닫는 데 이르렀다. 그 날 하지 못한 말까지 보충해 적으면서 서론을 보완한다.

일상문화에 대한 고찰은 필요하다. 지금까지 소홀하게 해온 것이 잘못일 수 있다. 그러나 일상문화가 무엇이며 왜 중요시해야 하는가 하는 문제 또한 이론적 고찰의 대상이고 만만치 않은 일거리이다. 긴장을 풀고 물러나 무엇이든지 연구하고 가벼운 글을 쓰는 일을 일상문화의 하나로 만드는 것은 잘못이다.

지금 학문을 도락으로 삼는 풍조가 만연해 있다. 진지한 자세를 버리고 흥밋거리나 찾는다. 기발한 말을 해서 주목의 대상이 되고 책권이나 팔려고 한다. 관심을 일상생활로 돌려야 한다면서 아무거나 다룬다. 쉽게 쓰는 글이 양산되어 풍요가 빈곤이다.

자기가 좋아서 하는 일이니 시비하지 말라고 할지 모르나, 자기가 좋아서 한다는 것이 사실은 유행을 따르는 짓이다. 장래가 촉망되던 젊은 학자들이 대중문화가 학문연구를 압도하고 있는 데 말려들어, 진지하게 탐구하는 자세를 버리고 흥행의 수법을 자랑하려고 한다. 시장의 유혹을 뿌리치지 못하고 바람이 나서, 뒷글을 말글로 팔아먹으면서 인기라는 허상을 좇고 있다. 곧 잊히고 말 일들이나 한다.

증세가 심한 경우에는 기존 연구를 일거에 부정하는 말을 함부로 하면서 시선을 모으려고 하기까지 한다. 찾아서 읽고 검토하는 수고는 생략한 채 한두 마디로 가볍게 다루어 조롱의 대상으로 삼기까지 한다. 전제가 그릇되었다는 전제를 내세워 연구한 내용은 보나마나 헛수고라고 하고, 모든 노력을 무효로 돌린다. 학문이니 연구니 하는 것을 진지하게 하는 것이 못난 짓인 것처럼 보이게 한다. 자기는 대단한 일을 새롭게 하는 것 같은 거동을 보이면서 인기를 끌만한 화제나 찾는다.

표면에 나타난 현상만 들어 개탄하고 말 것은 아니다. 깊이 따지면 사태가 더욱 심각하다. 학문을 한다면서 이런 거동을 보이는 사람들은 자기도 모르게 해체주의 풍조에 감염되고, 포스트모더니즘이라는 것에 이끌리고 있다. "역사는 종말에 이르렀으므로 현재를 넘어서서 미래를 창조하는 지혜 같은 것은 소용없다." "거대이론은 필요하지 않게 되었으니 모두 버리고 다시 만들지 말아야 한다." 이렇게 되뇌면서 유럽문명권 근대학문이 막다른 골목에 다다라 얻은 질병의 증세를 수입해 앓고 있다.

이것은 대전환이 다가온 증거이다. 물러나는 것들이 종말의 증세를 보일 때 다음 시대를 만들어내고자 하는 노력이 다른 한편에서 시작되어 필요한 작업을 하게 마련이다. 학문 허무주의를 물리치고 사명과 과제를 되찾고, 논리와 가치를 다시 이룩하는 것이 당연하다.

인류의 역사는 언제나 소생의 과정을 거쳐 전개되었다. 학문의 역사가 그 자취를 집약하고 있다. 탁월한 학문을 하면서 역사적 전환을 예견하고 준비한 석학들을 만나 사실을 확인하고 깨우침을 받자. 눈앞의 사태만 보고 비관에 사로잡히지 말고 동서고금을 오르내리는 먼 여행을 하면서 넓은 안목과 깊은 각성을 마련하자.

근대화의 혜택을 누리지 못하고 피해자 노릇을 하다가 이제 조금 형편이 나아졌다고 해서 물러나는 쪽의 말미에 서고자 하는 것은 어리석다. 새 시대 창조를 선도하는 학문을 하는 것이 마땅하다. 인류가 이룩한 최상의 유산을 상속받고 더 보태야 한다.

기존의 학문에 대한 비판은 항상 필요하다. 그러나 비판 자체가 소중한 것은 아니다. 비판에 그치면 새로운 창조가 시작될 수 없다. 비판을 하는 데는 그리 큰 힘이 들지 않는다. 새 시대를 마련하는 학문은 지금까지 제기된 모든 문제에 대해서 전면적인 대안을 마련해야 한다. 끈덕진 노력을 오랫동안 해야 한다.

근래 우리 사회에서 비판이 성행한다. 기존의 가치를 일거에 부정해 무너뜨린다. 무너뜨린 것을 다시 무너뜨리기를 일삼는 악순환이 되풀이 되어, 정치가 혼란되고, 경제가 침체되고, 생활이 불안하다. 그러면서 어느 하나도 나아지지 않는다. 대안을 제시할 책임이 없으니 비판이나 파괴가 야유의 수준에서 진행되는 것이 예사이다. 상극이 상생이지 못해 동력을 잃는다.

학문이 이런 폐단을 보여주는 본보기일 수는 없다. 잘못을 진단하고 해결하는 과업을 맡아 나서서 사회 전반의 지침이 되어야 한다. 비판의 대안을 마련하고, 파괴에서 건설로 넘어가, 상극이 상생이게 하는 이치를 밝히고 실제 문제에 다각도로 적용하는 작업을 거대한 규모로 해야 한다. 언론 매체를 통해 단편적인 발언을 하는 것을 자랑 삼지 말고, 쓰고 읽는 데 많은 품이 드는 큰 책을 내놓아야 한다.

탁월한 만남을 위하여

한국학을 한다면 한국의 학자들을 만나야 한다. 한국 근대학문의 내력을 돌보면서 개선점을 찾으면 된다. 한국학 주역들의 생애와 학문을 정리하는 작업을 제대로 하지 못하고 있어 분발이 요망된다. 이렇게 주장할 수 있다.

한국 근대학문의 의의는 어느 정도인가? 수난에 맞서 민족의 역사와 문화를 옹호한 것을 평가해야 한다. 유럽의 근대학문을 받아들여 정착시킨 노력도 인정해야 한다. 그러나 한국학을 그 자체로 발전시킨 공적은 대단하지만, 학문의 보편적 가치 증대에 기여한 바가 크지는 않다. 이 점이 불만이라고 길게 말하고 있을 겨를이 없다.

한국 근대학문을 정리하고 반성하는 것은 한국학의 필수 과제이다. 전공분야에 따라 나누어져 있는 연구사를 한 데 합쳐 학문의 역사를 서술하는 작업은 더욱 긴요하다. 그러나 사실에 머무르는 것은 바람직하지 않다. 실증사학 수준의 연구사에 만족하지 말고, 학문의 근본문제를 새롭게 해결해야 한다. 창조학을 탁월한 수준으로 발전시켜 세계로 나아가기 위해 필요한 도약대를 마련해야 한다.

목표를 너무 높게 잡는다고 나무라지 말기 바란다. 세계화시대의 한국학은 세계 학문 발전을 선도하는 창조적인 역량을 발휘해야 한다. 지금까지 인류가 이룩한 최상의 학문과 만나 토론하고 넘어서야 이럴 수 있다. 한국 근대학문의 내력을 정리하지 못하고 있다고 안타깝게 여기지 말고 관심을 넓히고 목표를 높여야 한다.

전통시대 한국의 학자는 세계 최고 수준에 이른 사람들이 있었다. 국내의 비교고찰에서 누가 앞서는지 분별하려고 하지 말고, 보편적인 이치를 발견하고 학문의 기본원리를 새롭게 한 공적을 찾아내야 해당자가 누군지 알아낼 수 있다. 이런 작업을 많이 해 자랑거리를 늘리는 것이 능사가 아니다. 양은 버리고 질을 택해야 한다. 오늘날의 우리 학문을 비약적으로 발전시키는 데 가장 큰 도움을 줄 인물을 몇이라도 만나 깊은 대화를 나누어야 한다.

다른 나라 학자들을 가려내 찾아가는 방법도 이와 다를 수 없다. 어느 나라 학자인가는 문제되지 않는다. 오늘날의 우리 학문을 위해서, 내 자신이 비약을 이룩하는 데 도움이 되는 최상의 본보기를 세계 전역에서 널리 구하자.

탁월한 학문을 하려면 탁월한 만남이 있어야 한다. 이 한 마디가 모든 것을 판정하는 기준이다. 자기 전공분야의 발전에서 중요한 기여를 한 선학과 만나 마음속으로 대화하면서 의문을 풀고, 미완의 과제를 물려받고, 새로운 작업을 하는 단서를 얻는 것은 범속한 학문에서도 필수적인 과제이다. 학문의 수준을 획기적으로 높이려면 이 정도에 머무르지 말아야 한다.

전공분야의 범위를 넘어서서 학문의 역사에서 뛰어난 공적을 남긴 위대한 스승을 찾아 대화의 상대로 삼아야 한다. 학문이 무엇이며 왜 해야 하고, 어떻게 해야 하는가 하는 논의를 밀도 짙게 전개해야 한다. 격차가 너무 커서 어울리지 않는다고 생각하지 말자. 학문을 처세로 여기지 않고 그 자체로 깊이 사랑해 일생을 바칠 각오가 되어 있으면 어떤 선학이라도 동학이나 동지로 삼을 수 있다.

지금은 위대한 스승이라고 하는 사람들이 처음부터 온당한 평가를 받았던 것은 아니다. 학문 처세에 성공한 사람들이 끼워주지 않아 변두리에 밀려났다가 놀라운 가치가 있다는 사실이 나중에 밝혀진 것이 예사였다. 획기적인 창조는 기득권을 가진 학문과는 배치되어 무시되게 마련이었다. 범속한 학문의 안목으로 탁월한 학문을 보면 정도에서 벗어나 있고, 괴이하기조차 하니 평가할 수 없었다. 이런 일은 지금도 있고, 앞으로도 있을 것이다. 과소평가되고 있다고 섭섭하게 여길 일이 아니다.

元曉의 경우를 들어보자. 원효는 학자의 한 본보기로 이번 강의에서 다룰 사람이다. 대단한 평가를 받고 있어 원래부터 그랬다고 생각될 수 있지만 그렇지 않다. 무시당하던 시절을 되돌아보면서 "지난 날 백 개의 서까래를 고를 때에는 끼이지 못하다가, 오늘 아침 대들보를 하나 가로질러 놓아야 하는 곳에서는 나 홀로 능력을 발휘하네"라고 말했다.

나라에서 백 명의 고승을 모아 법회를 열 때 원효는 참여하지 못했다. 새로운 경전이 나타나 난해한 뜻을 풀이할 사람을 찾을 때에는 서까래에 견준 그 백 명 가운데 감당할 사람이 없어 원효가 나서야 했다. 백 명 고승에 끼이는 것은 서로 인정할 정도로 이름만 나면 된다. 대들보가 해야 할 일은 이름이 아닌 능력으로 감당해야 한다. 백 명의 명단은 남아 있지 않다. 한때의 득세는 허망하다. 원효가 어떤 능력을 발휘했는지는 남긴 저작이 지금도 말해준다. 천 년 이상 빛을 내면서 학문의 길을 밝혀준다.

백 개의 서까래에 끼이지 못한다고 학문을 해서 무엇을 하는가 하는 의문을 가지는 것은 어리석다. 서까래는 대들보가 아니다. 대들보 감은 서까래를 고르는 데 끼이지 못하는 것이 당연하다. 서까래학문의 수준을 넘어서 대들보학문을 하려고 하면 당대의 서까래들을 멀리 하고 지난날의 대들보들과 만나야 한다.

더욱 중요한 사실은 불우하기 때문에 남다른 학문을 한 것이다. 행복한 조건을 누렸더라면 범속한 학문을 하고 말았을 수 있는데, 분개하고 분발하지 않을 수 없는 사정이 있어 탁월한 학문을 이룩해 그 대응책으로 삼았다. 이런 분들이 적지 않아 학문을 한다면서 여건을 탓하는 것은 적절하지 못하다고 일깨워준다.

중국의 司馬遷이 이른 시기의 본보기를 보여주었다. 제왕의 미움을 사서 수치스러운 형벌을 당한 탓에 장애자가 되어 분노를 학문에다 쏟은 결과 예사 사람은 생각할 수 없는 업적을 이룩했다. 發憤著書를 한다는 것이 무엇인지 시대의 한계를 넘어서서 널리 알려준다.

17세기 유럽학자 스피노자(Spinoza)는 인습을 받아들이지 않고 진리를 추구하는 정신 때문에 수난을 겪은 사람의 좋은 본보기가 된다. 가족에게서 버림받고, 동족을 잃고, 소속될 곳이 전혀 없는 처지에서 홀로 살아가면서 학문에다 모든 것을 바쳤다. 그 때문에 놀라운 경지에 이르렀다.

몰이해나 역경을 무릅쓰고 학문에 일생을 바친 열정과 투지가 존경받아야 할 이유이다. 성취한 결과는 반드시 만족스러운 것이 아니다. 실패도 있고 파탄이 생기기도 했으며, 과오라고 할 것도 없지 않다. 완벽에 대한 환상을 버리고 그 나름대로 최선을 다한 것을 평가해야 한다.

선택의 기준

탁월한 학문의 본보기를 보여준 학자들을 찾아 어디로 갈 것인가? 방향이 정해져 있는 것은 아니다. 학문의 중심지는 없다. 적극적인 활동을 하는 곳이 시대에 따라 변할 따름이다. 앞으로도 달라진다. 우리 시대에 이곳이 그런 곳이기를 바라고 세계를 둘러본다.

지나치게 숭앙되거나 절대시되는 사람은 제외한다. 孔子, 朱熹, 아퀴나스(Thomas Aquinas) 등이 이에 해당한다. 공자는 유교, 주희는 주자학, 아퀴나스는 가톨릭에서 절대적인 평가의 대상이 되는 교조의 위치에 있으므로 선택하지 않는다. 가잘리(al-Ghazali)는 이슬람 세계에서 대단하게 평가되지만 우리 주위에는 동조자가 없어 객관적으로 바라볼 수 있어 등장시키기로 했다.

칼 마르크스(Karl Marx) 또한 숭앙이 지나치다. 인류역사를 바꾸어놓은 대학자이므로 등장시킬 만하지만, 학문이 주의가 된 탓에 선택하지 않기로 한다. 마르크스주의를 둘러싼 찬반 논란에 휘말려들어 학자의 생애를 다루고자 하는 취지에서 너무 멀어질 염려가 있다.

李滉, 丁若鏞 같은 사람들도 일부에서 너무 받들고 家學에서 절대적인 숭앙을 하고 있어 논의하지 않기로 한다. 실례되는 말을 해서 시비가 생기는 것은 피해야 한다. 명예훼손 운운하면 난처하다. 元曉나 崔漢綺는 대단한 학자여서 선택하는 것이 당연하고, 후손이라고 자처하는 사람들이 우상화하지 않아 자유롭게 다룰 수 있다.

학문의 모든 영역을 망라하는 것은 바라지 않는다. 자연학문을 한 학자는 연구 내용에 다가가지 못해 다루지 못한다. 사회학문도 이해 부족 때문에 거리를 두지 않을 수 없다. 통합학문을 해야 한다고 주장하고 내가 하겠다고 나섰으나 어느 정도 알고 조금이라도 자신 있게 논할 수 있는 범위가 인문학문을 넘어서지 못한다. 한탄스럽게 생각할 것은 아니다. 하지 못하는 일을 탐내지 말고 할 수 있는 일을 잘 하는 것이 마땅한 도리이다.

철학자가 가장 많이 선택되고 사학자가 그 다음이다. 철학이 학문학임을 재확인할 수 있다. 철학 다음으로는 사학에서 학문을 어떻게 할 것인가를 두고 고민을 많이 했다. 그 내역을 찾아 오늘날의 학문을 위한 지침으로 삼고자 한다.

문학에 관한 논의는 비평에 머무르다가 학문이 된 것이 얼마 되지 않는다. 연구 대상에서는 구별되지만 연구하는 태도나 방법에서는 철학이나 사학과 그리 다르지 않아 따로 다루지 않아도 된다. 문학에다 철학과 사학을 합쳐 인문학문 통합을 이루는 것이 마땅하다고 여겨 그 두 분야를 공부하는 데 힘을 기울인 자취가 이 책에 나타나 있다.

司馬遷(기원전 145-기원전 87)

元曉(617-686)

가잘리(al-Ghazali, 1058-1111)

이븐 칼둔(Ibn Khaldun, 1332-1395)

王夫之(1619-1692)

스피노자(Spinoza, 1632-1677)

安藤昌益(1703-1762)

崔漢綺(1803-1877)

에르네스트 르낭(Ernest Renan, 1823-1892)

비베카난다(Vivekananda, 1863-1902)

마르크 블로크(Marc Bloch, 1886-1944)

라다크리슈난(Radhakrishnan, 1888-1975)

선택한 학자를 연대순으로 들면 이와 같다. 한국인 2인, 중국인 2인, 일본인 1인이어서 동아시아 사람이 5인이다. 너무 많다고 할 수 있으나 가까이 있어 알기 쉬운 사람들을 우선적으로 다루는 것은 어쩔 수 없다. 남긴 글의 원문을 읽어 이해할 수 있는가 하는 것이 또한 중요한 선택 기준이다.

동아시아 밖의 학자들은 인도인 2인, 아랍인 2인, 유럽인 3인이다. 비중과 균형을 고려한 선택이다. 유럽에만 학문다운 학문이 있었다고 하는 유럽중심주의를 넘어서는 대안으로 동아시아중심주의를 내세우지 않고, 다른 여러 문명권에 대해서도 관심을 가지고 공부를 넓히고자 했다.

인도인 2인은 영어로, 유럽인 가운데 2인은 프랑스어로 학문을 해서 원문에 접근할 수 있다. 유럽인 3인은 프랑스인 2인과 네덜란드인 1인이다. 아랍인 2인은 아랍어로, 네덜란드인 1인은 라틴어로 학문을 했으므로, 영역본을 주자료로 삼아야 했다.

유럽의 학문은 근대에 이르러 다양하게 발전했으므로 비슷한 수준의 학자가 여기저기 있어 선택하기 어렵다. 이룩한 업적이 높이 평가되는 것 못지않게 생애가 예사롭지 않은 것을 고려했다. 천대 또는 소외의 대상이 되는 소수자의 처지 때문에 분발해 남다른 학문을 한 본보기를 찾고자 했다.

학문의 역사를 말하려고 하지 않고, 학자의 생애를 살피고자 한다. 연구한 내용은 생애 이해에 필수적인 범위 안에서 다룬다. 학문의 역사라면 전문성을 필수로 하므로 경계를 넘어서서 이해하기 어렵다. 학자의 생애에는 어느 학문을 하고 무엇을 연구했든지 공통되는 사항이 있다. 분야가 달라도 널리 관심을 가질 수 있다. 학문을 하고자 하는 사람이 자기 일처럼 심각하게 생각할 수 있다.

무엇을 얻으려고 하는가

선택한 학자들이 전적으로 훌륭한 것은 아니다. 훌륭하지 못한 점, 실수했다고 생각되는 점도 드러내 살핀다. 워낙 훌륭해 결점 지적이 허용되지 않는 사람은 피해가는 것이 현명하다. 자유로운 논의가 이제부터 쓰는 글의 생명이다.

위인 본받기를 가르치지 말고 위인 되기 교육을 해야 한다고 『우리 학문의 길』(서울 : 지식산업사, 제2판 1996)에서 말했다. 기존 위인의 약점이나 실수를 알아야 한 걸음 더 나아간 새로운 위인이 될 수 있다. 위인과 범인의 구분을 없애야 한다. 위인이 따로 없다고 해야 우리 모두 위인이 될 수 있다.

거론하는 학자의 생애에 관해 내가 이해한 바에 따라 이야기하고, 약점이나 실수에 대해 내가 할 수 있는 말을 하기 위해서 내 자신의 생애와 견주어 살피는 경우가 흔할 것이다. 무엄하다고 하면 곤란하다. 위인이 따로 없다는 말을 되풀이한다. 독자 또한 그런 자유를 누리기 바란다.

어떻게 살아가면서 학문을 할 것인가 하는 고민을 해결하는 데 도움이 되는 사람들을 골라 도움이 되는 논의를 전개한다. 선택한 학자들의 생애에서 찾아내는 학문론이 나의 학문론이다. 나의 학문론을 전개하기에 편한 유리한 사례를 들었다. 불만을 가진 독자는 자기 기준에서 사람을 다시 선정해 새로운 논의를 전개할 일이다.

탁월한 학문을 이룩하기 위한 노력은 누가 보아도 동일한 가치를 가지는 것은 아니다. 학문에 뜻을 두지 않고, 탁월한 학문을 하려고 하는 의지가 없으면서 멀찍이서 구경하고 남의 말을 하듯이 하면 얻을 것이 없다. 절실한 요구가 있어 진정한 만남을 이루면서 모든 것을 내 자신에게로 돌려야 한다. 파탄이나 과오라고 할 것들은 내가 맡아 해결해야 할 과제이다.

대단한 것을 이루었다는 학자들이 보기에 따라서는 빗나갔을 수 있다. 어쩔 수 없어 실패자가 되기도 하고, 더 심하게 말하면 비극의 주인공이 되기도 했다. 나는 어떻게 했을 것인가? 다른 길로 가서 패배하지 않을 수 있었겠는가? 이런 의문을 가지면서 오늘날의 나 자신을 되돌아보는 것이 마땅하다.

여기서 다루는 12인 모두 내가 평소에 공부하는 범위를 넘어서 있다. 내 자신이 이미 축적한 전문지식을 이용해서 고찰할 수 있는 사람은 하나도 없다. 새로 공부하지 않을 수 없어 어려움이 크고 성과는 미흡하다.

이런 저술은 여러 전문가의 공저로 하는 것이 마땅하다고 할 수 있다. 그러나 관심이 각기 다른 논자들이 다른 분야에서는 이해하기 어려운 논의를 펴고 말아 일반론과는 거리가 멀어질 수 있다. 각론은 많지만 일반론은 없는 것이 국내뿐만 아니라 외국에서도 널리 발견되는 공통된 결함이다. 아무도 시도하지 않은 일을 혼자 감당하고 다른 분들의 견해를 청하기로 한다.

참고서적을 널리 구해 열심히 읽으려고 했다. 번거로움을 무릅쓰고 출처를 밝히려고 애썼다. 그러나 구할 수 있는 범위가 한정되어 있고, 읽을 수 있는 말이 몇 개 되지 않는다. 읽으면 다 이해하는 것도 아니다. 논거를 편벽되게 구하고 내용을 제대로 알리지 못했으며, 시비를 잘못 가리고 평가를 빗나가게 했다는 나무람을 들어 마땅한 대목이 적지 않으리라고 예상하고 양해를 구한다.

12인을 고찰하는 방식이 각기 다르다. 체계적인 논의를 일관된 방식으로 전개하는 부담에서 벗어난다. 참고문헌을 미리 제시하기도 하고, 논의를 전개하면서 필요한 대로 들기도 한다. 생애를 먼저 정리해 제시하기도 하고, 단계적인 고찰의 과제로 삼기도 한다. 형편에 맞다고 생각되는 방식을 이것저것 사용하면서 학술논문을 쓰는 격식에서 벗어나고자 한다. 내 생각을 어느 대목에서든지 말하는 자유를 누린다.

참고한 책에 있는 그대로 말하지 않고 자의적인 견해를 제시한 것이 잘못이라고 나무라지 말기 바란다. 각기 다른 말을 하는 것을 열거하고 말 수 없다. 심판이 되어 판정을 하지 않을 수 없다. 판정은 나의 관점에서 한다. 내가 하고 싶은 말을 하지 않는다면 수고를 무릅쓸 이유가 없다. 과거에 관한 논의는 현재나 미래와 직결되어 있다. 내 학문을 되돌아보고, 학문을 하는 마땅한 방향을 찾는 것이 최종 목표이다.

이 책에 불만을 가지고 잘못을 비판하는 사람들이 있는 것은 당연하다. 불만과 비판은 발전의 원동력이다. 시비학으로 만족하지 말고 창조학을 해서 나보다 더 잘 하기 바란다. 여기서 다루는 학자 열두 명이 일제히 말해주는 공통된 사실은 어느 누구도 결함이 있다는 것이다. 결함이 없어야 한다고 생각한다면 학문을 할 수 없다. 내 결함을 시정하면서 다른 결함을 만들어내는 것이 다음 주자가 할 일이다.

토론

❑ **문** : 학문의 내적 논리와 시대적인 효용의 관계는 무엇인가?

❑ **답** : 이미 인지되어 있는 시대적인 효용에 맞추어 하는 학문은 범속한 학문이다. 내적 논리를 새롭게 가다듬어 시대적인 효용을 창출하면서 역사의 전환에 기여하는 학문이라야 탁월한 학문이다.

❑ **문** : 탁월한 학자 12인을 선정한 결과가 타당한가? 선정되어야 할 학자들이 빠지지 않았는가?

❑ **답** : 이미 말한 바와 같이 지나치게 숭앙되는 학자들은 모두 받아들이지 않았다. 학문의 역사를 이해하려면 아리스토텔레스, 칸트, 헤겔 등을 다루어야 한다고 할 수 있으나, 학문의 내용과는 구별되는 학자의 생애가 논의의 대상이다. 생애에서 특별한 점이 없는 경우도 제외 대상이다. 브르노나 李贄처럼 학문을 위해 순교한 사람들은 널리 관심을 끌지만, 학문을 하는 자세나 수준에서 최상급이라고 하기는 어려워 등장시키지 않는다. 王夫之가 李贄를 두고 한 말을 들어 둘을 비교할 작정이다. 李贄가 겪은 것 같은 수난을 피하고, 겉으로 보아서는 조용하게 살면서 학문에서 크나큰 혁신을 한 王夫之를 더욱 중요시하고자

한다.

❑ 문 : 작가의 경우와 마찬가지로, 학자를 이해하기 위해서 남긴 자취를 찾는 것이 긴요한 과제가 아닌가?

❑ 답 : 그렇다. 安藤昌益의 자취를 찾은 것이 큰 도움이 되었다. 다른 사람들에 관해서도 같은 작업을 해야 하는데 하지 못해 유감이다. 이런 작업을 다시 하는 사람은 시간을 충분히 가져, 멀고 가까운 것을 가리지 않고 논의의 대상이 되는 학자들이 활동한 현장을 모두 찾아가 탐방기를 쓰는 데도 힘쓸 수 있기를 바란다. 그런데 우리의 경우에는 아주 옛적의 元曉는 물론 근래의 崔漢綺도 찾을 만한 자취가 남아 있지 않아 불행하다고 하지 않을 수 없다.

❑ 문 : 탁월한 학자들의 삶을 문제 삼는 이 강의를 하기까지 어떤 과정을 겪었는가? 학문에 대한 자각을 얻은 계기와 단계를 알고 싶다.

❑ 답 : 여러 단계를 거쳤다. 대학에 입학하면서, 대학 3학년 때 4.19를 맞이하고, 국문학으로 전공을 바꾸고, 『한국문학통사』를 완성하고 관심을 확대할 때, 계명대학교에서 새로운 강의를 시작하게 되어 한 단계씩 성장을 했다고 할 수 있다. 그 가운데 마지막 단계의 성장이 특히 소중해 지금의 작업을 하게 되었다. 전공의 구속에서 벗어나 학문 일반을 논하고, 논문 작법에 매이지 않고 자유롭게 글을 쓸 수 있어 학문에 대한 자각을 펼치고자 하는 오랜 소망을 이룬다.

❑ 문 : 4.19가 어떤 의의를 가졌는가? 4.19 이후에 학생운동을 함께 한 사람들과 다른 길을 택한 이유는 무엇인가?

❏ **답** : 4.19는 주역 노릇을 한 젊은이들에게 역사의 진로와 관련된 많은 문제를 제기하고 사명감을 고취했다. 참여자 대다수가 문제에 대한 이해가 부족하고 해결 방안의 발견과는 더욱 거리가 멀면서 사명감을 자부심으로 삼아 좌충우돌하다가 좌절하는 것을 안타깝게 여기면서, 나 혼자라도 학문에서 길을 찾고자 했다.

감당하기 어려울 정도의 노동을 요구하는 작업에 몰두해 바깥세상과는 담을 쌓고 지낸 것 같은 오랜 기간 동안, 탐구가 축적될수록 과제가 더 커지는 것을 경험했다. 교수 노릇을 40년 가까이 한 것은 기회이면서 구속이었다. 이제 해방이 되어 初發心으로 돌아가고자 한다. 논문 쓰기에 매이지 않고 더 큰 학문을 하겠다고 다짐하면서 오랫동안의 미해결 과제와 맞서고 있다.

❏ **문** : 논문 쓰기에 매이지 않아야 하는 이유가 무엇인가?

❏ **답** : 다양한 논리를 개발해 착상을 생동하고 발랄하게 펼쳐야 기존의 학문을 부정하는 학문을 할 수 있다. 정년퇴임을 하고 학문을 생업으로 삼지 않아도 되자 비로소 자유를 얻었다. 학술서적으로 인정되지 않는 것을 유감으로 생각하지 않고, 쓰고 싶은 책을 마음대로 써서 혁신의 즐거움을 누린다. 창조학으로 나아가는 전환을 마련한다.

이 강의에서 다루는 12인의 생애를 사실 고증을 더욱 철저하게 해서 형식이 완비된 논문을 써서 정리한다면 얼마나 따분하겠는가? 힘이 더 들고 보람은 적을 것이다. 전공자들이 관심을 가질 결과를 내놓으니 높이 평가해야 한다고 할지 모르나, 12인을 모두 전공하는 사람은 없어 제대로 된 독자를 만나지 못한다. 다듬어지지 않은 발상을 미완의 형태로 전개해 말썽을 일으키면서 토론거리를 제공하는 지금의 작업은 강의를 듣거나 책을 읽는 사람들을 신명나게 할 수 있다. 자기 학문의 길을 찾기 위해 선인들의 자취를 문제 삼아야 한다는 것을 쉽사리 깨닫게 하리라고 기대한다.

❑ 문 : 학문을 생업으로 삼아야 하는 사람들은 어떻게 해야 하는가?

❑ 답 : 기존의 방식대로 논문을 쓰면서 학문 혁신을 위한 반역을 시도하는 것이 마땅하다. 이에 관해 몇 가지 방법이 있다. 논문에서 가능한 범위의 반역을 진행할 수 있다. 논문과는 별도로 반역의 글을 쓸 수 있다. 정년퇴임 후에는 반역의 길로 나서기로 하고 미리 준비할 수 있다. 나는 이 셋 다 했으며 또한 하고 있지만 많이 모자란다. 작전을 허술하게 짜고 무리하게 서두른 탓이 아닌가 한다. 후진은 더욱 슬기롭기를 바란다.

❑ 문 : 지금 하고 있는 강의가 학사과정 학생들에게 무슨 소용이 있는가?

❑ 답 : 학자를 양성하기 위해 필요한 훈련을, 자발적인 참여자들만 따로 모아놓고 야간에 은밀하게 진행하는 것이 이 강의이다. 학사과정 학생들은 논문 작법에 매이지 않아도 되므로 반역이 자유롭다. 학문 혁신에 필요한 기초를 광범위하게 닦을 수 있다. 학자가 되지 않고 작가나 언론인 또는 다른 직업인이 되어도 반역 체험을 요긴하게 활용된다.

❑ 문 : 무슨 학문을 어떻게 하는데 반역 체험이 쓰인다는 말인가? 전공과 관련해서 말해주기 바란다.

❑ 답 : 어느 학과 학생인지 알고자 한다.

❑ 문 : 경영학과이다. 경영학에서 무엇을 해야 하는가?

❑ 답 : 경영학은 사람에 관한 학문이고, 어떻게 하면 일을 열심히 잘 하는가 하는 의문을 해결하려고 하는 줄 안다. 돈을 많이 주면, 상급자가 알아주면 된다는 대답이 우리 경우에는 적중하지 않는다. 신명이 나야 일을 열심히 잘 한다. 신명이란 무엇이며 어떻게 해야 나는가? 이에 관한 연구를 하려고 나는 오랫동안 애써왔다. 경영학의 동참이 요망된다. 모든 학문은 고유한 대상과 방법이 있다 하고, 그 전례를 유럽문명권 특히 미국에서 받아들이는 것이 기존 학문의 풍조이다. 이에 맞서서, 여러 학문에서 제기하는 문제를 합쳐서 총괄적인 해결을 시도하는 것이 새로운 학문이다.

❑ 문 : 새로운 학문과 탁월한 학문은 어떤 관련이 있는가?

❑ 답 : 탁월한 학문은 모두 새로운 학문이다. 그러나 새롭기만 하면 탁월한 것은 아니다. 한 시대를 청산하고 새로운 시대로 나아가는 길을 여는 학문이라야 탁월하다. 새로운 시대를 나아가는 길은 단계에 따라 달랐다. 그 내역을 이제부터 하는 강의에서 확인할 수 있다.

과거에 탁월했던 학문을 그대로 하면 지금은 탁월할 수 없다. 지금 탁월한 학문은 시대의 요구에 맞는 새로운 창조를 요구한다. 근대를 넘어서서 다음 시대를 여는 작업을 해야 탁월한 학문일 수 있다. 근대 학문의 특징이자 결함인 자연학문의 지배와 분야 세분화를 인문학문이 적극적으로 나서서 학문 통합을 추진하는 방향으로 시정하는 것이 마땅하다.

나는 문학사학에서 출발해 문학 · 사학 · 철학의 통합을 시도하고, 사회학문과의 관련을 문제 삼고, 학문 일반에 관한 광범위한 논의를 펴는 데 이르렀다. 이 강의도 그 가운데 하나이다. 다른 쪽에서 학문을 시작한 사람들이 사명감과 방법론을 공유하면서 성과가 큰 작업을 다양하게 해줄 것을 염원한다. 종교학이 통합학문으로 성장해 인류의 불행을 진단하고 치유하는 데 적극 기여하는 것이 특히 긴요한 작업이다.

새로운 학문은 새로운 용어 체계를 필요로 하지만 아직은 가능하지 않으므로, 기존의 분야 구분을 사용해 몇 가지 본보기를 들면서 논의를 확대하자. 근대를 극복하고 다음 시대를 바람직하게 이룩하려면, 공학보다 농학을 더욱 소중하게 여겨야 한다. 생물학에서 생태학으로 나아가야 하는 것이 또한 긴요한 과제이다. 질병에 관한 학문인 의학보다 환자에 관한 학문인 간호학이 더욱 중요시되어야 한다. 환자 연구는 자연·사회·인문학문의 통합을 요구하고, 양의학과 한의학이 하나가 되게 한다. 경영학의 혁신도 이와 같은 것이다.

제2강 司馬遷

선택의 이유

인류는 언제부터 학문을 했던가? 아득한 옛적부터여서 시초를 알아내기 어렵다. 저작이 남아 있어야 학문을 했다고 인정할 수 있다면 말하기 쉬워진다. 저작을 종류에 따라 구별하자. 종교의 경전이나 문학 작품과는 거리를 두고, 지식을 제공하는 저작이라야 학문의 업적이라고 하자. 그 좋은 본보기가 역사서이다. 역사서를 쓰는 학문인 역사학이 일찍 자리를 잡고 널리 모범이 되었다.

역사서를 쓰려면 자료를 널리 모아 치밀하게 검토해야 하므로 일거리가 무척 많다. 유유히 산책하면서 따르는 사람들에게 이따금 이러저러한 이야기를 하는 방식으로는 감당할 수 없고, 농민이 농사를 짓고 장인이 물건을 만드는 것과 같은 고된 작업을 한 자리에 앉아 오랜 시간 힘써 계속해야 결실을 얻을 수 있다. 학문이 전업으로 삼아야 감당할 수 있는 노동임을 역사학에서 먼저 입증했으므로, 학자의 전범을 역사가에서 먼저 찾는 것이 당연하다.

힘들여 노동을 한 결과 상당한 분량과 충실한 내용을 갖춘 역사서를 유럽에서는 기원전 5세기의 고대 그리스 사람 헤로도투스(Herodotus)가 써서 『역사』(*Historiai*)라고 이름 지었다. 동아시아에서는 그보다 3백 년쯤 뒤의 한나라 사람 司馬遷(기원전 145-87)이 『史記』에서 상응하는 작업을 했다. 두 사람은 양쪽에서 각기 "역사학의 아버지"라고 일컬어지고, 불멸의 명저를 남겼다고 칭송된다.(두 업적을 『문명권의 동질성과 이질성』, 서울: 지식산업사, 1999의 「역사서」에서 비교해 고찰했다.)

양쪽에서 한 작업은 주목할 만한 공통점이 있다. 역사를 종교나 문학과 구별되는 독자적인 영역으로 삼았다. 우주의 역사나 생명의 역사에서 인간의 역사를 독립시켰다. 확인 가능한 범위 안에서 가장 오랜 시기로부터 자기 시대까지 일어난 일을 자국에다 중심을 두고 살펴 당시로서는 세계사라고 할 것을 마련했다. 그 성과를 높이 평가하면서 불만인 점도 말하지 않을 수 없다.

헤로도투스와 사마천 가운데 누구를 다루어야 할 것인가? 헤로도투스가 선배이지만 생애에 관해서는 남은 자료가 없다. 자기 자신의 저술에 여기저기 언급되어 있는 사실을 모아 겨우 몇 가지 사실을 알아낼 수 있을 따름이다. 소아시아 출신이고, 여러 나라를 여행해 견문을 쌓았다고 한다. 이 정도로는 학자의 생애를 문제 삼는 본보기로 삼기에 너무 모자란다. 사마천은 생애를 알 수 있는 자료가 상당히 많은 편이다. 사마천을 고찰하고 비교논의를 통해 헤로도투스에 관해서도 다시 말하기로 하자.

사마천이 누구이며 무엇을 했는지 사실을 찾아 고찰하는 것이 여기서 할 일은 아니다. 사실 이상의 이해를 목표로 한다. 그렇지만 이해는 사실에 근거를 두어야 하므로 번거롭지만 자료를 찾아 고찰하지 않을 수 없다. 다음 몇 가지 자료가 남아 있는 것이 다행이다.

『사기』 말미 권130 제70이라는 곳에 (가) 「太史公自序」라는 장문의 글이 있어 집안의 내력, 아버지와의 관계, 자기의 생애를 길게 말했다. 『사기』의 뒤를 이어 두 번째의 역사서를 쓴 班固가 『漢書』 권62에 (나) 「司馬遷傳」을 두고 네 가지 내용을 수록했다. 「太史公自序」를 옮겨 적고, 사마천이 任安이라는 사람에게 보낸 장문의 편지 (나1) 「報任少卿書」를 들고, (나2) 저자가 설명을 한 다음, (나3) "찬왈"이라는 말로 시작되는 평가로 끝을 맺었다. 『文選』 권48에 수록된 (다) 班固의 「典引」 序에서 明帝가 사마천을 평가한 말도 자료가 된다. (라) 『史記』 본문이 또한 중요한 자료이다. 자료를 인용할 때 약호를 사용하기로 한다.

(가)는 『사기』를 자기 생각대로 자유롭게 썼다는 증거이다. 나라의 명을 받아 쓴 후속 역사서에서는 저자에게 같은 정도의 자유가 허용되지 않았다. (가)에서 격식을 차리지 않고 하고 싶은 말을 늘어놓으면서, 집안의 내력을 소개하고, 아버지가 물려준 과업을 이어받아 『사기』를 저술한다고 했다. 그러나 감당하기 어려운 시련을 겪어 분통하게 여기면서 더욱 분발하지 않을 수 없었던 사정은 (가)보다 (나1)에서 한층 구체적으로 술회했다. (나2) · (나3) · (라)에서는 후대의 평가를 알아볼 수 있다. 이 정도면 생애를 살필 수 있다. 또한 몇 가지 참고문헌을 이용해 논의를 보충할 수 있다.

Burton Watson, *Ssu-ma Ch'ien, Grand Historian of China,* New York: Columbia University Press, 1958; 박혜숙 역, 『위대한 역사가 사마천』, 서울 : 한길사, 1995.

黃新亞, 『司馬遷評傳』, 北京 : 光明日報出版社, 1991.

朴宰雨,『史記・漢書 比較硏究』, 北京 : 中國文學出版社, 1994.

Stephen W. Durant, *The Cloudy Mirror, Tension and Conflict in the Writing of Sima Qian,* Albany: State University of New York Press, 1995.

佐藤武敏,『司馬遷の硏究』, 東京 : 汲古書院, 1997.

하야시다 신노스케, 심경호 역,『인간 사마천』, 서울 : 도서출판 강, 1997.

張强,『司馬遷學術思想探源』, 北京 : 人民出版社, 2004.

미야자키 이치사다, 이경덕 역,『자유인 사마천과 사기의 세계』, 서울 : 다른 세상, 2004.

후지다 가쓰히사, 주혜란 역,『사기를 탄생시킨 사마천의 여행』, 서울 : 이른 아침, 2004.

이인호,『사기, 중국을 읽는 첫 번째 코드』, 서울 : 살림, 2005.

이성규,『사마천 사기』, 서울 : 서울대학교출판부, 2007.

참고문헌은 훨씬 더 많다. 지금까지 많은 연구가 이루어져 모든 의문이 풀린 것 같다. 그러나 자료를 범박하게 논하고 면밀하게 따지지 않은 것이 예사이다. 사마천 자체만 근접된 시각으로 고찰하는 대상으로 삼아 독보적인 업적이 훌륭하다면서 예찬하기나 하고, 넓게 살피기 위한 비교논의를 하려고 하지는 않는다.

『사기』의 내용에 대한 구체적인 고찰은 접어두고 사마천이 한 일이 학문의 역사에서 차지하는 위치를 밝히는 것이 여기서 하고자 하는 일이다. 그러나 커다란 논의도 작은 단서에서 시작된다. 자료의 긴요한 대목을 인용해 이해와 해석의 가능성을 따지기로 한다. 원문을 드는 것이 불가피하다. 읽기 어렵다고 외면하지 말고 힘을 모아 함께 뜯어보고 음미하기로 하자.

『사기』는 평탄하게 살면서 쉽게 이룩한 저작이 아니다. 고민을 겪고 수난을 이겨내는 힘든 과정을 겪어야만 했다. 무엇이 문제였던가 깊이 따지고들어야 사마천과 만날 수 있다. 내가 사마천이라면 어떻게 했을 것인가 하고 묻는 것이 논의를 제대로 하는 최상의 방법이다.

아버지의 뒤를 이어

(가) 서두에서 자기 가계를 설명했다. 첫 문장이 "昔在顓頊 命南正重以司天 北正黎以司地"(예전에 전욱의 시대에는 남정중에게 하늘을, 북정여에게 땅을 관장하라고 했다)는 것이다. 전욱은 黃帝의 손자이며 5제 가운데 하나이다. 重은 전욱 다음 황제가 된 少皞(소호)의 아들이고, 黎는 전욱의 아들이다. 그 두 사람의 후손이 대대로 하늘과 땅을 관장하다가, 주나라 때 "失其守而爲司馬氏"(지위를 잃고 사마씨가 되었다)고 했다.

자기 집안은 천자의 후손이며, 하늘과 땅을 관장하는 중책을 대대로 맡았다고 했다. 과연 그런지 의문이다. 입증될 수 없는 사실을 들어 역사가답지 않은 서술을 했다. 하늘과 땅을 관장한 두 사람이 선조라고 한 것은 납득하기 어렵다. 조상이 훌륭한 사람이기를 바라고 한 말이며, 흔히 볼 수 있는 족보 장식이다. 선조로 내세운 사람의 지위가 지나치게 높아 원래의 지위를 잃고 몰락한 이유를 설명할 수 없었다.

주나라 때 사마씨가 되었다고 한 데 이어서 "司馬氏世典周史"(사마씨는 대대로 주나라 역사를 관장했다)고 했다. 주나라 때 역사를 관장하는 직책이 있었고, 사마씨가 맡았는지는 의문이다. 그 뒤의 가계를 한참 말한 다음 자기 아버지 談에 관해 "談爲太史公"(담이 태사공이 되었다)고 했다. 자기가 아버지의 뒤를 이어 태사공이 되었다. 태사공은 무엇을 하는 사람인가?

(나1)의 편지에서, 자기 아버지가 태사공이 되어 "文史星曆 近乎卜祝之間 固主上所戱弄 倡優畜之 流俗之所輕也"(문·사·성·역에 관한 일을 관장하는 것이 복·축 사이의 일과 가까워, 주상이 장난삼아 배우처럼 기르고, 속류가 가볍게 여겼다)고 했다. 이 말에 사람이 하는 일을 일컫는 여섯 명사가 나온다. 하나씩 풀이하면서 상호관계를 밝히기로 한다.

文은 글쓰기, 史는 역사 기록, 星은 천문 보기, 曆은 달력 만들기이다. 태사공이 하는 일이 그 넷이라고 했다. 앞의 둘은 현실을, 뒤의 둘은 그 이상의 것을 관장한다고 할 수 있다. 오늘날의 용어를 사용하면 학문과 종교의 차이가 있다고 할 수 있다. 星이나 曆을 다루는 업무도 높은 수준의 지식을 갖추어야 하므로 학문의 영역이라고 생각될 수 있지만, 진실을 그 자체로 밝히기보다는 길흉의 근거를 다루는 종교 행위의 성격을 더 많이 지녔다. 그 다음에 든 卜은 점치는 일이고, 祝은 굿이다. 길흉을 알아내고 유도하는 사명을 구체적으로 지적한 말이다.

태사공이 하는 文·史·星·曆 가운데 앞의 둘보다 뒤의 둘이 더 큰 비중을 가져 卜의 점이나 祝의 굿을 하는 사람과 가까웠다고 했다. 주상이라고 한 군주가 그런 일을 대단하지 않게 여겨 장난삼아 배우처럼 기른다고 했다. 세상 사람이 가볍게 여기는 것도 그 때문이라고 했다.

길흉을 관장하는 종교는 낮게 보고 진실을 관장하는 학문은 높게 본 것은 주목할 일이다. 처음부터 그랬던 것은 아니다. 최고의 권위를 가졌던 종교를 미신으로 취급하고, 종교를 보조하는 구실이나 하던 학문이 존경의 대상이 되는 시대가 오고 있었다. 종교의 시대에서 학문의 시대로 이행하는 세계사적 변화가 상당한 정도로 진행되었다.

태사공은 文·史·星·曆을 모두 관장하지만 실질적인 기능이 文·史가 아니고 星·曆이다. 그래서 '太史'라는 말을 영어로 번역해 "grand astrologer"라고 하는 것이 예사이다. 이 말은 '대천문관' 또는 '대점성술사'라는 뜻이다. 아버지 사마담은 그런 직분에 불만을 가지고 文·史 공부에 힘썼다고 생각된다.

이것이 아주 중요한 사실이라고 아들 사마천이 강조해서 말했다. "태사공은 唐都에게서 천문을 배우고, 楊何로부터 易을 전수받았으며, 黃子에게서 道의 이론을 배웠다"고 했다. "학자들이 충분히 이해하지 못할 뿐만 아니라 잘못된 가르침을 받는 것을 민망하게 여겨 六家의 요지에 대해 논했다"고 했다.

육가의 학문을 논한 아버지의 글을 길게 인용했다. 서두에서 "易大傳 天下一致而百慮 同歸而殊塗 夫陰陽儒墨名法道德 此務爲治者也 直所從言之異路 有省不省耳"(『역』대전에서 말하기를 천하는 일치하면서도 백 가지 근심이 있고, 한 곳으로 가면서도 길은 각기 다르다고 했듯이, 무릇 음양·유가·묵가·명가·법가·도가는 다스림을 위한 것이면서 말을 하는 방식이 다른 것을 살필 수도 있고, 살피지 못할 수도 있다)라고 한 데 요약 진술이 있다. 그 다음에는 각 학파 학문의 장단점을 하나씩 들어 말하고, 어느 한쪽에 치우치지 말고 모두를 아울러야 마땅하다고 했다.

도가를 먼저 공부하고 관심의 범위를 넓혔다고 했다. 六家를 널리 공부해 필요한 것을 취했다고 하면서 도가도 그 가운데 하나로 들었다. 양쪽의 말을 연결시켜 판단하면, 도가를 기본으로 하고 서로 다른 학문을 아울렀다는 말이다. 도가는 융통자재할 수 있어 포용의 범위가 넓다. 유가를 정통으로 하고 여러 이단을 부분적으로 용인하는 것과 많이 다르다.

그렇게 하는 것은 분에 넘치는 일이었다. 종교를 관장하는 직책을 맡고 종교보다 학문에 더욱 힘쓰면서 이해의 폭을 넓히고 융합의 방법을 찾고자 한 아버지의 노력을 아들이 이어받아 더 크게 성취했다. 군주가 광대처럼 여기지 못하고, 세상 사람들이 가볍게 여기지 못할 업적을 이룩하고자 했다. 아버지가 하려고 하던 일을 아들이 이어, 아버지가 준비하는 데 그치고 집필하지는 못한 책을 아들이 맡아 『사기』를 완성했다.

부자 양대 작업의 계승관계가 아버지가 죽을 때 아들에게 한 말에 명백하게 나타나 있다. 그 대목을 자세하게 살필 필요가 있다. 단락을 나누고 번호를 붙인다.

> (1) 余先周室之太史也 自上世嘗顯功名於虞夏 典天官事 後世中衰 絶於予乎 汝復爲太史 則續吾祖矣(우리 선조는 주나라의 태사였으며 선대부터 공명을 떨쳤다. 순임금과 우임금의 시대에는 천관의 일을 맡았다. 후세에 이르러 중도에 쇠퇴하더니, 내게 이르러 끊어지다니! 네가 다시 태사가 되면 선조를 이어야 한다.)
>
> (2) 今天子接千歲之統 封泰山 而余不得從行 是命也夫 命也夫(지금 천자가 천 년 동안의 전통을 이어 태산에서 제사를 지내는

데, 나는 따라가지 못했다. 이것이 운명인가! 운명인가!)

(3) 余死 汝必爲太史 爲太史 無忘吾所欲論著矣(내가 죽으면 너는 반드시 태사가 되어야 한다. 태사가 되면 내가 저술하려고 한 것을 잊지 말아라.)

(4) 夫天下稱誦周公 言其能論歌文武之德... 幽厲之後 王道缺 禮樂衰 孔子脩 舊起廢 論詩書 作春秋 則學者至今則之 自獲麟以來四百有餘歲 而諸侯相兼 史記放絶(무릇 천하가 주공을 칭송하고, 문무의 덕을 논하고 노래한 것을 말한다.… 유왕과 여왕 이후에는 왕도가 없어지고 예악이 쇠퇴했는데, 공자가 옛 것을 바로잡고 폐한 것을 일으켜 『시경』과 『서경』을 논하고, 『춘추』를 지어, 공부하는 사람들이 오늘날까지 교훈으로 삼는다. 기린을 잡았다고 한 이래로 4백여 년이 지나는 동안 제후는 겸병에 힘쓰고, 기는 돌보지 않아 끊어졌다.)

(5) 今漢興 海內一統 明主賢君忠臣死義之士 余爲太史 而弗論載 廢天下之史文 余甚懼焉 汝其念哉 遷俯首流涕曰 小子不敏 請悉論先人所次舊聞 弗敢闕(지금 한나라가 일어나 해내가 통일되고 명주, 현군, 충신, 의사 등이 나타났다. 나는 태사로 있으면서 그런 것들을 논의해 정착시키지 못하고 천하의 역사 기록을 방치했다. 나는 무척 두려워하고 있다. 너는 이를 명심해다오. 천은 고개를 숙이고 눈물을 흘리며 말했다. 소자는 불민하오나 선인께서 간추려놓으신 옛 기록을 모두 논술하여 감히 빠뜨리는 일이 없도록 하겠습니다.)

(1)에서 선조가 천관과 태사를 맡았다고 한다. 천관과 태사는 천문을

관장하는 점에서 같으면서 지체가 다르지 않은가 한다. 천관은 권력의 정상에 있는 고귀한 지위이고, 태사는 하위의 실무자라고 생각된다. 천관의 후예가 태사가 되어 과거의 영광을 잃은 것을 한탄한 듯하다.

아들이 다시 태사가 되어 천관의 영광을 되찾으라고 했다. 어떻게 하면 그럴 수 있는가? 미천한 실무자에 머물지 말고 널리 존경받을 일을 해야 하는데, 그것이 바로 천관이 맡은 그리 긴요하지 않은 구실을 최대한 발휘해 역사서를 쓰는 작업이었다. (3)에서, 다시 (5)의 말미에서 그 점을 분명하게 했다.

(2)에서 아버지는 천자가 泰山에서 封禪을 행하는 데 참가하지 못한 것을 분하게 여겨 세상을 떠났다. 천문을 관장하는 태사의 직책 수행 능력이 불신되었기 때문이라고 생각된다. 그것은 아주 원통한 일이라고 했다. 星·曆 쪽의 업무인 천문을 관장하는 능력을 키워 불신을 회복하라고 하지 않고 文·史에서 품은 뜻을 이루라고 했다. 그것이 잃어버린 가문의 명예를 되찾는 일이라고 했다.

(4)에서는 역사 서술의 두 전례에 대해 말했다. 주공이 문무의 덕을 논하고 노래한 것은 『시경』에 남긴 작품을 두고 한 말이다. 유왕과 여왕은 주나라의 마지막 임금이다. 주나라 운세가 기울어져 왕도가 없어지고 예악이 쇠퇴했는데, 공자가 『시경』과 『서경』을 논하고, 『춘추』를 지은 것이 역사 서술의 이차 작업이라고 했다. 기린을 잡았다는 것은 『춘추』의 마지막 기록이다. 주공과 공자의 전례를 들어 역사 서술이 높이 칭송받아 마땅한 위대한 과업임을 말하고, 공자 이후 4백여 년이 지나 이제 그 삼차 작업을 할 때가 되었다고 했다. 삼차 과업을 맡는다면 자기네 부자가 주공이나 공자와 같은 위치에 설 수 있다고 자부했다.

(5)에서 지금 한나라가 일어나 천하가 통일되고 명주, 현군, 충신,

의사 등이 나타났다고 해서 다루어야 할 내용을 말하는 데 그치지 않고, 한나라를 칭송하는 것이 삼차 역사 서술의 임무라고 했다. 그런 것들을 논의해 정착시키지 못하고 천하의 역사 기록을 방치한 잘못 때문에 아버지가 무척 두려워 했다는 말로 자기 심정을 나타냈다. 역사서를 쓰라고 누가 명령하거나 요구하지 않았다. 태사공에게 그런 임무가 주어진 것은 아니다.

자기 길을 스스로 찾았다. 역사서를 써서 태사공을 미천하게 여기는 일반의 인식을 바꾸어놓고 크게 평가받고자 했다. 기능인이기를 거부하고 지성인이 되고자 했다고 할 수도 있다. 내심의 소망을 아들이 이루어달라고 간곡하게 부탁하고, 아들은 그렇게 하겠다고 다짐했다.

發憤著作

이제 아들 사마천에 관해 고찰할 차례이다. 자기 자신의 출생, 성장, 관직 진출에 관해서 다음과 같이 말했다.

> 遷生龍門 耕牧河山之陽 年十歲則誦古文 二十而南游江淮 上會稽 探禹穴闚九疑 浮於沅湘 北涉汶泗 講業齊魯之都 觀孔子之遺風 鄕射鄒嶧 戹困鄱薛彭城 過梁楚以歸 於是遷仕爲郎中 奉使西征巴蜀以南 南略邛筰昆明 還報命
>
> (천은 용문에서 태어났다. 하수 곁의 산 남쪽에서 밭을 갈고 짐승을 길렀다. 나이 10세가 되었을 때 고문을 외웠다. 20세에는 남쪽으로 가서 장강과 회하에서 놀고, 회계산을 오르고, 우임금의 동혈을 찾고, 순임금의 구의산을 바라보았다. 원수와 상수로 배를

타고 가서 북쪽으로 문수와 사수를 건넜다. 제나라와 노나라의 도읍에서 공부를 하고, 공자의 유풍을 살폈다. 추의 역산에서 향사례를 살폈다. 파·설·팽성에서 곤경을 겪었다. 양나라와 초나라를 거쳐 돌아왔다. 그러자 벼슬길에 나아가 낭중이 되었다. 사명을 받들고 서쪽에서 파촉 이남의 정벌에 참여하고, 남쪽으로 공·착·곤명을 공략하고 돌아와 보고했다.)

사마천의 출생 연도를 두고 두 견해가 있다. 기원전 145년이라고도 하고 135년이라고도 하는데, 앞의 것이 유력하다. 세상을 떠난 연대는 87년으로 보인다. 78세 또는 68세까지 살았다.

출생지 용문은 漢城縣에 있으며 장안 근처이다. 아버지가 등용되기 전에는 일반 백성으로 살았다고 말하려고 밭을 갈고 짐승을 길렀다고 했다. 10세에 고문을 외웠으니 일찍부터 제대로 공부했다. 20세 때 여행을 한 동기는 알 수 없으나, 여행에서 많은 견문을 얻어 『사기』를 쓰는데 도움이 되었다. 여행한 곳을 다 든 것은 책에서 다룬 내용과 관련이 있기 때문이었다. 관원으로 등용되어 출장 여행을 자주 가고, 태사공이 되어서는 천자의 봉선에 동행했다. 오랫동안 많은 자료를 수집해서 『사기』를 이룩했다.

역사서는 자기 생각대로 쓰기만 하면 되는 것은 아니었다. 역사를 서술하는 마땅한 규범을 마련해야 한다는 공적인 임무를 깊이 의식했다. 그래서 공자가 『춘추』를 쓴 것과 자기가 하는 작업이 어떻게 다른지 명확하게 알고 있었다. 동료 관원인 壺遂의 질문에 대답하는 방식으로 다음과 같은 소견을 폈다.

호수가 말하기를, 공자 시절에는 위로 현명한 군주가 없고, 아래로는 유능한 신하가 등용되지 못했으므로 『춘추』를 지어 예의를 판단하는 글을 후세에 남겨 왕도의 규범으로 삼고자 했다고 했다. 지금은 위로 밝은 천자가 있고, 아래로는 적임자가 관직을 맡고 있는데, 논의하고자 하는 바가 무엇인가 물었다. 이에 응답해 한나라의 융성함을 말하겠다고 하며 다음과 같이 말을 이었다.

> 士賢能而不用 有國者之恥 主上明聖 而德不布聞 有司之過也 且余嘗掌其官 廢明聖 盛德不載 滅功臣世家 賢大夫之業不述 墮先人所言 罪莫大焉 余所謂述故事 整齊其世傳 非所謂作也 而君比之於春秋 謬矣
> (선비가 어질고 유능한데 쓰지 않으면 나라를 가진 자의 수치이다. 임금이 밝고 거룩한데 그 덕이 알려지지 않는 것은 유사의 잘못이다. 내가 일찍 그 직책을 맡은 성군의 거룩한 덕을 버리고 기록하지 않으며, 공신, 세가, 어진 대부의 과업을 없애고 서술하지 않아, 선친의 말씀을 무너뜨렸으니, 이보다 더 큰 죄가 없다. 내가 이르는 바는 옛 일을 서술하고 세상에 전하는 말을 정리하는 것이지 창작은 아니다. 그대가 『춘추』에다 견준 것은 잘못이다.)

군주와 신하들의 훌륭한 행적을 기록하는 것이 그 일을 맡은 관원의 임무라고 했다. 그런 임무가 부과되어 있지 않았지만 맡아야 마땅하다고 자처했다. 어질고 유능한 선비를 제대로 등용하는 군주의 임무는 바람직하게 실행되지 않아도 국가를 빛내는 역사서를 쓰는 일을 맡아 신하의 도리는 다 하겠다고 했다. 아버지가 당부한 과업이어서 더욱 분발한다고 했다.

『춘추』는 가치 판단의 기준을 만들었지만, 자기는 사실을 기술하겠다는 것이 또 하나의 중요한 발언이다. 옛 일을 서술하고 세상에 전하는 말을 정리하는 것은 응당 해야 할 일인데 전에는 없었다는 말이다. 자료와의 관계를 두고 보면 창작이 아닌 서술에 지나지 않지만, 새로운 작업으로서 획기적인 의의를 가진다.

그런데 저작에 종사한 지 7년 되는 해에 큰 재앙이 닥쳐왔다. 흉노를 치러 갔다가 부득이해서 투항한 李陵을 옹호하다가 宮刑을 당하는 수모를 겪었다. 궁형이란 생식기를 제거하는 형벌이다. 궁형을 당한 다음에는 궁중에 들어가서 환관 노릇을 하는 처지가 되었다. 참을 수 없는 고통과 모욕을 겪고 자살을 하려다가 목숨을 부지하면서 저술을 위해 더욱 분발했다. 그 점에 관해 다음과 같이 말했다.

乃喟然而歎曰 是余之罪也夫 是余之罪也夫 身毁不用矣 退而深惟曰 夫詩書隱約者 欲遂其志之思也 昔西伯拘羑里 演周易 孔子戹陳蔡 作春秋 屈原放逐 著離騷 左丘失明 厥有國語 孫子臏脚而論兵法 不韋遷蜀 世傳呂覽 韓非囚秦 說難孤憤 詩三百篇 大抵賢聖發憤之所爲作也 此人皆意有所鬱結 不得通其道也 故述往事思來者

(이에 위연히 탄식하면서 말했다. “이것이 나의 죄인가, 이것이 나의 죄인가! 신체가 망가져 쓸 수 없게 되었구나.” 물러나 깊이 생각하고 말했다. “무릇 『시경』이나 『서경』은 뜻을 감추고 말을 간략하게 하면서, 뜻을 두고 생각하는 바를 나타내려고 했다. 예전에 서백[문왕]은 유리에 감금되어 『주역』을 부연했다. 공자는 진과 채에서 고난을 겪고 『춘추』를 지었다. 굴원은 추방되어 「이소」

를 지었다. 좌구명은 실명하고 『국어』를 지었다. 손자는 발이 잘리고 병법을 논했다. 여불위는 촉으로 좇겨 가 『여람』을 세상에 전했다. 한비자는 진나라에서 갇혀 「세난」과 「고분」을 남겼다. 시 3백 편은 대체로 성현이 발분해서 지은 바이다. 이 사람들은 모두 마음에 울적하게 맺힌 바 있고, 자기의 도가 통하지 않기 때문에 지난 일을 서술해 장래 일을 생각했다.)

發憤著作의 본보기를 있는 대로 다 들고, 자기도 그렇게 하겠다고 다짐했다. 그 본보기에 역대의 고전이 망라되어 있다. 성현도 어려운 일을 당한 다음 발분해서 뜻을 펴고자 했으니 자기도 같은 처지가 된 것이 당연하다고 여겼다. 수난을 더욱 노력하게 하는 이유로 삼아 한층 뛰어난 저작을 이룩해야 한다고 다짐하고 그렇게 했다. 자료 (나1)이라고 한 편지에서는 마음속에서 생각한 바를 더욱 과감하게 나타내 다음과 같이 말했다.

僕誠已著此書 藏之名山 傳之其人 通邑大都 則僕償前辱之責 雖萬被戮 豈有悔哉 然此可爲智者道 難爲俗人言也

(제가 이 책을 정말 완성해 명산에 감추어 두었다가 알 사람에게 알려지고 여러 고을이나 큰 도시에 전해지면 전에 받은 치욕을 보상할 수 있으니, 비록 만 번 피살된다 해도 무슨 후회가 있겠습니까? 그러나 이 말은 슬기로운 사람에게나 할 수 있고, 속된 사람에게는 할 수 없습니다.)

책을 감추어 둔다는 것은 박해를 받지 않고자 해서 한 말이다. 역사를 자기 생각대로 써서 태도와 내용 양면에서 규탄의 대상이 될 수 있었다. 당대의 통치자인 무제의 행적까지 사실 그대로 다루고자 했으므로 분노를 사서 화를 입을까 염려했다. 상당한 기간이 지나 이해관계의 얽힘에서 벗어나 사리를 분명하게 가릴 수 있는 시대에 그럴 능력을 가진 사람이 발견해서 평가해주기를 간절하게 바랐다. 발분해서 책을 쓴 것과 함께 쓴 책을 감추어두고 후세에 발견될 것을 기다린다고 한 것도 전범을 이루어 따르는 사람이 이어지게 했다.

『사기』가 세상에 알려지기까지 그리 오랜 시간이 경과하지 않았다. 자료 (나2)에서 그 경과를 말했다. (가) 사마천 사후에 그 책이 차츰 세상에 나왔다. (나) 宣帝(기원전 73-48) 때에 사마천의 외손인 平通侯 楊惲이 그 책을 풀이해 세상에 널리 알렸다. (다) 王莽 때에 이르면 그 후손을 찾아내서 史通子라고 했다.

(가)는 『사기』가 알 만한 사람들 사이에서 읽히기 시작했다는 말이다. (나)에서는 후손의 노력으로 더 널리 알려졌다고 했다. 양운은 『한서』 열전에 오른 인물이다. 후손이 잘 나서 할아버지를 빛냈다. 그러다가 가치가 공인되었다고 (다)에서는 말했다. 왕망은 한나라를 멸망시키고 새 왕조를 열었으므로, 한나라에 대해서 비판적인 『사기』를 높이 평가하고 사마천의 후손을 찾아 영광되게 했다고 생각된다.

사마천이 나라의 명령이나 통제를 받지 않고 자기 스스로 역사서를 쓴 것은 후대의 역사가가 누릴 수 없는 행운이었다. 『사기』 다음의 역사서 『漢書』를 쓴 班固에게서부터 불운이 시작되었다. 반고 또한 아버지가 하던 일을 이어서 한나라의 내력을 총괄하는 역사서를 쓰기 위해 애쓰다가 "私改作國史"(나라의 역사를 사사로이 개작하고 있다)는 혐의로 고발당했다.

반고가 체포되고, 원고는 압수되었다. 당시 황제 明帝가 조사하는 일을 직접 맡아, 반고가 하는 일이 잘못되지 않았다고 판단하고 능력을 인정해 석방하고, 蘭臺令史라는 직책을 주어 역사 서술을 국가사업으로 하도록 했다. 반고가 누린 행운은 불운이어서 사마천의 불운이 행운이었던 것과 좋은 대조를 이룬다.

사마천은 「진시황본기」 말미에, 賈誼가 「過秦論」에서 진나라 마지막 황제가 현명했으면 나라를 지킬 수 있었을 것이라고 한 대목을 인용한 것이 말썽이 되었다. 진나라의 멸망은 필연적이고 한나라의 흥기 또한 필연적이라는 논리에 흠집이 생기게 했다는 것이다.

明帝는 그것은 사마천이 逆心을 품은 증거라고 했다. "司馬遷著書成一家之言, 揚名後世… 至以身陷刑之故 反微文刺譏 貶損當世 非誼士也"(사마천은 一家의 저작으로서 책을 써서 이름을 후세에 남기려 했다…. 잘못을 저질러 형을 받자, 태도를 일변해 미묘한 말을 사용해 비판과 중상을 일삼고 자신의 시대를 공격했다. 올바른 학자는 못된다)고 했다.(班固, 典引 序, 『文選』 권48)

찬양서를 쓰다가 불운 때문에 비판서로 바꾸었다고 하는 것은 오해가 아니면 중상이다. 이미 지니고 있었던 비판의식을 더욱 두드러지게 했다는 것까지는 가능하다. 부귀영화를 누리고 있으면 세상의 잘못을 보지 못한단 말인가? 사마천뿐만 아니라 반고 또한 그런 수준의 학자가 아니다. 그렇지만 반고는 비판의식을 가질 수 없었다. 한나라를 찬양하고 지배이념으로 등장한 유학을 옹호하는 역사서를 써야 했다.

자료 (나3)에서 『사기』를 총괄해서 평가하면서 반고는 두 가지 견해를 말했다.

(가) "論大道則先黃老而後六經 序遊俠則退處士而進姦雄 述貨殖則崇勢利而羞賤貧 此其所蔽也"(큰 도리를 말하면서 황로를 앞세우고 육경을 뒤로 돌리고, 유협을 다루면서 처사는 물러나게 하고 간웅을 등장시켰다. 화식을 서술하면서 세력과 이로움을 숭상하고, 천하고 가난한 것을 수치로 여겼다. 이는 그 책의 폐단이다.)

(나) "然自劉向揚雄 博極群書 皆稱遷有良史之材 服其善序事理 辨而不華 質而不俚, 其文直 其事核 不虛美 不隱惡 故謂之實錄"(그러나 유향이나 양웅 이래로 수많은 책을 읽은 이들이 모두 사마천이 훌륭한 역사가의 자질을 가졌다고 칭송하고, 사물의 이치를 잘 서술했다고 감복한다. 잘 가려 말하면서 부화하지 않고, 질박하지만 촌스럽지 않으며, 문장은 올바르고, 내용은 핵심을 갖추었다. 헛되게 좋다고 하지 않고, 나쁜 것을 감추지도 않았다. 그래서 실록이라고 할 만하다.)

(가)는 비판이고, (나)는 칭송이다. 가치관을 비판하고, 문장을 칭송했다. 實錄이라고 한 것이 진실을 기록했다는 뜻이 아니고 실상을 있는 그대로 그려냈다는 말이다. 『사기』와 『한서』는 "通變古今: 尊顯漢室, 兼尊儒道: 獨崇儒術, 兼顧民間: 傾向上層, 感情移入: 不失客觀"의 차이가 있다는 것이 적절한 지적이다.(朴宰雨의 위의 책)

사마천은 중세적인 구속을 받지 않은 마지막 자유인이었다고 할 수 있다. 고대말기에 지배체제가 흔들리면서 다음 시대를 만들어내기 위해 자기 나름대로 모색하고 주장하는 사상가들이 나타났다. 그리스의 소피스트, 인도의 沙門, 히브리의 예언자, 중국의 諸子百家가 그런 사람들이었다. 사마천은 마지막 시기 諸子百家 노릇을 하면서 史家를 창시했다고 할 수 있다.

史家는 諸子百家가 각기 이룩한 바를 종합하는 것이 마땅하다고 여겼다. 사마천 이후의 史家는 문호가 가장 번성한 것 같으면서 독자적인 성격을 잃었다. 諸子百家 경합의 시대가 끝나고 사상 단일화가 시작되어 儒家가 독점적인 의의를 가지면서, 史家 또한 원래의 다양성을 잃고 儒家에 지배되었다.

무엇을 이루었는가

『사기』는 자료집이 아니고 역사서이다. 자료를 정리하고 배열해서 체계를 만든 것이 저술의 내용이고 주제이다. 이에 관해서 자료 (가)의 끝 대목에서 다음과 같이 해명했다.

> 罔羅天下放失舊聞 王迹所興 原始察終 見盛觀衰 論考之行事 略推三代 錄秦漢 上記軒轅 下至于玆 著十二本紀 旣科條之矣 並時異世 年差不明 作十表 禮樂損益 律曆改易 兵權山川鬼神 天人之際 承敝通變 作八書 二十八宿環北辰 三十輻共一轂 運行無窮 輔拂股肱之臣配焉 忠信行道 以奉主上 作三十世家 扶義俶儻 不令已失時 立功名於天下 作七十列傳
>
> (천하에 흩어지고 망실된 舊聞을 망라해, 임금의 자취가 나타난 근원을 밝히고 종말을 살피며, 성한 것을 보고 쇠한 것을 살피려고 했다. 그 행적을 논의하고 고찰해 三代에 관해 개략적인 추론을 하고, 秦·漢의 역사를 기록했다. 위로는 軒轅에서 아래로는 지금

에 이르기까지의 일을 本紀 12편에다 나누어 순서대로 적었다. 그러나 같은 시대에도 世系가 다르고 연대가 분명하지 않은 것들도 있어 表 10편을 지었다. 禮樂의 흥망과 律曆의 개정, 兵權·山川·鬼神에 관한 일, 天人의 관계, [경제의] 파탄과 발전에 관해서는 書 8편을 만들었다. 28宿가 北辰을 둘러싸고, 30개의 수레바퀴살이 하나의 중심축 주위를 돌면서 무궁하게 운행하는 것이 가까이서 보필하는 신하들이 충성과 신의의 도를 행하면서 군주를 받드는 것과 같아, 世家 30편을 지었다. 의로운 일을 돕느라고 결연하게 나서서 때를 잃지 않고 천하에 공명을 세운 사람들을 위해 列傳 70편을 지었다.)

자료를 모아서 밝히고자 한 사실은 통치자의 권력이다. 역대의 제왕이 국가를 세워 흥하고 망한 내력의 자료를 최초의 제왕이라고 알려진 黃帝 軒轅氏에서 시작해서, 자기 당대의 漢武帝에 이르기까지 本紀 12편으로 정리한 것이 근간을 이룬다. 本紀를 종축으로 해서 역사의 전개를 한 줄기로 정리하고, 거기다 여러 횡축의 곁가지를 붙였다. 두 축을 연결시키는 접합점은 年表이다. 書는 제도 측면의 횡축이고, 世家와 列傳은 사람 측면의 횡축이다. 권력의 서열에서 상위의 인물은 世家에다, 하위의 인물은 傳에다 소속시켰다.

이렇게 정리한 사실에 대한 구체적인 고찰을 세 가지 각도에서 할 필요가 있다. 첫째는 "천하에 흩어지고 망실된 구문을 망라"했다고 하는 자료 수집이다. 둘째는 "임금의 자취가 나타난 근원을 밝히고 종말을 살피며, 성하고 쇠한 것을 보려고 했다"고 한 데 나타난 역사의 변천이다. 셋째는 본기·세가·열전을 구분하는 방식이다.

사마천은 『사기』 집필을 위해 천하의 모든 자료를 찾고자 했다. 아버지가 이미 모아놓은 자료를 이용하고, 새로 찾은 것을 보탰다. 태사공은 국가 소장의 문헌을 관장하는 것을 업무의 하나로 삼고 있는 것이 유리한 조건이었다.

자료가 문헌기록만은 아니다. '구문'이라는 용어를 사용해 구전을 더욱 중요시하고자 한 뜻을 나타냈다. 20세부터 시작해 몇 해 동안 전국 각처를 다니면서 답사 여행을 했다. 교통이 불편한 당시로서는 생각하기도 어려운 과업을 탐구의 의지로 감당했다. 현지에서 보고 듣고 느낀 바를, "太史公曰"이라고 하고 곳곳에서 삽입했다. 본보기를 들어본다.

余讀孔氏書 想見其爲人 適魯觀仲尼廟堂車服禮器 諸生以時習禮其家 余祗迴留之 不能去云 (「孔子世家」)

(나는 공씨의 글을 읽고, 그 사람됨을 생각해 보았다. 노나라에 가서 중니의 묘당·거복·예기를 보았다. 많은 학생이 마침 그 집에서 예를 익히고 있었다. 나는 머뭇거리고 떠나지 못했다.)

余讀離騷天問招魂哀郢 悲其志 適長沙 觀屈原所自沈淵 未嘗不垂涕 想見其爲人 (「屈原賈生列傳」)

(나는 「이소」·「천문」·「초혼」·「哀郢」을 읽고, 그 뜻을 슬프게 여겼다. 장사로 가서 굴원이 스스로 몸을 던진 못을 보고 눈물을 흘리면서 그 사람 됨을 생각하지 않을 수 없었다.)

吾適北邊 自直道歸 行觀蒙恬所爲秦築長城亭障 塹山堙谷 通直

道 固輕百姓力矣 (「蒙恬列傳」)

(나는 북쪽 변방으로 갔다가 직도로 돌아왔다. 가서 몽념이 진나라를 위해 쌓은 장성과 정장을 돌아보았다. 산을 깎고 계곡을 메워 직도를 연결했으니 그야말로 백성들의 근력을 너무 가벼이 여겼구나.)

吾適豐沛 問其遺老 觀故蕭曹樊噲滕公之家 及其素 異哉所聞 方其鼓刀屠狗 賣繒之時 豈自知附驥之尾 垂名漢廷 德流子孫哉 (「樊酈滕灌列傳」)

(나는 풍패에 가서 남아 있는 노인들에게 물어 옛날 사람 소하·조참·번쾌·등공의 집을 찾고, 평소에 하던 일을 알아보았다. 들은 것들이 기이했다. 칼을 휘둘러 개를 죽이거나 비단을 팔고 있을 때, 어떻게 [고조의] 후광을 입고 한나라에서 이름을 떨치며 그 공덕이 후손에게까지 미칠 것을 알고 있었을까.)

후대의 역사가는 문헌기록에만 의존하는 것이 예사이다. 그러나 사마천은 현지조사에도 힘써 자료를 확대하고 다루는 내용을 풍부하게 했다. 생생한 체험이라고 할 수 있는 것이 곳곳에서 보인다. 『열전』에서 다룬 많은 인물의 개성을 뚜렷하게 하고 행동을 핍진하게 묘사해 문학서로서도 높이 평가되는 것은 현지전승에 근거를 두었기 때문이라고 할 수 있다.

위에서 인용한 「태사공자서」에서 "見盛觀衰"(성한 것을 보고 쇠한 것을 살피려고 했다)라고 한 말을 보자. 『사기』는 자기 시대까지의 역사를 흥망성쇠의 관점에서 다루었다. 흥망성쇠의 과정과 이유를 밝히는 것이 역사가의 임무이다. 그 과정은 자료에 입각해 정리하면 되는 사실이다. 국가가 夏·殷·周·春秋·戰國으로 교체되다가 楚·漢 쟁패를 거쳐 漢의 천하가 되었다고 한 것이 그 개요이다. 이런 과정에 어떤 이유가 있는지 말하려면 이론적 통찰이 필요하다. 역사철학을 갖추지 않을 수 없다.

"物盛則衰 時極而轉"(「平準書」 말미의 "太史公曰")(물은 성하면 쇠하고, 때가 극에 이르면 변한다)라고 하는 이치를 제시했다. '物'이나 '時'라고 한 것에 자연현상과 인간사회가 함께 포괄되어 동일한 변화가 이루어진다고 했다. 둘의 관계는 어떤가? 자연현상의 변화가 인간사회의 변화를 가져온다고 보았다. 자연현상의 근본을 이룬다고 여긴 '天'의 변화가 일정한 기간마다 나타나 인간사회를 바꾸어놓는다고 다음과 같이 말했다.

> 夫天運 三十歲一小變 百年中變 五百載大變 三大變一紀 三紀而大備 此其大數也 爲國者必貴三五 (「天官書」)
>
> (무릇 하늘의 운세는 30년에 小變, 100년에 中變, 500년에 大變이 일어난다. 세 大變을 한 紀라고 한다. 세 紀면 (천운 변화가) 크게 갖추어지니, 이것을(천운 변화의) 大數라고 한다. 나라를 다스리는 사람은 3·5를 중요시해야 한다.)

천운의 변화가 이렇다는 것은 천체를 관측해 길흉을 판단하는 음양가의 견해이다. 아버지 대부터 그 일을 맡아 알고 있는 바를 말했다. 천운에 따라 인간사회도 변한다는 것은 사실과 부합해 검증된 이치라고 여겼다. 통치자가 나라를 위하려면 변화의 주기를 미리 알고 대비해야 한다고 했다.

이런 견해에 대해서 두 가지 의문을 가질 수 있다. 30년에 小變, 100년에 中變, 500년에 大變이 일어나는 이유는 무엇인가? 나라를 다스리는 사람이 미리 알고 대비할 수 있을 뿐이고 변화를 바람직하게 이끌 수는 없는가? 첫째 의문은 음양가가 해결해야 할 것인데, 능력 부족이므로 덮어두었다. 둘째 의문은 음양가가 해결할 수 없어 다른 쪽에서 맡아야 했다.

자료 (가) 「태사공자서」에서 아버지가 六家의 사상을 비교해 고찰한 말을 길게 들었다. 음양가・유가・도가에 관한 부분을 보자. 위의 둘째 의문을 해결하기 위한 단계적인 논의라고 할 수 있다.

> (1) "陰陽之術 大祥而衆忌諱 使人拘而多所畏 然其序四時之大順 不可失也"(음양술은 상서로움을 대단하게 여기지만 꺼리는 것이 많아, 사람들이 구애되고 두려워하는 것이 많게 한다. 그러나 사시의 큰 순서를 정리한 것은 잃을 수 없다.)
>
> (2) "儒者博而寡要 勞而少功 是以其事難盡從 然其序君臣父子之禮 列夫婦長幼之別 不可易也"(유자는 넓기만 하고 요점이 적으며, 수고는 많고 공은 적어, 그 일을 다 따르기는 어렵다. 그러나 군신・부자의 예를 정리하고, 부부・장유의 구별을 세운 것은 바꿀 수 없다.)
>
> (3) "道家… 其爲術也 因陰陽之大順 采儒墨之善 撮名法之要 與時遷移應物變化 立俗施事 無所不宜"(도가는… 술수 행함을 음양의 큰 순서에 근거를 두며, 유가・묵가의 훌륭함을 채택하고, 명가・법가의 요긴함을 취해, 때를 따라 움직이고, 물에 응해 변화

하니, 풍속을 마련하고 일을 베푸는 것이 마땅하지 않음이 없다.)

(1)에서 음양가는 만물이 변천하는 이치를 말한다고 했다. (2)에서 유가는 사람이 지켜야 할 질서를 제시한다고 했다. 만물의 이치가 사람이 지켜야 할 질서와 어떤 관련이 있는지는 양쪽에서 모두 말하지 않았다. 그 둘을 연결시키는 것이 (3)에서 말한 도가이다. 도가는 음양가와 유가 양쪽의 견해를 받아들여 사람이 때에 따라 움직이고, 물에 응해 변화하는 마땅한 길을 제시한다고 했다.

음양가는 만물이 변천하는 이치만 말하고 사람의 행실은 문제 삼지 않았다. 만물이 변천하는 이치를 따르는 것 외에 다른 선택의 여지가 없다고 여겼기 때문이다. 유가에서 말한 사람의 행실은 스스로의 선택이다. 주체적인 의지의 구현이어서 그 자체로 훌륭하다고 하겠으나, 만물의 변천과는 무관하므로 타당성이 보장되지 않는다. 그 둘을 합친 도가에서는 만물의 변천과 합치되느냐가 사람의 선택이므로 타당성의 근거가 분명하다고 했다.

위의 인용구를 다시 보면, "見盛觀衰" 앞에 "王迹所興 原始察終"(임금의 자취가 나타난 근원을 밝히고 종말을 살피며)라는 말이 있다. 길흉과 선악의 관계는 임금에게서 문제가 된다고 했다. 임금은 권력을 독점한 통치자이여서 그런 것만은 아니다. 국가를 이루는 집단의 의지나 행실이 임금에 의해 집약되고 발현되기도 한다고 했다.

> 夏之政忠 忠之敝 小人以野 故殷人承之以敬 敬之敝 小人以鬼 故周人承之以文 文之敝 小人以僿(「高祖本紀」 말미의 "太史公曰")

(夏의 정치는 忠이었다가 忠이 쇠퇴하면서 소인들이 野이게 했다. 그러므로 殷人이 이를 敬으로 이었는데, 敬이 쇠퇴하면서 소인들이 鬼이게 했다. 그러므로 周人이 이를 文으로 이었는데, 文이 쇠퇴하면서 소인들이 僿이게 했다.)

夏는 忠으로 일어나 野로 망하고, 殷은 敬으로 일어나 鬼로 망하고, 周는 文으로 일어나 僿로 망했다고 했다. 말뜻을 알기 위해 鄭玄의 주를 보자. "忠"은 "質厚"이고, 野는 "少禮節"이라고 했다. 질박한 장점이 예절 없는 것으로 바뀌었다고 했다. "鬼"는 "多威儀 如事鬼神"이라고 했다. 예의 없음을 바로잡기 위해 殷은 경건한 기풍을 지녔다가 미신이 지나치게 되었다고 했다. "文"은 "尊卑之差"이고, "僿"는 "敬習文法 無不悃誠也"라고 했다.

쉽게 풀이해 다시 말해보자. 夏는 질박함으로 일어나 야비함으로 망하고, 殷은 종교로 일어나 미신으로 망하고, 周는 예의로 일어나 허식으로 망했다. 夏의 질박과 야비, 殷의 종교와 미신, 周의 예의와 허식은 같은 성향의 긍정적·부정적 양상이다. 긍정적 성향이 두드러져 흥하던 나라가 부정적 성향이 두드러져 망하게 되는 과정이 되풀이 되었다. 질박이 종교로, 종교가 예의로 바뀐 것도 필연적인 이유가 있다.

夏는 처음 일어난 왕조여서 다른 무엇을 아직 마련하지 못해 질박함을 미덕으로 삼았다. 질박함은 부정적 성향이 확대되면 야비함으로 바뀐다. 夏의 야비함을 시정하기 위해 殷은 질박과는 다른 종교를 마련했다. 초자연적인 존재와의 관계에서 질서를 찾는 것이 다음 단계의 적절한 선택이었다. 종교는 부정적 성향이 확대되면 미신이 된다. 殷의

미신을 시정하기 위해 周는 종교 대신 예의를 마련했다. 사람들 사이의 관계에서 질서를 찾는 것이 한 걸음 더 나아간 대책이다. 예의는 부정적 성향이 확대되면 허식이 된다.

이런 논의는 만물이 성하다가 쇠하는 원리에 입각해 왕조의 교체를 이해하는 역사철학이다. 자연현상의 성쇠와 인간사회의 변천이 같고 다른 면을 밝혀, 필연성과 주체성을 함께 인식하도록 했다. 성쇠가 있는 것은 마땅히 수긍해야 할 만물의 이치이지만, 성함의 바람직한 창조와 지속이 주체적인 노력에 따라 달라진다고 했다. 탁월한 통찰력을 가진 역사철학이라고 할 수 있다.

> 故救僿莫若以忠 三王之道若循環 終而復始 周秦之閒 可謂文敝矣 秦政不改反酷刑法 豈不繆乎 故漢興 承敝易變 使人不倦 得天統矣
>
> (그러므로 僿를 구제하는 데는 忠만 한 것이 없다. 三王의 道는 순환하는 것 같아, 마침내 출발로 돌아갔다. 周와 秦 사이에는 文이 쇠퇴했다고 할 수 있는데, 秦은 정치를 바꾸지 않고 도리어 형법을 가혹하게 했으니 어찌 얽히지 않으리오. 그래서 漢이 일어나 쇠퇴함을 변혁해 사람들이 지치지 않게 한 덕분에 천하를 통일했다.)

위의 글이 이와 같이 이어져 의문을 제기한다. 周의 허식은 夏의 질박으로 해결하는 것이 마땅하므로 역사는 순환한다고 한 것이 적절한 견해인가? 秦이 형벌을 가혹하게 하는 잘못을 백성을 편안하게 하는 것으로 해결해 漢이 천하를 통일했다고 하는 것은 너무 안이한 설명이 아닌가? 秦과 漢의 관계만 보면 그렇다고 할 수 있지만, 역사 전개의 전체적인 과정을 보아야 하지 않는가? 周의 허식을 夏의 질박으로 해결하는 과업을 漢이 어떻게 수행했는가?

사마천은 자세하고 풍부한 내용을 갖춘 역사를 사실 차원에서 서술하는 데 그치지 않고 "見盛觀衰"의 원리를 탐구하고자 노력한 역사철학자여서 더욱 높이 평가된다. 그러나 뜻한 바를 제대로 이룩하지 못했다. 夏·殷·周의 성쇠를 말한 원리가 秦·漢에는 제대로 적용되지 않았다. 자연의 성쇠와 사회의 변천이 연결되는 이유와 방식에 대한 이론적인 해명이 미비하다. 역사를 성하고 쇠하게 하는 행위자에 대한 탐구를 일반화하는 것도 요망된다. 사마천이 모자란다고 나무랄 것은 아니다. 이런 것들은 오늘날까지 남아 있는 지속적인 탐구의 과제이다.

위의 인용구에서 자기 저작은 本紀·表·書·世家·列傳으로 이루어졌다고 하고, 이에 관해 길게 설명했다. 본기의 황제가 위로는 세가의 권력자들과 열전의 인재들을 거느리고, 연표의 시간과 書의 제도 속에서 천하를 다스린다는 것을 보여주었다. 그런 제국은 전에 없던 통치체제인데, 과거의 역사도 같은 구조에서 전개되었다고 이해되도록 했다. 각기 독립되어 있고 서로 대등했던 권력자들을, 역사의 종축을 하나로 만들기 위해서 어느 쪽은 본기에, 어느 쪽은 세가에 소속시켜 주종관계를 가졌던 것으로 만들었다.

역사서는 시간의 흐름에 따라 전개되는 사건을 다루는 것이 예사인데 『사기』는 그렇지 않다. 종축에서 시간을, 횡축에서 공간을 다루는 이중의 구조물이다. 종축의 중심에서 횡축의 주변으로 가면서 시간에 대한 배려가 줄어드는 것만큼 공간에 대한 배려가 늘어나도록 했다. 시간의 축에서는 성쇠의 이치를, 공간의 축에서는 권력의 위계를 밝혔다. 앞의 작업이 지니는 가치를, 뒤의 작업에서 감퇴시켰다.

본기·세가·열전의 구분은 명백한 것처럼 보인다. 국가 전체를 다스리는 황제, 어느 한 곳에 국한된 지방의 통치자, 역사의 움직임에 관여한 개개인은 위상이 구분되고 서열이 분명하다고 할 수 있다. 그러나 이것은 차등을 위주로 삼는 질서관의 일방적 수용이며, 만물의 이치와 어떻게 관련되는지 밝히려고 하지 않아 타당성에 대한 탐구가 없다.

차등의 질서관에 관한 기본 발상은 유가를 따랐다고 할 수 있지만, 세부적인 사항은 달라 시비의 대상이 되었다. 秦始皇本紀와 高祖本紀 사이에 項羽本紀를 두어 진나라가 망하고 한나라가 천하를 통일하기까지 항우가 최강자로 군림하는 시대가 있었음을 밝혔다. 高祖本紀 다음에는 呂后本紀가 있어 고조의 아내 여후가 군주의 실권을 행사한 내력을 밝혔다. 권력의 실상을 밝히려고 했으며, 정당성은 문제 삼지 않았다. 正統 여부를 가리자는 생각이 없었다.

마지막 대목에 今上本紀를 두었다고 자료 (가)에서 말했는데 본문은 없다. 본문이 왜 없는지 알 수 없으나, 당대의 일도 역사로 다루는 것이 당연하다고 생각했으나 실제로 쓸 수는 없었다고 볼 수 있다. 무제의 통치에 관한 기록은 다른 여러 대목에 산견되는데 상당한 정도로 비판적이다. 흉노와의 전쟁을 무리하게 해서 희생을 강요한 데 대해 불만을 나타냈다. 이런 내용으로 금상본기를 쓴 것이 발견되었다면 사마천이 살아남지 못했을 것이다.

본기에서 황제에 해당하는 최고 권력자를, 세가에서는 지방의 권력자인 제후를 다룬 것은 적절한 구분이 아니다. 자기 당대 한나라의 통치체제를 무리하게 적용해 실상과는 다른 서술을 했다. 춘추시대나 전국시대의 여러 독립국을, 漢族이 아닌 이민족의 나라들까지 세가에 소속시키고 周나라와 군신의 관계를 가진 것처럼 알도록 했다. 황제에게는 지위에 상응하는 존경을 나타내지 않았으면서, 한나라의 통치체제는 과거의 사실을 왜곡하면서까지 최대한 미화해 중화주의의 원천을 만들었다.

孔子世家를 두어 공자를 제후의 반열에 올려놓은 것은 일관성을 해친 처사이다. 한나라가 들어선 다음에는 춘추전국시대에 볼 수 있던 것과 같은 지방의 권력자가 없어졌는데도 세가는 그대로 두고, 后妃나 공신의 행적을 다루었다. 후비나 공신이 제후에 해당하는 존호를 지녔다는 것을 이유로 들어 사실 존중의 역사관을 스스로 어겼다.

열전은 역사서 구성에서 필수는 아니라고 할 수 있는데 큰 비중을 두고 힘써 집필했다. 지위를 고려하지 않고 시대를 움직이는 구실을 한 인물을 다수 등장시켜 극적인 구성까지 갖추어 핍진하게 그려 높이 평가된다. 『사기』가 문학작품이고, 사마천이 문학사에서 큰 기여를 했다고 인정하는 근거가 된다. 滑稽列傳·遊俠列傳·刺客列傳 같은 것들까지 두어 흥미로운 인간형을 제시한 것은 더욱 놀랍다.

그런데 외국에 대한 기술도 열전에 포함시켰다. 匈奴列傳·南越列傳·東越列傳·朝鮮列傳·西南夷列傳·大宛列傳을 한 데 모아놓지도 않고 여기저기 삽입했다. 이것은 무슨 까닭인가? 해명이 없어 추측을 하지 않을 수 없다. 본기 밑에 세가가, 세가 밑에 열전이 있어 열전은 지체가 가장 낮으므로 대단치 않은 것들은 다 다룰 수 있다고 여겼으리라고 할 수 있다. 외국을 폄하하고 사람 하나에 해당하는 정도의 의의만 가진다고 했다.

越이라는 이름의 주민 집단 가운데 越王句踐世家의 越은 세가에 소속시키고, 南越列傳과 東越列傳의 越은 열전에 넣어 중국과 외국을 구분한 것은 그 나름대로 의의가 있다. 사마천이 외국이라고 인정한 곳들을 오늘날 중국에서 지방정권이었다고 하는 것은 무리한 주장이다. 사마천과 먼저 싸워 이기지 않고서는 할 수 없는 말이다.

그렇지만 사마천은 이중의 태도를 보였다. 외국 여러 나라도 세가에서 다룬 범위 안의 사람들이 가서 세웠다고 했다. “匈奴 其先祖夏后氏苗裔”(권110 서두)(흉노는 그 선조가 하후씨의 후예이다.) “南越王 尉佗者 眞定人也”(권113 서두)(남월왕 위타는 진정 사람이다.) “閩越王無諸及越東海王搖者 其先皆越王句踐之後也”(권114 서두)(민월왕 무제 및 동해왕 요는 그 선조가 모두 월왕 구천의 후손이다.) “朝鮮王滿者 故燕人也”(권115 서두)(조선왕 만은 원래 연나라 사람이다.) “大宛之跡 見自張騫 張騫漢中人”(권123 서두)(대완의 자취는 장건 때부터 보였으며, 장건은 한중 사람이다.) 이처럼 중국인의 후예라야 다른 데 가서라도 나라를 세워 중국과 관련을 가질 수 있다고 믿게 했다.

중국인의 분파가 다른 나라를 세워 중국의 예의와는 무관한 독자적인 삶을 이룩하고 중국과 경쟁하다 응징당했다고 하는 것이 외국과의 관계를 서술한 기본요지이다. 중국인의 자기중심주의를 관철시키기 위해서 사실을 임의로 선택하고 변조했다. 그 점에서 『사기』는 고대의 역사서이고, 중세의 역사서는 아니다. 중세의 보편주의와는 거리가 먼 사고방식을 나타냈기 때문에 그렇게 규정해야 마땅하다.

중국이 다른 민족을 침공하고 지배하기 위해 백성을 혹사했다. 그 점을 자주 지적해 말한 것이 특기할 사항이다. 그래서 반역의 마음을 지니고 비판서를 썼다고 할 수 있고, 민중사관을 보여준 증거로 평가할 수 있다. 그러나 한나라 백성의 수고만 말하고 상대방의 사정에는 관심을 가지지 않았다. 한나라의 재정 낭비를 지적하는 데 그치고, 사람의 희생은 말하지 않았다. 군마가 죽어 재물이 축난 것만 말하고 사람이 얼마나 죽었는가는 한나라 쪽도 말하지 않았으니, 상대방에 관한 이해를 기대하는 것이 무리이다.

비교고찰

사마천이 『사기』에서 무엇을 말했는지 크게 이해하기 위해서 헤로도투스의 『역사』와 비교할 필요가 있다. 서두에서 편 논의를 다시 하자. 두 책이 서로 다른 점을 밝히면 『사기』에 대한 이해를 새롭게 할 수 있다.

헤로도투스는 그리스인과 다른 민족의 관계를 다루고자 했다. 해외로 진출해 교역을 하고 식민지를 개척한 과정을 통해서 그리스의 역사가 전개되어왔으므로 그렇게 하는 것이 당연한 일이다. 그리스인과 다른 민족이 대등한 위치에서 평화적인 관계를 가지는 것이 바람직하다고 하지 않고, 그리스인은 우월한 문명인이고 다른 민족은 열등한 야만인이라고 하는 자기중심주의에 입각해서, 그리스인이 다른 민족과 싸워 이기는 것이 당연하다고 했다. 그리스인이 일반적으로 가지고 있던 그런 생각에 동의하면서, 그리스인의 우월성을 종교나 신화를 통해서 입증하려고 하지 않고, 역사적인 사실을 찾아서 밝히고자 한 것이 특별히 힘써 한 일이다.

『역사』의 첫 대목을 보자. "그리스인이든 야만인이든 사람이 이룩한 위대한 과업이 시간이 흐르면 망각되고 마는 일이 없도록 하고, 양쪽이 적대적인 관계를 가지게 된 이유를 밝히는 데 특히 힘쓴다"고 했다. (George Rawlingson tr., "Herodotus", *The Greek Historians,* New York:

Random House, 1942, 3면) 그리스인이 아닌 사람은 야만인이라고 했다. 그리스인과 야만인을 대등하게 다루지 않았다. 적대적인 관계를 가지게 된 이유를 밝히면서 그리스인은 정당하고 야만인은 부당하다고 입증하는 논거를 찾으려고 했다.

그리스인을 크게 위협한 야만인은 페르시아인이었다. 페르시아의 침공을 그리스가 물리친 전쟁에 관해서 서술하는 것이 그 책의 가장 중요한 내용이다. 그런 사실을 기록하는 것은 역사가의 임무이다. 그렇게 하는 데 그리스인 가운데 누가 큰 공을 세웠는지 밝혀 적을 필요도 있다. 승리가 자랑스럽다고 해도 좋다. 다른 나라의 역사가도 자기네 역사를 그렇게 서술할 수 있다.

그러나 두 나라를 비교해서 평가하는 문제는 단순하지 않았다. 그리스인은 문명인이므로 승리하고, 페르시아인은 야만인이므로 패배한 것이 당연하다고 쉽사리 말할 수 없었다. 페르시아 쪽에서 보면 자기네가 문명인이고, 그리스인은 야만인이었다. 자기 쪽이 문명인이라고 하는 주장은 종교나 신화를 근거로 삼은 자기중심주의이다. 그런 편견을 종교 교리서가 아닌 사실기록의 역사서에서 구체적인 증거를 들어 입증하는 데는 많은 어려움이 있었다. 헤로도투스가 그 때문에 고심한 전례가 근대민족주의 역사가들에게 깊은 감명을 주어 크게 평가되었다.

헤로도투스가 이용한 자료는 서사시, 전설 등이 대부분이고, 전해 들은 말이 많아 정확하지 않다. 여러 민족의 활동에 관해서 서술하면서 외국어는 알지 못했다. 잡다한 신을 믿고, 신탁을 받아들여 운명을 점치는 것 같은 풍속에 대해서 의문을 가지지 않았다. 그러면서 있었다고 하는 일을 전하는 데 만족하지 않았다.

그리스와 페르시아의 충돌이 어째서 생기고, 어떻게 전개되었던지 밝히는 작업을 줄기차게 다각도로 전개해서 역사가의 독자적인 임무를 분명하게 했다. 전쟁의 경과를 자세하게 다루면서, 시간의 경과에 따라 진행하는 서사시적인 서술의 기법을 탁월하게 구사해 긴장을 조성하고, 흥미를 자아냈다. 독자가 빨려 들어가 탐독하면서 그리스인이 정당하다고 하는 데 동의하도록 만들었다.

역사서는 먼 과거에서 시작해서 가까운 과거로 오면서 시간의 흐름에 따라서 쓰는 서사적인 서술 방식을 사용한다는 원칙을 사마천도 지켰다. 그러나 헤로도투스는 서사적 서술에다 원인 추적을 보탠 반면에, 사마천은 서사적 전개를 단선적으로 보여주는 종축에다 공간적 구성물인 횡축을 다양하게 보탰다. 횡축에서 제시한 사실들도 시간적인 전개를 갖춘 점에서 역사서술의 상례를 따랐지만, 여럿이 동시에 전개되었다. 거기서 개개의 사건이나 인물이 그 나름대로 지닌 특성을 생생하게 묘사해서 기본 줄거리의 단조로움을 보완했다.

헤로도투스는 서사적인 전개에 독자가 빨려 들어가 탐독하면서 그리스인이 정당하다고 하는 데 동의하도록 만들었는데, 사마천은 종횡으로 얽혀 있는 다채로운 구조물을 보고 경탄하면서 거대한 제국을 이룩하기까지 이른 중국사의 전개에 대해 자부심이나 존경심을 가지면서, 또한 그 안에서 활동한 여러 인물에 대해서 개인적인 친근감을 가지게 했다. 헤로도투스의 시간구성과 사마천의 공간구성은 역사 서술뿐만 아니라 문학 창작에서도 널리 사용되는 두 가지 기본방식이다.

한쪽에서는 시간구성을, 다른 쪽에서는 공간구성을 택한 것은 입지가 서로 달랐기 때문이다. 헤로도투스는 지중해 세계에서 여러 민족이 벌이는 쟁패에서 그리스가 시련을 이기고 승리자가 된 경과를 서사시에서처럼 이야기해야 했다. 사마천은 중국대륙 중심부에서 벌어진 수

많은 정치집단과 인물들의 활약을 모두 아우르고 들어선 한나라 제국의 거대한 판도를 공간적인 구성물을 통해서 나타내야 했다.

이민족과의 투쟁은 양쪽의 공동관심사인데, 서로 다르게 처리했다. 헤로도투스는 그리스인과 다른 민족의 투쟁을 다루는 것을 역사 서술의 기본 주제로 삼았는데, 사마천은 다른 민족은 없고 중국인 漢族만 역사를 펼친 듯이 착각하게 하는 책을 썼다. 한나라가 위대하게 보이도록 하기 위해서 무리한 짓을 했다. 그리스가 페르시아와 싸워야 했던 것처럼, 한나라는 匈奴의 위협에서 벗어나려고 국운을 걸어야 했던 사실을 부당하게 축소하거나 은폐했기 때문이다.

헤로도투스가 그리스와 페르시아의 관계를 그렇게 다루었듯이 사마천 또한 한나라와 흉노의 싸움이 생긴 이유와 경과를 서술하는 데 커다란 비중을 두고 『사기』를 저술하는 것이 마땅한 일이었다. 역사의 실상에 관해서 알려주면서, 상대방이 부당하고 자기 쪽이 정당하다고 합리화하는 이중의 목적을 달성하기 위해서 그렇게 해야 했다. 그런데 사마천은 흉노와의 싸움을 최소한으로 줄여 서술해서 흉노를 격하하는 방법을 썼다. 흉노는 「匈奴列傳第五十」에다 등장시켰다. 여러 인물들의 행위를 다루는 列傳 70편 가운데 한 편을 한제국과 맞선 또 하나의 제국에다 배정했다.

그쪽을 '匈奴'라고 지칭하는 발음은 스스로 일컫는 데서 유리했을 것이나, 한자로 표기하면서 '凶'과 통하는 '匈'자와 노예를 뜻하는 '奴'를 사용한 것은 한나라의 독선이고 편견이다. 그리스인이 다른 민족을 '야만인'이라고 한 것보다 편견의 정도가 더 심했다. 흉노의 생활 습속이 괴이하다고 설명하면서 "不知禮儀"라고 했다. 자기네가 사는 방식은 예의이고, 상대방이 사는 방식은 예의가 아니라고 하는 자기중심주의를 나타냈다.

흉노는 왜 그렇게 살았는지 주위의 환경이나 생활의 조건과 관련시켜 밝히고자 하는 노력은 하지 않았다. 만물의 움직임과 일치하는 행위가 정당하다고 한 지론을 정면으로 어기고 일방적인 판단을 했다. 『사기』의 중심부에서는 인정되는 가치가 주변으로 가면 훼손되는 양상을 극명하게 보여주었다.

그렇다면 흉노는 사람이 아니라고 해야 할 것인데, 이미 말한 바와 같이 "匈奴 其先祖夏后氏苗裔"라고 했다. 夏后는 「夏本紀第二」 서두에서 다룬 통치자 夏禹의 별칭이며, 성군의 표본으로 칭송된 인물이다. 그 후손이 어떻게 예의를 모르는 흉노가 되었던가 하는 의문은 관념을 반영하고 있기 때문에 사실의 차원에서 해결할 수 없다.

양면의 평가

사마천은 조건이 좋아 학문을 한 사람이 아니고 그 반대이다. 종속적인 위치에 있고 멸시의 대상이 되기도 한 기능인이 직책상 지닌 능력을 최대한 활용하고 분에 넘치게 관심과 지식을 넓혀 자유로운 창조자가 되는 길을 스스로 개척했다. 아버지가 이미 하려고 하다가 미완에 그친 과업을 직책을 물려받고 완성하려고 하다가 권력의 횡포에 걸려들어 모진 수난을 겪고 더욱 분발했다.

불운이 행운이게 하는 전환을 두 번 이룩했다. 두 번째 것은 극한에까지 이른 의지의 실현이다. 전형적인 예를 일찍 보여주어 지속적인 교훈으로 삼게 한다. 2천여 년 동안 이치는 달라지지 않았다. 오늘날 학문을 하는 사람들은 직책상의 기능을 넘어서고, 역경을 분발의 계기로 삼는 데서 얼마나 과감한지 반성하지 않을 수 없다.

『사기』는 거대한 저작이다. 자료 수집에서부터 사람의 일생에 감당할 수 없을 만큼 수고를 했다. 종이를 사용하기 전이어서 대쪽에다 글을 써서 이룬 업적이니, 헤아리기 어려울 만큼 엄청난 수고를 했다. 작업을 위해 노력한 분량이 평가를 위한 첫째 척도이다. 게으름을 합리화하면서 좋은 결과를 얻자고 하는 자들은 학문의 도적이라고 준열하게 꾸짖는다.

자료 수집을 위한 수고가 놀랍다. 현지에 가서 구비전승을 찾아 생동한 이해를 하고자 한 노력을 특히 높이 평가해야 한다. 흥망성쇠를 밝힌 이치가 탁월하다. 역사의 필연과 주체적 의지의 관계를 타당하게 해결하는 뛰어난 견해를 마련해, 오늘날 다시 하는 작업과 바로 이어지게 했다.

다룬 내용은 당당하기 이를 데 없다. 자기의 불운을 드러내지 않고, 당대의 정치에 대한 찬반론을 넘어서서, 거대제국 한나라에 걸맞게 시간과 공간 양면에서 놀라운 규모를 가진 구조물을 만들어냈다. 위세가 너무나 압도적이어서 주눅이 들게 한다. 후대인이 할 일은 남아 있지 않은 것 같고, 작은 나라의 학자는 초라하다고 하지 않을 수 없게 한다.

그것은 불운이다. 불운이 행운이었듯이, 행운이 불운이다. 부당한 이유로 치욕을 강요한 정치권력의 정체를 파헤칠 생각을 하지 못하지 않았던가. 거대제국의 영광과 비판적 거리를 가지지 못하고 자기가 성취하는 업적과 동일시했다. 수많은 민족 집단이 독자적인 문화를 지키면서 자기 역사를 창조하고자 하는 노력은 이해하지 못했다. 한나라보다 더 큰 힘을 가지고 맞선 흉노를 고의로 폄하하고 부당하게 처리해 진실을 왜곡했다. 관점을 바꾸어 다시 살피면 역사 이해를 그릇되게 했다고 하지 않을 수 없다. 자기중심의 대국주의 또는 패권주의의 편견을 만든 장본인 노릇을 했다고 해도 지나치지 않다.

불운이 행운이게 하는 것은 처지를 바로 알고 노력하면 가능하다. 행운이 불운인 쪽은 알아차리지 못하고 본의 아니게 말려들게 작용된다. 사마천이 불운이 행운이게 한 교훈은 거듭 일컫고 자주 칭송해 새삼스럽지 않다. 사마천이 또한 행운이 불운임을 보여준다는 사실은 알려져 있지 않아 교훈이 되지도 못했다. 새로운 발견에 더 큰 의의를 부여하고, 우리가 학문하는 자세를 되돌아보는 데 써야 한다. 더욱 소중한 큰 교훈을 발견하지 못하면 사마천을 공부하려고 애쓴 보람이 없다.

사마천을 나무라면 할 일을 하는 것은 아니다. 알 것을 알고 새로운 방향을 찾아야 우리는 더 잘 할 수 있다. 제국 주도의 역사관에 맞서서 민족국가의 역사를 서술하기 위해 노력한 동아시아 각국의 노력을 이해해야 한다. 입각점의 타당성 여부와 대안으로 제시된 사실을 철저하게 검증해야 한다. 역사학을 새롭게 하는 오늘날의 방향을 힘써 찾아야 한다.

이제는 제국과 민족, 문명과 민족을 동아시아는 물론 세계 전체의 범위에서 통괄해서 논하는 역사관을 마련해야 한다. 사마천은 그렇게 하는 데 반드시 필요하고 아주 소중하면서, 비판을 거쳐 수용해야 마땅한 전례를 남겼다. 헤로도투스 또한 그렇다고 할 수 있어 해야 할 일이 더 커진다. 다음에 다룰 이븐 칼둔도 깊은 관심을 가지고 연구하고 계승해야 한다.

계급모순에서는 진보적이라도 민족모순에서는 보수적인 것이 중국 학자는 피하기 어려운 한계이다. 중국 이상의 거대제국에서 하는 학문은 더 큰 위세를 누리지만 두 모순에서 모두 보수적인 사고형태를 지닌 것이 예사이다. 나라가 크면 학문의 발상이 줄어드는 원리를 개인적인 노력으로 알아차리고 뒤집기는 아주 어렵다.

선수 교체가 가능해 인류는 희망을 가진다. 거대제국 때문에 피해자가 된 쪽에서는 작으면 크고, 불운이 행운임을 입증할 수 있다. 민족모순을 계급모순과 함께 적극적으로 해결하는 진보 노선을 마련해 미래를 창조하는 대안이 되는 학문을 하는 길을 넓게 열 수 있다. 사마천이 개인적으로 뜻하지 않게 겪은 것보다 월등하게 크고 무거운 시련을 역사의 전 기간 동안 감당해야 하면서 분발하지 않는 것은 어리석다.

토론

❑ 문 : 헤로도투스나 사마천이 고대의 자기중심주의를 나타냈다고 비난하는 것은 고대인이 아니어야 했다는 말이 아닌가? 어느 시대의 역사서이든 그 시대 이념의 구현물인 것이 당연하지 않은가?

❑ 답 : 훌륭한 것들은 모두 역기능이 있다. 시대가 바뀌면 평가가 달라져야 하므로 역기능이 확대된다. 그런 줄 모르고 계속 찬양하기만 하면, 유산 많은 것이 도리어 불행의 이유이다. 헤로도투스나 사마천의 역사서는 넘어서기 위한 결단과 노력을 촉구하는 것을 가장 큰 가치로 삼는다고 이해한다.

헤로도투스나 사마천의 역사서가 보여준 고대의 자기중심주의는 대단한 위세를 갖추고 절대적인 영향력을 행사해, 중세의 비판이 제대로 이루어지지 못하고 근대에 이르러 강대국의 패권주의에 이용되고 있다. 전폭적인 지지를 하는 관례를 시정하고, 고대의식의 특징과 한계를 보여준다는 점을 명백하게 해야 한다. 역사의 실상을 재론하면서 근대를 넘어선 다음 시대의 역사관을 마련해야 하는 과제가 제기되어 있다.

❑ 문 : 사마천의 발분저서를 칭송하다가 어용학문을 했다고 나무랐다. 앞뒤가 어긋나는 평가가 아닌가?

❑ 답 : 사마천의 발분저서는 두고두고 모범이 된다. 그렇다고 해서 해놓은 일이 모두 타당한 것은 아니다. 부당한 횡포를 자행해 발분을 촉발한 제국의 권력을 비판이 아닌 칭송의 대상으로 삼아 대단한 일을 했다고 인정받고자 한 것을 문제 삼지 않을 수 없다. 흉노를 실상대로 인식해야 한다고 진언하다가 불행을 당했으면서, 흉노를 무시하고 폄하하는 인식의 구조를 만들어냈다. 사마천이 자기 자신에게 진실하지 못해 시대의 이념을 추종하면서 악화시키는 처세용 학문을 했다고 하면 지나치다. 그러나 이렇게까지 말해야 분명한 교훈을 얻어 같은 잘못을 되풀이하지 않는 지침을 삼을 수 있다.

❑ 문 : 『사기』를 다시 쓴다면 어떻게 해야 하는가?

❑ 답 : 사마천의 시각을 뒤집고 실상을 밝혀내야 한다. 秦·漢의 통일국가가 들어서기 전은 물론이고 그 이후에도 역사는 단일체가 아니고 다원체임을 입증하는 것이 기본 과업이다. 이를 위해 몇 가지 구체적인 작업이 필요하다. 본기·세가·열전의 서열에 따라 국가를 나누어놓은 차등의 관점을 버리고, 각국의 주권은 대등하다고 해야 한다. 국가를 이룬 집단이든 이루지 못한 집단이든 문화의 독자성을 기준으로 인식하고 서술해야 한다. 열전에다 집어넣은 여러 외국의 역사도 독자적인 영역임을 밝혀 중국사를 넘어서서 동아시아사로 나아가야 한다.

❑ 문 : 가능한 일인가?

❑ 답 : 지금 할 수 있는 일은 기본 방향을 제시하는 것이다. 다방면의 능력을 갖추고, 자료 수집에 어려움을 겪지 않으면서, 수십 년 동안 연구에 전념할 수 있어야 실제 작업을 할 수 있다. 그런데 여건이 미비하고, 나서는 사람이 없다.

연구는 제대로 하지 않고 중국이 우리 역사를 왜곡하는 데 맞서서 싸운다고 떠들어대기나 한다. 무식하고 용감하면 반드시 패한다는 교훈을 되새겨야 한다. 국제관계의 어려움을 불을 켜고 깃발을 흔들면서 고함질러 해결하려고 하는 풍조가 만연해 학문을 무력하게 한다.

다른 국제관계도 모두 그렇듯이, 중국과 싸워서 이겨야 하는 것은 아니다. 상극에서 상생으로 나아가야 한다. 중국사도 한국사도 일본사도 아닌 동아시아사를 이룩해 국가를 이루지 못하고 있는 집단들까지도 자기의 주체성을 화합의 근거로 삼을 수 있는 인식의 틀을 만들어야 한다. 학문이 분발해 무식을 치유하고 싸움을 해결해야 한다.

❑ 문 : 많은 임무를 감당하는 탁월한 학문을 하려면 영재를 길러야 하지 않는가? 영재 교육에 대해서 어떻게 생각하는가?

❑ 답 : 영재가 따로 있는가 하는 것이 근본적인 의문이다. 누가 영재를 알아보고 가르치는가 하는 것이 현실적인 의문이다. 영재가 아닌 둔재가 영재를 알아보고 가르치면 역효과를 빚어내 능력을 망치기나 한다.

❑ 문 : 영재가 발견되어 가르쳐야 한다면 어떻게 해야 하는가?

❑ 답 : 15세에 대학에 입학하고, 20세에 박사, 25세에 정교수가 되도록 하는 식으로 식물 속성 재배하듯이 하는 것은 능력을 죽이는 짓이다.

그러면 30세에 환갑을 하고, 40세에 세상을 떠나야 한다. 인격의 성장이 수반되지 않는 학문은 기형이다. 영재 교육이 정신적 기형아를 만들어 내는 데 이를까 크게 염려된다.

달리기 시합에서 가져온 망상을 버리고, 기본 방향을 다시 잡아야 한다. 능력이 있어 감당할 수 있다면, 앞으로 나아가기를 빨리 하지 않고, 옆으로 뻗어나기를 넓게 해서 다른 학생들보다 몇 갑절의 공부를 하는 것이 마땅하다. 선택과목을 모두 학습하고, 외국어를 다섯 개쯤 익히면서 진학과 입학은 다른 학생들과 함께 하면 된다.

능력이 있으면 학습량을 늘리는 이 방식을 택하면 많은 문제를 해결할 수 있다. 영재 교육을 따로 하지 않으면서 능력을 키울 만큼 키울 수 있다. 자기 아이가 영재라고 우기는 학부모가 없어질 것이다. 영재로 선발되기 위한 사교육이 생겨날 수 없다. 부작용을 막고, 추가 투자를 많이 하지 않으면서 인재 양성을 할 수 있다.

공부의 분량을 공연히 늘여 골탕 먹이자는 것이 아니다. 탁월한 학자가 되려면 기초 공부를 넓게 하고 외국어를 여럿 알아야 한다. 고등학교까지는 물론 대학에 들어가서도 문과와 이과, 또는 인문·사회·자연학문 공부를 함께 하면서 밑변을 최대한 확대해야 꼭짓점을 한껏 높일 수 있다.

❑ **문**: 외국어를 여럿 공부하려고 하다가 하나도 제대로 못하는 것을 경계해야 하지 않는가?

❑ **답**: 외국어는 잘 하면 잘 할수록 열등의식이 커진다. 원어민만큼 잘 할 수는 없기 때문이다. 열등의식을 씻고 자부심을 키우려면 외국어를 여럿 해야 한다. 외국어를 여럿 해야 학문을 제대로 할 수 있다.

여러 언어로 된 기존의 연구를 토론의 대상으로 삼아야 한 언어만 익혀 수입학을 일삼는 풍조를 청산하고 탁월한 학문을 할 수 있다.

한국학만 해서는 편벽되지 않을 수 없다. 배타적 우월의식은 아주 해롭다. 한·중 비교나 한·일 비교로 결함을 시정하는 것으로는 모자란다. 한·중·일을 관통하고 월남이나 몽골까지 한 영역으로 다루는 동아시아학을 이룩해야 다른 문명권의 학문과 선의의 경쟁을 당당하게 할 수 있다. 동아시아 밖의 여러 외국어를 함께 하고, 인문·사회·자연학문을 총괄해 세계학문 발전을 선도하는 것은 더욱 바람직하다.

❑ **문** : 학문의 이상을 말하다가 교육을 망치는 것이 아닌가?

❑ **답** : 학자가 아닌 일반인도 영어 외에 중국어와 일본어도 잘 해야 그 어느 쪽에 기울어져 열등의식을 가지지 않고 당당하게 살아가면서 실무 능력을 키워 수입을 증대한다. 이것이 지적 능력에서 국제경쟁력을 키우는 최상의 방안이다. 장차 학자가 되려는 학생은 고등학교 시절에 그 셋 외에 다른 외국어 둘 정도는 더 해야 한다. 다양한 외국어 교사를 확보하고 여러 학교를 다니면서 순회수업을 하는 제도를 마련하는 것이 현명하다.

❑ **문** : 교사 시험을 준비하는 학생이다. 다른 공부는 하지 못하고 시험에 모든 노력을 바치는 것이 원통하다. 어떻게 해야 하는가?

❑ **답** : 의학대학원이나 법학대학원 같은 성격의 교육대학원이 생겨 학사과정에서는 광범위한 공부를 하도록 해야 한다. 또 하나의 개혁을 위해 함께 노력하자. 전공 구분 없이 다양한 공부를 많이 한 다음 생업이 될 수 있는 교육의 과정에 들어가는 것이 바람직하다.

제3강 元 曉

만나러 가는 길

元曉(617-686)는 많이 알려져 있으면서 알기 어려운 사람이다. 가까이 있는 듯하면서 멀다. 쉽게 다가가 원효와 가까워지는 길을 찾을 수 있을까? 아니다. 지름길은 없다. 사실을 찾고, 저작을 읽고, 다른 자료를 보태고, 총괄해서 생각하는 과정을 수고스럽더라도 거치지 않을 수 없다.

필요한 과정을 다 거치면 바람직한 이해를 얻는 것은 아니다. 원효는 예사 사람들과 다르게 만나야 한다. 필요한 과정을 거치면서 넘어서야 하고, 바람직한 이해를 얻으면서 버려야 한다. 원효가 원효다운 점에 이르지 못하면 애써 다가가도 소득이 없다.

원효가 누구인지 정리해 말한 저작이 여럿 있어 안내자 구실을 한다. 김상현, 『역사로 읽는 원효』 (서울: 고려원, 1994); 고영섭, 『원효』 (서울: 한길사, 1997); 남동신, 『영원한 새벽 원효』 (서울: 새누리, 1999); 김종의, 『일심과 일미: 원효 스님의 삶과 사상』 (부산: 신지서원, 2003) 등이 있다. 김상현은 『원효 연구』 (서울: 민족사, 2000)를, 고영섭은 『원효

탐색』(서울: 연기사, 2001)을 다시 냈다. 이런 책부터 읽고, 전문 연구서를 뒤지고, 역주본의 도움을 얻어 원전으로 들어가야 한다. 길이 멀어 중간에 그만둘 수 있다.

원효에 대한 연구물은 너무 많아 갈피를 잡기 어렵다. 원문 역주본이 계속 나오고, 불교학의 전문적인 연구가 국내외에서 광범위하게 이루어지고 있으며, 논문을 모은 책이 흔하다. 근래에 나온 연구서에는 사실에 머무르지 않고 이해의 확대를 위해 노력하고, 원효가 오늘날 우리에게 어떤 의의를 가지는지 밝혀 논하려고 한 것들이 있어 주목된다. 신오현, 『원효 철학 에세이』(서울: 민음사, 2003); 이홍우, 『대신기신론 통석』(서울: 김영사, 2006); 김형효, 『원효의 대승철학』(서울: 소나무, 2006); 서영애, 『신라 원효의 금강삼매경론』(서울: 민족사, 2007) 같은 것들이 좋은 본보기이다. 그러나 다가가는 길을 얼마나 단축시켰는가는 의문이다.

읽어야 할 것이 너무 많고 이해하기 어렵다. 무엇을 말하는지 잡히지 않아 고민이다. 난관을 넘어서기 위해 특별한 방법을 찾아야 한다. 이치를 철저하게 따지면서 넘어서는 것을 보며 당황하지 않고 스스로 깨닫는 단서로 삼아야 하지 않을까 한다. 원효를 두고 해온 이야기는 허황하기 때문에 참된 줄 알아야 이해 가능하다. 원효에 대한 의문은 아무리 노력해도 다 풀리지 않는다. 우리 자신에게로 돌아오기 때문이고, 우리 자신이 스스로 풀어야 하기 때문이 아닐까 한다.

생애와 위치

원효는 신라 사람이다. 지금의 경산시인 押梁郡(일명 章山郡) 남쪽

慈仁 땅 佛地村 출신이다. 乃末 談捺의 아들이었다. 내말은 육두품 신분이 맡는 제11등급의 관직이었다. 어머니가 집 근처 栗谷을 지나다가 해산했다. 어려서 이름을 誓幢이라고 했는데, '새털'이라는 말이다. 승려가 되어 '원효'라고 한 말은 '새벽'을 뜻한다고 이해된다. 환속해서는 '小性居士'라고 했다. 후대인은 '菩薩', '聖師' 등의 존칭을 사용했다. 가까운 곳에서 태어났으며, 우리와 그리 다르지 않은 예사 사람이지만, 천사백 년이라는 시간상의 거리가 있다.

원효의 시대 7세기에 동아시아 중세문명이 정착되었다. 한문과 불교에서 중국과 대등한 수준의 문명을 이룩하는 데 한반도가 적극 참여했다. 한반도 삼국 가운데 가장 낙후한 처지에 있던 신라가 선두에 나섰다. 사회적 대립을 넘어서서 획기적인 발전을 이룩하면서 삼국통일을 향해 나아갔다. 원효가 44세 때인 660년에 백제가, 52세 때인 668년에는 고구려가 망했다.

武烈王 · 金庾信 · 원효가 그 시대의 신라를 만들어낸 가장 뛰어난 세 인물이었다. 무열왕은 자기 역량으로 대권을 장악해 정치를 쇄신한 국왕이다. 김유신은 가야 출신이라는 불리한 여건을 뛰어난 능력으로 극복하고 삼국통일을 이룩한 무장이다. 원효는 승려가 되어 육두품에게도 아무 제약이 없는 불교학에서 지혜를 한껏 발휘해 커다란 업적을 이룩한 학자이다.

승려가 되어 불교를 연구하는 데서는 지체가 낮아 불리하지 않고 도리어 유리할 수 있었다. 慈藏이나 義湘은 국왕과 같은 진골귀족인 덕분에 육두품인 원효보다 한층 유리한 조건에서 활동해 더 나은 업적을 이룩한 것은 아니다. 자장은 律宗, 의상은 華嚴宗을 고고한 위치에서는 최고의 교리로 삼았으나, 원효는 폭넓은 경험에 입각해 불교의 모든 유파를 이해하고 수용하고자 하면서 융합과 창조의 가치를 입증했다.

원효가 세속의 지식인이라면 그럴 수 없었다. 원효의 아버지는 하위 관직을 얻어 지방에서 근무한 것으로 파악된다. 원효의 아들 薛聰은 어머니가 공주였어도 육두품의 한계를 넘어서지 못하고 한문 전문가로 국왕을 보필하면서 정치의 잘못을 은근하게 풍자하는 「花王戒」를 지었다. 유학의 경전을 가르쳤다고 했을 따름이고 다른 저술을 남긴 것은 아니다.

원효는 아버지나 아들과 달랐다. 승려가 되어 불리한 처지를 극복하고 역량을 마음껏 발휘할 길을 택했다. 출가한 시기가 10세 이전이니 전후의 사실을 스스로 판단해서 결정했다고 하기는 어렵고, 되다가보니 잘 되었다. 되다가보니 잘 되는 행운이 이따금 당사자의 일생에서 큰 구실을 하고, 다른 사람들을 위해서 대단한 도움이 되는 것을 이따금 본다.

당시 불교의 사정을 조금 고찰할 필요가 있다. 신라에서 불교를 공인한 지 백여년쯤 되었다. 신흥종교인 불교를 신앙하고 연구해 정신생활을 고양시키고 사회의 활력으로 삼고자 하는 움직임이 나타나 기대를 모았다. 두드러진 활동을 보인 승려가 여기저기 있어 원효는 찾아다니면서 배웠으나 교리를 깊이 탐구하기는 어려웠다. 그래도 계속 가까이 하면서 삶의 자세, 탐구하는 태도를 받아들여 생각의 폭과 깊이를 보탰다.

젊어서 朗智를 찾아가 배우고, 가르침을 받들어 「初章觀文」과 「安身事心論」을 지어 올렸다. 둘 다 지금은 전하지 않는다. 『法華經』을 존중한 것으로 알려진 낭지가 원효로 하여금 학승의 길에 들어서도록 인도한 것 같다. 고구려에서 신라로 온 고승 普德 문하에서도 수업했다.

파격적인 행적을 보인 惠空과 가까이 지내면서 영향을 받았다. 당시로서는 최상의 공부를 한 셈이지만 수많은 저술의 원천이 되는 지식을 얻은 것은 아니다. 불교에 대한 기초적인 이해를 얻고 수행 방법을 익히는 데 선학들의 도움을 받고, 학문의 세계는 자기 스스로 개척했다.

혜공과의 관계를 말한 자료가 있다.(『삼국유사』 권4 「二惠同塵」) 원효는 경전을 공부하다가 모르는 것이 있으면 吾魚寺로 혜공을 찾아가 물었다고 한다. 혜공이 경전 공부를 많이 했다는 말은 없으므로 과연 그랬을까 의문이다. 이 의문을 기이한 일화가 풀어준다. 두 사람이 물고기와 새우를 잡아먹고 돌바닥 위에 대변을 보고, 혜공이 "네가 눈 똥이 내가 잡은 고기이다"라고 했다고 한다. 이것은 네 것이 내 것이고, 더러운 것이 깨끗한 것이고, 죽은 것이 산 것이라는 말이다. 최상의 이치가 이렇게 요약된다.

혜공은 원효를 인도한 스승이다. 혜공이 실행을 통해 얻은 구비철학을 원효가 받아들여 경전을 읽다가 막힌 것을 푸는 데 활용했다고 할 수 있다. 오래 축적되어온 민중의 지혜가 불교에서 마련한 고도의 이치를 생동하게 하는 길을 혜공이 열고 원효가 받아들였다고 보아 마땅하다. 원효가 탁월한 학문을 한 것은 선승 이상의 선승이고 학승 이상의 학승이어서 둘을 하나로 만들었기 때문이었다고 해도 좋다.

불교를 제대로 알려면 당나라에 가서, 더 멀리는 인도에 가서 공부를 해야 했다. 당나라 승려 玄奘이 인도에서 많은 불경을 가져오고 새롭게 번역해 큰 충격을 주었다. 그 흐름 속에 들어가야 했다. 원효는 중국으로 가다가 돌아오고, 의상은 뜻을 이루었다.

34세 때인 650년에 압록강을 건너다가 고구려 수비대에 발각되어 감옥에 갇혔다가 탈출했다. 45세 때인 661년에는 의상과 함께 지금의 당진이 아닌가 하는 곳의 땅굴에서 하룻밤 보내고 이튿날 일어나 보니 무덤이었다. 깨달은 바 있어 되돌아왔다고 했다.

그 사실이 문헌에 따라 조금씩 다르게 기록되면서 설화적인 윤색이 추가되었다. 『宗境錄』(961)이라고 하는 중국 문헌에 오른 최초의 기록에서는 밤에 목이 말라 마신 물이 시체가 썩은 즙이었다고 하고, 마음이 불편해 토하려고 하다가 "我聞佛言 三界唯心 萬法唯識 故知美惡在我實非物乎"(내가 들으니 부처님이 삼계가 유심이고, 만법이 유식이라고 했으니, 좋고 싫은 것은 내게 있고 물에 있지 않다)하고 고국으로 돌아왔다고 했다. 『宋高僧傳』(988)에서는 아침에 깨어보니 오래 된 무덤의 해골 곁에서 잤다고 했다. 다른 문헌에서는 해골에 고인 물을 마셨다고 했다.

세부 사항에서는 차이가 있지만 말하고자 하는 바는 동일하다. 그날의 체험에서 깨끗하다느니 더럽다느니, 좋다느니 싫다느니 하는 분별을 넘어서는 깨달음을 얻었다. 그래서 중국에 가서 누구에게 배울 필요가 없다고 판단하고 주체적인 자세를 가지고 自得之學을 하는 길로 나아갔다.

깨달은 바를 홀로 지니고 있으려 하지 않고 널리 펴서 나누어가지는 저술을 했다. 불교 경전을 광범위하게 탐독하고, 기존의 논의를 참고하면서 자기 견해를 폈다. 경전을 이치의 근거로 삼아야 하는 중세학문의 본령에서 독자적인 탐구의 길을 열었다. 중국의 불교 논저에서는 찾아보기 어려운 생동하는 발상을 갖추어 문자 표현의 한계를 넘어섰다.

승려 노릇만 하고 있지는 않았다. 51세 때인 667년에 무열왕의 딸 요석공주와 관계를 맺고 아들을 낳기까지 해서 파계를 하고 속인이 되었어도 불교 탐구를 멈추지 않았다. 광대 춤을 추면서 돌아다녔다고 하는 것이 그 무렵의 일이 아닌가 한다. 이에 관해 다음과 같은 기록이 전한다.

> 偶得優人舞弄大瓠 其狀瑰奇 因其形製爲道具 以華嚴經一切無㝵人一道出生死命 名曰無㝵 仍作歌流于世 嘗持此千村萬落且歌且舞 化詠而歸 使桑樞瓮牖玃猴之輩 皆識佛陀之號 咸作南無之稱 曉之化大矣哉(『삼국유사』 권4 「元曉不羈」)
>
> (광대들이 놀리는 큰 박을 얻어, 그 괴이한 모양대로 도구를 만들고, 『華嚴經』에서 "일체 無㝵人은 한 길로 생사에서 벗어난다"고 한 말을 따서 무애라고 이름 지었다. 그래서 지은 노래가 세상에 퍼졌다. 늘 그것을 가지고 千村萬落에서 노래 부르면서 교화하고 음영하며 다녔다. 가난하고 무지한 무리까지 모두 부처의 이름을 알고 나무아미타불을 부르게 된 데는 원효의 교화가 컸다.)

승려이기를 그만두고 속인이 된 원효가 광대의 위치로까지 내려갔다. 다른 승려들과 함께 사원에 앉아 불경을 읽고 풀이하는 대신에 바가지탈을 쓰고 노래를 부르며 가난한 사람들이 사는 마을을 찾아 순회공연을 했다. 깨달음의 길이 어디 있는지 찾고 알렸다. 지위를 낮추고 방법을 바꾸었으며, 표현을 혁신하고 공감을 넓혔다.

중국에 가고자 할 때 玄奘을 찾아가서 배우려고 했다. 현장이 인도에서 돌아와 불경을 새로 번역해 많은 것을 다시 일깨워주었다. 중국에 가지 않았어도 새로 번역된 불경을 입수해 연구의 대상으로 삼았다. 55세 때인 671년에 의상이 귀국하면서 수집해온 자료를 보고 분발해 더욱 열심히 연구했다. 그 해에 쓴 『判比量論』이 좋은 본보기이다.

더욱 주요한 업적은 그 뒤에 이루어졌다. 66세 때에 『金剛三昧經疏』를 지어 황룡사에서 열린 큰 법회에서 강의한 것으로 학문 활동의 절정을 삼았다. 새로운 경전이 전해졌는데 누구도 알지 못해 원효가 맡아서 풀이한 내력이 자세하게 전한다.(『宋高僧傳』 권4 「唐新羅國黃龍寺元曉傳」) 간추려 옮겨보자.

왕비가 병을 앓았다. 약을 구하러 당나라에 가던 사신에게 용왕이 용궁에 있는 『금강삼매경』을 가져가라고 하면서 세 가지 일을 부탁했다. 나쁜 일이 생길지 모르니, 사신이 자기 장딴지를 찢고 경전을 넣어 가라고 했다. 이상스러운 차림을 하고 다니는 승려 大安이 편차를 정리하라고 했다. 원효가 경을 풀이하라고 했다. 왕의 명령을 받고 원효가 경전을 풀이하는 글 5권을 지었는데 도적이 훔쳐가 다시 3권을 썼다.

황룡사에 모인 임금, 여러 신하, 많은 승려 앞에서 『금강삼매경』을 강하니 찬양하는 말이 공중에서 들렸다. 원효는 강을 마치고 "昔日採百椽時 雖不預會 今朝橫一棟處 唯我獨能"(지난날 서까래를 백 개 고를 때에는 끼이지 못하다가, 오늘 아침 대들보를 하나 가로질러 놓아야 하는 곳에서는 내 홀로 능력을 발휘하네)라고 말했다. 그 자리에 참여한 고승들이 고개 숙이고 부끄러워했다.

실제로 있었던 일을 말했는가? 사실의 와전인가, 공연한 과장인가? 『금강삼매경』은 원효를 만나 진가를 발현했다는 것을 분명하게 하려고 신이한 유래담을 마련했다고 보면 의문이 풀린다. 문자 그대로 받아들이지 말고 숨은 뜻을 알아차리는 것이 마땅하다. 왕비의 고질병을 낫게 할 만큼 놀라운 가치가 있어 반드시 필요하다고 했다. 알아보고 풀이할 사람이 있어야 가치가 발현되는데, 원효가 아니고서는 맡을 사람이 없었다는 것을 경전을 전해주면서 용왕이 한 말을 들어 입증했다.

경전의 편차를 바로잡았다는 大安은 원효와 같은 생각을 하고 있던 선배였던 것 같다. 내용 풀이는 원효가 맡아 오래 준비한 능력을 발휘했다. 풀이하는 글을 수레를 타고 썼다는 것은 오랜 시간이 소요되지 않았음을 알려준다. 처음 쓴 다섯 권을 잃어버려 세 권으로 다시 썼다는 것은 말을 줄이고 요체를 얻어야 했다는 말이다. 황룡사에 모인 국왕, 신하, 승려 등의 대중을 상대로 경전을 풀이한 행사가 큰 성공을 거두었다는 것은 모두들 간절하게 바라고 있던 각성을 원효가 제공했다고 인정되었음을 말해준다.

서까래를 백 개 골랐다는 말은 나라에서 백 명의 고승을 모아 법회를 연 것을 두고 한 말이다. 그 때 원효는 참여하지 못했다. 인정받지 못했기 때문이다. 새로운 경전이 나타나 난해한 뜻을 풀이할 사람을 찾을 때에는 그 백 명 가운데 감당할 사람이 없어 원효가 나서야 했다. 백 명 고승에 끼이는 것은 서로 인정할 정도로 이름만 나면 된다. 대들보가 해야 할 일은 이름이 아닌 능력으로 감당해야 한다. 백 명의 명단은 남아 있지 않다. 한 때의 득세는 허망하다. 원효가 어떤 능력을 발휘했는지는 남긴 저술이 지금도 말해준다. 천 년 이상 빛을 내면서 학문의 길을 밝혀준다.

경전을 풀이한 저작 『금강삼매경소』가 중국에 전해져 『金剛三昧經論』으로 승격되었다. 『금강삼매경』은 그리 중요한 경전이 아니지만, 『금강삼매경론』은 불교철학의 최고 경지를 보여주는 명저로 높이 평가된다. 깨달음에 이르는 근본 이치가 무엇인지 찾는 사람을 누구나 인도한다.

그 때 66세였으니 상당히 늦은 시기이다. 4년 더 살다가 70세에 세상을 떠나기까지 집필을 계속한 것으로 보인다. 원효는 오랜 준비기간을 거쳐 만년에 커다란 업적을 이룩한 학자의 본보기를 보여주었다. 백 개의 서까래에는 끼이지 못하다가 나중에야 인정을 받아 한 개의 대들보 노릇을 한다고 평가된 것도 전형적인 사례로 기억할 만하다.

원효는 평생토록 줄기차게 탐구해 동아시아 불교계의 최대 저술가가 되었다. 확인된 저술은 100여부 240여권이나 되고, 그 가운데 일부인 20부 20권만 남아 있다. 불교의 거의 모든 경전이나 종파를 논의 대상으로 삼아 독자적인 이론을 높은 수준으로 전개한 점에서 비슷한 예를 찾기 어렵다. 공연히 다변이어서 그랬던 것은 아니다. 압축해 하는 말이 워낙 풍부해 도도한 흐름을 이루었다.

저술의 기본 방향이 남달랐다. 당시 중국에서 이루어져 신라에 전해진 불경 이해 방식은 敎判이라는 것이었다. 인도에서 이루어진 많은 경전이 한역되자 총괄적인 이해를 위해 비교해 고찰하는 것이 인도에는 없던 새로운 학풍 교판이었다. 여러 경전을 비교하고 자기 유파가 가장 훌륭하다고 했다. 원효는 그렇게 하지 않고 많은 경전, 여러 유파가 표면상으로는 많이 달라도 근본에서는 차이가 없다는 것을 밝히는 데 힘썼다. 和諍의 방법으로 通佛教를 이룩하고자 했다.

원효의 저술은 문장이 뛰어나다. 말을 다듬겠다는 생각 없이 명문을 썼다. 오늘날의 용어를 들어 말한다면 철학과 문학이 둘이 아님을 보여주었다. 번거로운 주석이나 고증은 삼가고 뜻하는 바를 충격을 줄 만큼 명쾌하게 드러냈다. 경전에 적힌 말이니 숭앙하겠다는 태도를 버리고 이치를 철저하게 따지면서 넘어섰다. 이치를 넘어선 이치는 스스로 체득해야 한다고 했다. 발랄한 착상, 편견의 매듭을 깊숙이 찌르는 역설과 비유를 다채롭게 마련해 독자의 각성을 촉구했다.

어째서 그럴 수 있었던가? 이 의문을 풀어주는 일련의 자료가 있다. 혜공을 만나 네 것이 내 것이고, 더러운 것이 깨끗한 것이고, 죽은 것이 산 것임을 아는 충격을 받았다. 중국에 가다가 무덤에서 잠을 자고 깨어나 깨끗하다느니 더럽다느니, 좋다느니 싫다느니 하는 분별을 넘어서는 깨달음을 얻었다. 광대에게서 배워 바가지탈을 쓰고 춤을 추면서 돌아다녔다. 원효는 민중에게 다가와 하층생활에서 얻은 지혜를 활용한 점이 남달랐다고 후대의 설화에서 거듭 말했다.

원효는 민중의 지혜와 만나고 구비철학을 받아들였다. 고도의 논리에서 민중의 지혜를 살리고 기록철학과 구비철학이 하나이게 한 것이 탁월한 창조의 비결이다. 공동문어인 한문으로 쓴 글의 이면에 민족어로 한 말이 있었다. 말한 것의 근거가 몸으로 겪고 보여준 것에 있었다. 남긴 저작을 해독하려면 원천을 이해하는 공감이 있어야 한다.

원효 홀로 특별한 사람이어서 자기 길을 갔다고 할 것은 아니다. 한국에서 하는 학문은 후대에도 같은 특징을 이었다. 이것은 문명권의 중간부가 지닌 이점을 최대한 살린 결과라고 보아 마땅하다. 문명권의 중간부는 중심부나 주변부와는 다른 과업을 수행했다고 일반화해서 말할 수 있다.

탐구의 과정

이른 시기에 「發心修行章」을 지어 수행하고 탐구하는 사람의 자세를 말했다. 자기 자신을 스스로 채찍질한 것이지 남을 가르치려고 한 것은 아니다. 그런데 반드시 따라야 할 가르침이 있어 글이 지금까지도 초발

심자의 교본이 된다고 한다.

"高岳莪巖 智人所居 碧松深谷 行者所棲 飢飡木果 慰其飢腸 渴飮流水 息其渴情"(높은 산 우뚝한 바위는 지인의 거처이고, 푸른 솔 깊은 골은 행자가 머무는 곳이다. 배고프면 나무 열매를 먹어 주림을 달래고, 목마르면 흐르는 물을 마셔 목마름을 없앤다.) 세속에서 벗어나 입산수도를 해야 지혜를 얻고 계율을 실행한다고 했다.

"拜膝如氷 無戀火心 餓腸如切 無求食念 忽至百年 云何不學 一生幾何 不修放逸"(절하는 무릎이 얼음 같아도 마음에서 일어나는 불을 그리워하지 않고, 주린 창자가 끊어지는 듯해도 탐욕스러운 생각을 바라지 않는다. 백 년이 홀연 지나니 어찌 힘쓰지 않으며 일생이 얼마인데 닦지 않고 내버려두는가.) 무릎이 얼음 같이 되도록 부처에게 절을 하면서 마음에서 일어나는 불을 끈다고 했다. 고난을 참고 가난을 견디면서 열심히 노력하겠다고 했다. 그것은 탐구하는 자세이기는 해도 탐구해서 얻어야 할 것은 아니다. 신앙심을 다지는 데 그쳤다 하겠고, 깨닫는 길에 들어서는 것은 아니다.

첫 번째의 본격적인 저술이 『判比量論』이다. 책 이름을 보자. '판'은 판단이다. '비량'은 추론이다. 논리를 세워 이치를 밝히는 작업에 대한 시비를 내용으로 한다. 국내, 중국, 일본의 여러 학승의 저작에 언급되고 인용되어 있다가, 일본에 남아 있는 필사본 조각들이 발견되어 실물이 세상에 알려진 저술이다.

중국의 玄奘은 18년 동안 인도에서 공부하고 많은 경전을 가져와 번역했다. 그런데 번역 과정에서 뜻을 심화하기도 했지만 왜곡하기도 했다. 陳那 이래의 인도 因明논리도 그 가운데 하나이다. 원효는 번역 과정에서 저지른 잘못뿐만 아니라 현장 자신이 고안한 논증식의 논리적 오류까지 찾아내 바로잡고자 했다. 외국에 가지 않고 신라에 머무르고 있으면서 불교학의 전개를 소상하게 파악하고 이치를 꿰뚫고 있어 그럴 수 있었다.(김성철, 『원효의 판비량론 기초 연구』, 서울: 지식산업사, 2003 ; 김상일, 『괴델의 불완전성 정리로 풀어본 원효의 판비량론』, 서울: 지식산업사, 2003에서 자세한 내역을 검토했다.)

원효는 왜 이런 일을 했는가? 의문을 몇 단계로 나누어 고찰해보자. 왜 논리학을 먼저 다루었는가? 새로운 학문이고, 사고 수준이 가장 높다고 생각했기 때문이 아닌가? 현장이 인도에 갔다 와서 보여준 학문의 정상에 올라서야 자기 학문을 마음껏 펼칠 수 있다고 여긴 것으로 생각된다. 自得之學의 가능성을 마음껏 시험했다고 말해도 좋겠다.

그래서 무엇을 얻었는가? 논리학의 성격상 어떤 실질적인 내용을 얻을 수 있었던 것은 아니다. 현장의 증명법에 오류가 있음을 밝히고 대안을 내놓아 방법론의 발전을 이룩하거나 사고훈련을 새롭게 했을 따름이다. 새로운 사상을 창조한 것은 아니다.

인명논리가 당시에는 커다란 관심사여서 원효의 작업이 중국과 일본에 전해져 적극적인 반응을 불러 일으켰으나 곧 사정이 달라졌다. 인명논리를 크게 존중한 唯識學이 세력을 잃었다. 인명논리를 전개하는 방식이 한문문명권의 학문 방법이나 언어 표현에는 맞지 않는 것도 이유일 수 있다. 『판비량론』이 국내에는 남아 있지 않은 것이 그 때문이 아닌가 한다. 일본에 신라 때의 필사본이 우연히 전해졌으며, 후대에 옮겨 적거나 인쇄한 것이 아니다.

논리 문제에 대한 원효의 관심은 그 다음 단계에 「十門和諍論」을 쓰는 것으로 나타났다. 편린만 남아 있어 전모를 알 수 없으나, 불교 교리상 대립을 일으키고 있던 열 가지 주요 논제를 고찰해 화합을 얻고자 한 내용이다. 추정에 의해 재구해보면, "없음과 있음은 어떤 관계인가"(空有異執和諍門) "불성은 있는가 없는가"(佛性有無和諍門), "사람과 법은 어떤 관계인가"(人法異執和諍門), "열반이란 무엇인가"(涅槃異義和諍門), "불신이란 무엇인가"(佛身異義和諍門), "불성이란 무엇인가"(佛性異義和諍門), "삼성은 같은가 다른가"(三性異義和諍門), "두 가지 장애란 무엇인가"(二障異義和諍門), "진과 속은 다른가(眞俗異義和諍門), "聲聞 · 緣覺 · 普薩의 깨달음의 길은 하나인가"(三乘一乘和諍門)라고 하는 논란을 다루었다.

각론은 각기 다르지만, 기본 논지는 일치한다. 있음과 없음, 같음과 다름, 긍정과 부정 등의 모든 상반된 개념은 방편에 지나지 않으므로 언어의 구속에서 벗어나야 한다고 했다. 근본 취지를 살린다면 겉으로 대립된 것처럼 보이는 명제들이 상보적이고 회통됨이 밝혀진다고 했다. 종파적 고착성에서 벗어나는 것이 또한 긴요한 일이라고 했다.

이런 작업에서 얻은 和諍논리는 불교 교리상의 대립을 해결하는 데서 더 나아가 일반론적인 의의를 가진다. 서로 달라 다투는 것은 서로 같아 만나는 것과 하나이면서 둘인 까닭이어서, 서로 같아 만나는 것과 서로 달라 다투는 것이 둘이면서 하나인 줄 알면 다툼에서 벗어나 만남을 얻을 수 있다고 했다. 이에 따라 모든 이치를 따지고 현실 문제에 접근했다.

인명논리와 화쟁논리는 성격이 다르다. 인명논리는 갈라놓기를 일삼고, 화쟁논리는 합치는 것을 목표로 한다. 인명논리에서 화쟁논리로 나아가 원효는 논쟁가에서 화쟁가로 바뀌었다고 할 수 있다. 그러나 인명논리의 단계를 거쳤으므로 화쟁논리를 철저하게 갖출 수 있었다.

인명논리가 화쟁논리에 수용되어 새롭게 활용되었다.

논리 자체에 관한 작업을 따로 하는 것은 인도나 유럽에서나 하는 일이어서 동아시아와는 거리가 있다. 의식하지 않는 가운데 그 전통이 우리 학문에 면면이 이어져온다. 그러나 논리 자체에 관한 작업에 동참해서 창조의 활력으로 삼을 수 있다는 것을 원효가 입증했다. 유럽문명권 전래의 논리나 학문 방법론에 대해 우리가 어떤 태도를 가질 것인지 암시하는 소중한 전례를 마련했다.

「십문화쟁론」이 편린만 남았다고 한탄하고 있을 것은 아니다. 화쟁논리는 그 뒤에 이루어진 원효의 모든 저작에서 일관되게 적용되었다. 『大乘起信論』에서 모든 이치를 탐구할 때 진면목을 보여준 것을 확인할 수 있다.

탐구해야 할 이치를 다른 사람들이 이해하지 못하고 있는 이유를 들었다. "或望源而迷流 或把葉而云幹 或割領而補袖 或折枝而帶根"(「대승기신론별기」)(더러는 근원을 바라보고는 흐름을 기술하기나 하고, 더러는 잎을 잡고 줄기라고 말하고, 더러는 옷깃을 잘라 소매를 깁고, 더러는 가지를 잘라 뿌리에다 두른다)고 했다. 앞의 둘에서는 전후를 뒤바꾸는 잘못을 말했다. "或望源而迷流"는 근본은 버려두고 지엽에 매달린다는 말이다. 목표 설정이 잘못되어 작은 일이나 한다는 것이다. "或把葉而云幹"은 지엽을 파악하고 근본이라고 착각한다는 말이다. 작은 결과를 얻고 큰일을 했다고 착각하는 것이다.

뒤의 둘에서는 좌우를 뒤바꾸는 잘못을 말했다. "或割領而補袖"는 근본을 희생시키고 지엽을 살린다는 말이다. 도달점과 중간과정을 뒤바꾸는 것이다. "或折枝而帶根"은 해당사항이 다른 것을 모르고 엉뚱하게 가져다 붙인다는 말이다. 얻은 결과를 잘못 적용한다는 말이다.

다른 데서 "統衆典之部分 歸萬流之一味 開佛意之至公 和百家之異諍"(「涅槃經宗要」)(뭇 경전의 부분을 통합해 만 가지 흐름이 한 맛으로 돌아가게 하고, 부처의 뜻이 지극히 공정함을 드러내 백가가 서로 달라 다투는 것을 화해한다)고 한 말을 가져와 논의를 보충해보자. 뭇 경전은 각기 다르다. 진리의 어느 부분을 나타내고 있기 때문이다. 부분을 통합하면 전체가 이해된다. 백가가 서로 달라 다투는 것은 어느 한쪽에 치우친 생각을 하기 때문이다. 다툼을 넘어서서 화합하면 지극히 공정한 부처의 뜻이 나타난다.

서로 달라 다투는 것은 각기 어느 한 부분을 지녔기 때문이므로, 모두 합치면 전체가 하나가 되는가? 위에서 든 말을 보면 이런 뜻인 것 같다. 그러나 "지극히 공정함을 드러내"라고 했다. 있는 그대로 두고 합친다고 하지 않고, 그르고 바른 것을 가려 합친다고 했다.

서로 달라 다투는 것은 바르기도 하고 그르기도 하기 때문이므로, 바른 것은 취하고 그른 것은 버리고 합치면 전체가 바르게 되는가? 이렇게 생각될 수 있다. 그러나 바른 것을 가리려고 하면 싸움이 계속될 따름이다. 싸움을 말리고 화합을 이룩하는 것은 불가능하다.

서로 달라 다투는 것은 바르기도 하고 그르기도 하기 때문이므로, 바른 것은 취하고 그른 것은 버리고 합쳐서 전체가 바르게 하면서 그르다고 판정하는 것도 재고의 여지가 있고, 어느 경우에는 바르다고 주장할 수 있다고 인정하는 것은 어떤가? 이렇게 하면 싸움이 지나치게 격화되지 않아 해결 가능하다.

> 今此論者 旣智旣仁 亦玄亦博 無不立而自遺 無不破而還許 而還許者 顯彼往者往極而遍立 而自遣者 明此與者窮與而奪(「大乘

起信論疏記會本」)

(이제 이 논은 지혜롭고 어질며, 현묘하면서 광박하다. 세우지 않음이 없으면서 스스로 버린다. 부수지 않음이 없으면서 다시 허용한다. 다시 허용한다고 함은 저쪽으로 가는 자가 극단까지 가면 두루 선다는 것을 나타냄이다. 스스로 버린다고 함은 이쪽에서 준 자가 극단까지 가면 빼앗는다는 것을 밝힘이다.)

『대승기신론』에서 논한 바가 지혜롭다 하고 어질다고도 했다. 스스로 옳아 지혜로우면서 다른 주장을 배려하니 어질다. 깊이가 있어 현묘하면서 널리 적용되어 광박하다. 어질고 광박하다고 한 것은 그른 것들에 대한 배려이다. 스스로 옳다는 것을 철저하게 주장할 수 있지만 한계를 둔다. 그릇된 견해를 모두 부술 수 있지만 남겨둔다. 파괴하지 않고 남겨둔 다른 견해가 지금 예상하기 어려운 극단적인 상황에서는 도리어 널리 타당성을 가질 수 있다는 것을 인정한다. 이쪽의 입론을 완전하게 하지 않고 재고의 여지를 남겨둔 영역에서도 지금 예상하기 어려운 극단적인 상황이 벌어지면 제어할 수 없는 반론이 일어나 주도권을 쟁탈할 수 있다는 것을 인정한다.

染淨諸法 其性無二 眞妄二門 不得有異 故名爲一… 設使二門雖無別體 二門相乖不相通者 則應眞如門中 攝理而不攝事 生滅門中 攝事而不攝理 而今二門互相 融通 際限無分

(더럽고 깨끗한 여러 법은 그 본성이 둘이 아니다. 진실하고 허망한 두 문이 다름을 지니지 않는다. 그러므로 하나라고 이름짓는다… 두 문이 설사 본체가 구별되지 않아도, 두 문은 어긋나고

서로 통하지 않는다. 眞如門에서는 理만 포섭하고 事는 포섭하지 않는다. 生滅門에서는 事만 포섭하고 理는 포섭하지 않는다. 그러면서 두 문은 서로 융통하고 경계가 나누어져 있지 않다.)

『大乘起信論別記本』에서는 이렇게 말했다. 진여문과 생멸문은 둘이면서 하나이고 하나이면서 둘이라고 했다. 진여문은 깨끗하고 생멸문은 더럽다고 하고, 진여문은 진실하고 생멸문은 허망하다고 하지만, 본체는 둘이 아니고 하나라고 했다. 본체란 무엇인가? 깨끗한 것이 더럽고 더러운 것이 깨끗하며, 진실한 것이 허망하고 허망한 것이 진실하다고 하는 말을 그렇게 했는가? 아니면 본체가 따로 있는가? 앞의 경우라면 본체라는 말이 부적절하다. 뒤의 경우라면 진여문과 생멸문의 구분을 넘어서 있는 본체가 따로 있다고 하게 되니 잘못이다.

진여문에서는 理를 생멸문에서는 事를 관장하므로 그 둘이 하나가 아니고 둘이라고 했다. 그러면서도 두 문은 서로 융통하고 경계가 나누어져 있지 않다고 했다. 理와 事는 어떤 관계인가? 뒷날 理와 氣라고 하는 것과 같지 않은가? 이기이원론이라고 할 수 있는 것을 말했다. 그러면서 理를 관장하는 진여문과 氣를 관장하는 생멸문은 서로 융통하고 경계가 나누어져 있지 않다고 했다. 그래서 하나인가?

理는 事 또는 氣의 원리일 따름이다. 氣일원론에서는 이렇게 말했다. 그렇다면 진여가 생멸이고 생멸이 진여이다. 이렇게 말해야 한다. 생멸에서 전개되는 상극이 진여라고 일컬어지는 상생과 그 자체로 하나라고 해야 한다. 생멸의 상극은 부정해야 할 것도 부득이 인정해야 할 것도 아니고 운동하고 발전하고 창조한다. 생멸은 위대해 그 자체가 진여이다. 운동하고 발전하고 창조하는 것이 최고의 가치이다. 氣일원론을 이어 나는 이렇게 말한다.

어디까지 나아갔는가

원효의 탐구와 저술에서 『金剛三昧經論』이 절정을 이루었다. 논의의 대상인 『금강삼매경』은 중요한 경전이 아니고, 출처가 의문이다. 원본이 인도에서 전래되지 않은 것으로 밝혀졌으며 원효 생존 당시인 650-665년 사이에 만들어졌으리라고 하는 추론이 유력하다. 만든 곳이 신라라고 하고, 원효가 작자라는 추정을 자아내기까지 한다. 그 가운데 어느 것이 타당한지 가릴 수 없으나, 원효의 논의 때문에 이 경이 널리 알려진 것만은 틀림없다. 원효는 중요한 경전을 이해하는 데 필요한 작업을 한 것이 아니다. 자기 사상을 펴기에 가장 적합한 대상을 찾았다.

중세의 학문은 어느 문명권에서나 보편종교의 경전을 풀이하는 경학으로 이루어졌다. 경전을 풀이하면서 자기 말을 해야 했다. 자기 말로 논문을 쓰는 것은 원칙적으로 허용되지 않았다. 경전 풀이와 자기 말하기 가운데 어느 쪽에 더 큰 비중을 두는가는 경우에 따라 달랐다. 자기 말을 하고자 하는 사람은 그렇게 하는 데 적합한 대상을 찾아야 했다. 원효가 그렇게 하는 데 누구보다도 앞섰다.

그래서 쓴 책이 원래 『金剛三昧經疏』이었는데 중국에 전해져서 『金剛三昧經論』으로 승격되었다. 외국인의 한문 저작이 論으로 인정된 다른 예는 없다. 일본에도 전해져 높이 평가되었다. 원효의 이름이 나날이 높아져 많은 설화가 만들어지게 했다. 『송고승전』에서 저술의 내력에 대해서 자세하게 말한 것이 그 때문이라고 생각된다.

경전을 풀이하는 통상적인 방식을 따르지 않고 원효 자신의 철학을 제시한 것이 특이하다. 서두에서 대의를 풀이한다고 하면서 다음과 같이 한 말이 예사롭지 않다. 경전을 풀이하는 방식에서 벗어나 자기 말을 했다. 모든 이치를 한꺼번에 포괄해 논하면서 전에 없던 견해를 폈다.

> 夫一心之源 離有無而獨淨 三空之海 融眞俗而湛然 湛然 融二而不一 獨淨 離邊而非中 非中而離邊 故 不有之法 不卽住無 不無之相 不卽住有 不一而融二 故 非眞之事 未始爲俗 非俗之理 未始爲眞也
>
> (무릇 한 마음의 근원은 유와 무를 떠나서 홀로 깨끗하고, 三空의 바다는 진과 속을 아우르며 맑다. 맑으니 둘을 아울렀어도 하나가 아니고, 홀로 깨끗하니 가장자리를 떠났으면서도 가운데가 아니다. 가운데가 아니면서도 가장자리를 떠났기에 유가 아닌 법이 무에 머무르지 않고, 무가 아닌 상이 유에 머무르지도 않는다. 하나가 아니면서 둘을 아울렀으므로 眞이 아닌 사물이 俗이 되지 않고, 속이 아닌 이치가 진이 되지도 않는다.)

『대승기신론별기본』에서 한 말과 연결시켜 이해해보자. 生滅門에서 관장하는 事의 모습을 구체화했다. 가운데와 가장자리는 유무와 같은 차원의 개념이 아니고 실체이다. 유의 양상이 차등의 원리에 따라 나누어져, 가운데는 존귀하고 가장자리는 미천하다고 하는 것을 문제 삼았다. 그런 관점에서 다시 보면, 하나와 둘, 진과 속은 물론 유와 무도 개념이면서 실체인 이중의 의미를 지녔다고 할 수 있다. 하나와 둘은 군주와 신하, 진과 속은 귀족과 평민, 유와 무는 부자와 빈자를 지칭하는 의미가 내포되어 있다고 할 수 있다. 현실의 문제를 받아들였다.

그런 것들의 대립으로 생긴 둘이 그 자체로 하나라고 한 것은 어떻게 이해해야 하는가? 사실은 대립이 아닌데 대립으로 잘못 알고 있다는 말은 아니다. 하나는 실상이고 둘은 허상인 것은 아니다. 둘이기 때문에 번민하지 말고 하나이기에 마음을 편안하게 가지자고 한 것이 수행해 깨달음을 얻는 성과라고 한다면 어느 정도 근접된 이해를 한다. 둘이 둘인 의의를 평가하려고 한 것 같은데 나타나 있지 않다. 둘이 둘이면서 하나이기도 해서 운동하고 발전하고 창조한다고 분명하게 하지 않은 것이 유감이다.

원효는 불교 교학에 머무르고 바깥 세상과의 관련을 문제 삼지 않았다. 나중에 다룰 가잘리나 비베카난다가 현실에서 제기되는 문제를 이치의 근본과 관련시켜 다룬 것과 같은 일을 하지 않아, 안팎을 호응시켜 이해할 수 있는 단서가 발견되지 않는다. 원래 그랬는지 전하지 않는 저작이 더 많아 자료를 상실했는지는 알 수 없으나, 이 점이 소통을 어렵게 하는 또 하나의 이유이다.

원효의 저작이 현실의 문제와 어떻게 호응되는지 알아내야 핍진한 이해가 가능하다. 이에 관해 두 가지 방법이 있다. 기존의 불교 교학과 비교해 차이점을 발견한다. 차이점이 현실에 대처하는 자세에서 생겼는지 밝혀 논한다. 이에 관한 기존의 작업이 있어 옮겨오기로 한다. 나가르주나(Nagarjuna, 龍樹)와의 비교에서 얻은 성과이다.(『철학사와 문학사 둘인가 하나인가』, 서울: 지식산업사, 2000, 159-160면)

원효는 나가르주나의 문제의식, 논리, 글쓰기를 충실하게 이으면서, 한 걸음 더 나아가 자기 길을 찾았다. 모든 언설은 假名이지만, '離言眞如'를 '依言眞如'로 이룩해야 한다고 한 것은 핵심사항에 관한 주목할 만한 재창조이다. '有無'·'眞俗'·'一二'·'中邊'의 대립을 넘어서야 한다고 한 원효의 지론은 나가르주나와 다른 면이 있다.

열거하는 순서를 반대로 해서 中邊·一二·眞俗·有無라고 해보자. 그 가운데 '中邊'은 0이 1이고 1이 0인 관계를 입증하기 위한 매개체 구실을 한다고 할 수 없으며, 둘은 서로 대립되는 실체이다. 中과 邊은 둘이 아니고 하나이며 하나가 아니고 둘이라고 하면서 대립은 인정되어야 넘어서고 넘어서야 인정된다고 했다.

一二에서 말한 一과 二는 이중의 의미를 지닌다. 어떤 실체를 가진 하나인 존재와 둘인 존재가 中과 邊처럼 대립되어 있다고 할 수 있는 것이 첫째 의미이다. 존재양상을 숫자로 나타내는 1과 2가 나누어져 있으면서 나누어져 있지 않다고도 할 수 있는 것이 둘째 의미이다. 첫째 의미는 원효가 새롭게 부여했다면, 둘째 의미는 나가르주나에게서 물려받았다.

眞俗과 有無는 나가르주나가 말한 바이다. 나가르주나가 말한 것과 같은 의미를 지닌다고 할 수 있다. 그러나 그것은 한 가지 의미이고, 원효가 특별히 부여한 다른 한 가지 의미가 있다고 인정할 수 있다. 中邊에서 말한 2의 대립이 一二뿐만 아니라 眞俗에도 있어 僧俗 또는 貴賤의 대립을 나타내고, 有無도 있어 빈부를 뜻한다고 할 수 있다.

有無·眞俗·一二·中邊 순서로 들면 나가르주나에게서 물려받은 것이 커지고, 中邊·一二·眞俗·有無 순서로 들면 원효가 보탠 것이 많아진다. 그 둘 가운데 어느 하나를 선택해야 하는 것은 아니다. 둘은 각기 타당하고, 또한 둘이 하나이다.

나가르주나의 뒤를 이어 원효 또한 0과 1과 ∞가 각기 그것대로 인정되면서 하나라고 하는 철학을 전개하면서, 또한 서로 대립되는 것들에 대해서 진지한 관심을 보인 2의 철학을 개척했다. 그러한 사실은 양면적인 의의를 가진다. 2를 무시한 결함을 보완해 0과 1과 ∞의 철학이 더욱 생동하는 의의를 가지게 했다고도 할 수 있고, 0과 1과 ∞의 철학을 가져와서 2의 철학을 개척하는 데 활용했다고도 할 수 있다.

원효는 어째서 그럴 수 있었던가? 원효는 사상의 전승자에 머무르지 않는 창조자여서 그랬다고 할 수 있다. 원효는 민중과 가까운 관계를 가지고 사회모순을 문제 삼고, 현실에 대해서 더욱 깊은 관심을 가졌기 때문에 그랬다고 할 수 있다. 또한 2를 중요시하는 동아시아철학의 전통을 의식하지 않은 가운데 활용하면서 儒·佛철학을 합치는 길을 제시했다고 할 수 있다.

후대의 호응

고려시대 승려 義天은 경주 분황사까지 가서 원효의 자취를 찾고 「祭芬皇寺曉聖文」을 지었다. "법을 구하는 사문 의천이 海東教主 원효 보살에게 글을 올립니다"라고 하고서, 풍속이 야박하고 어지럽게 되자 사람은 떠나고 도는 자취를 감추어 끼친 가르침을 이을 수 없었다고 했다. 원효가 나서서 백가가 다투는 실마리를 화합시키고 일대의 공정한 논의를 폈다고 찬양하고, 수많은 고승의 저술을 두루 보았으나 더 나은 이가 없다고 했다. 마지막 대목에서는 이렇게 말했다.

> 미묘한 말씀이 그릇됨을 슬퍼하고 지극한 도가 쇠잔함을 애석히 여겨, 멀리 이름난 산을 찾고 없어진 책을 두루 구하다가, 지금은 계림의 옛 절터에서 다행히 살아 계시는 듯한 모습을 우러르고,

鷲嶺의 옛 봉우리에서 그 때의 법회를 만난 것 같습니다.

원효의 疏에 따라 『금강경』을 강하고 지은 「依海東疏講金剛經慶而有作」에서도 원효를 찬양했다. 불법을 닦자는 것은 의혹을 없애기 위함인데, 그동안 수많은 책을 공부했으나 어둠 속에서 헤맸다고 했다. 그러다가 원효를 만나 크나큰 감격을 느꼈다고 다음과 같이 말했다.

義語非文契佛心　올바른 말씀은 글로 꾸미지 않아도 불심에 맞나니,
芬皇科敎獨堪尋　분황사 스님 가르침에 따라서만 경의 뜻을 찾으리.
多生孤靈冥如夜　거듭 나기나 하는 외로운 혼령 어두운 밤을 헤매다,
此日遭逢芥遇針　오늘 만남은 겨자씨가 바늘을 찾은 듯한 기적이로다.

『삼국유사』에 수록된 원효 이야기에는 원효가 민중과 가까운 관계를 가졌다고 한 것이 적지 않다. 그런 것들은 모두 기존의 기록에는 없어 『삼국유사』를 지을 때 특별한 관심을 가지고 모아들였다고 생각된다. 원효가 실제로 그런 사람인데다가 일연이 자기 견해를 보태, 지식인과 민중이 하나가 되고 민중이 지식인보다 앞서기조차 하는 관계 양상을 나타냈다. 이것이 『삼국유사』의 중심 주제라고 할 수 있다.

원효는 미천한 사람들에게 다가가고, 일상생활을 소중하게 여겼다. 거기서 한 걸음 더 나아가 미천한 사람들이 보살의 위치에 있고, 일상생

활 자체가 보살행이라고 했다. 그런 깨달음을 갖춘 민중불교를 일으키고 널리 펴는 데 앞장서서, 불법이 따로 없다는 것을 보여주고 고승이기를 거부했으므로, 원효는 가장 높은 경지에 이른 고승으로 인정되고, 많은 사람의 숭앙을 모았다.

昔義湘法師 始自唐來還 聞大悲眞身住此海邊崛內.. 齋戒七日 浮座具晨水上龍天八部侍從 引入崛內 參禮空中 水出出精念珠一貫獻之 湘領受而退 東海龍亦獻如 意寶珠一顆 師捧出…

後有元曉法師 繼踵而來 欲求瞻禮 初至於南郊 水田中有一白衣女人刈稻 師戱請其禾 女以稻荒戱答之 又行至橋下 一女洗月水帛 師乞水 女酌其穢水獻之 師覆棄之 更酌川水而飮之(권3「洛山二大聖…」)

(옛날 의상법사가 당나라에서 돌아와, 관음보살의 眞身이 이 해변 굴 안에 있다는 말을 들었다…. 재계한 지 7일만에 앉은 자리를 새벽 물 위에 띄웠더니, 용의 무리와 天使 무리 등 8부 시종들이 굴속으로 인도했다. 공중을 향해 참례하니 수정염주 한 꾸러미를 물에서 내주어, 의상이 그것을 받아 나왔다. 동해용이 또한 여의보주 한 알을 바쳐 법사가 받아 나왔다….

그 다음에 원효가 뒤따라가서 예배하려고 했다. 처음에 남쪽 교외에 이르니, 논 가운데서 어떤 흰 옷 입은 여인이 벼를 베고 있었다. 원효법사가 희롱 삼아 벼를 달라고 하니, 여인은 벼가 맺히지 않았다고 희롱 삼아 대답했다. 다시 다리 아래 이르니, 어떤 여인이 개짐을 빨고 있었다. 법사가 물을 달라고 하니, 여인은 그 더러운 물을 떠 주었다. 법사는 엎질러버리고 다시 냇물을 떠서 마셨다.)

이 이야기는 의상과 원효가 진리를 추구하는 방식이 서로 달랐음을 말해준다. 의상과 원효는 생각이 다르기 때문에 서로 다른 관음을 만났다. 의상의 관음은 아득히 먼 곳에서 모습을 잘 드러내지 않는 신이한 존재이다. 원효가 만난 관음은 벼를 베기도 하고, 개짐을 빨고 있기도 하는 허름한 여인이어서, 경배를 하는 대신에 戱言을 나누었다.

의상은 관음을 멀리서만 바라보고 예배의 대상으로 삼고, 원효는 보살이 떠주는 물이 개짐을 빨아 더럽다고 여기고 마시지 않고 버렸다. 의상처럼 접근해서는 관음이 있는 높은 곳까지 올라갈 수 없지만, 원효가 만난 관음은 자세를 최대한 낮추었다. 그러나 깨달음이 모자란 탓에 분별심이 아직 남아 있어 만남이 헛되게 했다.

의상이 추구한 진리는 멀리 있어 숭고하기만 하고, 원효는 비속하고 일상적인 삶 자체에 진리가 있다고 여겼다. 귀족불교와 민중불교의 노선이 그렇게 갈라졌다. 의상의 귀족불교는 완성을 향해 다가가려면 부단한 노력이 있어야 했다. 원효의 민중불교는 만족스러운 경지에 이르렀는가 하면 그런 것은 아니다.

과부가 낳은 아이이고, 열두 살이 되도록 말을 못하고 기어 다니는 蛇福과의 만남에서 원효가 모자라는 점이 잘 나타났다. 蛇福은 '뱀아이'이다. 뱀처럼 기어 다니는 아이라는 말이다. 그런 사복이 자기 어머니 장사를 원효와 함께 지내자고 해서 다음과 같은 일이 벌어졌다.

臨尸祝曰 莫生兮其死也苦 莫死兮其生也苦 福曰 詞煩 更之曰 死生苦兮(권4 「蛇福不言」)

(시신 앞에 나아가 고축했다. "나지 말라 죽기 괴롭다. 죽지 말라 나기 괴롭다." 사복이 말했다. "사연이 번다하다." 고쳐 말했다. "죽고 나기 괴롭다.")

원효가 말이 많은 것은 깨달음이 부족하기 때문이다. 수많은 저작을 남겨 그렇다는 것을 널리 알렸다. 사복은 글을 쓰지 않고 행적조차 남기지 않았다. 어떻게 살다 갔는지 모를 무명인사가 고승으로 널리 알려진 원효보다 더 높은 경지에 있었다. 낮은 것이 높은 것이고, 높은 것이 낮은 것이다. 무명의 민중은 가장 낮은 처지에 있어 가장 높은 경지에서 살아간다고 할 수 있다.

의상과 원효, 사복과 원효에 관한 이야기는 사실 여부가 문제될 필요가 없다. 진리를 추구하는 방식에서 원효는 그 둘과 어떻게 달랐는지 알려주는 상징적 표현을 정확하게 선택한 설화여서 소중하다. 원효 스스로 그렇게 했다는 것은 아니고, 원효에 대한 민중의 이해를 나타냈다. 원효가 대단하다고 하지만 모자라는 점이 있다고 지적하려면 아주 높은 경지에 있어야 하는데, 그것이 바로 가장 낮은 위치에 있는 민중의 지혜이다.

오늘날 해야 할 일

원효와 우리가 하나가 되어야 원효가 훌륭해 우리도 훌륭할 수 있다. 그런데 원효는 아직 저편에 있다. 가까이 다가가려고 해도 거리가 좁혀지지 않는다. 소통에 어려움이 있다. 이 강의에서 다루는 12인 가운데 소통하기 가장 어려운 쪽에 원효가 있다. 왜 그런지 따져보고 해결 방안을 찾아야 한다. 오늘날 우리가 무식한 탓임을 알고 반성해야 한다고 하고 말 일이 아니다.

소통이 어려운 것은 원효의 저작이 난해하기 때문이다. 대강은 알 수 있다고 해도 세부로 들어가려고 하면 난관이 많다. 대단한 정도의 전문성을 지니고 있으며, 용어 사용과 논리 전개가 예사롭지 않아 다가가기 힘들다. 원문이 한문인 탓에 난해하므로 쉽게 번역하면 이해 가능한 것은 아니다. 본래의 뜻을 쉬운 번역에 담을 수 없다.

원효의 저작이 난해한 것은 한문으로 썼기 때문이 아니고 불교 교학을 다루었기 때문이다. 불교 교학은 원래부터 이해하기 쉽지 않고 중국에 와서 더 많은 이론이 추가되어 접근하기 한층 어려워졌다. 기독교나 이슬람교보다 그 정도가 훨씬 심했다. 힌두교는 비슷한 정도로 난해하다고 할 수 있으나, 문학 작품을 기본 경전으로 삼고 있어 들어가는 문이 사방에 열려 있다. 원효나 다른 승려들의 게송은 그 정도의 구실을 하지 못한다.

원효가 불교 승려가 되어 교학을 논한 것이 잘못된 선택이었다고 할 수는 없다. 승려가 아니면 학문을 할 수 없었다. 이치를 따져 밝히는 길이 불교밖에는 없었다. 이치를 따져서 얻은 바를 불교 교단이 아니면 발표하고 전달할 곳이 없었다. 원효는 기존의 방식을 따르면서 바꾸어 놓고자 했다. 문제점을 새롭게 해결하면서 창조의 길을 찾아 생동하고 절실한 논의를 전개해 어려운 것을 쉽게 만들려고 했어도, 근본적인 호전은 가능하지 않았다.

원효의 노력은 평가하면서, 결과는 불만스럽게 생각할 수 있다. 원효를 나무란다고 문제가 해결되는 것은 아니다. 불만을 해소하려면 원효에게서 우리로 관심을 돌려 스스로 깨달음의 주체가 되는 수밖에 없다.

불교 교학의 범위를 넘어서서 깨달음을 얻고 오늘날의 언어로 나타내야 한다.

원효는 불교 논설을 쓰는 것으로 만족하지 않고 직접적인 소통을 가능하게 하는 별도의 통로를 마련하려고 했다. 노래 부르고 춤을 추기도 했다고 하고, 현장에서 말을 주고받는 구비철학의 표현법을 사용한 기록이 남아 있다. 그런 유산을 구비철학의 매개자인 구비전승에서 이어 받아 원효가 기발하게 전개되는 이야기의 주인공으로 거듭 등장했다. 그 가운데 수준 높은 착상이 번득인다.

구비전승에서는 원효와의 소통을 성과 있게 했다. 그런데 오늘날의 학문은 능력이 크게 모자란다. 원효설화를 창조하고 전승한 민중보다 지금 학문을 한다는 사람들이 더 무식하기 때문인가? 유무식의 문제가 아니다. 창조적인 사고를 하는가 하지 않는가 하는 것이 결정적인 차이이다. 오늘날의 학자들은 원효를 열심히 연구하고 많은 사실을 밝혀내지만 소통의 길을 여는 것은 아니다. 창조 작업은 하지 않기 때문이다.

소통 결핍이 많은 폐해를 낳는다. 원효에 대한 숭앙이 지나치다. 원효를 넘어서야 원효가 원효다울 수 있다고 생각하지 못한다. 원효의 책임을 물어도 소용이 없다. 우리가 새롭게 깨달아야 하는 결단이 원효의 선물이기를 바라다가 실망하고 마는 것은 어리석다. 제5권 제14강에서 한 말을 가져온다.

元曉寺니 元曉庵이니 하는 곳이 전국 도처에 많이 있다. 원효의 이름을 내세우지 않고서도 원효가 창건했다고 하는 사찰도 흔하다. 원효가 분신술이라도 썼단 말인가 하고 어리석게 생각하지 말자. 오늘날 원효를 내세워 번다하게 모임을 만들고 행사를 열며, 관련 논저가 산더미 같이 늘어난 것과 그리 다르지 않다.

원효는 막힌 것을 터준다. 불법은 불법이 아님을 일깨워주어 자유로울 수 있게 한다. 그런데 원효를 너무 받들다가 착상이 빈약해지고 행보가 어려워진다. 원효는 원효가 아니어야 원효일 수 있다. 남긴 저술을 구비철학의 원천과 합쳐 다시 생동하게 해야, 원효는 원효가 아니게 하는 부정, 원효는 원효이게 하는 긍정을 함께 관철시킨다. 그것이 우리가 다시 하는 창조 작업의 시발점이다.

원효에 관해 전해들은 말을 가지고 구비철학을 재창조하는 것과 같은 작업을 원효를 연구하는 학자들은 하지 못하고 있다. 우열이 이용하는 자료에 있지 않고 이용하는 쪽의 자세와 방법에 있다. 원효를 고금학문 합동작전의 상대로 삼아 자기 철학을 창조해야 막힌 것이 터지고 죽은 것이 살아난다.

원효에 관한 근래의 연구에 원효가 오늘날 우리에게 어떤 의의를 가지는지 밝혀 논하려고 한 것들이 있다고 서두에서 말했다. 높이 평가해야 할 업적이지만, 새로운 사상을 만들어내는 길로 원효와 함께 나아가려고 했다고 하기는 어렵다. 박학서를 쓰는 모범을 보이면서 새로운 발상을 조금씩 마련하려고 해서 문제를 만들어내지 않고자 하고 시비를 피했다. 자기는 겸손한 해설가에 지나지 않는다고 하면서 관심을 원효로 돌렸다.

앞에서 든 네 저서를 각기 살펴보자. 서영애는 원효가 禪宗의 역사를 재검토하도록 한다고 했다. 김형효는 원효의 대승사상이 신라 흥륭기의 정신이었음을 밝히는 결론에 이르렀다. 신오현은 서양철학과의 비교론을 다각도로 전개해 원효를 재해석하면서, 그 작업이 자기가 이룩하고자 하는 철학과 어떤 관련을 가지는지 말하지 않았다. 이홍우는 원효의 저작에서 사람의 말을 사람이 알아들을 수 없는 충격을 발견하고, 모든 것을 다시 생각하는 오랜 인고의 과정을 거치더니 원효의 유산을 교육이론으로 해석할 가능성을 발견하는것을 결말로 삼았다.

원효로 되돌아가면서 오늘날 해야 할 일을 감당하고자 하는 신중함을 재고해야 한다. 원효의 저작 전부 또는 어느 저작 전부를 충실하게 이해하고 자기 말을 해야 한다면 너무 많은 시간이 소요되고, 발상이 자유롭지 못해 탈출구가 없다. 원효가 밖으로 뛰쳐나가 헛소리나 하고, 노래 부르고 춤추면서 다닌 것과 같은 파격적인 결단이 필요하다.

원효설화를 만든 사람들이 모범이 되는 선례를 보여주었다. 어느 한 가지 원천이라도 잘 이용해 원래의 것보다 나은 물건을 만드는 작업을 오늘날의 학문에서도 과감하게 해야 한다. 구비철학과 기록철학을 합치는 것이 기본 요체이다. 이 일은 철학 전공자들은 하지 못하므로 문학연구나 문학창작에서 선도해 분발을 촉구하는 것이 마땅하다.

토론

❑ **문** : 원효의 학문은 앞에서 논의한 대로 몇 단계를 거친 줄 알겠다. 논리 자체를 다지는 논리학, 불교 이치의 새로운 탐구, 자기 자신의 독자적 철학 정립의 과정을 거친 것을 더욱 선명하게 정리하고 평가해야 하지 않는가?

❑ **답** : 세 단계만이 아니다. (1) 어떤 어려움이 있어도 열심히 공부하겠다고 한 다짐, (2) 논리 자체를 다지는 논리학, (3) 구비철학에서 얻은 각성, (4) 불교 이치의 새로운 탐구, (5) 자기 자신의 독자적 철학

정립, 이 다섯 단계를 거쳤다고 할 수 있다. (2)에서 논증의 수준을 높이고 (3)에서 사고의 비약을 이룩하는 작업을 함께 해서 합쳤으므로 (4)에서 (5)로 나아갔다고 생각된다.

❑ 문 : 원효가 파계하고 결혼한 것을 어떻게 평가해야 하는가?

❑ 답 : 승려의 계율에는 어긋났지만, 현실 인식을 확대하는 계기를 얻었다고 할 수 있다.

❑ 문 : 현실 인식의 구체적인 내용이 무엇이겠는가?

❑ 답 : 가족과 함께 살아가면 생기는 문제를 알고, 신분의 장벽을 절감했을 것이다. 아들 薛聰은 어머니가 공주였어도 아버지의 신분을 따라 육두품이어야 했다. 구분과 시비를 넘어서야 한다고 간단하게 말할 수 없는 사태에 직면한 것이 자기 철학을 이룩하는 데 도움이 되었을 것이다.

❑ 문 : 파계를 스스로 원했다고 하는 견해에 대해서는 어떻게 생각하는가? 원효가 "誰許沒柯斧 我斫支天柱"(누가 내게 자루 없는 도끼를 주겠는가, 하늘을 고일 기둥을 깎겠다)라고 외치고 다녔다고 『삼국유사』에서 말한 것을 두고, "沒柯斧"는 여자이며 "支天柱"는 아들이라고 하기도 하고, "沒柯斧"는 상례를 벗어난 방법이고 "支天柱"는 엄청난 수준의 깨달음이라고 하기도 한다. 어느 쪽이 타당한가?

❑ 답 : 원효가 파계를 원한 것처럼 알도록 하기 위해 그 말을 나중에 지어냈다면 앞의 뜻이다. 원효가 스스로 한 말이 전해져 기록에 올랐다면 뒤의 뜻이다. 원효가 뒤의 뜻으로 한 말을 앞의 뜻으로 알아들었을

수도 있다. 시비를 가리려면 논의가 더 필요하다. 아들을 얻기 위해 파계를 하려고 했다는 것은 자연스럽지 않고, 또한 아들 설총이 "支天柱"라고 할 만한 인재인가는 의문이다. 뒤의 뜻으로 받아들이는 것이 마땅하다고 본다. "誰許"를 어떻게 보아야 할지 의문인데, "엄청난 수준의 깨달음을 이룩하고자 해서 상례에 벗어난 방법을 쓰는 것을 허용할 사람이 있겠는가"라고 했다고 보면 어떨까 한다.

❑ 문 : 현실 인식이 원효의 철학에 무엇을 보탰는가?

❑ 답 : 0과 1과 ∞의 관계에 관한 논의를 가져와서 2의 철학을 이룩하는 데 활용했다고 이미 말한 것이 그 결과이다. 中邊·一二·眞俗·有無라고 한 것들이 2이면서 1이고 1이면서 2라고 한 것이 대단한 진전이다. 1이 2여서 상극의 관계를 가지고, 2가 1이어서 상생의 관계를 가진 것을 밝혔다고 할 수 있다. 龍樹 이래의 대승불교 철학에서 어느 정도는 갖추었다고 할 수 있는 생극론을 분명하게 하고 현실 인식과 연결시켜 기철학의 선구적인 발상을 마련했다고 할 수 있다.

❑ 문 : 원효의 理事哲學에서 事法界·理法界·理事無碍法界·事事無碍法界의 四種法界를 말하는 것을 어떻게 이해해야 하는가? 氣철학과 연관시킬 수 있는가?

❑ 답 : 事法界·理法界·理事無碍法界·事事無碍法界로 이어지는 단계를 말해 事의 구속에서 벗어나 理의 열림으로 나아가자는 방향을 제시했다고 할 수 있지만, 구속으로 여기던 事에서 理의 열림을 발견하자고 주장했다고 보면 기철학과 상통하는 발상을 마련했다.

❑ 문 : 생극론에 대한 선호가 지나치고, 기철학을 과대평가하는 것이 아닌가?

❑ 답 : 불교철학에서 1이 0임을 알아야 한다고 깨우친 말이 놀랍기는 해도 절실하게 생각되지 않는 것은 사람은 누구나 2에서 살고 있기 때문이다. 기철학은 관심의 방향을 바꾸어 그 다음 시대의 사상을 창조했다. 2에서 1로, 1에서 0으로 나아가자는 것이 2를 인식하고 해결하는 데서 의의를 가져야 한다고 하면서 생극론을 정립한 것을 높이 평가해야 한다.

그 때문에 불교철학이 무력해진 것은 아니다. 기철학이 2와 1의 관계론으로 방향을 돌린 작업은 완결되지 않고 더 해야 할 일이 많이 남아 있다. 보완과 발전을 위해 버린 것을 이어받는 것이 마땅하다. 1과 0의 관계에 관해 논의의 유산을 깊이 연구해 오늘날 다시 만드는 철학을 심화하는 데 활용해야 한다.

❑ 문 : 원효가 생극론의 발상을 선행하는 불교철학에서보다 한층 뚜렷한 모습을 갖추고 치열하게 전개한 이유가 무엇인가? 현실 인식만으로 부족하지 않았는가?

❑ 답 : 현실 인식이 철학으로 정립되려면 사고의 틀이 필요하다. 구비철학과의 만남에서 새로운 탐구의 결단을 내린 것이 또한 중요한 이유였을 것이다. 후대의 상황도 같은 방식으로 이해된다. 용어와 개념을 중국에서 가져온 점에서는 수입학이라고 할 수 있는 본격적인 기철학이 중국에서보다 한국에서 더욱 뚜렷한 모습을 갖추었다. 구비철학과의 교섭이 계속된 결과가 아닌가 한다. 이런 경과를 모두 밝혀 철학사를 다시 써야 하는 커다란 과제가 제기되어 있다.

❑ 문 : 이홍우 교수가 원효를 두고 전개한 논의가 흥미롭다. 사람이 사람의 말을 알아들을 수 없는 충격을 받았다는 데 공감한다. 원효의 글은 왜 그런가?

❑ 답 : 원효만 그런 것은 아니다. ∞의 분별을 넘어서서 1로 향하고, 1에서 0으로 나아가자고 하려고 ∞에 사로잡혀 있어서는 알아들을 수 없는 말을 하는 것이 불교철학의 상례이다. 원효는 충격 요법을 강하게 썼다고 할 수 있을 따름이다.

❑ 문 : 알아들을 수 없는 말을 연구해 무엇을 얻었는가? 원효의 유산을 교육 이론으로 해석할 가능성을 발견했다는 것은 실망스러운 결과이고, 노력에 비해 성과가 너무 적지 않은가?

❑ 답 : 1로, 0으로 나아가고자 하는 데 공감해 말을 알아듣게 된 성과를 담기에는 교육학이라는 밥그릇이 너무 작다. 밥그릇을 깨고 다시 출발해야 한다. 학문 전반의 혁신으로 나아가는 용단을 내려야 마땅하다.

❑ 문 : 원효의 선례가 오늘날의 학문을 위해 어떤 직접적인 도움이 되는가?

❑ 답 : 오늘날은 서양학문에 의존하는 수입학을 넘어서서 세계학문의 새로운 발전을 선도하는 창조학을 해야 하는 과업이 제기되어 있다. 원효처럼 해야 길이 열린다. 무엇을 어떻게 해야 하는지 정리해 말하겠다.

어느 나라에 유학해 그 쪽 전문가가 되려고 하지 말고, 우리에게 필요한 학문을 열심히 하다가 밖으로 나아가 타당성을 검증하고 확대하자. 어느 하나를 전공해 그 속에 매몰되지 말고, 최정상의 학설 여럿을 대등 이상의 위치에서 비교해 평가하면서 타당한 것을 가려내자.

그 성과를 전통학문의 가장 값진 유산에서 얻은 발랄한 창조력을 가지고 재론해, 고금이 하나가 되고 내외의 구분을 넘어서는 세계학문의 새로운 경지를 열자.

태도보다 학문의 내용이 더욱 소중하다. 1이나 0으로 나아가고자 하는 것이 2의 인식과 해결을 위해 결정적인 의의를 가진다고 한 원효의 깨우침은 바로 이어야 한다. 오늘날은 2의 양상이 아주 복잡해, 1이나 0으로 나아가는 과업 또한 만만치 않다. 이미 있는 말이나 되풀이하면 퇴보할 따름이다. 원효를 만난 보람이 있으려면 원효를 넘어서야 한다.

제4강 가잘리

자리 매김

가잘리(Muhammad al-Ghazali, 1058-1111)는 원효보다 4백여 년 뒤에 페르시아에서 태어난 이슬람 철학자이다. 두 사람은 시대와 지역에서 커다란 차이가 있지만 종교에 입각해 궁극적인 진리를 파악한 방식에 주목할 만한 공통점이 있다. 기존의 교리를 풀이하지 않고 확신에 찬 깨달음을 추구했다. 생애의 도중에 커다란 변화를 겪고 거듭났다. 종교는 구속일 수 없다는 것을 입증하고 창조적 사고의 길을 열었다.

원효와 가잘리는 또한 문명권의 중심부가 아닌 중간부 출신이라는 점이 같다. 자기의 민족어로 말하고 문명권 전체의 공동문어로 글을 쓰는 양층언어 생활을 하면서 대단한 업적을 이룩했다. 중심부에서 가져온 사상을 생동감을 보태 재창조하고 보편적 가치를 확대했다. 중간부의 이점을 충분히 살렸다고 할 수 있다.

문명권의 중간부는 중심부나 주변부와는 다른 과업을 수행했다고 일반화해서 말할 수 있다. 고도의 논리를 갖춘 기록철학 정립을 위해 중심부와 경쟁하는 데 주변부는 따를 수 없는 열의를 가졌다. 중심부에서는 없어지고 주변부에서 소중하게 여길 줄 모르는 민중의 구비철학을 적극 활용했다. 중심부에서는 쇠퇴하고 있는 보편적 가치관을 혁신을 통해 소생시켜 주변부에까지 충격을 주었다. 이렇게 하는 좋은 본보기를 가잘리가 다시 보여주었다.

가잘리는 페르시아인이다. 그 시대 페르시아인은 아랍인에게 정복되어 압바시드제국의 통치를 받으면서, 문명의 발전에 적극 기여했다. 종교와 정치에서는 공용어인 아랍어를, 문학 창작에서는 아랍어와 함께 페르시아어를 사용했다. 이것이 바로 문명권 중간부의 특징이었다.

원래는 아라비아반도 일각의 언어였던 아랍어가 이슬람교 제국이 팽창하면서 널리 쓰이는 단일언어가 되었다. 정치적인 작용이 강력해 중심부의 확대가 다른 어느 문명권에서보다 크게 이루어졌다. 그러나 제국 밖의 이슬람교도들은 아랍어를 공용어로 하는 데 본격적으로 동참하고 싶어도 능력이 부족해 자기네 언어를 사용하고, 내용에서도 독자적인 성향을 보여주는 글을 쓰지 않을 수 없었다. 이런 것은 문명권 주변부의 형편이었다.

페르시아는 중심부에 들어갈 만한 위치였는데도 주변부와 상통하는 중간부이기를 택해 공동문어와 민족어를 함께 활용했다. 이슬람 이전 페르시아의 영광이 짓밟힌 원통함이 이면에서 작용한 것을 이유로 들 수 있다. 이슬람 사상의 구현에서 중심부보다 앞서서 패배를 승리로 바꾸어놓고자 했다는 설명이 가능하다. 가잘리의 철학도 그 성과로 이해할 수 있다.

페르시아어 시인들이 최고 수준의 이슬람 사상을 자기네 목소리로 나타낸 것은 널리 알려진 바와 같다. 가잘리의 동생 아흐메드(Ahmed al-Ghazali)도 페르시아어로 문학을 했다. 가잘리도 더러는 페르시아어를 사용해 아랍어 저술에서보다 자유로운 발상을 보여주었다고 한다. 그러나 아랍어를 강의와 저술의 언어로 사용해서, 바그다드에 가서 교수 노릇을 하면서 대단한 인기를 끌고, 아랍어문명권 전체에서 많은 독자를 얻고 크게 숭앙되었다.

원효와 가잘리는 당나라 제국과 압바시드제국이 거대한 규모로 들어서서 문명의 판도를 넓히고 수준을 높인 시대에 살았다. 제국을 드나들면서 패권에 대한 대안을 마련하는 작업을 조금 다른 방식으로 했다. 원효는 당나라에 가다가 돌아와서는, 받아들인 철학을 스스로 깨달은 바에 의거해 쇄신했다. 가잘리는 제국의 수도로 진출해서 명성을 떨치다가 물러나 더 큰 것을 이루었다.

원효 시대에 당나라는 한창이어서 다른 길을 개척하는 작업은 밖에서 하는 것이 마땅했다고 할 수 있다. 가잘리는 압바시드제국이 전성기를 지나 쇠퇴기에 들어섰을 때 활동했다. 제국의 통치자 칼리파(khalifa)는 종교의 수장이기만 하고, 정치의 실권은 터키인 술탄(sultan)이 차지하고 있었다. 이슬람교의 사회통제가 흔들리고 불신이 나타나고 있어 사상 재정립이 필요해서 그 일을 맡아야 했다.

가잘리에 관한 이해를 어떻게 했는지 말한다. 김정위, 『이슬람사상사』(서울: 민음사, 1987), 129-140면에서 가잘리의 사상에 관해서 논했다. 가잘리 저술의 번역명은 이 책을 따른다. 『철학사와 문학사, 둘인가 하나인가』(서울: 지식산업사, 2000), 252-266면에서 시도한 가잘리에 대한 고찰을 보완한다.

아랍어 원전은 이해할 수 없어 번역으로 대신할 수밖에 없다. 우리말 번역은 있는 것 같지 않고 서양말 번역도 찾기 어렵다. 가까스로 구해 이용한 것들이 다음과 같다. 다시 거론할 때에는 서지 사항을 들지 않고, 서두에 적은 번역서명을 든다.

『철학자들의 부조리』 Al-Ghazali, Michael E. Marmura tr., *The Incoherence of the Philosophers*, Provo, Utah: Brigham Young University Press, 1977.

『착각에서의 구제』 R. J. McCarthy tr., *Al-Ghazali's Faith to Sufism, His Deliverance from Error, al-Munqidh min ad-Dalal,* Louisvile: Fons Vitae, 2000.

『종교학문의 부활』 Ahmed Zidan revised and translated, *Revitalisation of the Sciences of Religion, Ihaya ulum al-Din abridged by Abd El-Salam Haroum,* Cairo: Islamic Inc., 1997.

『이슬람을 가면 쓴 불충실과 구별하는 결정적 기준』 Sherman A. Jackson, *On the Boundaries of Theological Tolerance in Islam, Abu Humid al-Ghazali's Fayasl al-Tafriqa Bayn al-Islam wa-I-Zandaqa, Oxford:* Oxford University Press, 2002(후반이 번역이다.).

『제자에게 보낸 편지』 Al-Ghazali, *Letter to a Discipline,* Translated with Introduction by Tobias Mayer, Cambridge: Islamic Texts Society, 2005.

연구서는 다음과 같은 것들을 보았다. 책 앞에 적은 약호로 지칭한다.

(W) W. Montgomery Watt, *Muslim Intellectual, a Study of al-Ghazali*, Edinburgh: Edinburgh University Press, 1963.

(J) Farid Jabre, *La notion de certitude selon Ghazali*, Beyrouth: Université Libanaise, 1986.

(U) Muhammad Umar-Un-Din, *The Ethical Philosophy of Al-Ghazali*, Lahore: Sh. Muhammad Asraf, 1991.

(SJ) Sherman A. Jackson, *On the Boundaries of Theological Tolerance in Islam, Abu Humid al-Ghazali's Faysal al Tarfriqa Bayna al-Islam wa al-Zandaqa*, Oxford: Oxford University Press, 2002(전반부가 연구이다.).

전반기의 활동

가잘리가 태어난 곳은 페르시아 동북부 호라산 지방이라는 곳의 투스(Tus)였다. 호라산은 페르시아에서도 오지이고, 문명권의 중심부와는 거리가 아주 멀었다. 그러면서 독자적인 전통에서 유래한 열의를 가지고 학문을 열심히 해서 이슬람 사상사에서 줄곧 중요한 구실을 했다.

아버지는 양털 다루는 일을 하면서 수피(sufi)라고 일컬어지는 이슬람 구도자이기도 했다. 일찍 세상을 떠나면서 수피 친구에게 재산을 맡기고 아들 둘의 교육에 써달라고 부탁했다. 어머니에 관해서는 말이 없는데, 같은 시기에 작고했을 수 있다. 친구는 후견인 노릇을 훌륭하게 해서 형제가 그 일대의 고명한 스승을 찾아 공부할 수 있게 했다. 가잘리는 당대 최고의 학자 주와이니(al-Juwayni) 문하에 들어가 스승이 세상을 떠날 때까지 여덟 해 동안 수학해 수제자로 인정되었다.

호라산 지방에서 축적하고 발전시킨 학문의 역량을 고스란히 물려받아 대학자가 될 수 있는 기초를 닦았다. 중심부가 혼란을 겪고 침체할 때 변방에서 축적한 역량으로 문명을 쇄신할 수 있는 준비를 갖추는 것이 바람직했다. 주와이니의 제자 가잘리가 바그다드로 진출한 것이 바로 그런 사건이었다.

가잘리의 학문이 대단하다고 널리 이름이 나서, 압바시드제국의 실권자인 터키인 재상 무크(al-Mulk)도 소식을 들었다. 가잘리를 수도 바그다드로 초빙해, 자기가 설립한 니자미야(Nizamiyyah)라는 대학의 학장이 되도록 했다. 32세가 되던 1091년의 일이었다. 정치와 학문의 중심지에 최고의 교육기관을 만들어 공부한 바를 마음껏 펴고 키우라고 했다. 아랍인이 세운 제국에서 정치는 터키민족이 장악하고 학문은 페르시아 사람이 관장하도록 한 것이 주목할 만한 시대 변화였다.

대학은 중세 유럽에서 비롯했다고 하는 것은 사실이 아니다. 아랍세계의 대학이 먼저 생겼으며, 가잘리가 교수로 크게 활약한 사실이 명백하게 남아 있다. 가잘리가 살고 있던 시기에 바그다드뿐만 아니라 다른 곳에도 대학이 있었다. 학문 수준에서도 아랍이 유럽보다 상위였다. 160년쯤 뒤에 유럽의 가잘리라고 할 수 있는 토마스 아퀴나스(Thomas Aquinas, 1225-1274)가 나타났다.

가잘리는 박식과 열변으로 인기가 대단한 강의를 했다. 청강하는 사람이 수백 명이나 모여들고, 술탄이나 재상도 있었다. 대학 밖에서 벌어지는 교리에 관한 시비 자문에도 응하면서 바쁜 나날을 보냈다. 존경받는 사회명사가 되어 커다란 영향력을 가졌다.

가잘리가 해야 하는 일은 이슬람 사상의 정통을 옹호하는 것이었다. 그렇게 하기 위해서 그릇된 학풍을 비판하는 데 열을 올려, 그 내용을 책으로 썼다. 36세인 1094년에는 『철학자들의 의도』(*Maqasid al-falasifa*), 37세인 1095년에는 『철학자들의 부조리』(*Tahafut al-falasifa*)를 이룩했다. '철학'이라고 번역한 말은 '팔사파흐'(falsafah)이고, 고대 그리스의 '필로소피아'의 차용어이다. 철학에 해당하는 재래의 용어인 '히크마흐'(hikmah)를 버려두고 '팔사파흐'를 수입해 숭상하는 풍조가 있어 학문을 망친다고 나무랐다.

『철학자들의 부조리』의 서론에서 한 말을 들어보자. '팔사파흐'를 한다는 사람들은 "소크라테스 · 히포크라테스 · 플라톤 · 아리스토텔레스 같은 대단한 이름을 듣는 것"으로 깊은 진리에 대해서 스스로 탐구하는 작업을 대신하고, 좁은 소견에 사로잡혀 진리를 편파적으로 인식하고, 경험상의 합리성을 넘어선 포괄적인 이치를 깨닫지 못한다고 했다.(2면)

'팔사파흐'가 이성철학이라면, '히크마흐'는 통찰철학이다. '팔사파흐'를 넘어서서 '히크마흐'로 나아가, 직접 경험하고 검증할 수 없는 영역까지 통괄해서 파악하는 궁극적인 원리를 밝히는 것이 진정한 학문의 길이라고 했다. '팔사파흐'의 자랑인 이성에 입각한 합리적 논증을 종교적 초월로 대치하면서 그렇게 하자고 한 것은 아니다. '팔사파흐'를 받아들여 '히크마흐'의 하위 작업으로 삼고, 이성보다 상위의 이성인 통찰에 이르려고 했다. 종교적 초월에서 제시하는 통찰철학의 목표를 합리적 논증을 장기로 하는 이성철학의 방법으로 달성하려고 했다. 그리스철학을 이용해 이슬람철학을 더욱 발전시키려고 했다고 해도 좋다.

책의 내용을 검토하기로 하자. 1에서 54까지 번호를 붙여 나눈 항목에서 전개한 그 대목의 내용을 모두 들 수는 없으므로, 처음 몇 대목에서 무슨 말을 했는지 요약한다. 항목에는 서술한 내용이 있는 항목과 다음 항목을 유도하는 매개항목이 있다. 매개항목은 한 칸 들여 쓴다.

[1] 철학자들이 가진 공통된 견해를 말했다.

[2] 이에 대해서 누구든지 의문을 가질 수 있다고 했다.

[3] 누구든지 가질 수 있는 의문을 말했다.

[4] 그 의문에 대해서 철학자들은 두 가지 응답을 할 것이라고 했다.

[5] 철학자들은 첫째 응답을 제시했다.

[6] 그 응답에 대한 자기의 반대는 이렇다고 했다.

[7] 자기의 반론을 전개했다.

[8] 자기의 반론에 대해서 상대방이 가질 수 있는 의문을 말했다.

[9] 상대방이 가질 수 있는 의문을 하나 더 말했다.

[10] 그런 의문에 대해서 자기가 응답했다.

[11] 다시 상대방이 가질 수 있는 의문을 말했다.

[12] 자기가 응답했다.

[13] 상대방 철학자들의 둘째 응답은 이렇다고 했다.

가잘리가 이런 작업을 한 분량이나 치밀성에서는 아퀴나스의 경우와 흡사하다고 할 수 있으면서, 중요한 차이점이 있다. 반론의 대상이 되는 철학자들의 견해란 것이 막연한 속설이 아니다. 이븐 시나(Ibn Sina, Avicenna)를 위시한 여러 탁월한 이론가들이 아리스토텔레스를 받아들여 고도로 체계화해놓은 철학을 비판해야 하므로, 신앙이나 신념을 논거로 삼을 수 없었다. 아퀴나스는 기독교의 『성서』를 인용해서 반론의 출발점으로 삼았으나, 가잘리는 『쿠란』에서 대답을 찾지 않고 자기 논리로 문제를 풀어나갔다. 모든 가능성을 고려하면서 엄밀한 논리를 갖추어 토론을 전개하는 논설의 완벽한 형태를 보여주었다.

신은 제일의 원인이므로 사물들의 다양한 속성을 지니지 않고, 사물들의 다양한 속성은 신과 무관하게 존재한다고 하는 철학자들의 지론이 문제가 되었다. 문제의 대목을 직접 옮겨보자. 철학자들은 신 또는 "최초의 원인"인 "필요한 존재"가 "복수임을 부정하고, 다양한 속성을 인정하지 않는다"고 했다.(97면) 또한 "신의 自存을 우연하고 다양한 실체들로 바꾸어놓아 自存을 부인하는 데 이르렀다"고 했다.(110면) 앞의 말은 "1은 1이므로 ∞일 수는 없다"는 것이다. 뒤의 말은 "1이라는 것이 ∞이므로 1은 아니다"라는 것이다. 가잘리는 그 둘 다 잘못되었다고 했다.

경험할 수 있는 범위 안에서 일차원적 합리성을 추구하는 철학에서는 1은 1이고, ∞는 ∞라고 하면서, 1은 관념이고 ∞는 실제라고 했다. 거기 맞서서 "1은 1이면서 ∞이고, ∞는 ∞이면서 1이다"라고 밝혀 논해, 경험할 수 있는 영역과 경험을 넘어선 영역을 통괄하고, 관념과 실제를 합치는 통찰을 이룩하고자 했다. 그런 작업을 치밀하고 정확하게 진행해서 반론의 여지가 없게 하느라고 무척 번다하고 힘든 작업을 했다.

후반기의 각성

대학 강의와 저술에서 아주 잘 나갈 때 가잘리에게 회의가 닥쳐왔다. 어떻게 하면 진리에 대한 확신을 얻을 수 있는가? 이치를 따져 설명하는 것 자체가 얼마나 가치 있는 일인가? 이런 의문이 생겼다. 모든 것을 총괄해서 파악하는 통찰을 얻기 위해서는 논증을 거듭하는 차원을 넘어서서 커다란 비약을 이룩해야 했다. 세상 사람들을 보고 그렇게 하라고 하기 전에 자기 자신이 근본적인 혁신을 거쳐 새롭게 태어나야 했다. 학자의 일상생활에서 벗어나 득도한 사람이 되어야 했다.

이성으로 논증을 하는 데 그치는 학문의 한계를 깨달은 것만은 아니었다. 스승에게서 물려받아 알고 있는 지식으로 외부에서 들어오는 이단의 학문을 비판한 것이 그 때까지 한 일이어서 회의가 생길 만하다. 물려받은 학문은 유산일 따름이고 자기가 땀 흘려 얻은 재산이 아니다. 남들이 잘못한다고 비판하면 자기는 잘 할 수 있는 대안이 나타나는 것이 아니다.

무엇이 문제인가를 이론과 수행의 관계에 관한 불교의 이해를 들어 논하는 설명을 삽입할 수 있다. 가잘리가 그 때까지 자랑한 것은 이론을 위한 이론이었다. 많이 알고 말을 잘 해 대단한 인기를 얻었으나 내심으로 확신하는 바가 갖추어지지 않았다. 거추장스러운 지식을 떨쳐버리고 수행에 몸을 던져 모든 것을 다시 묻고 스스로 깨달아야 했다.

지금까지 강단에서 써먹은 것들은 세속적인 평가와 명성을 얻는 수단이다. 학자로 성공했다고 해서 올바른 학문을 하는 것은 아니다. 진리를 스스로 파악하는 올바른 학문을 하려면 유산을 버리고, 비판을 걷어치우고, 온몸으로 부딪치는 모험을 해야 한다. 그렇게 생각해 자기 부정의 진통을 겪고 재출발해야 했다.

그 때문에 번민을 겪고, 고행을 하고, 마침내 새로운 길을 찾은 과정을 바그다드를 떠난 십여 년 뒤 50세인 1108년에 쓴 『착각에서의 구제』에서 밝혀 논했다. 그 책은 고백록이면서 논설문이고, 문학작품이면서 철학서인 양면성을 지닌 점이 다른 저술과 다르다. 그렇게 한 것 자체가 비약이다. 고백록의 측면에서는 진리 탐구에 헌신하는 성실한 자세를 절실하게 나타내서 감동을 준다.

젊은 시절부터 만년에 이르도록, 이십대에서 오십이 넘은 지금까지 나는 줄곧 위험을 무릅쓰고 깊은 대양의 한가운데로 나아가고 열려 있는 바다를 향해 용감하게 항해하고, 겁쟁이들의 신중론을 물리치면서, 구석진 곳마다 찔러보고, 모든 문제를 공략하고, 깊은 곳마다 뛰어들고, 모든 분파의 신념을 검증하고, 모든 공동체의 내밀한 교리를 드러냈다. 나는 이 모든 일을 하면서 진실과 허위, 건전한 전통과 이단적인 개조를 구별하려고 했다.(18-19면)

책 서두에서 이렇게 말했다. 진리 탐구를 위해 모험하는 일생을 보냈다 하고, 그 경과를 단계별로 서술했다. 바그다드의 대학에서 강의할 때 무엇을 논했는지 한참 설명하다가, 잘못을 깨닫고 다시 출발하지 않을 수 없게 된 절박한 사정을 말했다.

"이론은 실천보다 쉽다"고 하고, "다른 사람들의 책을 읽고 공부해도 이론은 얻을 수 있지만 실천은 그렇지 않았다"고 했다.(51면) 건강에 관한 지식보다 실제로 건강한 것이 더욱 소중하다고 하고, 실제로 건강한 것에 해당하는 진리의 체득과 실천은 말과 글로 하는 통상적인 공부를 넘어서야 가능하다고 했다. 대학의 임무에서 벗어나 바그다드를 떠나 자유로운 수도자 수피가 되어야 진정한 탐구가 가능하다고 판단했다.

세속의 욕망은 나를 쇠사슬로 잡아매 하던 대로 하라고 하는데, 신념을 실현하라고 촉구하는 소리가 들렸다. "떠나라, 일어나 떠나라. 생애의 남은 시간은 얼마되지 않고, 먼 길이 앞에 있다. 네가 지금까지 몰두해온 이론이나 실천은 눈가림이나 속임수이다. 영원한 생명을 지금 찾지 않으면 언제 찾겠나? 속박하는 것들

을 지금 끊지 않으면 언제 끊겠나?"(53-54면)

그래도 미련이 남고 용기가 부족해 결단을 내리지 못하고 있을 때 결정적인 시간이 닥쳐왔다. 이럴까 저럴까 하고 마음속으로 생각하고 있지 못하도록 몸이 명령했다. 이론의 틀인 마음이 지닌 한계를 실천의 주체인 몸이 깨고 결단을 촉구했다.

> 1095년 초부터 여섯 달 동안, 나는 세속적인 욕망과 영원한 삶을 향하는 이끌림 사이에서 번민했다. 어쨌으면 좋겠는가 하다가 마침내 선택의 여지가 없어졌다. 혀가 말라 강의를 할 수 없었다. 어느 날 고마운 분들에게 감사한다는 말을 하려고 해도 한 마디도 혀에서 나오지 않았다.(54면)

더 견딜 수 없어 마침내 결단을 내렸다. 자식들이 생활하는 데 필요한 최소한의 재산을 제외하고 모든 것을 버리고 바그다드를 떠났다. 진리를 스스로 체득하는 구도자 '수피'가 되어 다마스커스, 예루살렘, 헤브론, 메디나, 메카 등지를 전전하면서 방랑생활을 했다. 그 기간이 11년 동안이나 되었다.

궁극적인 깨달음을 얻기 위해 분투했다. 입산수도와 같은 고행을 사람들이 사는 곳을 찾아다니고 밑바닥 인생을 경험하면서 했다. 깨달아서 얻은 바를 글로 써서 진정한 학문을 이룩하려고 분투했다. 이론은 버리고 수행만 하려고 하지 않고 수행해서 얻은 바를 가지고 더욱 진전된 이론을 이룩하려고 했다.

생애 전반의 수학기와 진출기, 생애 후반의 방랑기를 끝내고 은거기로 들어섰다. 방랑을 끝내고 1106년에 고향인 투스로 귀환했다. 교육과 저술을 그만둔 것은 아니다. 근처의 니샤푸르(Nishapur)에 있는 대학에서 가르쳤다. 가르침에 복귀한 것을 두고 자서전에서 다음과 같이 말했다.

> 나는 가르침에 복귀했다는 것을 잘 알지만, 실제로 복귀한 것은 아니다. 복귀를 하려면 원래의 상태로 되돌아가야 한다. 전에는 나의 영광을 위해 영광을 얻을 수 있게 하는 지식을 나누어주고, 사람들을 나의 말과 행동으로 끌어들였다. 그것이 나의 목표이고 의도였다. 그러나 지금은 내가 가르치는 지식은 영광을 거부하고 자세를 낮추도록 하는 것이다. 이것이 지금 나의 의도이고, 목적이고, 희망이다.(72면)

"영광을 거부하고 지위를 낮추도록 하는 지식"을 바그다드의 대학에서는 가르칠 수 없었다. 그쪽은 영광을 얻고 지위를 높이고자 하는 사람들의 도시이다. 오랜 방랑 끝에 마침내 찾아낸 진리를 그쪽에서는 전달할 수 없으므로 고향을 찾았다. 니샤푸르의 대학에서 가르치는 동안 위에 든 말이 들어 있는 자서전 『착각에서의 구제』를 집필했다. 강의한 내용이라고 생각된다.

『착각에서의 구제』는 얼마 되지 않은 분량이지만 방대한 저술보다 더 큰 설득력을 가진다. 그릇된 생애를 반성하는 절실한 체험에서 사상의 전환이 필연적임을 입증했기 때문이다. 발언의 타당성이 체험의 진실성에 의해 보장된다. 독자는 이 책을 읽으면서 저자와 진지하게 토론할 수 있다. 생각한 바를 간추려서 말하기 때문에 이해하기 쉽다.

바그다드의 대학으로 되돌아오라고 군주와 일반 시민이 함께 간곡하게 요청했으나 응하지 않았다. 니샤푸르의 대학에서 오래 가르치지도 않고 고향 투스로 물러났다. 물러나 은거하면서 여생을 조용히 보내고 싶어서 그랬던 것만은 아니라고 생각된다. “영광을 거부하고 자세를 낮추도록 하는” 가르침은 자기 고장의 대학에서마저도 받아들여지지 않아 물러나야 했다고 보는 것이 타당하다. 대학에서 공부하는 고금의 모든 학생은 출세를 바란다. 그 반대 방향으로 나아가도록 하는 교육을 대학에서 할 수는 없다.

이룩한 성과

만년에 쓴 『종교학문의 부활』은 오래 탐구한 바를 집약해서 가잘리의 주저라고 할 수 있다. 진정한 지식은 무엇이며 어떻게 얻을 수 있는가 하는 의문 해결을 논의의 출발점으로 삼고, 인간만사를 새로운 관점에서 검토해 방대한 분량을 이루었다.

서론에서 논박의 대상을 분명하게 하면서 투쟁을 선포했다. “신앙을 버린 것을 아주 잘 합리화하고, 그릇된 생각을 하는 불신자들 가운데서 가장 과격한” 학자들이 “악을 품고, 무지를 자랑하면서 반역을 선동하는” 것을 보고 침묵할 수 없어 깨우쳐주는 책을 쓴다고 했다. 세속학문을 넘어서는 종교학문을 해야 한다고 했다. 종교학문이라고 한 것이 신앙 역설은 아니며, 진실을 차원 높게 추구하는 학문이다.

학문이 무엇인가에 대한 심오한 고찰을 하면서 새로운 방향을 제시했다. “사물의 중요성, 문제의 비중, 위기의 심각성을 분별하지 못해서 질병이 생겼다”고 했다. “민중의 반란을 다스리는 정부의 법령 이외의 다른 지식은 없다고 하는 거짓말", "무엇이든지 모호하게 만들어 논박을 일삼는 논리 전개", "대중의 인기를 노리는 현란한 말솜씨" 등의 과오를 시정하려면 진지한 자세와 올바른 통찰력을 갖추고 진실을 추구하는 '저쪽의 학문'을 해야 한다고 했다.(vii-viii면)

이슬람 신학에서 계속 해오던 일을 새삼스럽게 거론하고 합리화한 것이 아니었던가 하고 의심할 수 있다. 그러나 자기가 말하고자 하는 바가 "신학의 연구에서는 거의 다 무시되었다"고 명언했다.(xi면) 세속학문이라고 한 데 기존의 신학도 포함되었다. 모든 것을 버리고 떠나가 구도자 '수피'의 체험으로 새로운 길을 찾은 결과를 제시했다. 철저한 반성을 거쳐 재출발했으므로 그 의의가 이슬람에 국한되지 않고 시대의 한계를 넘어선다.

과오의 본보기로 든 것들을 다시 보면 오늘날도 심각한 폐해를 끼치고 있다. "민중의 반란을 다스리는 정부의 법령 이외의 다른 지식은 없다고 하는 거짓말"을 출세를 위한 학문으로 삼아 열심히 받들고 익힌다. "무엇이든지 모호하게 만들어 논박을 일삼는 논리 전개"를 하는 것이 차원 높은 순수학문이라고 한다. "대중의 인기를 노리는 현란한 말솜씨"를 학자의 자랑으로 삼는다. 권위에 구애되지 않고 진실을 추구하는 작업의 논리를 말로 나타내야 한다. 이렇게 하는 학문을 가잘리는 '저쪽의 학문'이고 종교학문이라고 했다. '이쪽 학문'이라고 한 세속학문은 지식을 그 자체로 추구하고 이용하지만, '저쪽 학문'이라고 한 종교학문은 올바른 행위에서 구현되는 올바른 지식을 찾는다고 했다.

두 학문은 근거에서 차이가 있다고 했다. '이쪽 학문'은 '아클'(aql)로 하면 되지만, '저쪽 학문'은 '야킨'(yakin)이 있어야 가능하다고 했다.

'아클'은 이성이라고 번역할 수 있는 말이고, '야킨'은 확신을 뜻한다. 이성으로 감당할 수 있는 범위를 넘어서 더 크고 깊은 것을 체득한 통찰이 '야킨'이라고 이해할 수 있다. 의심할 수 없는 경지이지만 오만과는 거리가 멀고, "신중함, 두려움, 자기 자신을 버리는 겸손"을 가져다준다고 했다. 그대로 머물러 있지 않고 나무처럼 자라나 가지가 뻗고 열매를 열어 널리 혜택을 준다고 했다.(J에 수록된 원문 525면)

이런 요지를 갖추어 올바른 학문에 관해 논의한 제1부에 이어 관습을 논한 제2부, 삶을 망치는 길을 말한 제3부, 삶을 바로잡는 길을 말한 제4부를 써서 知行의 일치에 관한 일관된 논의를 전개했다. 분노, 원망, 질투, 세속적인 명리, 허영과 위선, 자부심과 기만 등은 삶을 망치는 길이라고 한 것은 그리 대단하지 않다. 삶을 살리는 길에서는 그런 것들과 반대가 되는 덕목을 열거하지 않고 심오한 논의를 전개했다.

자기에게 이익이 되는 것을 취하지 않고 공정하고 관대한 태도를 가지고 다른 사람을 돕는 것이 신에 대한 사랑임을 깨닫고 실천하는 길이라고 했다. 실천해야 할 덕목에 권력을 부정하게 행사해서 악마의 편에 서지 말고, 무슬림의 형제들을 존중하고, 금전거래를 각박하게 하지 말고, 가난한 이웃을 돌보고, 노예를 주인과 대등하게 먹이고 입히라고 하는 것들이 포함되어 있다.(U에서 이에 관해 자세한 논의를 폈다.) 잡다하다고 하지 않을 수 없다.

『이슬람을 가면 쓴 불충실과 구별하는 결정적 기준』이라는 것 또한 세상 떠나기 몇 해 전의 저작이다.(S. J, 36면) 『종교학문의 부활』 만한 대저가 아니고 소책자이다. 이슬람 내부의 문제를 다루는 데 그쳤다는 이유에서 낮게 평가되는 것이 예사이고, 종파의 대립을 타파하고자 한 의의가 있다는 반론도 있다.(S.J, 39면) 받아들이기에 따라서는 그 이상의 의의가 인정될 수도 있다.

표제에서 말한 바와 같이, 교리를 너무 넓게 비유적으로 해석하는 것은 이슬람의 가면을 쓴 불신자의 견해라고 나무랐으나, 그 반대가 옳은 것은 아니라고 했다. 교리를 너무 좁게 독단적으로 해석하면서 자기네 주장만 옳다고 하는 극단주의자도 잘못되었다고 했다. 앞의 비판보다 뒤의 비판이 더욱 중요하다고 이해하면 얻는 바가 더 크다.

"신의 자비는 방대하고 모든 것을 포용하므로…. 이 세상 사람들은 대부분 건강과 물질적 행복을 누리면서 좋은 환경에서 살아간다"고 했다.(S.J, 번역 129면) "신의 자비는 사람들이 이미 소유하고 있는 보고나 일화 이상의 다양한 방식으로 정신적 통찰력을 제공할 만큼 압도적이고 방대하다"고 했다.(같은 곳) 이런 말은 이슬람 옹호로 일관하는 것 같지만 그 이상의 의미를 지닌다.

"보고나 일화"는 경전을 말한다. 경전의 문구를 비유적으로 해석하는 알량한 자유를 얻으려고 말썽을 부리는 것은 어리석다. 경전에 써놓은 사례의 범위를 넘어서서 행복을 넓게 누리고 통찰을 깊게 하는 것이 경전의 본뜻을 살린 진정한 신앙이다. 가잘리가 여기까지 말한 데서 더 나아가, 다른 어떤 고정관념에서도 벗어나야 자유와 각성을 얻는다고 말할 수 있다.

마지막 시기의 다짐

가잘리의 저작에 『제자에게 보낸 편지』라는 소책자도 있다. 『종교학문의 부활』이 언급되어 있는 점을 보아 그 뒤에 쓴 것이다. 학문과 인생에 관해 제자에게 충고를 하는 방식으로 평생토록 노력하고 깨달은 바를 간추려 말했다. 특히 주목할 만한 대목 셋을 옮긴다.

> 알면서 행하지 않는 것은 미친 짓이고, 행하면서 알지 못하는 것은 공허하다. 오늘날의 죄악에서 벗어나지 못하게 하고, 복종하도록 자세를 바꾸지 못하게 하면서 알아 무엇을 하겠는가? 다음날 지옥의 불에서 너를 구하지 못할 것이다. 지금 아는 대로 행하지 못하고, 지나간 시기의 잘못을 보상하지 못한 채 다음날 최후의 심판을 맞이할 때 "나를 돌려보내주시면 의롭게 행동하겠습니다"라고 할 것인가. 그러면 "멍청이구나, 너는 지금 그쪽에서 왔다"고 하는 대답을 얻으리라.(16면)

나중에 후회하지 말고 알면 행해야 한다는 것을 신앙의 과제로 말한 것 같다. 그러나 복종하고 의롭게 행동한다는 것이 신앙만은 아니다. 안다고 한 데 신앙 이상의 것이 포함되어 있다고 보아 마땅하다. 서두에서 한 말은 바뀐 것 같다. "알면서 행하지 않는 것은 공허하고, 행하면서 알지 못하는 것은 미친 짓이다"고 해야 할 듯하다. 앎과 행함이 둘이라는 잘못을 철저하게 바로잡기 위해 둘을 갈라 이해하는 관습을 타파했다고 보면 의도된 치환이다. 신앙은 행함이라고 하면 될 것인데 앎이 강조되어 있다. 무엇을 알고 행해야 한단 말인가?

> 통치자나 권력자와 관계를 가지지 말라. 이런 녀석들을 만나지도 말라. 보고, 모이고, 사귀는 것 자체가 심각한 위험이다. 어쩔 수 없는 사정이라고 이런 녀석들을 칭송하거나 감사하게 여긴다는 말을 하지 말라. 존귀하신 신은 나쁜 짓을 하는 자나 폭군이

칭송을 받으면 진노하신다. 이런 녀석들이 오래 살게 해달라고 기도하는 것은 신의 나라에 살면서 신에게 복종하지 않겠다는 말이다.(52면)

민중과 관련을 가지면 그대가 바라고 있는 바를 그대로 베풀어라. 그대가 자기 자신을 위해 소망하는 바를 다른 사람들을 위해서도 소망하지 않고서는 신을 섬기는 신앙이 온전할 수 없다.(56면)

신앙의 길은 다름이 아니고 다른 사람과 자기를 구별하지 않는 사랑과 봉사이다. 그러나 다른 사람이 민중일 때에만 이 말이 타당하다. 통치자나 권력자는 사랑하고 봉사할 대상에서 제외된다. 가까이 하지도 말라고 했다. 우월한 지위를 이용해 악행을 하고 있는 자들은 찬양하기를 바라기 마련인데 무슨 이유에서든지 말려들면 신에게 복종하지 않아 진노를 산다고 했다.

학자나 작가는 오랫동안 통치자나 권력자의 도움을 받아 살아가면서 악행을 합리화하는 것이 예사였다. 가잘리도 한 때 그런 처지였다가 모든 것을 버리고 떠나가 진실이 무엇인지 절실하게 찾았다. 찾아서 실행한 바를 정리해 말하면서 제대로 알아야 한다고 강조해 말하고, 우월한 지위에 있는 자들과 맞서서 하층의 민중과 하나가 되어야 한다고 했다. 신의 뜻을 내세워 반역을 하고 혁신을 했다.

『종교학문의 부활』 결말 부분에서 다른 사람들과의 관계를 떠나 스스로 갖추어야 할 마음가짐에 관해 말했다. 허영심을 버리고, 참고 견디고, 감사하고, 진실하고, 성실하고, 자기반성에 힘써야 한다고 했다. 마지막 대목에서는 죽음에 대해서 논하고 죽음을 어떻게 맞이해야 하는지 일렀다.

> 죽음은 두렵다느니, 수반되는 위험이 많다느니 하고 사람들이 경솔하게 말하는 것은 생각이 모자라는 탓이다. 죽음을 대하면서 마음을 비우지 않고 세속의 욕망에 사로잡혀 있기 때문이다. 죽음을 대하고서도 마음을 바르게 하지 못하는 것은 잘못이다. 죽음을 맞이하는 것 외의 다른 일을 생각하지 않고 마음을 비워 평정을 얻어야 한다.(491면)

고향인 투스로 물러나서도 조용히 지내지 않고, 가르침을 멈추지 않았다. 젊은이들에게 수피 수련을 지도했다. 이론보다 수련이 더욱 소중하다는 것을 재확인했다고 할 수 있다. 수피 수련은 학교 교육이 아니니 영광을 거부하고 자세를 낮추라고 해도 받아들여졌을 것이다. 그렇게 하는 데 남은 노력을 바치다가, 스스로 말한 것처럼 조용히 죽음을 맞이했다. 동생 아흐메드가 그 광경을 전하는 기록을 남겼다.

> 월요일의 일이다. 형은 목욕을 하고 기도를 했다. "수의를 펼쳐 다오"라고 했다. 수의를 받아 입을 맞추고, 눈에다 대더니 말했다. "들어오라고 하는 주님의 말을 듣고 따른다." 다리를 뻗고 성스러운 곳을 향해 몸을 돌리더니 숨을 거두었다.(U, 67면)

학문의 높은 경지에 이르면 죽음이 무엇인지 알고 편안한 마음으로 조용히 죽음을 맞이한다. 불교의 고승이 이렇게 하는 모범을 보인다고 널리 알려졌다. 유학의 석학들도 뒤지지 않으려고 했다.(「죽음과 질병을 맞이하는 선인들의 자세」, 『독서 · 학문 · 문화』, 서울대학교출판부, 1994에서 이에 관해 고찰했다.) 이슬람의 석학이고 고승인 가잘리 또한 죽음에 관해 비슷한 말을 하고 실행한 것이 당연하다고 할 수 있다.

되돌아보기

지식을 넓히고 자료를 모아 사실을 하나씩 밝혀 나가면 점차 향상하는 길에 들어서서 학문을 잘 할 수 있는 것은 아니다. 양을 축적하면 질이 발전한다고 안이하게 믿지 말아야 한다. 양의 축적을 거부하고 질의 발전을 이루는 비약이 있어야 한다. 비장한 결단을 내리고 실행해야 그럴 수 있다.

학문에 대해서 아는 것과 스스로 학문을 하는 것은 다르다. 남들의 이론을 모아 정리하면서 다소 수정하고 보충하면 학문에 대해서 잘 안다고 할 수 있다. 그것은 진정한 탐구의 길이 아니다. 자기 스스로 깨닫고 실행하는 것이 학문을 제대로 하는 마땅한 길이다. 이 말을 정면에서 부인할 수 없어 옆에서 험담하고, 뒤에서 방해한다.

영광을 차지해 자세를 높이라고 하는 것은 그릇된 가르침이다. 영광을 거부하고 자세를 낮추도록 하는 것이 올바른 가르침이다. 그릇되게 가르치는 정도가 심한 대학일수록 명문으로 이름이 높이 나서 동경의 대상이 된다. 그 쪽으로 나아가려고 경쟁하고 있어, 올바르게 가르칠 수 있는 곳이 있는지 의문이다.

가잘리가 강의하던 바그다드의 대학뿐만 아니라 오늘날의 거의 모든 대학도 학문을 한다면서 방해한다. 지식의 양을 축적하라고 하고 질적 비약을 막는다. 남들의 이론을 모아 정리하는 데 힘쓰도록 하고,

스스로 창조하지는 못하게 한다. 올바르게 가르쳐야 한다고 하면서 실제로는 그릇되게 가르친다. 대학의 평가나 교수의 명성이 높을수록 허위의 전도사 노릇을 더 많이 한다고 해도 지나친 말이 아니다.

가잘리는 미련을 떨치고 장애를 극복하겠다고 결단을 내려 진정한 탐구의 길로 나아갔다. 오늘날 우리는 어떤가? 가잘리가 누군지 알지도 못하는 사람이 대다수이다. 더러는 알고 있어 누군지 설명할 수는 있지만 자기와는 무관한 먼 나라 옛 사람이라고 여긴다. 가잘리가 가던 길을 다시 가야 한다고 다짐하다가 세월을 보내고 마는 것도 어리석다.

사마천의 학문은 행운이 불운임을 보여주기도 한 것이 유감이고, 원효가 남긴 업적은 소통에 문제가 있다고 한 것과 같은 재검토를 가잘리에 관해서는 하지 않는다. 비판해야 할 사항을 발견하지 못했기 때문이다. 구색을 맞추기 위해 같은 논의를 첨부할 필요는 없다.

가잘리는 이슬람제국의 영광과 자기를 동일시하지 않고 진리를 새롭게 추구하기 위해 모든 것을 버리고 떠나갔다. 유감스럽게도 아랍어는 전혀 몰라 가잘리의 저작 영역본을 읽을 수밖에 없지만 소통에 어려움 없이 바로 이해되어 감동을 준다. 사마천이나 원효를 불만스럽게 여긴 것이 잘못이 아님을 가잘리가 입증해준다. 만나자 마자 바로 친해지고 깊이 사귈 수 있는 스승이 오히려 멀리 있는 줄 모르고 동아시아의 사마천, 우리나라의 원효나 대단하게 여긴 자기중심주의가 부끄럽다.

가잘리는 완전하다는 말인가? 아니다. 이슬람 사상의 기본 전제에 관해서는 반론을 제기할 수 있으나 가잘리를 이해하는 데 그리 긴요하지 않다. 세속적인 생활에서 지켜야 할 덕목을 잡다하게 늘어놓은 것은 길게 나무랄 바가 아니다. 학문 내용에 문제점이 있는지는 안에 깊이 들어가지 못해 찾아내지 못했다고 고백해야 한다.

가잘리에 대한 논의가 긍정적인 평가로 일관한 것은 학문 내용보다 학문하는 태도에 중점을 두었기 때문이다. 가잘리 자신이 학문하는 태도를 소중하게 여기고 쓴 글이 적지 않아 깊은 감동을 주며, 오늘날도 힘들여 지켜야 할 지침이 된다. 대단한 학문을 한다고 자부하지 않고 자기를 최대한 낮추는 겸손한 태도를 각성의 근거로 삼는 것이 특히 소중한 가치를 가지고 불변의 교훈이 된다.

토론

❑ **문** : 가잘리의 책을 읽고 깊은 감명을 받았다고 했다. 감명이란 무엇인가? 지성이나 감성 가운데 어느 것이 어떻게 작용해 감명이 성립되는가?

❑ **답** : 감명을 빠지면서 읽기라고 오해하지 말아야 한다. 따지면서 읽기가 듬뿍 이루어져 쓰면서 읽기를 위한 각성이 넘치는 것이 감명이라고 할 수 있다. 지성과 감성이 따로 놀지 않고 하나로 작용해야 감명이 커진다. 아무 책이나 그럴 수 있는 것은 아니므로 잘 골라야 한다. 가잘리의 저작 가운데 특히 『착각에서의 구제』는 깊은 감명을 경험하게 하는 최상의 본보기라고 할 수 있다. 주문하면 쉽게 살 수 있으니 영역본이라도 꼭 읽어보기 바란다. 원본에 근거를 둔 국역본이 있어 대학 강의에서 널리 이용될 수 있기를 간절하게 바란다.

❑ **문** : 감명을 받을 만한 책과 어떻게 하면 만날 수 있는가?

❑ **답** : 소개를 받는 것보다 더 좋은 방법이 스스로 찾아내는 것이다. 도서관의 책을 꽂혀 있는 순서대로 들추어보다가 놀라운 것들을 발견

한 경험이 있다.

❑ **문** : 가잘리의 본보기를 따라, 학자는 수도사여야 하는가? 수도사가 되어 깊은 내면의 갈구를 충족시키려고 하는 것은 무엇 때문인가? 앎의 진정성 때문인가?

❑ **답** : 지식 자랑을 버리고, 기존의 지식에 매이지 않고, 진실을 알아내기 위해서 학자는 수도사의 자세를 가져야 한다. 깊은 내면의 갈구를 충족시키는 앎이라야 진정한 가치를 가진다. 불교의 용어를 들어 말하면 선승이면서 학승이어야 한다. 특정 종교가 없는 학자도 종교적 구도자의 자세를 가져야 범속한 견해를 뛰어넘어 깊은 진실을 찾아낼 수 있다.

❑ **문** : 인간은 유한하면서 왜 진정성을 찾는가? 유한하기 때문에 진정해야 하는가?

❑ **답** : 진정한 것이 무한해야 하는 것은 아니다. 유한하기 때문에 진정하다고 하면 말이 지나치다. 유한한 것 자체를 진정하게 하는 것이 마땅하다고 하는 편이 적합하다. 유한하다는 이유에서 포기하지 말고, 무한을 내세워 억지를 부리지 말아야 한다.

❑ **문** : 학문을 제대로 하려고 하면 평온한 삶에서 이탈하는 결단을 내려야 하는가?

❑ **답** : 그렇다. 남들이 하듯이 평온하고 편안하게 살아서는 학문다운 학문을 할 수 없다. 그런데 결단은 모두 같지 않고, 외적 결단과 내적 결단이 구분된다. 외적 결단은 밖으로 드러나 다른 사람들이 이상

하다고 여길 만한 행동을 수반한다. 내적 결단은 안에서 조용히 진행되어 다른 사람들은 알아보지 못한다.

두 결단 가운데 필수적인 것이 내적 결단이다. 내적 결단은 외적 결단을 수반하지 않아도 결격 사유가 없다. 내적 결단이 결핍된 외적 결단은 공연한 소동이거나 세상을 속이려는 수단이다. 원효나 가잘리를 외적 결단의 본보기라고 오해하지 말고 내적 결단에 대해 더욱 깊은 관심을 가져야 한다.

내적 결단을 내리는 사람은 세상을 바로잡기 위해 자기를 먼저 바꾸어놓는 혁명을 한다. 다른 사람들처럼 살아가는 방식을 어쩔 수 없는 범위 안에서 따라가 충돌을 피하면서, 그 기준이나 가치관은 거부한다. 누구도 간섭할 수 없는 자기 세계를 깊숙하게 간직하고서 기존의 통념을 거부하고 진실을 다시 찾아 실행하고자 한다. 내적 결단을 철저하게 거친 학자로 스피노자를 들 수 있다.

❑ **문** : 가잘리는 개방적인 사상가라는 것을 알고 충격을 받았다. 오늘날의 이슬람이 더욱 폐쇄적이고 독단적인 것은 가잘리를 거부하기 때문인가?

❑ **답** : 아니다. 가잘리는 위대한 스승이라고 이슬람 세계 전역에서 크게 숭앙한다. 교육을 통해서도 널리 알려져 있다. 숭앙이 지나치면 창조적 계승이 중단되고 시대에 뒤떨어진 사고를 하게 된다. 위대한 선조의 후손은 이 점에서 예외가 없다. 선조가 잘나면 후손이 못난 것이 생극론에서 알려주는 당연한 이치이다.

이슬람의 가잘리는 유교의 朱熹와 상통한다. 예언자 무하마드 이후에 가잘리가, 유교의 창시자 孔子 이후에 주희가 으뜸가는 스승이라고 공인되어 있다. 둘을 비교하면 가잘리가 앞서고 주희가 뒤떨어졌다는 것이 솔직한 견해이다. 가잘리 대신 주희를 등장시켜 위에서 전개한 것과 같은 논의를 하기는 어렵다.

주희가 가잘리보다 못해 동아시아는 불행하다고 할 것인가? 오히려 그 반대이다. 주희를 숭앙하는 주자학자들은 불신의 대상이 되어 물러나지 않을 수 없다. 주희를 비판하고 새로운 사상을 창조하는 작업을 힘써 해왔으며, 아직 할 일이 많다. 그런데 의욕이나 노력에 비해 성과가 부족하다. 안목이 협소한 것이 치명적인 결함이다. 여러 문명권의 철학사를 비교해 고찰하면서 값진 유산을 가져와 활용해야 한다. 가잘리를 모르는 것은 큰 잘못이다.

❑ **문** : 가잘리를 제대로 공부하려면 어떻게 해야 하는가?

❑ **답** : 원전과 연구서를 아랍어로 읽을 수 있어야 한다.

❑ **문** : 유학해 공부하지 않고서는 불가능한 일이 아닌가?

❑ **답** : 그렇다. 유학해 공부할 필요가 있다. 그러나 가잘리만 전공해 소상하게 알고 다른 무엇은 돌보지 않으면 소개자에 그치거나 수입학을 하고 만다. 광범위한 관심을 가지고 비교연구를 해야 가잘리를 공부한 성과가 살아나 창조학으로 나아갈 수 있다. 가잘리가 제시한 길을 학문 일반론을 이룩하는 데 적극 활용하는 것이 바람직하다.

가잘리 전공자에게 마땅한 일자리가 있을 것인가도 생각해야 한다. 아랍어과에 자리 잡기 힘들 것이고, 이슬람철학과가 생긴다고 기대하기도 어렵다. 철학과에서 여러 문명권의 철학을 대등하게 다루는 날이 언제일지 의문이다. 철학은 관심이 줄어들어 폐업을 해야 한다고 하는 판국이라 확장을 기대할 수 없다.

생각을 넓히고 바꾸어야 진로가 나타난다. 여러 개별영역을 아울러 고찰하는 학문학이 지금부터의 과제이고 희망이다. 철학은 학문학 정립을 주도해 활로를 찾아야 한다. 학문학을 공동의 관심사로 삼아 많은 강의를 개설하는 방향으로 대학을 개편해야 한다. 유럽문명권중심주의에서 벗어나, 가잘리처럼 비중이 큰 학자를 여러 문명권에서 찾아내 대등하게 다루어야 제대로 된 학문학을 이룩할 수 있다.

제5강 이븐 칼둔

누구를 만나는가

다음 순서로 만날 사람은 이븐 칼둔(Ibn Khaldun, 1332-1395)이다. 역사가이므로 다른 역사가와 견주어 살피기로 한다. 이븐 칼둔은 사마천보다 1500년쯤 뒤에 멀리 북아프리카에서 태어났다. 사마천과 역사가라는 공통점이 있으면서 대조가 되는 특성을 가졌다.

사마천이 한문문명권 역사서의 모형을 만들고, 이븐 칼둔은 아랍어문명권 역사 서술에서 이룩한 최고 성과를 보여주었다. 시대와 문명이 다르니 역사 이해의 방식도 같지 않은 것이 당연하다고 하고 말 것은 아니다. 역사서는 인류 전체의 유산이라는 관점에서 함께 살피면서 학문이 무엇인가 깊이 생각할 필요가 있다.

사마천은 권력의 횡포 때문에 수난을 당해 원한을 가지면서도 제국의 지배를 국내외에 걸쳐 합리화하는 역사서를 썼다고 했다. 이븐 칼둔은 제국의 역사가가 아니었다. 국가의 범위를 넘어선 문명을 고찰의 대상으로 삼고, 역사가 무엇인가 하는 문제에 대한 원론적인 탐구를 자유롭게 했다. 사마천의 유산을 독자적으로 계승해 민족국가의 역사를 빛내는 것이 최상의 과업이라고 여기는 것은 잘못이다. 누구에게나 해당되는 보편적인 원리를 찾아 세계사로 나아가기 위해 이븐 칼둔을 만나야 한다.

이븐 칼둔은 제국이 해체된 시기에 살았다. 압바시드제국이 몽골군의 공격을 받아 1258년에 멸망하고 통합체가 다시 등장하지 않는 동안, 아랍어문명권은 새로운 발전기에 들어섰다. 중심부를 대신해 주변부가 활력을 지니고 중앙아시아, 유럽, 동아프리카, 남-동남아시아까지 판도를 넓히는 대역사가 진행되었다. 이 가운데 유럽으로의 진출이 이븐 칼둔과 직접 관련이 있다.

이븐 칼둔의 선조는 유럽 진출에서 공적을 쌓아 명문의 지위를 얻고 북아프리카로 복귀했다. 이븐 칼둔은 오늘날의 튀니지에서 태어났으나 그 곳에 머무르지 않았다. 이베리아반도 남부에서 중앙아시아까지 걸쳐 있는 아랍어문명권 영역을 활동무대로 했다. 여러 왕국에서 관직을 맡고 많은 것을 경험하면서 흥망성쇠가 일어나는 이유를 알아내려고 하다가 문명의 역사를 서술하는 안목을 갖추고 세계사를 이해하는 길을 여는 기념비적인 저작을 남겼다. 고찰의 범위와 통찰의 깊이가 동시대는 물론 세계사라는 말을 자주 사용하는 후대 유럽의 사가들보다 앞섰다.

이븐 칼둔의 학문은 유럽문명권중심주의의 편견을 넘어서서 제3세계학문의 가치를 입증하는 좋은 선례이다. 이븐 칼둔을 발견하고 제3세계의 자부심을 얻는 것이 마땅하다. 그런데 저작을 아랍어 원문으로 읽지 못하고, 유럽인들이 번역하고 소개한 것을 가지고 이해하니 부끄럽다. 얼치기가 설치는 과도기를 넘어서서, 제3세계학문의 가치를 진정으로 이해하고 계승하는 다음 시대의 학자는 아랍어를 필수로 삼아야 한다고 당부한다.

이븐 칼둔에 관한 유럽어 저작이라도 있는 대로 구해 읽고자 했으나 많이 모자란다. 명단을 제시해 한계를 밝힌다. 아랍어문명권의 역사학에 관한 것들도 포함한다. 서두에 적은 약호로 책을 지칭한다.

(K-R) Ibn Khaldun, Franz Rosenthal tr., *The Muqaddimah, an Introduction to History,* London: Routledge and Kegan Paul, 1958. 김호동 역, 『역사서설: 아랍, 이슬람, 문명』, 까치: 2003.

(E) Mohammad Abdullah Enan, *Ibn Khaldun, His Life and Work,* Lahore: Sh. Muhamad Ashraf, 1933.

(S-B) Heinlich Simon, Fuad Baali tr., *Ibn Khaldun's Science of Human Culture,* Lahore: Sh. Muhammad Ashraf, 1978.

(R) R. G. Rasul, *The Origin and Development of Muslim Historiography,* Lahor: Sh. Muhammad Ashraf, 1991.

(D) A. A. Duri, Lawrence I. Conrad tr., *The Rise of Historical Writing among the Arabs,* Princeton: Princeton University Press, 1983.

(K) Tarif Khaldi, *Arabic Historical Thought in the Classical Period,* Cambridge: Cambridge University Press, 1994.

(N) N. Nassar, *La pensée réaliste d'Ibn Khaldun,* Paris: Presses Universitaires de France, 1997.

(L) Yves Lacoste, *Ibn Khaldoun: Naissance de l'histoire, Passé du tiers monde,* Paris: La Découverte, 1998.

(A) Azir Al-Azmen, *Ibn Khaldun: An Essay in Reinterpretation,* Budapest: Central European University Press, 2003.

(K-R)은 이븐 칼둔의 주저를 축소해 영어로 번역한 책과 그 국역판이다. 『서설』이라고 약칭하기로 한다. 그 다음에 든 (E), (S-B), (R)의 출판지가 파키스탄이다. 그 곳에서 이슬람학에 대한 저술을 영어본으로 낸 것들이 많아 이븐 칼둔도 다루었다. 나머지는 유럽에서 출판되었으나 저자는 대부분 아랍인으로 생각된다. 유럽인들은 아직 이븐 칼둔을 제대로 이해하지 못하는 것 같다.

이들 참고문헌을 이용해 이미 시도한 작업이 있다.(「역사서」, 『문명권의 동질성과 이질성』, 서울: 지식산업사, 1999) 그 가운데 긴요한 대목을 다시 이용하고, 새로운 내용을 보탠다. 아랍어문명권의 역사학에 관한 논의는 한층 간략하게, 이븐 칼둔에 대한 고찰은 더욱 자세하게 한다.

아랍역사학의 전통

아랍어문명권에는 역사서술의 전범을 일찍 마련한 헤로도투스도 사마천도 없었다. 이슬람교가 생긴 이후에 『쿠란』을 역사를 이해하는 틀로 삼았다. 불행이 다행이고, 후진이 선진이었다. 청산할 인습이나 힘겨운 경쟁 상대가 없는 조건에서 새로운 작업을 마음껏 펼쳤다. 처음부터 문명사를 마련하고 이슬람문명사를 인류 전체의 역사로 확대하고자 했다. 이븐 칼둔은 이러한 이슬람 역사학을 이어받아 발전시켰다. (R, 36-45면)

이슬람은 처음부터 역사의식이 강한 종교이다. 『쿠란』은 종교사의 성격을 보편종교의 다른 어떤 경전보다도 많이 지니고 있다. 무하마드의 생애와 활동을 다룬 교조전이고, 무하마드를 도와서 이슬람교를 일으킨 성자들에 관해서 서술한 성자전일 뿐만 아니라, 사회조직과 정치형태에 관한 내용까지 포함되어 있다. 사회나 국가의 흥망을 좌우하는 정신적 자세에 관해 거듭 서술하면서 역사 이해의 일반론적인 시각을 마련했다.

아랍어문명권의 역사가들은 『쿠란』에서 말한 사실을 보충해서 설명하고, 『쿠란』 편찬 이후의 일을 추가해서 다루는 것을 임무로 삼으면서, 우주사와 연관을 가지고 이룩된 인류 전체의 역사를 서술하려고 했다. 이슬람교의 세계를 통괄해서 이해하는 문명사의 관점을 견지하게 하고, 국가사는 만들어내지 않았다. 여러 국가가 분립되어 서로 다툰 내력이 오래된 다음에도, 국가마다 독립된 역사가 있다고 생각하지 않았다.

『쿠란』에서 인류의 역사는 신이 천지를 창조한 때부터 시작되었다고 했다. 그런데 무하마드의 출생에 이르기까지 있었던 일을 역사서술에 포함시키려면, 독자적인 자료가 없어 유태교-기독교 쪽의 전승을 가져와 자기 것으로 해야 했다. 8세기 초에 예멘 사람인 와흐브(Wahb ibn Munabbih)가 그 선례를 보여주었다. 천지창조, 노아의 홍수, 이스라엘 예언자들의 시대, 예수의 출현 등으로 이어지는, 무하마드가 이슬람교를 창건하기 전의 역사를 서술하면서 구비전승을 많이 이용했다.

아랍어문명권에서는 역사서를 '키타브'(kitab)라고 했다. '키타브'에는 역사 인접 분야에서 하는 작업을 대폭 받아들여 내용이 풍부하고 방법이 다양했다. 글을 아름답게 쓴 문학작품을 뜻하는 '아다브'(adab)의 특성을 역사서의 문장에서도 마땅히 갖추어야 한다고 여겼다. 이치의 근본을 따지면서 자연이나 사회에 관한 광범위한 문제를 다루는 '히크마'(hikma)의 작업을 역사연구에서도 해야 한다고 했다. '시야사'(siyasa)

라고 한 정치학의 이론과 실제에 대한 탐구도 수용했다.

그런 과정을 거쳐 형성된 아랍어문명권 역사서술은 종합학문의 성격을 지녔다. 이슬람 공동체의 역사를 종교사의 관점에서 이해해 우주사를 배경으로 한 문명사를 서술하면서, 지리학과 사회학에 관한 사항에 많은 관심을 가지고 다루는 것을 특징으로 했다. 연대순으로 쓰지 않고 백과사전적인 서술을 한 것이 많다. 그 결과 중세의 역사서 가운데 다른 어느 문명권의 것들보다 앞서는 가치를 가지고, 학문의 대상과 영역을 지나치게 나눈 근대의 폐단을 시정하고 다음 시대의 새로운 학문을 이룩하는 데 좋은 지침이 된다.

종합적 역사서의 첫 번째 좋은 본보기를 10세기 초에 타바리(Tabari)가 보여주었다. 페르시아 사람인 타바리는 아라비아, 시리아, 이집트 등지를 광범위하게 여행하고, 바그다드에 정착해서 견문하고 조사한 바를 총괄해서 정리하는 작업을 했다. 예언자의 시대에서 압바시드제국에 이르기까지 사도와 통치자들의 행적에 관해서 연대기적 기술을 한 『키타브 알-물루크-루술』(*Kitab al-Muluk-war-Rusul*)을 911년에 이룩했다. 이것이 아랍문명권 전체의 역사를 서술하는 본보기가 되어, 많은 후속작업이 그 뒤를 이었다.

그 뒤를 이은 마수디(Masudi)는 관심의 영역을 더욱 확대했다. 바그다드 출신의 아랍인인 마수디는 동아프리카와 인도까지 가서 여행의 범위를 크게 넓혔으며, 현장에서 파악한 모든 사실을 정리해서 30권으로 이루어진 『키타브 아크바르-우즈-자만』(*Kitab Akhbar-uz-Zaman*)과 연표 한 권으로 이루어진 방대한 분량의 백과사전적 역사서를 저술했다. 천지창조에서 자기 시대 947년까지의 문명사를 최대한 범위를 넓혀 서술해서 세계사라고 할 수 있는 것을 이룩했다.

아랍세계 전역뿐만 아니라 인도, 중국, 그리스, 로마 등 다른 여러 곳에 관해서도 서술했다. 그 여러 곳의 종교와 풍속을 소개하면서, 이슬람교 이외의 다른 종교에 대해서도 이해하려고 했다. 이집트의 이슬람 통치자와 토론을 하면서 이슬람 이전의 신앙을 지키고 있는 곱트(Coptic) 기독교인이 자기 종교 옹호론을 당당하게 펴는 장면을 인상 깊게 그렸다.

11세기 초의 비루니(al-Biruni)는 아랍어문명권에서 이룩한 역사학의 국제적인 성격을 더욱 확대했다. 오늘날의 우즈베키스탄에서 태어난 페르시아인이어서 아랍인의 우월감을 마땅하지 않게 여겼지만, 자기 저술이 널리 알려지도록 하기 위해 아랍어를 사용했다. 자기 쪽이 제일이라는 편협한 사고를 넘어서서 사람은 누구나 서로 대등하다는 생각을 역사서술의 실제 작업을 통해서 구현하려고 했다.

초기 저작 『연대기』(*al-Athar al-baqiya*)에서는 시리아, 그리스, 페르시아 등지의 종교적 관습, 유태교, 기독교, 조로아스터교 등 여러 종교의 교리를 이슬람교의 경우와 비교해서 고찰하면서, 어느 쪽에 치우치지 않은 대등한 이해를 하려고 했다. 역사를 연대기로 기술하는 방식을 넘어서고, 또한 자기 문명이 우월하다는 편견을 시정하면서, 비교문명론의 관점에서 역사를 이해하는 작업을 다음 저작에서 더욱 확대했다. 그렇게 하기 위해서는 다른 문명을 현장에서 생생하게 이해하는 것이 무엇보다도 긴요한 일이었다.

인도에 갈 기회가 있어서 새로운 작업을 위한 좋은 경험을 얻었다. 군주가 인도를 정복하고 약탈할 때 동행하라는 요청을 받고, 자기는 인도문명을 제대로 이해하기 위해서 진지한 연구를 하는 데 몰두했다. 정복자와 피정복자 사이의 차등을 넘어서고, 이슬람교가 힌두교보다 우월하다고 생각하지 않아, 힌두교 지도자들에게서 산스크리트를 배우고, 산스크리트의 문헌을 널리 수집해서 연구하면서 힌두교문명에 대해서 깊이 탐구하고자 했다. 그 결과를 정리해서 1032년에 『인도에 관한 책』(*Tahqiq ma li-l-Hind*)을 완성했다.

이슬람교와 힌두교는 교리가 서로 달라 상대방을 용납할 수 없다고 하지만, 두 종교 사이에 기본적인 공통점이 있다고 했다. 힌두교가 어떤 종교인가 그 자체로 깊이 이해하고, 이슬람교를 되돌아보고, 다른 종교의 경우도 함께 살피는 순서를 거쳐 서로 같은 발상을 확인했다. 겉으로 나타나 있는 사실에 관한 논증과는 다른 차원의 심층적인 성찰을 통해서 그 작업을 진행했다. 얻은 결과를 직설법으로는 말할 수 없어, 깊이 새겨 받아들여야 하는 미묘한 표현을 썼다.

그 다음 순서로 이븐 칼둔이 나타났다. 이븐 칼둔은 마수디의 뒤를 이어 아랍문명권의 역사를 백과사전적인 방법으로 저술하고, 비교문명론을 계승하면서, 역사가 전개되는 원인과 양상에 대한 일반이론을 정립하는 더욱 진전된 성과를 이룩했다. 마수디, 비루니, 이븐 칼둔은 중세역사학의 최고업적을 남겨 높이 평가되며, 유럽문명권 근대사학의 편견과 무리를 시정하는 데 필요한 대안의 원천으로서도 소중한 의의를 가진다.

출신과 시대

이븐 칼둔은 세계사를 온통 다루겠다고 하는 방대한 저작 제3부 제7권 말미에 모두 일곱 장, 백 면 분량으로 '타리프'(tarif)라는 이름의 자서전을 첨부했다. '타리프'는 사실 진술이라는 뜻의 보통명사이며,

자기 생애에 있었던 일을 기술해 참고자료로 제공하려고 쓰는 글을 일컫는다. 이븐 칼둔은 그런 관습을 그대로 따르면서 객관성 유지에 힘쓴 점에서 역사가다운 태도를 보여주었다.(N, 9-14면)

그 글은 『史記』 말미의 「太史公自序」와 흡사하지만, 이븐 칼둔은 사마천만큼 심각한 내용을 술회하지는 않았다. 특정한 사건을 중점적으로 다루지도 않고 시대순의 서술을 균형 있게 했다. 자기 집안의 내력에서 시작해서, 성장과정과 교육, 독서, 공직생활, 만년의 은거와 저술에 관한 설명으로 나아갔다. 어디서도 안정을 얻지 못하고, 어떤 지식으로도 만족하지 못하고 끝없는 호기심을 가지고 계속 새로운 탐구의 대상을 찾아간 내력을 알 수 있게 했다. 사마천과는 사정이 달라, 이븐 칼둔의 생애는 자서전에만 의거해 이해해야 하는 것은 아니다. 다른 자료가 많이 있어 찾아 대조해보면 자서전의 미비점이 발견되어 보충할 필요가 있다. 문제가 되는 사항에 대한 논의는 다시 해야 한다.

자기 선조가 자랑스러운 내력을 가진 예멘 출신의 아랍인이라고 했다. 베르베르인, 페르시아인, 아랍인의 노예 등으로 다르게 말한 기록도 있다. 자기는 아랍인이라고 하면서도 베르베르인에게 특별한 관심을 가졌다. 아랍인에게 정복되어 이슬람화한 뒤에 천대받는 위치에 있으면서 문명의 확대와 발전을 위해 커다란 공적을 이룩한 베르베르인의 내력을 깊은 애착을 가지고 다루었다. 표방한 것과 달리 선조가 원래 베르베르인이기 때문이 아닌가 한다.(E, 3-4면)

이븐 칼둔이 베르베르인인가 하는 것은 확실하게 해결되지 않은 의문이다. 자료를 들어 논증을 해야 한다면 해결되지 않을 의문이다. 자기 스스로 아랍인이라고 공언하고서 베르베르인에 대해 깊은 호의를 보인 이중성이 획득한 지위와 원래의 처지를 함께 나타낸다고 보고, 베르베르인의 처지와 관련된 논의를 덧보태고자 한다.

북아프리카의 원주민인 베르베르인은 오랜 관습을 되풀이하면서 유목 생활을 했다. 외부에서 이주한 정복자들의 통치를 받는 사이에 독립된 왕국을 여럿 세우기도 했으나 오래 가지 않았다. 페니키아인이 이주해 카르타고 왕국을 만들고, 로마가 카르타고를 멸망시키고 그 땅을 차지하고, 다시 아랍인이 진출해서 지배자가 되었다. 아랍인이 베르베르인을 통치하는 왕국이 거듭 들어섰다가 약화되고 교체되는 과정에서 권력의 공백이 생기면 아랍화한 베르베르인의 건국 활동이 여기저기서 일어났다.(Mohand Akli Haddadou, *Le guide de la culture berbère,* Paris: Paris-Méditerranée, 2000, 65-88면)

로마의 통치를 받던 베르베르인 상층 지식인은 라틴어를 사용하고 나중에 기독교를 받아들였다. 4세기 말경 오늘날의 알제리에서 태어난 아우구스티누스(Augustinus)도 그런 사람 가운데 하나이다. 아우구스티누스가 원래 베르베르인이었다는 것은 최근의 연구에서 힘들게 밝혀낸 사실이다.(Dominique de Courcelles, *Augustin ou le génie de l'Europe,* Paris: J. C. Lattès, 1995) 아우구스티누스는 먼 변방 사람인데, 멸망하는 로마제국 대신에 기독교 하느님의 나라에서 희망을 찾아야 한다고 한 저작이 유럽에 널리 알려져 중세 라틴어문명권을 이끈 성인으로 숭앙되었다.

아우구스티누스의 전례는 이븐 칼둔과 여러 모로 상통한다. 두 사례는 베르베르인의 기여를 말해주는 데 그치지 않는다. 문명권의 중심부가 침체기에 들어갈 때 주변부에서 크게 분발해 문명권 전체의 역사를 쇄신하는 지침을 마련한 일반적인 사례로서 소중한 의의가 있다. 아우구스티누스는 고대가 종말을 고하고 중세가 시작되도록 촉구했다. 이븐 칼둔은 중세전기와는 다른 중세후기 새로운 문명의 모습을 구현했다. 중심부가 과거에 안주하다가 침체기에 들어섰을 때 새로운 시대를 창조하는 과업을 주변부에서 맡아 중심부를 다시 만들어냈다.

이슬람교 창건에서 압바시드제국까지의 중세전기는 아랍인이 주도해, 중심부가 절대적인 우위를 가지고 주변부를 이끌어간 시대이다. 그 시대의 모습은 이슬람 종교사를 중심에 둔 제국의 역사에서 기술되었다. 중세후기에는 중심부가 무력하게 되고 주변부가 일어났다. 종교사가 문명사로 확대되고, 단일 제국 대신에 수많은 왕국에서 다양한 형태의 창조적인 역량을 보였다.

몽골군이 압바시드제국을 침공해 칼리파를 죽이고 바그다드를 불태운 것이 역사의 종말이 아니고 새로운 시대가 시작되도록 하는 계기였다. 횡포를 부리는 구심점이 없어지자 이슬람문명은 더욱 멀리까지 뻗어나고 한층 다채롭게 창조되었다. 그래서 이룬 바를 총괄해서 파악하는 과업을 이븐 칼둔이 맡아 중세보편주의를 크게 확대했다. 문명을 이루는 삶의 모든 영역을 함께 소중하게 여기면서 세계사 이해를 향해 나아갔다. 중세후기에 새로운 세계관을 이룩하는 작업을 다른 문명권들과 함께 하면서 한층 놀라운 성과를 보여주었다.

이븐 칼둔이 베르베르인이라고 하더라도 베르베르인으로 살아간 것은 아니다. 아랍인의 편견을 넘어선 아랍인 노릇을 했다고 보는 것이 마땅하다. 문명권 전체의 역사를 통괄해서 고찰하면서 아랍인만 홀로 훌륭하다고 하는 아랍인중심주의의 편견을 시정하는 데 힘썼다. 아랍인의 약점을 신랄하게 공격하는 것을 주저하지 않았으며, 여러 민족 많은 사람들이 동참해서 함께 문명을 이룩한 업적을 정당하게 평가하려고 했다.

서쪽의 스페인에서 동쪽의 티무르제국까지 이슬람세계의 거의 전역을 여행하고, 이집트에서 오래 머무르면서 저작에 몰두했다. 여러 지역에서 많은 사람을 만나고, 서로 다른 생활을 하는 민족들끼리의 갈등이나 경쟁을 경험한 것이 사고의 폭을 넓히고 생생한 자료를 얻는 데 결정적인 도움이 되었다. 사람들이 각기 다르게 살면서 역사 전개에서 일정한 구실을 하고, 삶을 영위하고 역사를 창조하는 기본원리에는 동질성이 있다는 사실을 실제로 경험한 바를 근거로 판단했다.

생애와 활동

이븐 칼둔의 증조부는 아랍정복군의 일원으로 이베리아 반도에 가서 큰 공적을 이룩하고 높은 지위를 얻었으며, 상당한 수준의 학식도 갖추었다. 베르베르인의 후예라도 공적이 크면 최상층에 오르는 것이 가능했다. 그런데도 지위에 어울리는 족보가 필요해 예멘에서 이주한 아랍인이라고 했을 수 있다.

기독교군의 반격으로 아랍군인들이 밀리는 시대가 되자, 조부는 북아프리카로 복귀해 국정에 참여하면서 재상의 지위에 오르기까지 했다. 아버지는 정치에 관심을 가지지 않고 학문을 좋아해 법학, 어학, 시문학 등을 연구했다. 이븐 칼둔이 관직에 진출한 것은 유력한 가문 출신이기 때문이다. 장관의 지위에 오르고 널리 알려진 동생도 있다.

이븐 칼둔이 태어나고 자라난 곳인 튀니지는 당시에 북아프리카 최고 수준의 학문 중심지였다. 처음에는 아버지에게서 배우고, 여러 분야의 뛰어난 스승을 만나 당대 최고의 교육을 받았다. 『쿠란』을 비롯한 이슬람교 학습을 기본으로 하고, 문법과 수사학, 시, 논리학, 철학 등을 널리 공부하면서 뛰어난 능력을 보였다.

18세 되던 해에 커다란 불행이 닥쳐왔다. 유럽과 북아프리카 일대를 휩쓴 흑사병에 튀니지 사람들 다수가 죽을 때 부모와 모든 스승을 잃었다. 고독한 신세가 되어 모든 것을 혼자 생각하고 판단해야 했다. 그러나 그것이 불행이기만 하지는 않았다. 자기 길을 스스로 개척해 커다란 것을 이룰 수 있는 계기가 마련되었다. 그 해에 관직을 희망해 뜻을 이루었다. 가문이 평가되고 실력이 인정되어 그 뒤 44세까지 26년 동안 북아프리카에서, 한 때는 안달루시아까지 가서, 여러 왕국에서 봉직했다.

관직의 이력을 찾아 정리하는 것은 긴요한 일이 아니다. 생소한 고유명사를 많이 늘어놓으면 혼란이 생기기나 한다. 관직 생활의 전반적인 특징을 살피는 것이 더 나은 이해 방법이다. 여러 왕국에서 봉직한 것은 한 나라가 오래 지속되지 못하고 부침과 흥망이 거듭 되었기 때문이다. 섬기는 나라가 망해도 끝까지 충성을 다한다는 생각은 하지 않았다. 새로운 실력자를 따르고, 흥성하는 나라를 찾아 새로운 기회를 만들었다. 뛰어난 능력을 가지고 적극적으로 행동해 정치적 변동의 주동자 노릇을 했다.

이븐 칼둔은 아랍세계 여러 나라에 불려가 지식을 제공하는 대가로 관직을 얻었다. 국제적으로 이동하면서 재출발하는 전문기능인의 모습을 일찍 보여주었다고 할 수 있다. 자기 나라에 머문 학자는 따를 수 없는 많은 지식과 넓은 식견을 지니고 학문을 풍부하게 했다.

이동과 재출발의 과정이 정상적인 것만은 아니었다. 몰락하는 나라를 배신하고 신흥하는 쪽에 가담하는 짓을 주저하지 않고 했다. 군주를 배신하고 해치는 음모를 자행하기도 하고, 아부하는 시를 지어 환심을 사기도 했다. 비난받아 마땅하다고 할 처신을 통해 중세인은 기대할 수 없고, 근대인이라도 누리지 못하는 자유를 얻었다.

한문문명권의 유교를 척도로 삼아 판단한다면, 전형적인 소인이고 奸臣이나 逆臣이어서 전혀 평가할 수 없다. 행실이 그릇되었으니 학문은 볼 것이 없다고 해야 마땅하다. 그러나 아랍어문명권은 평가의 기준이 달랐다. 능력이 뛰어나면 다른 것은 묻지 않았다. 글을 써서 이룬 업적이 압도적인 의의를 가지면 행실은 시비하지 않았다. 이븐 칼둔의 생애를 말하면서 배신과 음모를 사실대로 설명할 따름이고 도의상 그릇되었다고 비판하는 말은 없다.

어느 쪽이 옳은지 따져보자. 국가의 흥망성쇠를 거듭해서 직접 체험하고 스스로 만들어내기까지 한 것이 역사가 무엇인지 밝히는 학문을 하는 최상의 원천이다. 거대한 실험에서 얻은 생동하는 인식을 온몸에 지니고 있어, 기껏해야 관찰자 노릇이나 하고 문헌 기록을 뒤지는 것을 주업으로 하는 예사 역사가는 따르지 못할 놀라운 경지에 이르렀다.

"이븐 칼둔은 북아프리카 국가들의 역사에서 대단한 구실을 하는 인물이 되어, 국가의 형성과 변천에 적극적으로 관여해 형성과 몰락의 원인을 만들기도 하고, 상호간의 경쟁 · 음모 · 전쟁의 불을 붙이기도 했다." "그 당시 북아프리카의 국가나 정부는 능력과 결단력을 가진 사람이 활동하는 길을 열어 주었다."(E, 18면) "이븐 칼둔은 기회주의자여서, 모든 수단을 다 동원해서 기회를 잡았으며, 결과를 들어 과정을 합리화했다."(E, 21면) 이런 평가가 적절하다.

충성심을 소중하게 여기는 동아시아 역사가들은 자기 나라만 생각하는 수준에 머물러 이룬 성과가 그리 대단하지 않다. 음모와 배신을 일삼은 이븐 칼둔은 역사가 어떻게 이루어지는가 하는 일반적인 문제를 철학의 차원에서 제기하고 해결하는 작업을 인류 최초로 했다. 마음가짐이 훌륭하다는 것과 얻은 성과의 가치는 반대가 된다. 권력의 지배에서 벗어나 진실을 알아야 한다고 인류를 깨우쳐주는 거대한 업적을 남긴 것을 평가해야 한다.

관직에 종사하는 동안에는 자료만 모았을 따름이고 정리하고 집필하지는 못했다. 전쟁에서 패배해 두 해 투옥된 기간 동안 많은 것을 생각했을 것이다. 그러다가 1374년부터 4년 동안 중앙정계에서 쫓겨나면 시골에서 지내는 귀양살이를 하게 되었다. 지방의 통치자가 별궁을 제공하는 혜택을 베풀어 가족과 함께 기거하면서 무엇이든지 하고 싶은 대로 하게 해주었다. 그래서 무엇을 했는지 전기의 한 대목에서 잘 설명하고 있어 옮겨온다.

> 이븐 칼둔은 조용하게 지낼 수 있는 얼마 동안 역사서를 집필하기 시작했다. 이제 마흔 네 살이 되어, 조사하고 연구한 바가 성숙된 경지에 이르렀다. 그 때까지 한 세기의 4분의 1이나 되는 기간을 투쟁을 하면서 보냈다. 북아프리카 여러 나라의 정치에 대상을 바꾸어가며 관여하면서 벌어지는 사건과 제도를 연구하고, 가치관을 살폈다. 언덕을 넘고 사막을 건너가 베르베르인들과 어울리면서, 그 사람들의 성격, 사는 형편, 전통을 공적으로 사적으로 파악했다. 북아프리카와 안달 루시아의 여러 도서관에서 기회 있을 때마다 모아들인 자료에다 직접 경험한 사실에다 보태, 광범위한 지식이 풍요로운 마음에 쌓여 넘쳐흘렀다. 물러난 것이 행운이 었다. 멀리 떨어진 곳에서 고독하게 지내면서 이븐 칼둔은

역사서의 『서설』을 쓰기 시작했다…. “경이로운 방식으로 『서설』이 이루어졌다. 고독하게 지내는 동안 말할 내용과 표현 방법이 마음속에 넘쳐흘러 성숙한 형태의 체계적인 저작을 이루었다”고 했다.(E, 52면)

대단한 업적은 오랜 기간 차근차근 이루어야 하는가? 양적 축적이 소중한 것은 그렇다고 할 수 있다. 사마천의 『사기』가 그런 본보기이다. 그러나 질적 비약을 가치로 삼는 저작은 갑자기 이루어진다. 책을 쓴다는 생각 없이 마음속에 축적해둔 경험이나 지식이 어느 단계에 이르면 밑변 확장을 거부하고 꼭짓점을 한껏 높이는 깨달음을 이루어 폭발하듯이 넘쳐 나와 학문의 역사를 바꾸어놓는다.

『서설』을 1377년에 탈고하고서 계속 수정하면서 인류 역사를 모두 다루는 후속 작업에 들어갔다. 『서설』은 자료가 그리 많이 필요하지 않아 시골에서도 쓸 수 있었지만, 후속 작업을 위해서는 도서관 장서를 이용하지 않을 수 없어 튀니지로 돌아가야 했다. 국왕에게 용서를 빌고 복귀를 허락해달라고 간청하는 편지를 써서 뜻을 이루었다. 자료를 확보할 수 있어 다행이었지만, 튀니지에서는 조용하게 지내면서 집필에 몰두하기 어려웠다.

성지 순례를 한다는 구실로 1382년에 튀니지를 떠나 바닷길로 이집트 알렉산드리아에 도착해 얼마 동안 머무르다가 카이로로 갔다. 당시 카이로는 아랍어문명권 전체의 학문 중심지였다. 52세가 되었으므로 이제 정치 투쟁에서 벗어나 조용하게 지내면서 연구와 집필에만 종사하고 싶어 카이로에 머무르기로 했다.

카이로는 생소한 곳이지만 그곳의 학자들은 이븐 칼둔의 저작을 읽어 알고 있었다. 강의를 해달라는 요청을 받고 많은 사람들 앞에서 그 동안 연구한 바를 발표해 큰 호응을 얻었다. 이집트의 국왕에게도 인정받아 대학 교수의 자리를 얻고 대법원장으로 발탁되기도 했다. 그 때문에 시기와 질투의 대상이 되었으나 큰 수난을 겪지는 않았다.

가장 큰 수난은 가족을 잃은 것이었다. 튀니지에 두고 떠난 가족을 불러오려고 하니 튀니지의 군주가 허락하지 않았다. 이븐 칼둔의 복귀를 바라고 인질로 잡아두려고 했다. 간청하는 편지를 거듭 보내 겨우 허락을 얻었으나 타고 가던 배가 조난을 당해 가족을 모두 잃었다. 만년을 고독하고 우울하게 보냈다.

또 하나의 특기할 사건은 티무르(Timur)와 만난 것이다. 중앙아시아를 통일한 군주 티무르가 서쪽으로 진출해 아랍어문명권 전체를 위협하자 카이로의 군주는 이븐 칼둔을 사절로 보내 티무르와의 평화 협상을 시도했다. 내키지 않은 걸음이지만 티무르가 머무르고 있는 다마스커스까지 가서 두 거인의 역사적인 회동이 실현되었다. 맡아간 임무는 잘 수행하지 못했으나, 이슬람 세계 전체에 대한 이해를 교환하면서 세계사를 논했다. 티무르가 북아프리카에 대해서 알고 싶어 해서 보고서를 써 주고 돌아왔다.

그 밖의 다른 여행은 하지 않고 23년이나 카이로에 머물렀다. 그 기간 동안은 안정을 얻었으나 이룬 바가 그리 크다고 하기 어려웠다. 이미 이룬 작업의 수정과 증보를 계속하고, 자서전을 쓴 것 외에 다른 저술을 한 것 같지는 않다. 상당한 대우를 받아도 마음이 편하지 않았으며, 고향을 그리워하고 가족을 생각하는 마음을 진정시킬 수 없었다. "불운과 절망이 너무 커서 자취를 숨기고 지낼 수밖에 없다"고 스스로 술회했다.(E, 103면) 따르며 배우려는 젊은 학자들이 기쁨을 선사하려고 해도 달라지지 않았다.

안정을 얻고 여유 있게 살아가면 많은 것을 이룰 수 있는 것은 아니다. 격동의 와중에서 바쁘게 지내면서 부딪치고 깨닫고 할 때의 창조력을 잃고 멍청하게 될 수 있다. 만년에 타국에서 가족을 잃고 외롭게 지내다 의욕이 더욱 줄어들었다. 높은 평가가 소생의 활력이 될 수 없었다.

무엇을 남겼는가

이븐 칼둔은 역사를 사실에 관한 이야기가 아니고, 연구해야 할 대상이라고 여긴 점이 전후 시기의 다른 역사가와 달랐다. 역사 이해의 이론을 정립하고 실제 역사를 서술하는 작업을 함께 했다. 남긴 저술이 내용뿐만 아니라 문체에서도 주목할 만하다. 단순한 문장으로 이치를 명확하게 따지면서도 생동하는 표현을 하는 양면의 장점을 잘 갖춘 것으로 평가된다.

취급의 범위를 크게 넓혀 방대한 저술을 했다. 『교훈의 책』이라는 뜻의 『키타브 알-이바르』(*Kitab al-Ibar*)라고 약칭되며, 제목을 모두 번역하면 『아랍인, 비아랍인, 베르베르인, 그리고 그 사람들과 동시대의 최고지도자들에 관해서 다룬 이른 시기 및 그 이후의 역사의 교훈과 기록의 책』이라고 하는 것을 이룩했다. 3부작 7권이나 되는 분량이다.

제1부 한 권은 『무카디마』(*Muqaddimah*)라고 하는 『서설』이다. 제2부 네 권은 천지창조에서 자기 시대까지의 아랍역사이며, 그 주변 시리아, 페르시아, 곱트, 그리스, 로마, 이집트, 터키, 프랑크 등 여러 곳도 함께 다루었다. 제3부 두 권에서는 북아프리카 베르베르민족 및 그

주변 여러 민족의 역사이다. 거기다 곁들여서 스페인으로 진출한 아랍인과 베르베르인의 역사를 다루면서, 기독교문명권의 왕국들에 관해서도 고찰했다.

제2부와 제3부는 타바리의 선례를 이은 연대기 방식의 역사서술이다. 새로운 자료를 다수 동원해서 역사 전개의 세부적인 국면까지 소상하게 밝힌 것을 가장 큰 의의로 삼고, 역사 해석에서 아랍문명권의 다른 역사가들보다 특별히 뛰어난 점이 있다고 하기는 어렵다. 제1부 『서설』은 아랍문명권뿐만 아니라 세계 전체에서, 그 전에는 물론 그 뒤에도 다시 나타나지 않은 독자적인 성격을 가진 저술이다.

『서설』의 서두에서 역사 이해에는 두 차원이 있다고 했다. 왕조의 흥망 같은 정치적인 사건에 관해 알려주기나 해서 누구나 흥미를 가지게 하는 '표면의 역사'에 만족하지 말고, '역사의 내면적 의미'를 탐구하는 데까지 나아가는 것이 역사가의 할 일이라고 했다. 그것이 어떤 작업인가 다음과 같이 설명했다.

> 역사의 내면적 의미에는 존재하는 사실들의 생성 원인과 연원의 미묘한 양상 설명, 역사적 사건이 어떻게 일어나고 왜 일어났는가를 해명하는 지식, 그런 것들을 얻는 성찰과 진실 파악이 포함되어 있다. 이 작업은 그렇기 때문에 철학에 확고한 근거를 둔다. 철학의 한 분야라고 할 수 있는 일을 한다.(K-R, 6면)

국가의 흥망은 모든 역사가의 공통된 관심사이다. 그런데 대개의 경우는 멸망의 이유가 외침이라고 한다. 통치자가 안이한 자세로 나태하게 지내다가 방비를 소홀히 한 탓에 나라를 잃었다는 것을 알려주고 교훈을 찾으라고 한다. 그러나 이븐 칼둔은 멸망의 이유를 내부에서 찾았다. 북아프리카의 이슬람 국가들은 다른 문명권의 침공을 받지 않고 자기네들끼리 흥망을 거듭한 사실을 파악하고 그 이유를 사회구조에서 찾고자 했다.(L, 260면)

구조적인 이해는 일반화로 나아가 철학을 마련해야 했다. 북아프리카의 역사를 출발점으로 삼고 "세계사의 전영역을 포괄하면서", "일어난 사실들의 원인에 관한 논의를 모두 납득할 수 있게 해명한다"고 했다. "익숙하게 알던 사실들의 이면에 숨어 있는 진실에 관한 예사롭지 않은 깨우침을 제공하는 별난 책"을 쓰겠다고 했다.(K-R, 12-14면)

뜻한 바를 완수할 수 있다고 생각하지는 않았다. 학자 한 사람이 지닐 수 있는 지식이나 할 수 있는 일에는 한계가 있다는 것을 인정하고, 자기가 한 작업에 미흡한 점이 있을 터이니 관대하게 보아주고 말없이 시정하기를 바란다고 했다.(K-R, 14면) 제2부 이하는 구체적인 사실을 후대인이 더욱 풍부하고 정확하게 밝혀 가치가 줄어들었지만, 제1부 『서설』은 시각과 이론을 가치로 삼아 지속적인 의의가 있다. 취급한 주제를 부분적으로 자세하게 다루는 사람들은 이어져 나왔으나, 창조의 전폭은 아무도 이어받지 못했다.

『서설』에서 한 작업은 역사의 폭을 최대한 넓혀 사람이 살아가면서 이룬 모든 것을 포함한 역사를 다면적으로 구조적으로 이해하려고 한 것이다. 종교적이거나 관념적인 전제에서 벗어나 사실을 그 자체로 인식하면서, 역사의 전개에는 일반적인 법칙이 있다고 했다. 기득권을 가진 정착민과 새로운 신진세력인 유목민의 대결이 그 가운데 중핵을 이룬다고 했다.

그러나 모든 것을 합리적으로 설명하겠다고 한 것은 아니었다. 합리적인 측면과 신비적인 측면이 공존하면서 상호작용하는 모순에서 역사가 전개된다는 것이 또한 일반적인 법칙이다. 그것은 외면과 내면의 관계이기도 하다. 외면에 드러나 있는 합리적인 측면만 일방적으로 추구하지 않고 그 전체를 파악하는 데 힘써야 한다고 하면서 역사철학의 폭을 확대하고 깊이를 더해갔다.

증거로 삼은 사례는 세계 전체의 것일 수 없지만, 기존세력과 신진세력이 대결하는 과정과 양상에 관한 논의는 세계사에서 두루 타당하다고 할 수 있다. 아랍문명권 전체의 역사를 총괄해서 다루는 일은 그 문명권의 다른 역사가들도 했으나, 문명권의 역사를 통해서 세계사 이해의 보편적 원리를 찾고, 일반이론 정립의 원리를 제시하는 것은 이븐 칼둔만 할 수 있었다.

개인의 역사와 시대의 역사가 일치하는 차원에서 체험의 진실성을 보장하는 탐구를 했다. 아랍문명권의 판도가 크게 넓어지고서는 통일제국이 무너지고 칼리파가 실권을 잃어 분열된 시대의 모습을 널리 인식하고 갖가지 문제점을 파헤쳐 서술했다. 그런 시대에 새로운 것을 끊임없이 추구해서 인식의 범위를 최대한 넓히면서, 다양성을 통일된 원리와 함께 파악하려고 노력했다. 제국을 다스리는 칼리파가 제시해야 할 통일의 원리를 학문활동을 통해서 찾아내려고 했다.

신앙은 단일하고 문명권은 하나인 일면과 여러 곳에서 많은 사람들이 각기 자기네 방식대로 살아가는 실제의 생활은 아주 다양한 다른 일면을 함께 포괄해 양자의 관련을 밝혔다. 거대한 질서가 형성되고 파괴되며, 문명이 성장하고 쇠퇴하는 원인이 무엇인가 하는 문제를 깊이 다루어, 일관성 있는 해답을 얻으려고 했다. 나타난 현상에 머무르지 않고 근본원리를 찾아내려고 해서 세계사 전체를 이해할 수 있는 보편적인 원리를 마련하는 데까지 나아갔다.

그 과업을 온몸으로 감당해, 탁월한 논리가 넓게 열려 있는 학문의 신천지를 개척했다. “자아 · 사회 · 역사의식의 세 영역을 서로 관련지워 함께 갖춘 것이 두드러진 특징이다.” “자기 자신에 관한 성찰과 사회 구조 및 역사에서의 삶 발견이 상호작용을 해서 일체를 이루었다.”(N, 266-267면) 그래서 학문을 하는 사람이면 누구나 이루고자 하는 이상을 달성했다고 하고 말 것은 아니다. “역사학은 반드시 철학을 갖추어야 하고, 인간 행위에 관한 모든 철학은 역사에서 또는 역사로 이루어져 존재하는 것들에 근거를 두어야 한다.”(N, 271면) 최대의 기여를 이렇게 평가한 결론이 타당하다.

이븐 칼둔은 ‘아사비야’(asabiya)란 것을 역사 발전의 동력으로 들었다. 그것은 혈연적인 동질성을 가진 사람들이 공동의 목표를 달성하기 위해 함께 지닌 창조적인 의지를 뜻하고, ‘공동의 의지’라고 번역할 수 있다. ‘아사비야’가 경쟁자들보다 더욱 치열한 집단이 불리한 위치를 극복하고 커다란 과업을 수행한다는 것을 역사 이해의 기본 내용으로 삼았다.(S-B, 71-72면; L, 134-138면)

‘아사비야’는 집단의 능력과 관련시켜 개인의 업적을 이해할 때에도 유효한 개념이다. 이븐 칼둔은 어느 차원의 ‘아사비야’를 발현해서 놀라운 업적을 이룩했는가? 이븐 칼둔은 아랍어문명권 전체를 활동무대로 하는 국제인이고, 그런 의미에서 아랍인이었다. 카이로에서 만년을 보내면서 이방인의 외로움을 느끼고 자기 고장이라고 여긴 튀니지를 그리워했으나, 튀니지 사람인 것은 아니었다. 자기가 베르베르인이라는 사실을 자각하면서 소속감을 확인하고 ‘아사비야’를 느꼈을 것으로 생각된다.

학자는 페르시아 사람이 많다고 했는데, 베르베르인은 그 이상이다. 베르베르인이 강력한 '아사비야'를 가지고 역사의 이면에서 작용해 문명의 창조와 발전을 위한 활력을 제공했다고 했다. 그런 본보기에 자기 자신도 추가해야 한다. 베르베르인이 지닌 창조력이 라틴어문명이나 아랍어문명의 정점과 결합되어 아우구스티누스나 이븐 칼둔이 나타났다. 이것은 이븐 칼둔이 분명하게 밝혀 논하지 못한 사실이므로 추가해야 한다.

상하를 아우르는 유대 '아사비야'가 창조력의 원천임은 일반화될 수 있는 견해이다. 세계사 이해에 널리 적용하는 한편 우리 자신에 관한 성찰에서 이용하는 것이 마땅하다. 우리 민족은 그런 특징을 강렬하게 지녀 기층문화의 활력과 상층지성의 창조를 결합시켰다. 민족문화를 혁신하면서 한문문명권 최고 수준의 사상을 다시 만드는 활동을 적극적으로 벌여 원효에서 최한기까지의 여러 사상가들이 중국보다 한 걸음 더 나아갔다.

사실 설명이 오늘날의 상황 판단으로 이어지고 내 자신을 되돌아보게 한다. 그 뒤를 잇는 학문을 내가 하려고 하면 잘못인가? 아니다. 잘못이 아니다. 이으려고 하면서 분발해야 할 수 있는 일을 실제로 한다. 이븐 칼둔을 논하다가 왜 자기 이야기를 하는가? 이븐 칼둔의 전례까지 이으려고 하기 때문이다.

『서설』 마지막 대목 제6부는 학문론이어서 별도로 주목할 필요가 있다. 학문에 대한 전반적인 논의, 학문 각 분야에 대한 고찰, 학문과 교육의 관계, 학문과 언어 사용에 대해서 논했다. 언어 사용에 관한 논의를 연장시켜 산문과 시의 관계, 시 창작에 관해 고찰해서 문학론을 학문론에 소속시켰다. 이처럼 포괄적이고 구체적인 학문론은 그 전은 물론이고 오늘날까지도 찾아보기 어렵다.

학문에 대한 전반적인 논의는 인간의 사고능력 고찰에서 시작되었다. 인간은 사고능력을 가진 점이 동물과 다르다고 하는 당연한 말을 하고, 무엇이 다른가에 관해 탁월한 견해를 제시했다. 외계의 사물을 감각으로 파악한 것을 뇌에 있는 어떤 특별한 힘이 받아들여 원래의 것과 다른 추상적인 형상을 만들어내는 것이 그 요체라고 했다.

그 과정을 세 단계로 나누어 설명하면서, 관장하는 '지성'의 성격이 달라진다고 했다. 외계의 사물을 감각으로 받아들이는 작업을 '분별적 지성'에서 한 다음, 그 결과를 자기 것으로 하는 작업을 '경험적 지성'이 맡고, '사유적 지성'이 최종적 판단을 수행해 "인간은 자신의 진실성을 완벽하게 성취하고, 순수한 지성과 자각적 영혼이 되는 것이다"라고 했다.(K-R 김호동 역, 400면)

이처럼 감각에서 출발해서 영혼에까지 나아가는 단계적인 과정을 거쳐 인식의 차원이 높아진다는 것은 획기적인 의의가 있다. 한편에서는 궁극적인 진리는 영혼의 소관이고 신앙의 영역이라 하고, 다른 한편에서는 감각에 근거를 둔 경험만 학문적으로 타당하다고 주장하는 부당한 극단론을 둘 다 물리치고 하나로 합쳐 올바른 해결책을 제시했다. 오늘날의 시점에서 학문의 역사를 크게 살피면, 궁극적인 진리에 관한 중세의 편견과 경험적 학문에 관한 근대의 편견을 함께 시정하고 다음 시대로 나아가는 길을 연다고 이해할 수 있다.

학문 각 분야에 대한 고찰에서는 모든 학문은 고립되어 있지 않고 서로 관련된다는 사실을 밝힌 성과를 재평가할 만하다. 학문과 교육의 관계에 관한 논의에 표제가 "다량의 학술서는 학문성취에 장애가 된다", "학문적 주제에 관한 많은 개설서는 교육과정에 해를 끼친다"고

한 것들이 있다. 검증되지 않은 지식의 축적을 경계하고, 학문이 관습화되어 창조를 저해하지 못하게 하고자 했다.

"이슬람권 학자들은 대부분 페르시아인이다." "아랍어가 모국어가 아닌 사람들은 아랍어가 모국어인 쪽보다 학문을 습득하기 더 어렵다." 이런 표제를 내건 논의가 나란히 있어 상충되는 것 같지만, 학자가 되는 것과 학문을 습득하는 것은 차원이 다르다. 아랍어가 학문의 공용어이므로 기존의 학문을 습득하는 데는 모국어가 아랍어인 사람이 유리하다. 자기 세계를 이룩하는 학자가 되려면 독자적인 전통이나 능력이 있는 페르시아 사람이 유리하다. "아랍어"를 "영어"로 바꾸어 놓으면 같은 명제가 오늘날 거의 그대로 통용될 수 있다.

평가와 계승

이븐 칼둔의 업적을 들고 "이처럼 위대한 작업을 어느 시대 어느 곳에서도 다른 사람은 하지 못했다"고 한 토인비(A. Toynbee)의 말이 자주 인용된다.(R, 40면) 막연하게 칭송하면 정확한 인식에서 벗어나므로, 사리를 분별해 다시 논해야 한다. 사실 인식을 최대한 확대하고자 해서 근대학문의 선구자 노릇을 하고 토인비의 부러움을 샀지만, 사실을 총괄하는 역사철학이 토인비의 열거주의와 차원이 다르다. 이것은 근대 이전의 양상이라고 할 것이 아니다. 근대학문을 극복하는 길을 제시하는 의의를 가질 수 있다.

이븐 칼둔에게서 절정을 보인 아랍문명권의 역사서술은 문명권을 중요시하는 시각을 견지하고, 민족국가의 역사는 별도로 서술하지 않았다. 민족국가의 독자적인 특징이 뚜렷하지 않고 지속적인 성장이 없어서 민족국가의 역사를 별도로 써야 할 필요가 없었다. 근대로 전환할 때 이것이 결함이 되었다. 민족국가의 시대인 근대에는 개별적인 역사서를 마련해야 하는데, 아랍문명권의 여러 나라는 원천이 부족하고 준비가 모자라 뒤떨어지지 않을 수 없게 되었다.

또한 종교사와 정치사를 분리시키고, 개별적인 사실을 정확하게 밝히는 실증주의 방법을 사용하는 것이 근대사학의 새로운 방향이다. 그 점에 관해서도 아랍문명권의 역사이해는 혁신을 하지 못해 뒤떨어졌다. 그래서 아랍문명권의 역사를 문명권 전체의 범위에서나 개별국가의 경우나 유럽문명권 학자들이 주도해서 연구하고 서술하는 시대에 이르렀다.

이제 근대 극복의 새로운 시대를 맞이해야 하므로 역사학의 방향 전환이 요망된다. 중세에 이룩한 역사서술의 성과를 재평가하고 계승해야 한다. 중세문명은 서로 대등한 위치, 동질적인 구조를 가졌다는 사실을 확인해 유럽문명권중심주의를 넘어서고 근대의 편견을 바로잡는 새로운 역사 이해의 출발점을 중세아랍문명권의 역사서술이 마련해준다고 생각한다.

이븐 칼둔은 이러한 의의를 가지는 데 그치지 않는다. 상하를 아우르는 유대 '아사비야'가 창조력의 원천임을 알아내 역사 발전의 내밀한 원리를 파악하는 데까지 이른 것을 평가해야 한다. 어느 집단의 '아사비야'가 자기 민족의 삶을 역동적이게 하는 데서 더 나아가 문명권 전체에 생동하는 기운을 불어넣어주는 것으로 재인식하고 다각도로 보완해 새로운 연구의 지침으로 삼아 마땅하다.

토론

❑ **문** : 베르베르인은 민족을 통합하는 국가를 이룩하지 못했으면서 문화의 전통을 이어오고 문명의 발전에 커다란 기여를 했는데, 어째서 그럴 수 있었던가?

❑ **답** : 베르베르인은 사하라 사막 북쪽의 유목민이어서 국가를 반드시 필요로 하지 않으며 삶의 방식 자체에서 문화의 전통을 이어왔다. 상이한 형태의 외래 문명이 다가올 때마다 일부가 그 속에 들어가 자기 전통을 활용해 문명을 발전시키는 데 기여했다. 아우구스티누스가 라틴어-기독교문명에서, 이븐 칼둔이 아랍어-이슬람문명에서 보여준 창조적 역량을 프랑스어로 창작하는 야신(Kateb Yacine) 같은 작가들이 재현하고 있다.

❑ **문** : 아랍인이 베르베르인을 박해해 갈등이 생기지는 않았는가?

❑ **답** : 아랍인화한 베르베르인은 아랍인과 함께 정복전쟁을 벌여 이슬람문명을 전파했다. 베르베르인의 열정이 문명을 생동하게 하는 데 적극 기여했다고 이븐 칼둔이 말했다. 북아프리카가 프랑스 식민지가 되었을 때 두 민족은 함께 투쟁해 민족 평등을 표방하는 새로운 나라를 세웠다. 이 점은 쿠르드(Kurd) 민족의 불운과 대조가 된다.

쿠르드인은 국가를 만들지 못하고 여러 나라에 흩어져 사는 점에서 베르베르인과 같다. 그런데 불리한 곳에 자리를 잡아 외래 문명에 동참해 역량을 발휘할 기회를 얻지 못했다. 터키가 식민지가 되지 않고 스스로 근대국가를 만들면서 자민족우월주의를 내세워 열등하다고 규정한 쿠르드 민족을 억압하고 말살하고자 해왔다. 일본, 에티오피아, 타이 등의 나라도 식민지가 되지 않은 행운의 대가를 불평등주의에서 벗어나지 못하는 불운으로 치르고 있다.

❑ **문** : 베르베르인의 기여에 대한 이븐 칼둔의 평가는 우리도 민족 고유의 전통을 견지해야 한다는 것을 재확인하는가?

❑ **답** : 아니다. 민족 고유의 전통에 집착하면 터키, 일본, 에티오피아, 타이 등이 보여주는 잘못을 뒤늦게 되풀이한다. 공동체적인 유대를 기반으로 한 창조정신을 살려 문명의 보편적 가치 고양에 적극 기여하는 것이 마땅하다고 이븐 칼둔은 말했다.

❑ **문** : 동아시아에서는 민족국가끼리의 갈등이 심각한데 문명의 보편적 가치를 말할 수 있는가? 자기 방어를 위한 민족주의가 더욱 소중하지 않은가?

❑ **답** : 중국의 대국주의, 일본의 침략주의에 맞서려면 자기 방어의 민족주의를 갖추어야 한다. 그러나 대국주의와 침략주의를 넘어서는 최상의 방어는 동아시아문명의 보편적 가치의 고양이다. 우리가 지닌 창조적 역량을 살려 이 일에 매진하는 것이 바람직하다. 정치나 경제에서는 분열이 심각할수록 문화에서는 화합에 더욱 힘써야 한다고 입증하고 실현하는 것이 학문의 과업이다. 아랍문명권의 유대나 유럽 통합에 상응하는 동아시아의 각성을 이룩하는 데 앞장서기 위해 민족문화의 역량을 최대한 발휘하자는 말이기도 하다.

❑ **문** : 동아시아에서는 민족국가끼리의 갈등이 심각하고 민족주의가 크게 존중되는 이유가 무엇인가?

❑ **답** : 역사에는 가정이 무의미하다고 하지만, 현재의 상태를 이해하는 데 도움이 된다. 淸이 중원으로 진격하지 않고 만주를 국토로 견지하면서 민족국가로 나아가고, 明이 망한 다음 여러 민족, 많은 지방이 각기 독립국을 이루었다면 동아시아도 유럽처럼 되었을 것이

다. 일본이 제국주의 국가가 되어 이웃을 침략하지 않고, 중국과 일본을 포함한 동아시아 전체가 유럽의 식민지가 되어 해방투쟁을 함께 벌였으면, 동아시아가 아랍세계와 유사하게 되었을 것이다. 이 두 가지 가정이 이루어지지 않아 동아시아는 특수한 곳이 되었다.

❑ **문** : 장차 어떻게 해야 한다는 말인가?

❑ **답** : 정치사에 치우친 관점에서 벗어나면 사태가 새롭게 파악된다. 중국 안의 여러 민족은 독자적인 삶을 더욱 분명하게 해야 한다. 제국주의 국가가 되어 침략자의 대열에 들어선 일본은 유럽문명권에서 받은 정신적 침해가 심각한 줄 알고 소생하기 위해 동아시아문명의 보편적 가치를 되찾아야 한다. 중국과 일본의 문제를 지적하고 해결책을 마련하는 데 한국의 학계가 앞서야 한다.

❑ **문** : 지나친 말이 아닌가?

❑ **답** : 지나치지 않다. 중국 우월의 시대에서 일본 우월의 시대로 나아갔다가 이제 대등의 시대로 들어서는 전기를 마련하는 것이 한국 학계의 사명이다. 한국 우월의 시대가 와야 한다는 망상을 버리고, 중국과 일본 양쪽을 다 잘 알고, 몽골과 월남까지 이해를 넓혀 새로운 동아시아를 이룩하는 데 힘써야 하는 사명을 한국의 학계가 지니고 있다.

❑ **문** : 왜 하필 한국인가? 중국이나 일본은 하지 못한다는 말인가?

❑ **답** : 자기는 우월하다고 여기면 대등을 이룩하는 방향으로 나아가지 못한다. 중국은 오랜 내력을 가진 우월주의에 빠져 있고, 일본은 유럽문명권 추종을 우월의 근거로 삼고 있다.

❑ **문** : 일본 학문은 이미 대단한 경지에 이르러 노벨상 수상자가 속출하고 있는데 '추종'이라는 말을 쓰는 것은 잘못이 아닌가?

❑ **답** : 유럽문명권에서 하고 있는 것과 같은 방식으로 하면 동일한 성과를 내는 자연과학 연구에서는 일본 학문이 이미 국력에 상응하는 경지에 이르렀다. 그러나 인문·사회학문 특히 인문학문은 사정이 다르다. 동아시아문명의 보편적 가치를 세계적인 일반이론 창조의 근거로 삼아야 유럽문명권과 선의의 경쟁을 할 수 있는데, 일반이론은 수입하면 된다고 여겨 창조 작업에 관심을 가지지 않고 사실에 대한 정밀한 고증을 축적하는 데나 몰두하고 있다. 이 일을 우리가 열심히 해 일본을 깨우치면서, 정밀한 고증이 모자라는 약점을 일본의 도움을 받아 해결해야 한다.

제6강 王夫之

의문의 출발점

王夫之(1619-1692)는 중국 명말·청초의 학자이다. 혼란과 박해를 피해 숨어 지내면서 학문에 진력해 氣철학을 이룩했다. 이 정도는 널리 알려져 있으나 깊이 들어가기는 어렵다. 전공자의 술회를 들어보자.

> 늘 왕부지에게 묻곤 하였다. 그것은 두 가지였다. "당신의 가난에 찬 일생에 비해 나의 상황도 어려운 것이라고 할 수 있을 것입니까? 당신은 그 어려운 세월을 어떻게 견뎠습니까? 사람에게는 어려움을 감내하면서 그 길을 계속 가야할 이유가 본디 있습니까?" 하는 것이 하나였고, "당신의 철학을 이렇게 보고 풀이하여 의미를 파악하는 것이 맞습니까?" 하는 것이 또 하나였다. 그 분은 말이 없었다. 필자가 답사하면서 살펴본 石船山 주변의 황량한 모습과 그의 청수한 초상만이 선명하게 떠오를 뿐이었다.

김진근, 『왕부지의 주역 철학』 (서울: 예문서원, 1996)의 「책머리에」

한 대목이다. 왕부지를 연구해 박사학위를 취득한 논문을 책으로 내면서 이렇게 말했다. 나도 이 책의 독자도 박사 논문을 쓰지는 않지만 왕부지에 대해서 알고자 한다. 왕부지를 어떻게 하면 알 수 있을까? 왕부지를 알면 무슨 소용이 있는가?

다른 모든 사상가가 다 그렇듯이 왕부지에 대해 알려면 연구서를 참고하는 것이 지름길일 수 있다. 왕부지 연구서는 여러 곳에서 많이 나왔다. 우선 국내의 것들을 들면, 김진근, 위의 책; 이규성, 『생성의 철학 왕선산』(서울: 이화여자대학교 출판부, 2001); 천병준, 『왕부지의 내재적 기철학』(서울: 한국학술정보, 2006) 등이 있다.

중국 책은 헤아리기 어려울 정도이다. 긴요하게 참고한 것들이 許冠三, 『王船山的致知論』(香港: 中文大學出版社, 1981); 陳遠寧 外 共著, 『王船山認識論範疇研究』(武漢: 湖北人民出版社, 1982); 曾昭旭, 『王船山哲學』(臺北: 遠景出版事業公司, 1984); 湖南省社會科學院 外 共編, 『王船山學術思想討論集』(長沙: 湖南人民出版社, 1984); 肖箑夫 主編, 『王夫之辨證法思想引論』(長沙: 湖南人民出版社, 1984); 蕭漢明, 『船山易學研究』(北京: 華夏出版社, 1987); 林安梧, 『王船山人性史哲學之研究』(臺北: 東大圖書公司, 1987); 吳立民 外 共著, 『船山佛道思想研究』(長沙: 湖南出版社, 1992) 등이다.

서양에서 나온 것들도 있다. Alison Harley Black, *Man and Nature in the Philosophical Thought of Wang Fu-chih* (Seatle: University of Washington Press, 1989); François Julien, Procès ou création, une introduction à la pensée chinoise (Paris: Seuil, 1989)(유병태 역, 『운행과 창조』, 서울: 케이시아카데미, 2003); Jacques Gernet, *La raison des choses, éssai sur la philosophie de Wang Fuzhi(1619-1692)*, Paris:

Gallimard, 2005)를 구해 읽었다.

이런 책을 읽어보면 왕부지 저작에 있는 말을 이것저것 옮겨다놓았다. 번역하고 풀이했지만 왕부지에 대해서 알도록 했다고 하기 어려우며 저자 자신은 얼마나 알았는지 의심스럽기조차 하다. 김진근과 같은 고백을 다른 저자들은 하지 않은 이유가 이해의 차이가 아닌 태도의 차이에 있다고 보아야 할 것 같다.

왕부지를 알려면 저술을 직접 읽어보아야 한다. 읽어보면 무슨 말을 했는지 알 수 있을 것이다. 그러나 읽어 안다는 것이 무엇인가? 이 말은 이 뜻이고, 저 말은 저 뜻이라고 할 수 있다해서 아는 것은 아니다.

그러면 어떻게 해야 하는가? 내 자신이 왕부지의 시대로 돌아가 왕부지가 되는 것이 한 방법이다. 왕부지의 고민과 모색이 나의 것이라고 생각하고, 왕부지가 한 말이 내 말이라고 하면 내 나름대로 왕부지를 이해할 수 있다.

내 나름대로의 이해는 객관성이 없다고 나무라지 말자. 객관적인 사실은 산더미처럼 쌓아놓아도 아무 의미가 없을 수 있다. 왕부지와 만나 내가 왕부지가 되어야 비로소 절실한 이해가 가능하다. 왕부지가 한 몇 마디 말이라도 내가 하는 말로 삼아야 문이 열려 그 속으로 들어갈 수 있다. 들어가서 필요한 것을 가져와 내 것으로 삼을 수 있다.

또 하나의 방법은 왕부지가 내가 되도록 하는 것이다. 내가 당면하고 있는 고민과 모색을 왕부지가 와서 맡아준다면 어떻게 할 것인지 상상해보자. 왕부지가 제공해주는 해답을 나의 것으로 삼자. 이것은 한 걸음 더 나아간 이해 방법이다. 이해를 넘어선 이용 방법이다.

위에서 두 가지 의문을 제시했다. 왕부지를 어떻게 하면 알 수 있을까 묻고, 다시 왕부지를 알면 무슨 소용이 있는가 물었다. 이 두 의문은 하나로 합쳐진다. 왕부지를 알려면 왕부지의 학문을 내 것으로 삼아야 한다. 왕부지의 학문을 내 것으로 삼아 내가 이용해야 왕부지를 알 수 있다. 이해해야 응용 가능하고, 응용해야 이해 가능하다.

왕부지만 이런 것은 아니다. 학문적 유산을 남긴 모든 사람이 다 이렇다. 지금까지 여러 학자를 다루면서 계속 사용하는 방법을 여기서 한 차례 정리할 따름이다.

시대와 처신

나와 함께 독자도 과거로 되돌아가자. 왕부지로 다시 태어났다고 가정하고, 왕부지가 어떤 사람인지 알아보도록 하자. 왕부지는 자서전에 해당하는 글을 쓰지 않았다. 자기 자신을 드러내서 말하지 않는 것이 선비의 도리라고 여겼다. 그것이 다른 문명권과는 상이한 동아시아의 오랜 전통이다.

그러나 알 길이 없는 것은 아니다. 가문의 내력을 말한 「家世節錄」, 아버지에 대해서 쓴 「顯考武夷公行狀」이 있다. 다른 여러 글에도 조금씩 나타나 있는 사실도 찾고 앞뒤를 연결시켜 필요한 정보를 얻을 수 있다.

자료 출처에 관한 설명이 필요하다. 위에서 든 두 글 가운데 앞의 것은 『薑齋文集』 권10에 있다. 이 책을 『문집』이라고 약칭한다. '강재'는 왕부지의 호이다. '船山'은 왕부지가 그런 이름을 가진 산 밑에 살았다고 해서 세상에서 왕부지를 일컫는 말로 사용한다. 『船山遺書』는 모두 8권이지만, 면수를 일련번호로 붙였으므로 권수는 들지 않는다. 이 책을 『유서』라고 약칭한다. 뒤의 글은 『문집』 권1에 있다.

1619년 명나라 萬曆 47년이고, 북쪽 後金의 연호는 天命 4년인 해에 왕부지는 湖南省 衡陽에서 태어났다. 王朝聘의 세 아들 가운데 막내였다. 만형 介之는 그 때 14세였다.

선대는 명나라 개국에 공을 세운 무신이었다. 증조가 문반으로 진출하고, 조부 때부터 가세가 기울었다. 아버지 王朝聘은 초급 단계의 과거에 급제해 秀才가 되고, 擧人 아래 단계인 副榜에 머물렀다. 국자감 입학이 예외적으로 허용되어 2년간 수학하고 정8품의 하위직을 얻었다. 뇌물에 따라 관직이 결정되는 풍조에 환멸을 느끼고 귀향했다. 당시에 새로 유행하던 陽明學에 기울어지지 않고 정통 유학을 받들었다.

아버지가 가난한 학자로 지내는 동안 어머니가 큰 고생을 하면서 뒷바라지를 했다고 「가세절록」의 한 대목에서 말했다. 정감을 나타낸 문장의 드문 예라는 점에서도 흥미롭다. 번역해 인용하고 원문을 든다. "先君宦學四方 家徒壁立 先孺人躬親舂飪 支盈補虛 以佐圖史舟車之費 費踰千金"(아버지는 사방 나다니면서 공부만 하는 탓에 집안에는 벽만 남아 있는 형편이었다. 어머니가 나서서 방아 찧고 부엌일해서 모자라는 것을 보충하고, 책값과 교통비를 부담한 것이 천금이 넘었다.)

왕부지는 일찍부터 재능을 나타냈다. 1622년 4세에 만형에게서 글을 배우기 시작했다. 1625년 7세에 十三經을 다 읽었다. 1628년 10세에 아버지의 지도로 과거 공부 교재 『五經經義』를 공부했다. 1632년 14세에 秀才로 선발되어 衡陽縣學에 입학했다.

그러는 동안에 명나라가 쇠약해지고, 1635년 17세 때 李自成의 반란이 일어났다. 1639년 21세 때 後金이 국호를 淸으로 바꾸고 산동과 제남 일대를 침공했다. 1642년 24세 때 擧人 선발 시험에 합격하고, 만형과 함께 會試에 응시해 進士가 되기 위해 북경으로 가다가 반란군 때문에 길이 막혀 돌아와야 했다.

1643년 25세 때 張獻忠이 반란군을 이끌고 호남을 장악해 새로운 왕조를 세운다고 선포했다. 많은 농민이 환영하고, 지배층인 豪紳은 위협을 느끼고 자결하는 사람들도 있었다. 왕부지 부자가 학자임을 알고 등용하려고 하므로 숨어 다녔으나 아버지는 잡혔다. 아버지를 인질로 삼아 협박하자, 왕부지는 몸에 상처를 내고 중상인 것처럼 약초를 붙이고 병들어 관직을 맡을 수 없다고 했다. 가까스로 위기에서 벗어나서 아버지를 구출했다.

1644년 26세 때 농민군의 지도자 李自成이 북경을 함락하고 大順 황제로 즉위했다. 명나라 崇禎황제는 자결했다. 청나라 군대가 들어와 이자성 정권을 멸망시켰다. 왕부지는 명나라의 멸망을 안타깝게 여겨 「悲憤詩」 一百韻을 지었다.

1646년 28세 때 명나라의 잔존세력이 廣州에서 桂王 朱由郎을 永曆帝로 옹립해 저항정권이 생겨났다. 1648년 30세 때 왕부지는 동지들을 모아 청나라에 대항하는 군사를 衡山에서 일으켰다가 패배하고, 영력제의 저항정권에 가담하기로 했다. 1650년 32세 때 영력제에게서 관직을 맡았다가 부패와 파쟁을 보고 실망해 물러났다. 영력제의 도읍 桂林이 청군에 함락되었다.

1651년 33세 때 몸을 숨기고 은둔하기로 결심했다. 湘西 耶薑山에 들어가 하층민으로 살아가면서 亡國孤臣 또는 南岳遺民으로 자처했다. 1654년 36세 때 청군이 호남까지 와서 청나라에 항거하는 지사들을 잡아갔다. 이름을 바꾸고 소수민족 瑤族의 복장을 하고 도망 다녔다. 1661년 43세 때 영력제가 잡혀 죽자 명조 부흥은 기대할 수 없다고 판단하고, 衡陽 石船山 아래 湘西草堂을 짓고 1692년 74세에 세상을 떠날 때까지 연구와 저술에 몰두했다.

가난과 질병으로 고통을 겪고, 清朝의 끈덕진 협박과 회유를 견디었다. 망해버린 明朝에 대한 통한을 안고 끝까지 타협하지 않은 채 고고하게 지조를 지키면서 학문에 몰두했다. 세상을 떠나기 바로 전 해에 쓴 「船山記」에서 그 곳이 다음과 같다고 했다.

> 船山 山之岑有石如船 頑石也 而以名之 其岡童 其溪渴 其靳有之木不給於榮 其草癯靡紛披 而恒若凋 其田縱橫相錯而隴首不立 其沼凝濁以停而屢竭其瀕 其前交蔽以絯送遠之目 其右迤于平蕪而不足以幽 其良禽過而不棲 其內趾之獰者 與人肩摩而不忌 其農習視其畦埒之𡍩謬而不修 其俗曠百世而不知琴書之號(「船山記」,『문집』 권2)
>
> (선산이란 산꼭대기에 배처럼 생긴 못난 돌이 있어서 생긴 이름이다. 그 산등성이는 벗겨지고 시내는 말랐으며, 기슭의 나무는 무성한 것과는 거리가 멀다. 그 풀은 여위고 쓰러지고 으스러지고 갈라져 늘 시들어 있는 듯하다. 그 밭이 가로세로 어긋나 밭머리가 분명하지 않다. 그 물은 탁하게 엉기어 흐름을 자주 멈추었다. 그 앞에 얽히고 가리어진 것들이 멀리 바라보지 못하게 막는다. 그 오른쪽에는 잡초 무성한 들이 이어져 있어 아담하다고 하기 어렵다. 좋은 새는 지나면서도 깃들지 않는다. 그 안에 발을 들여놓은 짐승은 사람 어깨 스치는 것을 꺼리지 않는다. 그 곳의 농부들은 밭두둑이나 담이 무너져 있는 것을 예사로 여기고 고치지 않는다. 그 곳 풍속에서는 백세를 헛되이 보내도록 琴書의 이름을 알지 못한다.)

대수롭지 않은 내용을 뒤틀어 나타내는 문장에다 자기 심정을 실었다. "그"(其)라는 말을 계속 써서 흔히 있을 수 있는 곳이 아니라고 거듭 일렀다. 산천을 벗을 삼아 편안한 마음으로 은거하는 대신에 궁벽한 곳에서 어렵게 지내면서 험악한 시련을 겪었다. 주위의 산천이 자기 처지와 어울렸다. 마땅하지 않은 곳에서 쓰디쓴 경험을 하고 살아가면서 세상과 타협하지 않는 자세를 다지고, 남들은 인정하지 않을 이치를 힘겹게 탐구했다.

그런데도 "船山者 則吾山也"(선산은 나의 산이다), "老且死 而船山者 仍還其頑石"(늙어 죽으면 선산이라고 일컬어지는 그 완석으로 돌아가리라)라고 했다. 크나큰 시련을 견디어내면서 그릇된 세상을 바로잡을 학문을 이룩하는 자세를 다짐한 말이다. 산꼭대기에 있는 배 모양을 하고 있는 못난 바위처럼 우람한 성과를 이루리라고 다짐했다.

1692년 정월 초이틀, 그날은 날씨가 유난히도 흐렸다. 인적이 드문 첩첩산중의 중국 호남성 湘西 金蘭鄉 石船山에 일진의 서북풍이 휘몰아치는 가운데, 애조 띤 장송곡과도 같은 스산한 바람소리가 산골짜기를 에돌고 있었다. 석선산록의 황량하고도 허름한 한 채의 초옥 속, 방 안 가득히 쌓인 책들과 이루 헤아릴 수 없는 수고 더미에 둘러싸여 청수하면서도 위엄이 서린 74세의 한 늙은이가 책상 머리에 비스듬히 앉아 내리감기는 눈꺼풀을 힘들게 치뜨며 자신이 손수 쓴 묘비명을 내려다보고 있었다. 거기에는 "劉越石의 고독한 울분을 품었지만 좇아 이룰 命이 없었고, 張橫渠의 正學을 희구했으나 능력이 부족하였다. 다행히 이곳에 온전히 묻히니, 가슴 가득 근심을 안고 세상을 하직하노라"라고 쓰여 있었다. 이 노인은 헐떡거리는 기침 소리와 더불어 호흡이 점점 약해지는 가운데 분노와 탄식을 품은채 세상을 하직하였다.

오늘날의 연구서에서 왕부지의 죽음을 이렇게 묘사했다. 楊廷福, 『王夫之』(北京: 中華書局, 1986) 1면에 있다는 말이다.(김진근, 『왕부지의 주역 철학』, 17-18면에서 재인용) "… 세상을 하직하노라"라고 하기까지의 인용문은 왕부지가 스스로 자기 묘석의 글을 쓴 「自題墓石」에서 "銘曰 抱劉越石之孤憤 而命無從致 希張橫渠之正學 而力不能企 幸全歸于茲邱 固銜恤以永世"(『문집』 보유 권2)라고 한 말이다.

劉越石은 이름이 琨이며, 西晉 시대의 인물이다. 石勒에게 포로로 잡힌 세자를 구하다가 책략에 걸려 죽었다. 좇아 이룰 命이 없었다는 것은 유월석의 처지를 명나라가 망해 충성할 대상을 상실한 자기 자신과 연결시켜 한 말로 보인다. 張橫渠는 북송의 학자 張載이다. 장재의 바른 학문을 이어받기를 희구했으나 능력이 부족했다는 것은 겸양의 말이다. 방향을 바꾸고 더욱 발전시킨 성과가 크다. 온전히 묻힌다고 한 것은 청나라의 명령을 물리치고 머리털을 그대로 두고 복색을 바꾸지 않았음을 말한 것 같다. 학문의 업적이 대단한 것을 자기가 평가하고 만족스럽게 여기지 않았다.

학문의 길

왕부지는 명나라가 망하지 않고 시련이 닥치지 않았으면 과거에 급제해 벼슬을 하면서 아버지처럼 정통 유학을 옹호했을 것이라고 할 수 있다. 그러나 이것은 성립되지 않는 가정이다. 명나라가 망한 것은 필연적인 사태였다.

명나라가 망한 것은 반란이 일어나고 청나라가 침공했기 때문이라고 할 것만은 아니다. 부패한 권력이 횡포를 부려 민심을 잃은 탓에 내부에서 붕괴되자 외부의 도전이 닥쳐왔다. 청나라에 대해서 적개심을 가지는 것 못지않게 내부의 잘못을 나무라야 했다.

청나라에 대한 적개심을 품고 중국 중심 또는 한족 중심의 역사관을 곳곳에 나타냈다. "天下大防二 中國夷狄也 君子小人也"(『讀通鑑論』 권14 東晋哀帝 3)(천하에 큰 경계가 둘 있으니, 중국과 夷狄, 군자와 소인이다)라고 했다. 군자와 소인, 중국과 이적은 애초에 구별된다고 해서 사람은 서로 대등하다고 할 수 없도록 스스로 막았다.

중국이나 군자는 의로움을 특징으로 해야 이적이나 소인보다 우월하다고 할 수 있다는 견해를 펴지는 않았다. "中國之于夷狄 殄之不爲不仁 欺之不爲不信 斥其土奪其資不爲不義"(『春秋家說』 권3 昭公 3)(중국은 이적을 죽여도 不仁이 아니고, 속여도 不信이 아니며, 땅과 재물을 빼앗아도 不義가 되지 않는다)고 했다. 군자는 소인을 죽이고 속이고 괴롭혀도 된다는 말인가?

이런 생각은 왕부지의 일면에 지나지 않는다. 왕부지가 이런 생각만 하면서 청나라에 대한 반감과 명나라에 대한 충의를 나타내는 글이나 썼다면 대단한 학자라고 할 수 없다. 왕부지가 힘써 한 작업은 명나라가 망할 수밖에 없고 청나라가 들어섰어도 시정하지 못한 사회모순을 비판한 것이다. 경제적 불평등을 문제 삼고, 권력의 횡포를 문제 삼았다. 그 때문에 높이 평가된다.

若夫土 則天地之固有矣 王者代興代廢 而山川原濕 不改其舊

其生百穀草木金石以養人 王者亦待養焉 無所待于王者 而王者固不得而擅之(『讀通鑒論』 권19 煬帝 7)

(무릇 토지는 천지가 원래 가진 것이다. 지배자는 시대에 따라 흥하기도 하고 망하기도 하지만, 산천, 언덕, 습지는 옛 모습을 바꾸지 않는다. 토지가 백 가지 곡식, 초목, 금석을 산출해 사람을 기른다. 지배자라도 [토지에 의해] 길러지기를 기다려야 하고, [토지가] 지배자에게 길러지기를 기다리는 것은 아니다. 그러니 지배자가 [토지를] 마음대로 하는 것은 참으로 부당하다.)

人之戴君 而胥匡以生也 禦其害 協其居 防其强以淫 撫其弱以萎(『讀通鑒論』 권20 唐高祖 9)

(사람이 임금을 추대해 서로 구하면서 사는 것은 해를 제어하고 거주에서 협동하고자 함이다. 강해서 횡포를 부리는 쪽을 방지하고, 약해서 위축되는 쪽을 어루만지고자 한다.)

자기 당대의 일을 말하지 않고 과거 역사에 대한 논평을 쓰면서 한 말이다. 무엇이 잘못되었는지 지적해 비판하는 대신에 이상적인 상태를 말했다. 임금에게 충성을 해야 하는 백성의 도리는 말하지 않고 임금이 백성을 위해 해야 할 일을 말했다. 무엇이 바른 도리인가는 백성의 공론에 따라 판정해야 한다고 하면서 다음과 같이 주장했다.

天下有大公至正之是非爲 匹夫匹婦之與知 聖人莫能違也 然而君子之是非 終不與匹夫匹婦爭鳴 以口說爲名敎 故其是非一出而天下莫敢不服 流俗之相沿也 習非爲是 雖覆載不容之惡而視之若

常 非秉明赫之威以正之 則惡不知懲(『讀通鑑論』 권말 敍論 2)

(천하에 크게 공평하고 지극히 바른 시비가 있다는 것을 예사 남녀조차 알기 때문에 성인이라 하더라도 거스를 수는 없다. 그런데 군자라는 이들의 시비는 예사 남녀와 쟁론한 결과 그 구설로 명교를 삼는 것이 아니므로, 그 시비가 일단 정해지면 천하가 복종하지 않을 수 없다. 이런 세태가 이어지다가보니 그른 것을 답습해 바르게 여긴다. 하늘에서도 땅에서도 용납되지 못할 커다란 악이라도 정상처럼 여겨진다. 분명하게 드러나는 권력을 잡고 바로잡지 못해 악이 징치되지 않는다.)

진실과 허위를 준엄하게 갈라 놓았다. 이런 내용을 갖춘 현실 비판을 왕부지가 과거에 급제해 영달했다면 할 수 없었을 것이다. 무엇이 잘못되었는지 눈에 보이지 않게 마련이고, 설사 보인다고 해도 자기와는 무관하다고 여겼을 것이다. 불행한 시대를 만나 불우하게 된 것이 도리어 행운이어서 영달을 위한 학문을 버리고 세상을 바로 알고 잘못을 고치고자 하는 학문을 했다. 사이비 군자의 학문을 버리고 진정한 군자의 학문을 하고자 했다.

君子雖際大亂 可辱可死 而學道自其本務 一日未死 則不可息於一日 爲己非爲人也(『周易內傳』 권3 明夷卦)

(군자는 비록 커다란 재난을 만나 욕을 당할 수도 있고 죽을 수도 있지만, 도를 탐구하는 것이 본분이다. 죽지 않았으면 하루라도 쉬지 말아야 한다. 자기를 위함이고 타인을 위함이 아니다.)

이렇게 다짐했으나 학문을 하는 여건은 미비했다. 서적이나 지필을 구할 돈도 없어 벗들이나 제자가 제공해야 했다. 글을 조심스럽게 써서 자기주장을 바로 나타내지 않았다. 『문집』에는 論이 세 편만 있고, 철학사상을 말한 것은 「知性論」 하나뿐이다. 그것마저도 그리 중요한 내용은 아니다.

조리를 갖추어 자기 생각을 나타내는 論이나 說은 쓰지 않고 經學에만 힘썼다. 경전을 다시 주해해 본래의 뜻을 찾는다면서 여기저기서 새로운 논의를 폈다. 그 이유가 무엇인가? 세 가지로 생각해볼 수 있다. 經學이 학문의 으뜸이라는 전통을 이어야 했던가? 그래야 할 만큼 보수적인 사람은 아니었다. 경학을 하면서 자기주장을 펴야 설득력을 가질 수 있었던가? 그래야 탄압을 막고 공연한 시비를 피할 수 있었던가? 이 두 가지 이유를 함께 드는 것이 마땅하다.

그런 방식으로 이룬 저작이 아주 많아 100여 종, 400여 권, 500여 만 자나 된다. 세상을 떠난 뒤에 아들이 몇 가지를 간행했으나 유포되지 못했다. 『四庫全書』를 편찬할 때 경전 주석 6종이 포함되었다. 1842년에 후손이 18종 150권을 모아 『船山遺書』를 처음 내놓았다. 1865년에 曾國荃과 曾國藩이 다시 낸 것에 56종 288권이 수록되었다. 譚嗣同은 『仁學』에서 "오백 년 이래의 학자 가운데 하늘과 사람의 연구에 진정으로 통달한 사람은 선산 하나뿐이다"(五百年來學者 眞通天人之故者 船山一人而已)라고 평가했다. 1933년 상해에서 12종을 증보해 다시 냈다. 1996년에 『船山全書』 16권이 나왔다. 1999년에 『船山遺書』(北京 : 北京出版社, 1999) 큰 책 8권이 이루어졌다.

방향 재정립

잘못된 세상을 바로잡으려면 어떻게 해야 하는가? 정통 유학은 설득력을 잃었다. 정통 유학의 이기이원론이 지닌 약점 때문에 명나라가 망했다고 하는 데 왕부지도 동의했다. 시대 변화를 직시하면서 가치관을 재정립하는 새로운 사상이 반드시 필요했다.

정통 유학을 비판하고 넘어서는 새로운 사상이라고 하면서 陽明學이 일어나 커다란 영향을 끼쳤다. 양명학의 장점은 주장이 명쾌한 데 있었다. 성현의 가르침을 번다하게 만들어 진실에서 멀어진 잘못을 시정해야 한다 하고, 사람 마음속의 良知가 발현되면 세상이 바르게 된다고 했다.

이런 주장에 대해 왕부지는 반대했다. "世豈有一言之悟 而足爲聖之徒 俄頃之化 而令物皆善哉"(『周易內傳』 권4 漸卦)(세상 사람을 어찌 한 마디 깨달았다는 말로 성인을 따르게 할 수 있으며, 잠시 동안의 교화로 모든 사물이 선해지도록 할 수 있겠는가)라고 비판했다. 잘못이 생기는 이유에 관해서 다음과 같이 말했다.

> 欲速成之病 始於識量之小 識量小 則謂天下之理 聖賢之學 可以捷徑疾聚 而計日有得 陸象山 楊慈湖 以此誘天下 說其高遠 其實鄙陋苟簡而已 識量小者驕(『俟解』)
>
> (속히 이루려고 하는 병폐는 식견이 적은 데서 비롯한다. 식견이 적으면 천하의 이치와 성현의 학문을 잠깐 동안에 급히 취해 며칠 사이에 효력을 얻는다고 말한다. 육상산[九淵]과 양자호[簡]가 이런 말로 세상을 유혹했다. 고상하고 원대한 듯이 하는 말이 실제로는 천박하고 빈약할 따름이다. 식견이 적은 자는 항상 교만

하다.)

陸九淵과 楊簡의 사상을 이어서 양명학을 정립한 사람은 王守仁이다. 왕수인의 뒤를 이은 사람들이 양명학의 주장을 더욱 과격하게 만들었다. 그 선두에 선 李贄(1527-1602)는 성현의 도리를 신랄하게 공격했다. 이에 대해서 왕부지는 다음과 같이 말했다.

王氏之學 一傳爲王畿 再傳爲李贄 無忌憚之敎立 而廉恥喪 盜賊興 皆惟怠于明倫察物而求逸獲 故君父可以不恤 名義可以不顧 陸子靜出而宋亡 其流禍一也(『張子正蒙注』 권9 乾稱篇 上)

(王[守仁]씨의 학이 한 번 전해져 王畿가 되고, 다시 전해져 李贄가 되었다. 거리낌 없는 교설이 세워지자 염치가 상실되고 도적이 일어났다. 모두가 인륜을 밝히고 사물을 살피는 일은 게을리 하고, 안일과 이익을 추구하기만 했다. 그래서 君父를 보살피지 않아도 되었고, 명분과 의리를 돌보지 않아도 되었다. 陸子靜[象山]이 출현하자 宋나라가 망했던 것과 동일한 폐해이다.)

이지에 대한 왕부지의 비판이 지나치다고 할 것인가? 이지는 공자를 성현이라고 하는 것은 스스로 알아서 하는 말이 아니고 우상 숭배일 따름이라고 했다. "先儒臆度而言之 父師沿襲而誦之 萬口一辭 不可破也 千篇一律 不自知也"(『續焚書』 권4 「題孔子像于芝佛院」)(선유가 억측한 것을 이어받아 말하고, 아비와 스승이 답습한 것을 따라 외며, 만 입에서 한 소리를 하면서 굳게 결속하고, 천편일률이면서 스스로 알지 못한다.) 성현을 숭앙하는 사람들이 "陽爲儒學 陰爲富貴 被服儒雅 行若狗

彘"(『焚書』 권2 「又與焦若侯」)(겉으로는 유학을 하고 안으로는 부귀를 꾀하니, 선비의 옷을 우아하게 입고서 행실은 개나 돼지이다.) 이렇게 말했다.

그러면 어떻게 해야 하는가? 이익을 추구하는 것이 당연하다고 했다. "夫欲正義 是利之也 若不謀利 不正可矣"(의를 바르게 하려는 것은 무엇을 이롭게 하기 때문이다. 만약 利를 꾀하지 않으면 바르게 하지 않아도 될 것이다.) 사람은 누구나 이로움을 추구한다. 의로움이란 바로 이로움이다. 이롭지 않은 의로움은 인정할 수 없다. 유학자가 이로움을 추구하는 것은 당연하다. 허식이 문제이지 이로움 추구는 나무랄 수 없다. 이렇게 주장했다. 누구나 아무 제한 없이 이로움을 추구하면 세상은 어떻게 되는가? 강자 때문에 약자가 살아날 수 있는가? 이지는 명나라의 지배체제가 유지되고 있으니 그런 말을 했다. 지배체제의 허위를 비판하는 데 힘을 모았다.

그러나 허위에 찬 지배체제가 무너지면 좋은 세상이 오는 것은 아니다. 천하대란이 더 큰 고통을 주면 어떻게 하겠는가? 이런 상황이 닥치자 왕부지는 이지의 지론을 거부하고 세상을 바르게 하는 원리를 찾아야 했다. 이지에 이르기까지 사상이 잘못 전개된 과정을 밝히고 무엇이 잘못인지 논해야 자기 길을 열 수 있었다.

이지는 세 가지 주장을 했다. 종래의 義理之學이 童心에서 자발적으로 나온 말이 아니라고 했다. 군자와 소인의 윤리적 구분을 부정하고 평등실현의 원리를 제시했다. 자연적 본성인 欲을 윤리로 통제하지 않고 긍정해야 한다고 했다. 이지의 주장이 타당한가? 왕부지는 그렇지 않다고 했다.

성현의 우상을 타파하고 의리를 부정하고 파괴하면 세상이 바르게 되는 것은 아니다. 의리는 부정한다고 해서 파괴되지 않고, 의리의 수호자들이 파괴하는 쪽을 응징한다. 이지는 그래서 희생되었다. 의리가 파괴되고 동심의 인욕이 긍정된다고 해서 세상을 이끌어나갈 새로운 원리가 생기는 것은 아니다. 파괴 자체가 건설인 것은 아니다. 의리와 인욕이 둘이 아님을 밝혀 의리의 독주를 막고, 인욕이 함부로 움직이는 것도 제어해야 한다.

> 任法 則人主安而天下困 任道 則天下逸而人主勞(『讀通鑑論』 권1 秦二世)
>
> (엄한 법을 집행하여 나라를 다스리면 군주는 편안하지만 천하는 고통을 받게 된다. 道로써 나라를 다스리면 천하는 편안해지지만 군주는 많은 힘이 들게 된다.)

도는 배격해야 할 것이 아니다. 도는 백성을 괴롭히기 위해 지어낸 것이라고 여기지 말아야 한다. 백성이 편안하게 살기 위해서는 군주가 도를 따라야 한다. 군주는 왜 도를 따라야 하는가? 백성을 사랑하는 마음을 가졌기 때문이라고 할 것은 아니다. 권력을 유지하기 위해서는 인심을 얻어야 하고, 인심은 도로 얻어야 한다. 나라가 위기에 빠졌을 때 인심을 얻는 도가 더욱 긴요하다.

> 扶危定傾 以得人心爲本務 國破君亡 天下喁喁然願得主而事之 人心爲易得矣 而未易也… 國破君亡之餘 不待天下之迫而迫自立者 非外逼以亡 則乃爭以叛(『讀通鑑論』 권 13 東晋元帝 1)
>
> (위기에 빠진 나라를 구하는 데 있어서 가장 소중한 것은 인심

을 얻는 것이다. 나라가 망하고 군주가 죽게 되면 천하의 사람들은 모두 새로운 군주를 찾아 그를 받들고자 하기 마련이다. 따라서 일견 인심을 얻는다는 것이 매우 쉬운 것 같지만 그리 쉬운 것이 아니다 … 나라가 망하고 군주가 죽어 혼란에 빠진 경우 천하가 모두 원할 때를 기다리지 않고 스스로 급히 군주의 자리에 오르면, 외세의 핍박으로 망하지 않는다고 해도 내부적인 투쟁과 반란으로 망하게 될 것이다.)

君子之道 主一以統萬行 以循乎天理 極其變而行之皆順 充實於內也 小人之道 義利理欲兩端交戰 挾兩可之心以幸曲全 而旣不足於義 必失其利 所歉於中多矣(『周易內傳』 권6 繫辭下傳 5)

(군자의 도는 하나를 으뜸으로 삼아 만행을 통괄하고 천리를 따르므로, 변화가 극도에 이르러도 행하는 바가 순조롭고 마음이 충실하다. 소인의 도는 의로움과 이로움, 도리와 욕망이 서로 다투며, 둘 다 가하다고 하면서 요행이 굽은 것이 온전하기를 바란다. 의로움이라고 하기 부족하고 이로움도 반드시 잃어 마음에 불만이 많다.)

도라는 것은 가는 길이다. 각자 가는 길이 다르다. 주어진 도리가 있어 따르라고 한 것은 아니다. 가야 할 길을 일관되게 가서 마음에 흡족할 수도 있고, 이럴까 저럴까 하면서 기회주의자 노릇을 하다가 둘 다 잃고 불만이 가득할 수도 있다. 앞의 것이 군자이고 뒤의 것은 소인이라고 했다. 살아가는 방식이 다른데 군자와 소인의 구별이 불필요하고 모두 평등하다고 하는 것은 잘못이라고 했다.

왕부지는 양명학을 거부하고 이기철학 혁신을 대안으로 제시했다. 양명학에서 파괴를 일삼는 것을 두고 보지 못하고, 마땅한 대책을 마련하고자 했다. 이기철학은 버리면 된다는 데 반대하고 바로잡아야 해결책이 생긴다고 했다. 정통유학의 理氣二元論을 氣一元論으로 바꾸어놓고, 理철학을 氣철학으로 넘어서서 천지운행의 근본이치를 바르게 이해하고 현실을 인식하고 개조하는 길을 제시했다.

張載(1020-1078)는 기일원론으로 나아가는 길을 개척하고자 한 선구자이다. 왕부지는 장재를 적극 계승하면서 기일원론 탐구가 불철저해 이기이원론과 관련을 가지는 면을 불식했다. 장재의 주저 「正蒙」에 대해 고찰한 『張子正蒙注』에 혁신의 요체가 나타나 있다.

[正蒙] 一物兩體 氣也 一故神 兩故化

[注] 絪縕太和 合于一氣 而陰陽之體具於中矣 神者 不可測也 不滯則虛 善變則靈… 其在于人 剛柔相濟 義利相裁 道器相需 以成酬酢萬變之理 而皆協於一(『장자정몽주』 1, 「參兩篇」 46-47)

([정몽] 한 물건이 두 몸이니 氣이다. 하나이므로 神이고, 둘이므로 化이다.

[주] 絪縕하는 太和가 한 氣에 합쳐져 있으며 음양의 體가 그 가운데 갖추어져 있다. 神이란 헤아릴 수 없음이다. 막히지 않으면 虛이고, 잘 변하면 靈이다… 사람에게서는 剛柔가 서로 구해주고, 義利가 서로 심어주고, 道器가 서로 필요로 하면서 모든 변화의 이치를 주고받는 것이 하나에서 조화를 이룬다.)

하나인 氣가 음양으로 나누어진 둘이므로 하나가 理일 수 없다는 것이 기일원론의 기본명제이다. 장재는 이에 관해 말하면서, 하나는 神이고 둘은 化여서 차이가 있다고 했다. 神은 불변의 실체여서 변화의 양상인 化와 다른 것처럼 생각되게 했다. 그러나 왕부지는 絪縕하는 太和라는 말을 써서, 하나가 움직이면서 작용해 커다란 조화를 이룬다고 했다. 둘만 化이지 않고 하나도 化이면서 양상의 차이가 있다고 했다. 신을 불변의 실체로 이해할 수 없도록 하려고 虛와 靈을 함께 들어 막히지 않으면 虛이고, 잘 변하면 靈이라고 하듯이 헤아릴 수 없으면 神이라고 했다.

기일원론은 만물뿐만 아니라 인생의 원리이기도 하다고 했다. 사람이 살아가는 데는 剛과 柔, 義와 利, 道와 器 등이 각기 작용해 상반되면서 둘이 하나여서 조화를 이루는 것이 氣가 하나이면서 둘이고 둘이면서 하나인 데서 연유한다고 했다. 剛과 柔, 義와 利, 道와 器라고 한 것들 가운데 뒤의 둘에는 利와 器가 있는 점에 유의할 필요가 있다. 利를 버리고 義로, 器에서 道로 나아가야 한다고 하지 않고, 義와 利, 道와 器가 대등한 의의를 가진다고 한 점이 이기이원론과 다르다.

이기이원론에 입각한 이철학을 대성한 朱熹(1130-1200)가 朱子라고 일컬어지면서 불변의 진리를 확립했다고 칭송되는 위세를 밖에서 밀어내지 않고 안에서 무너뜨리는 논리를 전개했다. 이기이원론의 핵심은 道와 氣를 나누어 도는 形而上의 것이고, 기는 形而下의 것이라고 하는 데 있었다. 왕부지는 이에 대해서 다음과 같은 비판을 했다.

形而下者 可見可聞者 形而上者 弗見弗聞者 如一株柳 其爲枝爲葉可見矣 其生而非死亦可見矣 所以體之而使枝爲枝葉爲葉 如此而生 如彼而死者 夫豈可得而見聞者哉(『讀四書大全說』 권2 中

庸 16장)

(형이하의 것은 볼 수 있고 들을 수 있다. 형이상의 것은 보지 못하고 듣지 못한다. 예컨대 버드나무 한 그루를 보자. 어떤 것을 몸체로 삼아 가지와 잎의 됨됨이는 볼 수 있다. 살아 있고 죽지 않았다는 것도 볼 수 있다. 가지가 되고 잎이 되게 하고, 이쪽은 살고 저쪽은 죽게 구현하는 까닭은 어찌 보고 들을 수 있겠는가?)

형이하와 형이상은 보고 들을 수 있고 없는 것, 나타난 현상과 숨은 원인의 차이가 있을 따름이라고 했다. 그러면 형이하의 器와 형이상의 道는 천하고 귀한 가치의 등급이 있다 하고 별개의 실체라고까지 하는 것은 부당하다. 둘을 구분하는 가장 큰 이유는 형이하를 근거로 하지 않으면 형이상에 이를 수 없는 인식론적 단계를 말하자는 데 있다.

自形而上以徹乎形而下 莫非性也 莫非命也 則亦莫非天也(『讀四書大全說』 권8 騰文公上篇 2)

(형이상에서 형이하까지 꿰뚫고 있는 것은 性이 아님이 없고, 命이 아님이 없으므로 또한 天이 아님이 없다.)

형이상은 性이고, 命이고, 天이고 형이하는 그렇지 못하다고 하는 이기이원론의 주장에 대해서 이런 반론을 전개했다. 性이고, 命이고, 天이라고 하는 근본원리는 형이상뿐만 아니라 형이하에도 존재한다. 그런 것들이 구체적인 형체를 갖추지 않았는가 갖추었는가 하는 차이가 있을 따름이다. 구체적인 형체를 갖춘 것을 출발점으로 삼아야 그렇지 않은 원리까지 알아낼 수 있다.

天理人欲 同行異情 異情者 異以變化之幾 同行者 同于形色之實(『周易外傳』 권1 屯)

(천리와 인욕은 동행이정의 관계이다. 이정이라는 것은 변화의 기미가 다르다는 말이다. 동행이라는 것은 형색의 실질이 같다는 말이다.)

사람의 마음에 관해 말하면 형이상의 道 또는 理는 天理의 구현이고, 형이하의 器 또는 氣는 人欲의 발현이라는 것이 이기이원론의 가치관이다. 이에 대해 위의 반론을 제기하고, 천리와 인욕은 同行이면서 異情의 관계를 가진다고 했다. 同行은 목적지가 같다는 뜻으로 이해된다. 목적지가 동일해 형색의 실질이 같다고 했다. 겉보기는 달라도 실상은 같다는 말이다. 異情은 하는 짓은 다르다는 뜻으로 이해된다. 하는 짓은 상이해 변화의 기미가 다르다고 했다. 변화의 기미는 겉보기이다. 실상은 같은데 겉보기만 다르다는 말이다. 천리와 인욕이 이런 차이만 있다면 사상의 대변혁이 일어난다.

사상의 대변혁은 새로운 탐구를 요청한다. 이치의 근본을 밝히고, 가치관의 근거로 삼는 작업을 힘써 해야 한다. 이 작업을 어떻게 하면 할 수 있는가? 이기이원론은 성현의 가르침이라고 했다. 양명학에서 良知가 사람 마음속에 이미 갖추어져 있다고 했다. 기일원론은 성현의 가르침에 의거하지 않고 스스로 알아야 하므로 탐구의 방법이 필요했다. 앎의 근거가 마음속에 갖추어져 있다는 것은 부당한 주장이므로 시정하는 대안을 제시해야 했다.

格物致知에 대한 새로운 해석으로 두 목표를 함께 달성했다. 격물치지는 이기이원론에서도 하는 말이었다. 심각하게 따지지 않고 格物의 단계를 넘어서서 致知로 나아가면서 氣에서 理로 인식의 수준을 높이자는 생각을 막연하게 나타냈을 따름이다. 왕부지는 둘의 관계를 다음과 같이 규정했다.

> 夫知之方有二 二者相濟也 而各有所從 博取之象數 遠證之古今以求盡乎理 所謂格物也 虛以生其明 思以窮其隱 所謂致知也 非致知 則物無所裁 而玩物以喪志 非格物 則知非所用 而蕩智以入邪 二者相濟 則不容不各致焉(『讀四書大全說』 권1 大學 聖經)
>
> (무릇 아는 방법은 둘이다. 둘은 서로 도우면서 추구하는 바가 각기 있다. 象數를 널리 취하고 멀리 고금에서 증명해 그 이치를 모두 추구하는 것이 이른바 격물이다. 마음을 비워 밝게 하고 숨어 있는 것까지 모두 생각해내는 것이 이른바 치지이다. 치지가 아니면 사물을 판가름하지 못해 玩物로 喪志를 하고 만다. 격물이 아니면 아는 것이 소용없게 되어 지혜를 방탕하게 만들어 나쁜 짓을 한다. 서로 도우면 둘이 각기 할 일을 다 하지 않을 수 없게 된다.)

象數는 모습과 숫자로 나타나 있는 현상이다. 그런 것들을 널리 구해 고금에서 증명한다는 역사적 고찰이나 비교연구가 격물이라고 했으니 사실에 근거를 둔 귀납적 인식이라고 일컬어도 좋다. 마음을 비워 밝게 하고 숨어 있는 것까지 모두 생각해낸다고 한 치지는 연역적 인식의 근거가 되는 사고능력 확대라고 할 수 있다. 이렇게 규정한 격물과 치지가 둘이면서 하나이고 하나이면서 둘이어야 인식뿐만 아니라 실천도 올바르게 된다고 했다. 玩物로 喪志한다는 것은 귀납 과신의 오류이고, 아는 것이 소용없게 되어 지혜를 방탕하게 만든다는 것은 연역의 횡포라고 할 수 있다. 둘 다 행실을 망친다고 하면서 인식과 실천이 둘이 아님을 말했다.

수용과 평가

왕부지 홀로 기철학을 한 것은 아니다. 기철학은 시대의 요청이어서 동아시아 여러 나라에서 일제히 했다. 중국에서는 戴震(1724-1777)이 나타났다. 任聖周(1711-1788)가 한국에서 이룩한 기철학을 洪大容(1731-1783)・朴趾源(1737-1805)・崔漢綺(1803-1877)가 이어받아 발전시켰다. 일본의 安藤昌益(1703-1762)이나 월남의 黎貴惇(1726-1783) 또한 자기 나름대로의 혁신을 이룩했다.

이런 흐름 전체를 파악하는 작업이 마땅히 있어야 하는데, 어느 나라에서도 시도하지 못했다. 왕부지의 기철학이 차지하는 위치를 밝히고 다른 사람들과 구별되는 특징이 무엇인지 알려주는 비교연구도 미결과제이다. 지금 여기서 그 모든 일을 일거에 할 수는 없다. 대강 보고 생각한 것을 말해 앞으로의 연구 과제로 제시한다. 안등창익과 최한기는 이 강의에서 별도로 다루기 때문에 보완이 가능하다.

왕부지는 위에서 든 여러 사람 가운데 중세에서 근대로의 이행기의 기철학을 제일 먼저 이룩했다. 어려운 시대에 불우하게 살면서 하층민의 경험을 받아들이면서 정통 유학의 이기이원론을 거부하고 기일원론을 이룩하는 결단을 내렸다고 생각된다. 그것은 이기이원론의 본고장인 중국에서는 하기 어려운 일이어서 뒤를 잇는 사람이 쉽게 나타나지 않았다. 왕부지를 계승해 다른 나라에서도 기철학을 한 것은 아니다.

각기 독자적으로 전개한 새로운 사상이 시대정신과 문제의식의 공통점 때문에 상당한 정도로 근접되었다.

왕부지는 經學을 하면서 자기 생각을 나타내고 戴震 또한 같은 방법을 사용했다. 그러나 다른 나라 기철학자들은 글쓰기 방법을 다양하게 했다. 정통 유학에서 벗어나는 발언을 해서 박해를 받지 않도록 하는 작전을 서로 다르게 짰다. 중국의 왕부지와 대진은 경학을 하면서 새로운 발언을 하는 갑갑한 방법을 사용한 것과 상당한 거리를 두고 다른 나라 기철학자들은 내용과 표현을 함께 혁신하는 갖가지 실험을 했다.

왕부지는 기철학의 원리와 방법의 기본을 다지는 데 그쳤다. 사회비판을 하고 역사의 문제를 많이 논했으나, 기철학에 입각한 사회철학이나 역사철학을 이룩하려고 한 것은 아니다. 華夷論을 재확인한 것은 중국인이고, 만주족의 지배에 반감을 가진 漢族이기에 지녔던 한계이며, 그 때문에 기철학이 철저할 수 없었다. 다른 논자들은 화이론을 비판하고 민족주의를 이룩하는 작업을 함께 하면서 기철학에 포함시켰다. 華夷는 상대적이어서 누구든지 자기 쪽은 華이고 다른 쪽은 夷일 수 있다고 한 洪大容의 주장이 그 가운데 특히 우뚝했다.

이런 논의는 하지 않고, 동아시아 모든 나라에서 자기네 철학만 대단하게 여긴다. 공동영역인 동아시아철학사는 없고 비교연구에도 힘쓰지 않으면서, 각국 학문이 배타적인 경쟁을 하면서 철학의 유산도 관리한다. 다른 여러 문명권보다 많이 뒤떨어져 깊이 반성해야 한다.

위에서 든 기철학자들은 정통을 거부하고 혁신을 시도했기 때문에 보수적인 학풍과는 맞지 않아 자국에서도 평가를 받기까지 굴곡이 있었다. 왕부지는 중화인민공화국이 들어서자 높이 평가되고 많은 연구가 이루어졌다. 그런데 동아시아 다른 나라 기철학자들과 함께 논의하지는 않고, 유럽 철학자들과 비교하면서 그 쪽을 평가의 척도로 삼아 왕부지가 위대하다고 했다.

중화인민공화국에서도 처음에는 왕부지가 이민족을 규탄하고 한족을 옹호한 애국주의 역사관을 가졌다는 점을 들어 평가했다. 侯外盧 外, 『中國思想通史』 (北京: 人民出版社, 1957-1961)는 유물사관을 국가이념으로 정립하고자 해서 쓴 책이다. 그런데 왕부지에 관해 서술하면서 "偉大的 愛國者"라는 말을 앞세웠다.(제5권, 37면) 전혀 위대하지 못한 점을 부각시켰다.

1962년에 「왕선산 서거 270주년 기념 학술 토론회」를 대규모로 열고 왕부지를 크게 평가하기 시작했다. "熱烈的 愛國主義者"라는 종래의 견해에다 보태 "傑出的 唯物主義者"라고 했다. 후속 모임을 10년에 한 번씩 열기로 했는데, 문화대혁명 때문에 계획대로 되지 않았다. 그러다가 1982년에 다시 열린 모임은 더 커져 발표된 논문이 120여 편이나 되었다.

애국주의라는 평가는 버리고 유물주의에 관심을 집중시켰다. 발표 논문을 총괄한 李漢武, 「王船山學術思想討論會綜述」을 보자. 왕부지의 철학은 "體系博大精深 內容豊富 旣有唯物論 又有辨證法 是我國素朴唯物主義發展的高峰"(체계가 넓고 크고 정밀하고 깊고 내용이 풍부하며, 유물론이 이미 있는 데다 변증법도 있어 우리나라 소박유물론 발전의 고봉이다)라고 하는 데 의견의 일치를 보았다고 했다.(湖南省社會科學院 外 共編, 『王船山學術思想討論集』, 697면)

"체계가 넓고 크고 정밀하고 깊고 내용이 풍부하다"고 하는 사실이 "유물론이 이미 있는 데다 변증법도 있어 우리나라 소박유물론 발전의 고봉이다"고 하는 평가 때문에 거의 무효가 되었다. 아무리 크고 깊고 풍부한 내용을 갖추었어도, 유물론과 변증법을 소박한 수준에서 발전시키는 데 그쳤다고 했다. 온전한 유물변증법이 지니는 전면적 의의의 일부를 불충분하게 갖추기만 해서 역사적 의의에 관한 철학사 연구의 대상에 지나지 않고 철학을 창조하는 데 유용할 수는 없다고 여겼다.

1987년에 나온 蕭漢明, 『船山易學硏究』는 들뜬 논의를 피하고 왕부지의 易學 사상만 선택해 착실하게 살핀 전문 연구서이다. 본론 전개에서는 유럽의 유물론을 가져와 분석과 평가의 척도로 삼지 않고 세부적인 사항을 그 자체로 고찰했다. 그런데 「餘論」이라고 한 마지막 대목에서 왕부지는 "一個封建士大夫革新的思想家 階級與時代的局限 不可能使他看到新生産方式的萌芽"(일개 봉건사대부 혁신적 사상가이고, 계급과 시대의 한계 때문에 새로운 생산방식의 맹아를 볼 수 없었다)고 했다.(145면)

그런 논의에서 새로운 생산방식이라고 한 것은 자본주의이다. 자본주의가 발달한 시기의 노동계급의 사상가는 시대와 계급의 한계가 없으므로 왕부지보다 훨씬 앞선 철학을 내놓을 수 있다고 생각하고 한 말이다. 사리가 이렇다면 易學이란 청산의 대상이기만 하고, 왕부지의 역학에 대한 연구도 적극적인 의의가 있을 수 없다. 철학과 역사는 무관하다고 하는 것이 아니다. 왕부지보다 洪大容이나 安藤昌益이 더욱 진보적인 사상을 전개한 이유에 대한 역사적 고찰이 있어야 하지만, 중국에서 받아들인 사회경제사가 감당할 수 있는 일이 아니다. 문명권의 중심부 · 중간부 · 주변부의 상관관계 변화를 논의에 포함시키는 총체적인 역사학을 새롭게 마련해야 한다.

그러나 중국에서는 문제 제기를 확대하려고 하지 않고, 새로운 해결책을 여러 방향에서 찾는 것을 허용하지 않았다. 왕부지는 유물론자이므로 평가해야 하지만 소박한 수준에 머무른 한계나 결함이 있다는 공식적인 평가를 정착시켰다. 유럽 유물론과의 공통점 발견을 목표로 하고, 그 쪽에서 사용한 개념이나 방법으로 고찰하는 연구를 되풀이하고 다른 길을 찾지 않았다. 楊憲邦 主編, 『中國哲學通史』(北京: 人民大學出版社, 1990)를 보자. 이념적 경직성이 많이 시정된 시기의 저작이지만, 왕부지 철학의 독자적인 의의는 인정하지 않았으며, 철학사 이해의 방법에 대한 고민이 없다.

왕부지를 다룬 대목의 표제에서 "我國唯物主義思想集大成者"라고 했다.(제3권, 346면) 왕부지가 유물주의 철학 체계를 마련한 것은 자연과학을 기초로 삼았기 때문이라고 했다.(349면) 철학에 대한 과학의 우위를 주장하는 견해를 그대로 따랐다. 그렇다면 마르크스 이후의 유물주의는 자연과학의 발달이 왕부지의 시대보다 월등하게 이루어져서 유물주의의 발전에서도 결정적인 성과가 있었다고 인정해야 한다. 왕부지는 이미 효력을 잃은 과거의 철학자이므로 역사적인 관심 이상의 것은 기대할 수 없다고 해야 한다.

왕부지가 한 작업은 "我國古代實體的唯物主義的傳統"을 이은 것이라고 했다.(349면) 자연과학이 뒤떨어진 시대에 이루어진 여러 유물주의 사상을 자연과학의 발달이 어느 정도는 이루어진 시기에 총괄했다고 했다. 사태의 추이에 대한 파악으로서도 아주 미흡하다고 하지 않을 수 없다. 총괄 이상의 어떤 특징을 가졌는지 말하지 않았다.

그러면서 왕부지의 유물주의 사상은 불철저하고, 국한성이 있다고 했다. 宋明理學의 영향을 받은 것이 그 이유라고 했다. 陰陽이 '仁義'의 속성을 지녔다고 보고, '天'은 '氣'라고 하다가 '理'라고도 한 것을 잘못된 증거로 들었다.(358면) 과연 그런지 따져보기로 하자.

"원시적 유물주의"니 "소박한 유물주의"니 하는 말을 다시 사용하지 않은 점에서 한 걸음 더 나아갔다. 마르크스 이후의 유물론과 비교해 결함이 있다고 하지 않고, 정통 유학과 상통하는 면을 든 것도 진전이라고 인정할 만하다. 그러나 송명이학과의 관계는 잘못 파악했다. 왕부지가 무엇을 했는지 제대로 알지 못하고 불철저나 국한성의 증거를 대서 폄하하면서 자기 당의 새로운 유물주의를 옹호하고자 했다.

음양은 상극과 상생의 양면이 있다. 상생의 면에서 '仁義'를 구현한다고 할 수 있다. 氣이기만 한 음양은 그 자체로 상극이므로 理의 원천인 太極과의 관계에서 상생을 이룬다고 하는 이기이원론을 반대하고, 음양이 그 자체로 상생을 이루어 인의를 구현한다고 한 것은 새로운 사상이다. 理와 氣는 둘이 아니므로 天은 理이기도 하고 氣이기도 하다.

시비를 제대로 가리려면 氣철학과 유물론의 관계를 정면으로 문제 삼아야 한다. 氣철학의 氣는 유물론의 물질보다 더욱 포괄적인 개념이어서 물질과 정신을 아우른다. 氣철학은 불철저한 유물론이 아니고 유물론의 결함을 넘어설 수 있는 가능성을 지닌 미래 지향의 발상으로 재평가해야 한다.

상생과 상극의 관계를 들어 그 점을 입증하기로 한다. 毛澤東은 「矛盾論」에서 모순은 처음부터 있었고 중간에 생기지 않았다고 했다. 모순이 그렇다면 조화도 처음부터 있었다. 상이한 모순은 상이한 방법으로 해결해야 한다고 예시한 데 민족모순은 없다. 계급모순은 상극의 투쟁에서 해결을 시작해야 한다면, 민족모순은 상생의 화합으로 해결의 출발점으로 삼아야 한다.

모순이 조화이고 조화가 모순이며, 상극이 상생이고 상생이 상극인 양면 가운데 모택동이 재정리한 유물변증법은 상극의 측면만 임의로 선택했다. 기철학의 전통에서 가져온 상극이 상생이고 상생이 상극인 이치를 밝혀 논해 그 편협성을 시정해야 한다. 중화인민공화국의 이념의 편향성에 구속되지 않아야 왕부지의 이해가 정상화되고 기여하는 바가 더 커진다.

이해 가능해야 응용 가능하고, 응용 가능해야 이해 가능하다고 한 말을 되새긴다. 왕부지가 이 시대에 다시 나타나면 내 말에 깊이 공감하고 내가 하고 있는 작업에 동참하리라고 믿는다. 상극이 상생이고 상생이 상극인 원리를 더욱 분명하게 정립하고 그 의의를 확대하는 데 왕부지가 와서 도와주리라고 기대하고 왕부지의 저작을 다시 읽기로 하자.

평가와 비판을 앞세우지 않고 왕부지가 어떤 생각을 했는지 그 자체로 설명하는 것이 또 하나의 학풍이다. 馮友蘭은 마르크스주의를 받아들여 『中國哲學史』(北京: 人民出版社, 1982-1989)를 다시 내놓을 때에도 자료와 사실을 정리하는 데 치중해서 빗나가지 않으려고 했다. 그래서 객관성을 견지한 것을 훌륭하다고 해야 할 듯하지만, 이어받아 활용할 길을 생각하지 않아 절실한 이해가 이루어지지 않았다.

1992년에 나온 吳立民 外 共著, 『船山佛道思想研究』는 이념적 규제가 완화되어 학풍이 달라진 것을 보여준다. 왕부지는 儒·佛·道의 사상을 융합해 "相反而固會其通"에 이르렀다는 것을 사실의 차원에서 논증했다. 그러나 상반되면서 회통한다는 것이 儒·佛·道의 관계만은 아니다. 氣는 하나이면서 둘이고 둘이면서 하나라고 하는 기철학의 근본 이치에 상생이 상극이고 상극이 상생이라는 생극론이 갖추어져 있다.

왕부지를 중국 대륙에서만 대단하게 여기는 것은 아니다. 홍콩이나 대만에서도 왕부지에 대해 고찰한 책을 내놓아, 許冠三, 『王船山的致知

論』(1981) ; 曾昭旭, 『王船山哲學』(1984) ; 林安梧, 『王船山人性史哲學之硏究』(1987) 등이 있다. 그런데 자료를 정리해 소개하는 데 치중하고 해석이나 논란은 없다. 철학의 지식만 있고 철학의 고민은 없어 새로운 창조가 시작되지 않는다.

왕부지에 대한 연구가 유럽의 언어로도 출간되고 있다. 그런데 중국사상 또는 유가사상의 특징을 유럽사상과 비교하는 데 왕부지를 이용해 특수성을 주목하고 보편적인 의의를 찾으려고 하지 않는 것이 예사이다. 왕부지를 제대로 평가하는 데 기여하지 않고 오히려 그 반대의 작용을 한다.

앞에서 든 블랙, 『왕부지 철학의 인간과 자연』(Alison Harley Black, *Man and Nature in the Philosophical Thought of Wang Fu-chih*)을 보자. 특별한 목표를 내세우지 않고 왕부지의 철학을 그 자체로 고찰했다. 그런데 도달점은 중국 사상의 특징을 파악하는 것이다. "중국에서 논리와 과학이 어떤 운명을 겪었는가 하는 오랜 문제를 새롭게 조명"하는 것이 긴요하다고 하고, "유럽의 경우와 피상적으로 동일시하는 것은 반대해야 한다"고 했다.(292면)

쥘리앙, 『운행 또는 창조』(François Julien, *Procès ou création, une introduction à la pensée chinoise*)의 표제에 내세운 두 단어 가운데 "운행"이라고 한 것은 중국, "창조"라고 한 것은 유럽의 사상이다. "중국사상 입문"이라는 부제를 달고 운행의 사상이 창조의 사상과 어떻게 다른지 논했다. 비교는 상호조명의 방식으로 차이점을 찾는 작업이라고 하고, 중국사상의 특성 파악에서 "나는 생각한다"의 의미를 다시 밝힐 수 있다는 말로 결론을 맺었다.(313-314면)

제르네, 『사물들의 이성, 왕부지(1619-1692) 철학에 관한 논고』

(Jacques Gernet, *La raison des choses, éssai sur la philosophie de Wang Fuzhi[1619-1692]*는 서두에서 왕부지가 시대를 초월해 중국사상을 대표한다고 보는 것은 잘못이라고 하고(17면), 시대와 밀착시키고 사상사에서 차지하는 위치를 파악해야 한다고 했다. 그러나 그 작업을 왕부지의 저술의 내용에 관한 고찰과 연결시키지 못했다. 중국의 철학자라면 으레 하는 말을 많이 들다가, 결말에서는 유럽과는 다른 철학이 중국에 있다는 것을 알아야 한다고 했다.(427면) 안에 들어가 보고자 했으나 멀리서 보고 말았다. 왕부지에 관한 논의를 자기 일로 삼지 못하고 남의 일로 여기고 말았다.

왕부지가 자기 나라의 제약 조건에서 벗어나 유럽문명권 학문의 문제의식이나 방법과 만난다고 제대로 이해되고 있는 것은 아니다. 보편적 이치를 다시 논하는 철학자는 만나지 못하고, 유럽문명권과 상이한 문명을 연구한다는 사실을 강조해 말하는 동양학 전공자들 손에 들어가 축소되고 왜곡된다. 중국사상의 특징 검증의 자료로 이용되고, 새로운 철학을 창조하고자 분투한 성과는 무시된다. 유럽철학을 넘어서서 인류 전체의 철학을 하지 못하는 한계 때문에 왕부지가 빛을 잃는다.

우리가 할 일

왕부지에 관한 연구는 국내에서도 한다. 김진근, 『왕부지의 주역철학』(1996); 이규성, 『생성의 철학 왕선산』(2001); 천병준, 『왕부지의 내재적 기철학』(2006) 등의 연구서가 나온 것이 반가운 일이다. 그런데 중국에 흔히 있는 논의를 옮겼다고 하겠고, 독자적인 의의는 확인하기 어렵다. 우리 학문의 사명과 방향에 대한 자각이 나타나지 않는다.

한국을 비롯한 동아시아 여러 나라 기철학자들과의 비교론은 찾아볼 수 없다. 임성주에서 최한기까지의 한국 기철학에 대한 탐구가 결여된 상태에서 왕부지를 연구했다. 왕부지를 유물론자로 해석하는 데 대해 반대한다고 하면서 저작의 원문을 그 자체로 풀이하고 이해하고자 하는 데 그친다. 철학에 대해 어떤 문제의식이나 고민을 가지지 않고 무엇을 창조하고자 하는가 하는 목표가 없어 왕부지를 자기 것으로 만들지 못한다.

왕부지에 대한 내외의 기존 연구가 지닌 잘못을 바로잡고 올바른 연구를 하는 작업을 어디서 해야 하는가? 동아시아 여러 나라에서 해야 하고, 우리가 많은 것을 이루어야 한다. 우리는 중국에서 받아들인 철학을 재창조해온 전통이 풍부하다. 한국과 동아시아, 동아시아와 다른 문명권의 관계를 널리 이해하고자 하며, 일반이론을 만들어내고자 하는 적극적인 의욕이 있다.

중국에서는 왕부지를 오늘날의 이념에 따라 해석해 실상과 어긋나게 하고, 오늘날의 이념을 넘어설 수 있게 하는 가치를 인정하지 않는다. 유럽문명권에서는 왕부지 연구가 철학이 아닌 동양학의 소관이어서, 특수성을 찾는데 머무르고, 생소하기만 한 원전을 읽어 자기네 말로 옮기는 데 급급하고 의의에 대한 포괄적인 논의를 하지는 못한다. 우리는 왕부지의 원전을 충실하게 이해할 수 있는 기초를 갖추고, 이념적 제약에서 벗어나 철학적 논의를 자유롭게, 창조적으로 할 수 있다.

무엇을 해야 한다는 말인가? 왕부지의 유산을 활용해 새로운 철학을 마련하는 작업을 우리 학계가 아니고서는 할 수 없다고 해도 지나친 말이 아니다. 왕부지가 동아시아철학사에서 차지하는 위치와 의의를 올바르게 평가하고 세계철학사 인식을 바로잡자. 동아시아 전통철학을 새로운 창조의 원천으로 삼는 노력을 이미 하고 있는 데 왕부지를 포함시키자. 과거는 미래의 창조에서 긴요한 의의를 가진다.

나는 생극론을 계승하고 발전시켜 오늘날 필요한 총체적인 이론으로 만들고자 하면서 왕부지에 관심을 가진다. 왕부지를 동아시아 다른 나라 기철학자들과 비교해 얻은 성과를 유럽의 계몽철학자와 다시 비교해 보편적 의의가 한층 확대된 총체적인 일반이론을 학문의 여러 영역에 널리 적용해 검증하고 발전시킨다. 이렇게 해서 근대를 넘어선 다음 시대로 나아가는 지침을 마련하고자 한다.

토론

❑ **문** : 왕부지에 관한 논저는 왜 이해하기 어려운가?

❑ **답** : 元曉·安藤昌益·崔漢綺의 경우도 다르지 않다. 철학이니 난해하게 마련이고 한문 원전은 해독하기 어렵기도 하지만, 논의하는 수준이 낮은 것이 더 큰 이유가 아닌가 한다. 스피노자는 물론 가잘리까지도 원전을 읽지 못하는 오늘날의 예사 독자라도 이해하고 공감할 수 있게 고찰한 업적이 축적되어 있다. 그런데 동아시아에서는 철학의 고전 원문에 매달려 있는 것을 연구라고 여기고 자기 나름대로 이해하고 재창조하려고 하지 않는다.

서양 학자들이 연구에 가담해 사태가 호전되지 않았다. 왕부지에게서 인류를 위한 보편적인 지혜가 아닌 중국인 특유의 사고형태를 찾으려고 하는 탓에 사태를 악화시켰다. 이슬람 사상을 이해하는 수준에 이르려면 많은 노력이 필요하다고 할 것이 아니다. 동아시아에서 이룩한 연구가 방향을 바로잡는 지침이 되지 못하는 것을 깊이 반성해야 한다.

원전에 매달리는 풍조에 대한 반성을 왕부지를 다루는 기회에 심각하게 해보았다. 음식이 아닌 식품을 제공하면서 좋다고 자랑하기만 하고 먹어볼 수는 없게 하는 잘못을 시정해야 한다. 음식에다 견준 재창조는 원전에서 멀어지게 마련이고, 논자의 주관이 들어가 신뢰할 수 없다고 하는 반론이 있으나, 누가 독점하지 않고 여럿이 각기 다른 작업을 해서 다양한 가치를 발현하는 것이 식품이라고 한 원전의 훌륭함을 입증하는 가장 설득력 있는 증거이다.

지금까지의 잘못을 시정하려고 노력했으나 성과가 어느 정도 인정될 수 있는지 의문이다. 왕부지에 대한 논의도 생극론 만들기와 연결시킨다고 나무라지 말고 재창조의 시도로 평가하기를 기대한다. 불만이 있으면 다른 작업을 해서 대안을 제시하는 것이 마땅하다.

❑ **문** : 왕부지를 학자의 생애를 다루는 본보기의 하나로 선택한 이유가 무엇인가?

❑ **답** : 왕부지는 세상을 등지고 물러나 말썽을 피하면서 이치의 근본을 다시 따지는 작업을 성실하게 수행했다. 알아주는 동지나 제자가 있었던 것 같지도 않은데 고독을 한탄하지 않고, 해야 할 일을 꾸준하게 해서 세상을 바꾸어놓는 원리를 제시했다. 오늘날의 학자는 따르기 어려운 모범을 보여주었다.

❑ **문** : 오늘날의 학자와 무엇이 다른가?

❑ **답** : 오늘날의 학자는 학문을 생업으로 삼고, 명예와 이익을 추구하느라고 진정한 학문의 길을 찾으려고 하지 않는다.

❑ 문 : 학문은 이로움을 추구하지 말아야 한다는 말인가?

❑ 답 : 학문은 이로움을 추구한다. 왕부지가 자기만의 작은 이로움을 버리고 천하만민을 위한 커다란 이로움을 추구한 것을 본받아야 한다. 학문은 알려고 한다. 아는 것은 힘이라고 해왔는데, 요즈음은 아는 것이 돈이라고 해야 알아듣고 관심을 가진다. 돈이 천하만민을 괴롭히지 않고 고루 잘 살도록 하는 사고의 전환을 위한 왕부지의 노력을 이어야 한다.

❑ 문 : 중국에서 잘 이어받고 있을 터인데 새삼스럽게 우리가 할 일이 있는가?

❑ 답 : 중국에서는 왕부지를 떠받들면서도 당대 자기 나라를 지배하는 사상이 최상의 가치를 가진다고 하려고 역사적 가치만 인정한다. 왕부지를 새로운 창조의 원천으로 삼아 자기 나름대로 나아갈 수 있는 재량권을 중국의 학자들은 누리지 못하므로, 우리가 앞서야 한다. 國大學小이고 國小學大라고 할 수 있다.

❑ 문 : 미국이 서서히 몰락하면 그 뒤를 이을 강대국이 될 것이라고 하는 중국을 과소평가하는 것은 부당하지 않는가?

❑ 답 : 강대국이라고 해서 학문을 잘 하는 것은 아니다. 강대국이기에 지니는 결함이 학문에서 나타나고 특히 인문학문이 잘 보여준다고 할 수 있다. 지난 학기 강의에서 고찰한 바와 같이 國大學小가 미국에도 해당된다. 중국은 지금도 나라가 너무 크고 국민에게 힘을 지나치게 행사해 학문을 위축시킨다. 학자들이 위축되어 있고 자부심을 가지지 못하는 것이 중국의 발전에 대한 낙관론을 의심스럽게 하는 논거이다. 구체적인 사정이 서로 다르더라도, 나라가 너무 크면 유지하기 어려워

무리가 생긴다. 미국의 각 주나 중국의 각 성이 독립하면 피차 이로울 것이다. 온 세상이 평화로울 것이다. 작은 나라 사람인 것이 불행이 아니고 행운이다. 國小學大를 이룩해 인류를 위해 봉사하는 길이 열려 있다.

❑ **문** : 왕부지 · 홍대용 · 최한기 같은 사람들도 유학자이고, 하는 학문이 유학인가?

❑ **답** : 유교는 아니고 유학이다. 이기이원론으로 유교와 유학을 일치시키던 시대를 지나 기일원론을 이룩해 유교에서 유학을 분리하는 시대를 열었다. 앞의 것이 정통이라고 받들기나 하면 서양과의 경쟁에서 뒤떨어진다. 뒤의 것을 이어 발전시켜야 동서를 아우르면서 다음 시대로 나아갈 수 있다. 성균관대학교 건학 6백주년 기념강연에서 이런 지론을 폈다가 격렬한 반론에 부딪혔다. 기일원론 또는 기철학의 유산을 제대로 이해하지 못하고 이어받으려고 노력하지 않아 서양의 독주를 제어하지 못한다.

제7강 스피노자

어떤 사람인가

스피노자(Spinoza, 1632-1677)는 소속이 모호하다. 스페인에서 포르투갈로 추방되었다가 네덜란드로 이주한 유태인 가문에서 태어났다. 유태교 신앙에 대한 박해를 피하자는 것이 이주 동기였다. 집안에서는 포르투갈어, 유태인 공동체에서는 히브리어, 사회생활에서는 네덜란드어를 사용했다. 히브리어 문법서를 포함한 모든 저작을 라틴어로 썼다.

이름을 포르투갈어로 벤토(Bento)라고 하고, 히브리어로는 바루흐(Baruch)라고 하다가, 나중에는 앞의 둘을 버리고 라틴어를 사용해 베네딕투스(Benedictus)라고 하기만 했다. "축복받은 사람"이라는 말을 여러 언어로 일컬었다. 축복과는 거리가 먼 수난의 과정이 이름 변천사에 나타나 있다.

아버지는 네덜란드 암스테르담 유태인 사회의 유지 노릇을 하면서 상업에 종사해 상당한 재산을 모았다. 아들은 그 혜택을 누리면서 재능이 뛰어나 촉망받으며 유태교 성직자가 되기 위한 교육을 받았다. 그러러

다가 유태교 신앙을 버려 파문당하고 가족이나 동족과의 모든 관계를 끊어야 했다. 기독교를 부정한다고 네덜란드의 여러 교단에서도 일제히 규탄했다.

어느 집단에도 속하지 못하는 고독한 예외자가 되었다. 배척되고 경멸받아 외톨이 신세가 되고 결혼도 하지 않은 채 자취를 숨기고 지내면서 생계 해결을 위해 조금도 도움이 되지 않고 박해를 자초하기나 하는 글을 써서 자기 생각을 나타냈다.

과학 연구에 흥미가 있어 하던 렌즈 연마를 생업으로 삼았다. 그 일은 고독을 견디면서 인내하는 성격과 잘 맞았다. 철학을 하는 자세와 상통한다고 할 수 있었다. 그러나 솜씨가 뛰어나도 수입은 얼마 되지 않았다. 유리 가루를 마시지 않을 수 없어 건강을 해쳐 오래 살지 못했다.

그 모든 불운이 또한 행운이었다. 특정 사회에 소속되지 않은 탓에 유럽인일 수 있었다. 지적 활동을 직업으로 삼지 않은 덕분에 오직 진실에만 봉사하는 철학자가 되었다. 라틴어로 글을 써서 유럽 전역에 알려질 수 있었다. 중세의 연장인 구속의 피해를 격심하게 견디면서 근대로 나아가는 자유 쟁취를 위해 모든 것을 희생했다. 학문의 자유가 제도화되어 안주를 유혹하는 근대에는 다시 나타날 수 없는 진정한 창조자이다.

스피노자를 규탄하는 당대의 죄목은 무신론자라는 것이었다. 무신론자는 신을 믿지 않는 사람만 뜻하지 않고, 윤리적 가치를 잃은 폐인이라고 여겼다. 후대의 평가는 아주 다르다. 두 가지 평가가 왜 그렇게 상반되는지 알려면 조사와 탐구가 필요하다.

그런데 참고문헌이 아주 많다. 닥치는 대로 구해 읽으면서 흥미를 느끼고 감격을 누렸다. 여기서 다 쏟아놓으면 너무 번다하므로, 특히 긴요하다고 생각되는 것을 고르려고 한다. 참고한 논저의 명단을 든다. 인용을 할 때에는 위에서 한 것처럼 맨 앞에 든 약호를 사용한다.

(P) Frederick Pollock, *Spinoza, His Life and Philosophy,* 1880, 1912, London: Adamant Media Corporation, 2005.

(Re) Ernest Renan, “Spinoza”, *Études d'histoire religieuse,* 1877, Paris: Gallimard, 1992.

(M) James Martineau, *A Study of Spinoza,* 1883, London: Adamant Media Corporation, 2004.

(C) John Cairo, *Spinoza*, 1888, London: Adamant Media Corporation, 2005.

(J) Karl Jaspers, Ralph Manheim tr., *Spinoza*, 1957, New York: Harvest, 1974.

(F) Lewis Samuel Feuer, *Spinoza and the Rise of Liberalism*, Boston: Beacon, 1958.

(Ru) Bertrand Russel, "Spinoza", *History of Western Philosophy*, London: George Allen and Unwin, 1961.

(De 1) Gilles Deleuze, *Spinoza et le problème de l'expression*, Paris: Les Éditions de Minuit, 1968.

(Sch) Lewis Schipper, *Spinoza's Ethics: The View from Within*, New York: Peter Lang, 1993.

(L) Genevieve Lloyd, *Spinoza and the Ethics*, London: Routledge, 1996.

(B) Alain Billecoq, *Les Combats de Spinoza*, Paris: Ellipses, 1997.

(K) Francis Kaplan, *L'Éthique de Spinoza et la méthode géométrique*, Paris: Flammarion, 1998.

(N) Steven Nadler, *Spinoza, a Life,* Cambridge: Cambridge University Press, 1999.

(Sh) Samuel Shirley tr., *Spinoza Complete Work*, Indianapolis: Hackett, 2002.

(Scr) Roger Scruton, *Spinoza, a Very Short Introduction*, Oxford: Oxford University Press, 2002.

(박) 박삼열, 『스피노자의 '윤리학' 연구』, 서울: 선학사, 2002.

(De 2) Gilles Deleuze, *Spinoza philosophie pratique*, Paris: Les Éditions de Minuit, 2003.

(Ri) Hadi Rizik, Comprendre *Spinoza*, Paris: Armand Colin, 3006.

(Da) Antonio Damasio, *Looking for Spinoza, Joy, Sorrow, and the Feeling Brain*, Orlando: A Harvest Book, 2003, 안토니오 다마지오, 임지원 역, 『스피노자의 뇌: 기쁨, 슬픔, 느낌의 뇌과학』, 2003, 서울: 사이언스북스, 2007.

배척 받고 얻은 각성

스피노자는 암스테르담 유태인 학교에서 유태교 경전과 히브리어를 공부하고, 유태교 목사를 양성하는 율법학교에 진학해 뛰어난 재능을 보였다. 아버지를 도와 장사 일을 배우기 시작했다. 어느 모로 보든지 촉망받는 젊은이였는데, 충격적인 사건이 발생해 평화가 깨어지고 기대가 빗나갔다.

어느 유태 청년이 신앙에 의문을 가진 글을 썼다가 혹독한 비판을 받고 파문당했다. 성직자들은 그 청년을 교회 입구에 엎어놓고 신자들이 짓밟고 들어가게 했다. 청년은 고통과 모욕을 참지 못해 항의 편지를 남기고 자살했다. 스피노자는 감당하기 어려운 충격을 받고, 유태교 신앙이 흔들렸다.

유태인은 줄곧 배척받으면서 떠돌아다니느라고 국제인이 되지 않을 수 없었다. 여러 언어를 습득하고 널리 통용되는 사고를 가져야 살아나갈 수 있었다. 그러면서 다른 한편으로는 고유한 신앙을 내면에 지니고, 모국어인 히브리어를 신성하게 여기고 이어나가면서 민족의 단합을 견고하게 했다.(M, 1-2면) 고유한 신앙을 버리고 히브리어가 신성하지 않다고 여기면서 민족의 단합에서 이탈하자, 국제인의 보편적 학문을 하는 길을 열 수 있었다. 힘든 시련을 겪고 전인미답의 대로를 찾았다.

스피노자는 관심의 방향을 돌려 유태교에서 이단으로 여기던 라틴어 학교에 입학했다. 반 덴 엔데(Van den Ende) 선생에게서 라틴어, 기독교 신학, 코페르니쿠스 천문학, 데카르트 철학 등 새로운 사상과 학문을 공부하기 시작했다. 반 덴 엔데는 자유주의자이고 무신론자이며, "과학적 유물론자"라고 일컬어지기도 했다.(M, 21면) 나중에 프랑스에 가서 왕정을 폐지하고 공화국을 세우는 혁명에 가담했다.

반 덴 엔데에게 배우면서 스피노자는 새로운 세계를 경험했다. "먼저 과학적 분위기를 호흡하고, 자연 이해에 매력을 느끼면서 당황함을 느꼈다."(M, 23면) 지금까지의 종교 교육을 넘어서서 자연과학적 사고의 중요성을 이해하게 되었다. 유럽 학문의 공용어인 라틴어를 습득해 광범위한 독서를 할 수 있게 되었다.

스피노자는 많은 언어를 습득했다. 집안에서 사용하는 포르투갈어와 함께 스페인어도 일찍부터 알았다.(Scr에서는 모국어가 스페인어라고 했다.) 네덜란드어로 사회생활을 하고, 유태인 학교에서 히브리어를 배웠다. 라틴어를 공부할 때 프랑스어 · 이탈리아어 · 독일어도 함께 익혔다.(P, 42면) 영어를 공부하지 않은 것은 기이한 일이 아니다. 영어는 아직 학문의 언어가 아니었다. 여러 언어를 통해 많은 것을 알고 그 어느 쪽에도 치우치지 않은 보편적인 사고를 이룩했다.

넓은 세계에 대해 많은 것을 알고 유태교 신앙을 버렸다. 그렇다고 해서 유태교를 버리고 기독교로 간 것도 아니었다. 데카르트(Descartes)의 라틴어 저작을 탐독하고 깊은 감명을 받아 새로운 탐구의 출발로 삼았다. 신과 인간, 신앙과 이성의 관계를 자기 나름대로 연구하기 시작했다.

예상하지 않던 변화가 일어나자, 스피노자에게 많은 기대를 걸었던 유태인 교회는 당황했다. 생각을 바꾸면 거액의 연금을 주겠다고 하고, 계속 이단적 태도를 보이면 파문시킨 다음 죽이겠다고 위협했다. 스피노자는 끝끝내 자신의 태도를 바꾸지 않았다. 스피노자를 칼로 찔러 죽이겠다는 사람도 있었다.

그러다가 24세 때인 1656년 7월 27일에 결정적인 사태가 벌어졌다. 유태교 교회가 스피노자를 파문했다. 파문 선언문을 히브리어로 써서 낭독했다. "천사들의 결의와 성인의 명령에 따라 바루흐 스피노자를 파문하고, 추방하고, 저주하고, 징벌한다", "밤낮으로 저주하고, 잠 잘 때도 일어날 때도 저주한다", "누구든지 말이나 글로 관계를 가지지 말고, 한 지붕 밑에 있지 말고, 가까이 가지 말고, 쓴 글을 읽지 말아야 한다." 이런 말이 들어 있다.(N, 120-121면)

파문을 당하자 재산도 상속권도 잃고 집에서 쫓겨났다. 아무 항의 없이 자신의 처지를 조용히 받아들였다. 스승 반 덴 엔데의 집에 얼마 동안 기거하면서 후배들을 지도하기도 했다. 스승의 딸인 클라라(Clara)를 사랑해 아내로 삼고 싶었으나 뜻을 이루지 못했다는 말이 전한다.(F, 19면) 암스테르담에 머무를 수 없어 떠나야 했다. 인근의 작은 마을을 전전하면서 다락방을 빌려 혼자 지냈다.

가족과 만날 수 없고, 하숙방을 얻어 지내면서 방안에 틀어박혀 시간을 보냈다. 그런 불운이 진실 탐구를 위해서는 도리어 행운이었다. "변두리로 물러나 있는 그 곳이 자유의 공간이어서, 생각하고 판단하고 검증하고 또한 얻은 바를 표현하는 데 방해를 받지 않았다.(B, 114면) "이제 새처럼 자유로워졌고, 동시에 새처럼 아무 것도 가진 게 없는 상태가 되었다."(Da, 254면)

스승의 딸 클라라는 다른 사람과 결혼하면서 가톨릭 예식을 치렀다. 종교가 없으면 결혼을 하지 못하는 관습을 스피노자와 함께 바꾸어놓을 배우자를 찾는 것은 불가능했다. 스피노자는 불만을 여성에게 돌려 여성은 남성보다 열등하다고 폄하하는 논의를 폈다. 그 점이 스피노자 사상의 최대 약점이라고 지적된다.(B, 75-93)

번잡한 세상에서 물러나 조용하게 탐구하면 진리를 깨달을 수 있는 것은 아니다. 예사 사람들의 일상적인 삶을 떠나고 인간관계가 제한되어 있으면 생각이 편협해지고 사고가 경색될 수 있다. 여성관에만 문제가 있는 것은 아니다. 사랑과 정열에 관한 논의에는 이상심리의 징후가 나타나 있다. 사람들끼리의 관계를 바람직하게 하는 데는 관심을 가지지 않고, 신이라고 이해된 자연과 합치되어 영원한 행복을 이룩하는 것을 목표로 삼았다.

저서의 일부가 출판되어 알아주는 사람들이 생겨 도와주려고 해도 거절했다. 기뻐하지도 않고 슬퍼하지도 않으면서 고독한 사색을 통해 자기 철학을 이룩해나갔다. 세상에서 망각되기를 바랐으나 그럴 수는 없었다. 쓴 글을 읽고 반감을 가진 사람들은 어떻게 해서든 비난하려고 했다. 그러나 여전히 침묵했으며, 침묵 때문에 비난의 강도가 높아졌다.

그런 조건에서도 스피노자의 학문은 이웃 나라에도 알려져 이용하고자 하는 사건이 일어났다. 네덜란드를 침공해 점령하고 있던 프랑스군 지휘관이 스피노자에게 제안했다. 자기네 군주 루이 14세에게 헌정하는 책을 쓰면 지원을 얻어내겠다고 했다. 스피노자는 정중하게 거절했다.(Scr, 15면) 41세 때인 1673년에 있었던 일이다.

바로 그 해에 파격적인 행운이 닥쳤다. 독일 하이델베르크대학 철학교수로 초빙하겠다고 했다. 그 곳의 영주가 초빙하는 말을 전하는 편지에 "철학하는 자유를 최대한 보장한다"고 하고, "그 자유를 귀하가 오용해 공적으로 인정된 종교를 혼란시킨다고 그 분이 믿지 않는다면"이라는 단서가 붙어 있다.

이에 대해 스피노자가 응답한 편지를 보자. "공적으로 인정된 종교를 혼란시키지 않으려면 철학하는 자유를 어느 범위로 한정해야 하는지 알 수 없다"고 했다. 혼자 조용하게 지내도 불필요한 시비에 휘말리니 선망의 대상이 되는 지위를 얻는 것이 두렵다고 했다. "더 좋은 기회를 바라는 것이 아니고, 공개적으로 강의를 하지 않아야 누릴 수 있다고 여기는 평화를 사랑하므로" 초빙에 응할 수 없다고 했다.(N, 311-312면) 내심을 그대로 토로한 글에서는 "공공의 행정기관이 재정을 부담해 설립한 대학은 정신을 개발하지 않고 억압하게 되어 있다"고 했다.(B, 16면)

스피노자는 네덜란드 여러 곳을 전전하면서 고독과 빈곤을 참고 견디면서 저술을 계속했다. 1677년에 45세의 젊은 나이로 폐결핵으로 세상을 떠났다. 헤이그에 가면"스피노자 집"(SPINOZAHUIS)이라는 금속판을 박아놓은 건물이 있는데 잠시 머물다 세상을 떠난 남의 집이었다.(D, 9면) 시신은 그 근처의 개신교 교회의 묘지에 묻혔다.(D, 18면)

스피노자가 세월을 잘못 만나 불우하게 살았다고 할 것은 아니다. 그 무렵 네덜란드는 번영을 구가하고 있었다. 영국·프랑스와 더불어 유럽 삼대 강국의 하나이면서, 압제 정치를 하지 않는 것이 특징이었다. 사회 지배층을 이루는 칼빈파 개신교도들이 다른 종교를 용인하고, 상당한 정도의 관용적인 자세를 가졌다.

데카르트는 프랑스를 떠나 네덜란드로 도피해 관용의 혜택을 누리면서 새로운 사상을 전개했다. 네덜란드에서는 데카르트의 사상을 널리 받아들였다. 스피노자는 유태인이었기 에 유태교의 박해를 당했으나, 네덜란드 정부는 보호자 노릇을 했다. 스피노자의 저작이 알려지자 여러 기독교 교단에서 배격하고 죄를 다스려야 한다고 요구했으나 네덜란드 정부는 받아들이지 않았다.

국가가 종교에서 독립되어 양심의 자유를 보장하는 정치를 역사상 최초로 얀 데 위트(Jan de Witt)를 수반으로 하는 네덜란드 공화국 정부에서 하고자 했다. 1762년에 프랑스의 루이 14세가 영국왕과 동맹을 맺고 네덜란드를 침공해 정부를 전복하자 얀 데 위트는 군중에게 피살되는 사태가 벌어졌어도, 사태를 역전시키지 못했다. 스피노자는 얀 데 위트와 가까이 지내면서 지원을 받기도 하는 관계였다. 그 노선을 지지해 자유의 실현이 정당하다고 입증하는 철학을 하고자 했다. 이에 관해 여러 논자가 평가하고 칭송했다.

"추방된 처지를 받아들이고, 순교자로 자처하거나 불운을 불평하지도 않았다. 정통에서 어긋난 주장을 다른 사람들의 면전에서 역설하지도 않았다."(M, 104면) "자기를 스스로 지키고 스스로 완성하는 것만 지침으로 삼아 극도로 신중한 태도를 견지하고 흔들림이 없었으며, 칭송받고자 하는 기대를 가지지 않았다."(M, 105면)

"세상과 거리를 두고 초연하고 반어적인 여유를 확보하고, 지적인 유희를 일삼으면서 착상의 전환을 이룩했다." 철학의 원천을 풍부하게 확보하고서 "극적인 전환을 이룩해" 아주 다른 것들을 만들어냈다. 지금까지 흔히 사용하던 말을 새롭게 정의해 사고의 혁신을 이룩했다. (L, 5-6면)

"다른 아무 것에도 의존하지 않고 자기 자신의 판단만 신뢰하는 것이 신의 경지에 이르렀다고 할 수 있다. 개인적인 이익을 추구하려고 한 것은 아니다. 자부심이나 분노 같은 것들을 멀리 하고, 명예를 바라지도 않았다. 남긴 저술은 익명으로 출판되는 것이 마땅하다고 했다. 진실은 개인의 것이 아니므로, 누가 처음 말했는가는 관심거리가 될 수 없다고 여겼기 때문이다."(K, 6면)

"스피노자는 조금도 나무랄 데가 없는 성격이었다. 진정으로 자유로운 사람이고, 자기 자신의 주인 노릇을 완전하게 했다. 죽음의 공포 같은 것도 멀리 했다."(Sch, 193면) 스피노자 철학에 부정의 정신이 없다고 나무라는 것은 적합하지 않다. 너무나도 심한 수난을 당하고 고통을 겪었으므로 학문에서 희망을 찾고자 했다.(De 2, 22면)

그러나 스피노자를 너무 칭송하면 이해가 빗나갈 수 있다. 스피노자의 철학은 개인적인 노력의 결과만은 아니고 시대의 산물이기도 하다. 17세기는 혁신의 시대였다. 갈릴레오와 데카르트가 나타나 학문을 하는 새로운 방법을 제시했다. 기독교 교회가 독점하고 있는 궁극적인 원리를 스스로 검증하고 탐구하고자 하는 움직임이 나타났다. 종교개혁을 거치면서 기독교 신앙이 다원화되었다. 새 시대의 학문에 대한 요구를 스피노자가 맡아 나섰다.(Ri, 5-7면)

무엇을 남겼는가

스피노자는 살아 있을 때 저작 하나를 자기 이름으로 출판했다가, 박해를 피하기 위해 익명을 사용하기로 했다. 자기를 드러내지 않으면서 할 말은 하려고 했다. 그러나 익명이 방어수단이 되지 못했다. 내용이 문제되어 규탄의 대상이 되고, 저자가 밝혀지고 말았다. 라틴어로 썼으므로 널리 읽히지 않아 폐해가 적다는 이유에서 단죄는 면했다. 네덜란드어 번역판을 만들어 출판하려는 시도가 있자 스피노자는 응낙하지 않고 극력 말렸다.

사후에는 모두 출판되기를 바라면서도 계속 익명을 사용하는 것이 마땅하다고 여겼다. 업적에 대한 평가는 바라지 않았으며, 명예심이라고는 없었다. 누가 지었는지 모르게 출판된 책이 이해하고 공감하는 독자와 만나기를 바랄 따름이었다.

위험을 피하기 위해서 편법을 택했다고 하고 말 것도 아니다. "진리는 어느 누구의 것이 아니며, 누가 처음 말했는지 문제되지 않는다." 이렇게 생각하고, 자기 저작에 대해 소유권을 주장할 뜻이 없었다. 근대학문과는 다른 중세학문의 기풍을 이으면서 내용에서는 중세학문을 뒤집어엎는, 중세에서 근대로의 이행기 학문을 했다고 할 수 있다.

저작 대부분은 원고 상태로 친구이자 암스테르담의 출판업자인 리우워르츠(Rieuwertsz)에게 맡기고 세상을 떠났다. 리우워르츠는 신의

가 두텁고 용기 있는 사람이어서 스피노자가 세상을 떠나고 몇 달 뒤인 1677년 연말에 스피노자의 『유고집』(*Opera Postuma*)이라는 것을 출간했다. 다음 해부터 프랑스어 및 네덜란드어 번역판이 나오기 시작했다. 그러자 격심한 탄압이 일어났다.

먼저 네덜란드 당국이 이 책을 금서로 지정했고, 이러한 조처가 유럽 전역으로 퍼졌다. 네덜란드 곳곳에서 이 책의 판매 금지가 강력하게 시행되었다. 관리들이 서점을 수색하고 책을 모조리 압수했다.(Da, 298면) 그러나 책 일부가 불법적으로 유통되어 외국에 나가, 몰래 읽고 평가하는 사람들이 생겨났다.

첫 저서는 1661년에 쓴 『지성개선론』(*Tractatus de intellectus emedatione*)인데 미완성이었다.

1663년에 낸 『기하학적 방법에 근거를 둔 르네 데카르트 철학의 원리』(*Renati Descartes principiorum philosophiae mori geometrico domonstrata*)가 자기 이름으로 출간한 유일의 저서이다. 이 책을 『데카르트 철학의 원리』라고 약칭한다.

1670년에 출간한 『신학정치론』(*Tractatus theologico-politicus*)은 익명으로 출판했다. 출판지가 네덜란드임을 감추고 독일이라고 했다.

1670년에 『기하학적 질서에 따라 증명된 윤리학』(*Ethica ordine geometrico demonstrata*)을 오랜 노력 끝에 탈고했으나 출판할 수 없었다. 이 책을 『윤리학』이라고 약칭한다. 국역본 강영계 역, 『에티카』(서울: 서광사, 1990)가 있다.

1675년에 쓰기 시작한 『정치론』(*Tractatus politicus*)도 유고로 남겼다. 『데카르트 철학의 원리』에서 데카르트를 자기 학문의 출발점으로 삼았다. 논증된 사실이 아니면 인정하지 않는다고 하는 태도를 받아들이고, 기하학을 논증방법 가운데 특히 높이 평가했다. 그러면서 데카르트가 신은 별개의 영역이라고 하고, 정신과 물질을 나누어, 물질만 합리적으로 인식하려고 한 것은 잘못이라고 했다. 신 · 정신 · 물질을 하나로 아울러 이성적으로 파악하고자 하고, 그럴 수 있는 자유를 누려야 한다고 했다.

『신학정치론』에서 종교와 정치를 함께 비판했다. 국가는 교회의 지나친 간섭을 막고 종교와 사상의 자유를 보장해야 한다고 했다. 이것은 교회에 대한 정면 도전이고 자유를 억압하던 권력자들에게도 모욕이었다. 이름을 감추고 책을 냈지만, 저자가 스피노자라는 사실이 바로 알려져 거센 비난이 일어났다.

기독교의 기본 교리를 부정하고, 성서의 신을 인정하지 않았기 때문에, 유태교, 가톨릭교, 칼뱅파와 루터파의 개신교 등 당시 모든 교파가 비난에 가담했다. 신은 결코 인간처럼 감정적으로 분노하고 기뻐하는 존재일 수 없고, 이성 자체여야 한다. 우리가 살고 있는 세계 자체가 이성이며 곧 신이다. 이것이 스피노자가 찾아낸 대안이다.

신 · 정신 · 물질의 관계에 대한 견해를 『윤리학』에서 더욱 발전시키고 사람이 어떻게 살아야 하는가 하는 윤리 문제와 연결시켜 논했다. 세계가 곧 신이므로 무엇이든 필연적이라고 했다. 우리가 보기에는 불합리한 일이라도 필연적임을 이성으로 인식해 신과 합치되면 고통에서 벗어나 진정한 자유와 행복을 얻을 수 있다고 했다.

『윤리학』을 『기하학적 질서에 따라 증명된 윤리학』이라고 한 것은 예사롭지 않다. 데카르트에게서 가져온 방법을 신, 사람, 자유, 행복 등에 적용하고자 해서 붙인 이름이다. 엄밀한 개념과 치밀한 논증으로 물질을 고찰하는 방법을 최대한 확대해 이성의 능력으로 무엇이든다 밝힐 수 있다는 것을 입증하고, 자기가 펴는 주장은 반론의 여지가 없이 타당하다고 증명하려고 했다.

기하학에서 하는 방식대로 정의・공리・명제 순으로 글을 썼다. 정의에서 사용하는 용어의 개념을 명확하게 하고, 필요하면 설명을 붙였다. 공리에서는 증명이 필요하지 않은 명백한 사실을 말했다. 논란의 여지가 있는 주장인 명제는 증명을 거쳐 분명하게 했다. 증명에 주석을 붙여 보충 논의를 했다.

제1장에서 한 신에 관한 고찰을 보자.(Sh, 217-219면) 정의 6에서 "신은 절대적으로 무한한 존재, 각기 영원하고 무한한 본질을 나타내고 있는 무한한 양태로 이루어진 실체이다"라고 했다. 공리 2에서 "다른 것으로 파악할 수 없는 것은 그 자체로 파악해야 한다"고 했다. 명제 6에서 "한 실체는 다른 실체에 의해 생성될 수 없다"고 하고, 두 가지 증명을 했다.

이런 방법은 스피노자를 높이 평가하는 근거가 된다. 논리적 연관이 없는 모호한 진술을 피하고, 엄밀한 개념과 명확한 논증을 갖추어 커다란 문제를 다룬 까닭에 스피노자는 위대한 철학자라고 한다. 철학을 수학과 같은 경지에 이르도록 하는 합리주의를 모든 철학자가 따라야 할 이상으로 제시했다. 그러나 그것은 실제로 이루어지지 않은 이상이다. 미비 사항이 논리가 아닌 논제 자체에 내포되어 있다.(K, 202면)

무엇을 주장했는가

스피노자는 어떤 철학을 했는가? 이에 관해 다양한 견해가 있다. 범신론, 무신론, 관념론, 경험론, 唯名論, 실재론, 비신학적 자연주의,

진화론, 초자연주의, 불교와 같은 空觀 등으로 이해하는 주장이 나타나 논란을 벌인다고 1888년에 나온 연구서에서 이미 말했다.(C, 2면) 그 이유가 서로 어긋난 내용을 함께 지니고 있는 탓이라고 했다.(C, 3-7면)

써놓은 글 자체에서 이유를 찾으면 그렇게 말할 수 있으나, 계보도 소속도 없는 정체불명의 철학이어서 각자 자기에게 유리하게 해석한다는 것이 더 중요한 이유이다. 서로 어긋난 내용을 함께 지니는 것은 말하고자 한 바이며 잘못이 아니다. 글의 특성에 대한 검토도 다시 해야 한다. 전례가 없는 독자적인 서술 방법을 택해 이해에 지장이 있다. 저술을 독백으로 하고 다른 사람들과 논란을 벌이지 않아 문제점을 밝혀 논하지 않았다. 미비점을 보완하는 작업을 각자 자기 견지에서 하는 것은 당연하다.

질문을 바꾸어보자. 스피노자는 왜 철학을 했는가? 이 의문이 철학의 내용보다 더욱 긴요하다. 응답이 가능하면 어떤 철학을 했는지 밝히는 지침으로 삼을 수 있다. 이에 관해 몇 가지로 생각해볼 수 있다. (1) 이치의 근본에 대한 의문을 풀고자 했다. (2) 다른 어느 것에서는 기대할 수 없는 만족이나 확신을 철학에서 얻고자 했다. (3) 철학을 갖가지 박해에 대한 최상의 방어책으로 삼았다. (4) 종교적·정치적·윤리적 허위를 논박하고 진실을 밝히는 대안을 마련하고자 했다.

(1)은 철학을 하는 모든 사람이 바라는 바이다. 개별학문을 위한 특수한 관심을 넘어서서 모든 것을 아우르는 본질적인 또는 궁극적인 이치를 찾자는 것이 철학을 하고자 하는 욕구이다. 스피노자는 철학을 하고자 하는 욕구가 특별히 강해 어려운 조건을 무릅쓰고 끈덕지게 노력했다. 박해 때문에 생긴 어려운 조건이 노력을 분산하지 않아도 될 수 있게 했다. 지지자나 후원자를 의식할 필요가 없고, 강의를 해야

하는 것도 아니어서, 아무 대가가 없는 일을 하고 싶은 대로 할 수 있었다.

(2)에 관해서 『지성개선론』에서 말했다. “공적인 생활에서 생기는 모든 일이 공허하고 덧없음을 경험하는 교훈을 얻고서”, “진실한 무엇이 있는지”, “최고의 기쁨을 영원히 누리게 하는 그 무엇”을 찾으려고 결심했다(B, 13면)고 했다. “공적인 생활”이라는 것이 공직을 맡은 경험은 아니고, 남들과 함께 살면서 가지는 관계를 모두 일컬은 말이다. 파문당해 외톨이가 되어 그런 관계에서 벗어난 것이 괴롭기는 하지만 내심 바라던 바라고 할 수 있다. 자기 혼자 살아가면서 누릴 수 있는 가장 큰 기쁨은 하고 싶은 일을 조금도 방해받지 않고 마음껏 하는 것이다. 스피노자에게는 그것이 진실 추구라고 한 철학이다. 입산수도보다 더 유리한 조건에서 도를 닦고 깨달음을 키울 수 있었으니, 불운이 행운이었다.

(3)은 스스로 말하지 않았으나 직접 작용한 가장 중요한 동기라고 할 수 있다. 분노도 기쁨도 느끼지 않는 부동의 마음을 가지고 진실을 추구하는 커다란 만족을 얻는다고만 했다. 세상이 잘못되었다고 말할 때에는 자기의 경우를 들지 않고 일반론을 전개했다. (3)이라고 생각되는 것도 (4)의 모습을 띠고 나타났다.

(4)는 명시한 의도이다. “전제정치의 커다란 비밀, 가장 긴요한 이해관계는 사람들을 기만하는 것이다”라고 『신학정치론』 머리말에서 말했다.(B, 23면) 정치의 기만술을 종교에서 제공하므로 그 둘을 함께 비판해야 했다. 비판하는 데 그치지 않고 대안을 제시해야 했다. 대안이 채택되어 세상이 바르게 되지 않더라도 피해자가 절망에 빠져 파멸하지 않고 자기 구제를 할 수 있는 마음의 안정을 얻어야 한다고 여겼다.

그것은 어려운 일이지만 가능하다고 했다.

철학의 내용과 생애가 어떤 관련을 가지는가? 이것이 더욱 중요한 문제이다. 이에 대해 고찰하기 위해서 철학의 내용을 다루지 않을 수 없다. 세부까지 들어가 어렵고 복잡한 논의를 하지 않도록 경계하고 되도록 크게 살펴보자.

데카르트는 신·정신·물질을 분리시키고, 물질에 관해서만 합리적인 인식을 하고자 했다. 합리적인 인식의 방법을 받아들여 존중하면서, 그 대상을 물질로 한정하지 않고 신·정신·물질을 모두 포괄하는 것이 스피노자의 목표였다. 왜 그랬던가? 이에 관해 두 가지 추론을 전개할 수 있다.

모든 것을 하나로 통괄해서 이해하는 것이 철학의 과제이다. 그럴 수 없는 철학은 과도기 또는 미완성 상태에 머문다. 데카르트가 지닌 그런 한계를 넘어서서 새로운 철학을 이룩하려면 과감한 시도를 해야 했다. 그렇게 해서 중세의 세계관을 대신할 근대의 세계관을 만드는 것이 스피노자가 하고자 한 일이다.

신·정신·물질을 모두 합리적 인식의 대상으로 삼아야, 물질과는 별개인 신이나 정신에 근거를 두었다고 하면서 함부로 하는 이야기를 막을 수 있다. 물질뿐만 아니라 정신까지, 정신에 머무르지 않고 신까지 합리적으로 인식하는 철학을 마련해야 정치적이고 종교적인 허위를 넘어서는 대안을 제시할 수 있다. 이 작업을 어떻게 해야 하는가?

우선 두 가지 대책을 제시할 수 있다. (가) 신·정신·물질을 모두 포괄하면서 그 셋 가운데 어느 것도 아닌 상위개념을 찾는다. (나) 신·정신·물질 가운데 어느 하나가 실체라고 하고, 다른 것들은 실체의 양태라고 한다.

(가)는 (나)보다 더 좋다고 생각되지만, 성립 가능하지 않다. 신・정신・물질을 모두 포괄하는 상위개념은 생각할 수 없다. 새로운 말을 지어내도 지칭하는 대상이 없으니 무효이다. 선택 가능한 대안은 (나)이다.

(나)에 관해서 세 가지 대책이 가능하다. (나1) 신이 실체이고 다른 둘은 신의 양태이다. (나2) 정신이 실체이고 다른 둘은 정신의 양태이다. (나3) 물질이 실체이고 다른 둘은 물질의 양태이다.

스피노자는 (나1)을 택해 "신이 아닌 다른 실체는 존재하지 않고 파악할 수도 없다"고 했다.(『윤리학』 명제 14) 헤겔(Hegel)은 (나2)를 택해 관념론을 이룩했다. "세계사를 발전시키는", "정신의 실제적인 변화"가 "신 없이 이루어지지 않고, 본질적으로 신의 작품이다"라고 했다.(『역사철학』 마지막 단락) 마르크스(Marx)는 (나3)을 택해 유물론을 제시했다. "이성이란 물질세계가 사람의 마음에 반영되어 사고의 형태로 전환된 것이다" 라고 했다.(『자본론』 제1권) 시간이 흐르면서 선택이 달라졌다. 뒤에 나온 것부터 들어 고찰해보자.

스피노자가 마르크스처럼 (나3)을 택해 유물론을 전개하는 것은 불가능했다. 종교에 대한 전면 부정은 허용되지 않았다. 정신이나 신이 물질의 양태라는 것은 생각할 수 없었다. 17세기에는 그 둘 다 전혀 가능하지 않았다.

스피노자가 헤겔처럼 (나2)를 택해 관념론을 전개하는 것은 17세기에도 가능했으나, 분명한 제약이 있었다. 신이 정신에 포함된다고 할 수는 없었다. 정신이 실체라고 하면 신은 별개의 영역으로 남아 있어서 신・정신・물질이 하나이게 하지 못했다.

스피노자는 (나1)을 택해 신・정신・물질 가운데 신이 실체라고 하고 다른 둘은 신에 포괄된다고 했다. 신이 포괄적이고 총체적임은 널리 인정되고 있어 어려움이 없었다. 그런데 신이 정신과 물질을 포괄하는 실체라고 하려면 신이 정신이고 신이 물질이어야 한다. 신은 정신이므로 이성이고, 신은 물질이므로 자연이다. 이성적인 법칙을 가지고 나타나는 자연이 바로 신이다.

신을 절대시하면서 신의 속성이라고 알려진 초월성을 부정했다. 신이 바로 이성적인 법칙을 가지고 나타나는 자연 현상이라고 해서 종래의 신과는 아주 다른 신을 말했다. 신이라고 해온 것이 신이 아니게 했다. 신은 다름 아니고 바로 '자연스러운 자연'(Natura naturans)이라고 했다. 사람은 자연의 일부이므로 자연의 법칙을 따르는 것이 진정한 종교이고 신에 대한 사랑이고, 행복에 이르는 길이라고 했다.

신이 이성이라고 한 견해는 신·정신·물질 가운데 정신이 실체라는 것과 다르지 않다. 신이 자연이라고 한 견해는 신·정신·물질 가운데 물질이 실체라는 것과 다르지 않다. 차이는 강조점에 있다. 강조점의 차이에 표리가 있다.

신이 실체라고 해서 신을 크게 존중한 것이 헤겔이나 마르크스와의 표면상의 차이이다. 신에 대한 종래의 관념을 거부하는 정도가 헤겔이나 마르크스보다 더 큰 것이 실질적인 차이이다. 기존의 관념을 표면상으로는 따르는 듯이 보이도록 하고 실질적인 주장에서는 반론의 여지가 없도록 거부했다.

정신을 실체로 내세운 헤겔은 신이 정신에 포괄되게 하려고, 신에 대한 이성적인 이해를 理神論으로 처리해야 하는 어려움을 겪었다. 물질이 실체라고 하는 마르크스는 정신이 물질의 양태라고 설득력 있게 말하지 못하고, 그 주장을 신에게까지 밀고 나갈 생각은 할 수 없어 신은 모두 부정하는 無神論을 택해야 했다. 스피노자는 有神論을 택한 것처럼 보이게 하고서 유신론이 이신론이게 하고, 이신론이 무신론이게 했다. 그래서 무신론으로는 처리하기 벅찬 종교 현상을 취급 대상으로 받아들이고, 단순논리로 치닫기 쉬운 이신론보다 폭넓은 시야를 가졌다.

스피노자가 신이 실체라고 한 것은 여러 모로 슬기로운 선택이었다. 허용 가능과 허용 불가능의 경계점까지 나아가서 종교적·정치적·윤리적 허위를 논박하고 진실의 대안을 제시하고 작업을 성과 있게 이룩하는 최상의 방안이었다. 그러면서 아주 곤란한 점도 있었다.

신의 실체가 정신이나 물질의 양태로 나타난다고 하는 것이 당연하지만, 그 이유를 따지고 들면 문제가 생긴다. 하나인 실체에 어째서 여러 양태가 있는가? 이 의문을 헤겔이나 마르크스는 쉽게 해결한다. 헤겔이 말하는 정신이나, 마르크스의 물질은 모순을 지니고 변증법적 운동을 한다. 하나가 여럿인 것이 너무나도 당연하다.

그런데 스피노자가 실체라고 한 신은 하나이기만 하고 여럿일 수 없으며, 완전하기만 해서 모순은 배제한다고 해야 한다. 정신이나 물질이 여럿이고, 모순이 있는 것은 부인할 수 없는 사실이다. 여럿 또는 모순은 어디서 연유했는가? 실체에서 생겼다고 하면 앞뒤가 맞지 않는다. 실체와는 별도로 생겼다고도 하면 다른 실체가 있다고 하는 잘못을 저지른다.

헤겔이나 마르크스의 변증법은 모순에서 생기는 투쟁으로 사물이 발전한다고 했다. 모순을 인식하고 투쟁이 바람직하게 진행되게 하는 것이 온당한 윤리이다. 스피노자는 그렇게 생각할 수 없었다. 정신이나 물질이 여럿이고 모순이 있는 데 사로잡히지 말고, 하나이고 완전한 신의 이성을 가져야 한다고 했다. 자연과 합치되는 경지에 이르러 분노도 기쁨도 벗어나야 한다고 했다.

스피노자가 철학을 종교로 삼아 종교를 거부한 것은 획기적인 의의를 가진 대전환이었다. 그러나 영원한 진리를 말하는 데 머물러야 한다고 여겨 현실의 구체적인 문제를 외면했다. "개별적인 것과 역사적인 것에 대해 장님"(J, 114면)이었던 것이 커다란 결함이다.

논의의 핵심을 깊이 알기 위해 주저인 『기하학적 질서에 따라 증명된 윤리학』, 약칭 『윤리학』을 보자. 모두 5부로 이루어져 있다. 제1부 「신에 대하여」와 제5부 「지성의 능력 또는 인간의 자유에 대하여」에서 한 말이 어떻게 호응되는지 살피는 것이 기본 과제이다.

제1부 서두에 '정의'가 있다. "1. 나는 자기 원인이란 그것이 본질의 존재를 포함하는 것, 또는 그것의 본성이 존재한다고 생각할 수밖에 없는 것으로 이해한다"(강영계 역, 『에티카』, 13면)는 데서 시작해 8까지 나아간다. 다음에는 '공리'가 있다. "1. 존재하는 모든 것은 그 자신 안에 존재하거나 아니면 다른 것 안에 존재한다"(15면)에서 시작해 7까지 나아간다. 그 다음에는 '정리'가 있다. "정리1 실체는 본성상 자신의 변용에 앞선다"(16면)에서 시작해 정리36까지 나아간다.

'정의'와 '공리'에서 한 말은 '정리'를 도출하기 위한 근거이다. '정리'를 여럿 제시하면서 실체가 무엇인지 말하고, 실체가 신이고 신이 실체라고 했다. 몇 대목을 들어보자. "정리14 신 이외에는 어떠한 실체도 존재할 수 없으며 또한 파악될 수도 없다."(28면) "정리17 신은 오로지 자신의 본성의 법칙에 의거해서만 활동하고 다른 어떠한 것에 의해서도 강요받아 활동하지 않는다."(35면) "정리18 신은 모든 것의 내재적 원인이지 초월적 원인은 아니다.(39면) "정리25 신은 사물의 존재의

운동일 뿐만 아니라 사물의 본질의 운동이기도 하다."(44면)

스피노자가 말한 신은 기독교의 신과 아주 다르다. 신앙의 대상이 아닌 인식의 대상이다. 창조주가 아니고 창조되어 있다고 하는 것들의 총체이다. 신앙의 대상인 창조주는 없다. 창조되어 있다고 하는 것들의 총체인 신이 내재적 원인으로 그 자체의 법칙에 따라 운동한다. 이에 관한 모든 것을 분명하게 증명했다고 했다. 책의 표제를 『기하학적 질서에 따라 증명된 윤리학』이라고 하고 기하학에서 하는 증명처럼 완벽한 타당성을 가진다고 했다. 그러나 타당하다고 해서 허용되는 것은 아니었다. 공개적으로 펴면 박해를 받지 않을 수 없는 주장을 하므로 극도로 조심했다. 글을 써서 간직하기만 하고 계속 다듬었다.

본체론에서 시작해 인식론을 문제 삼고 심성론을 거쳐 윤리학을 다루고 행복론을 갖추는 데 이르렀다. 철학의 모든 영역을 연결시켜 일관된 고찰을 하고 바람직하게 사는 길이 무엇인지 밝혔다. 제5부의 결말에서는 至福이라고 한 가장 만족스러운 마음가짐을 어떻게 얻을 수 있는가 말했다. 본체를 올바르게 인식해 본체와 일체를 이루는 것이 윤리적으로 선이며 마음을 편안하게 하는 지복이라고 했다.

현자가 얼마나 많은 것을 할 수 있는지, 그리고 현자는 오직 쾌락에 따라 동요되는 무지한 자보다 훌륭하다는 것이 명백하다. 왜냐하면 무지한 자는 외적 원인에 따라 여러 가지 방식으로 동요되어 결코 영혼의 참다운 만족을 찾지 못할 뿐만 아니라 자신과 신과 사물을 거의 의식하지 않고 살며, 작용 받는 것이 멈추자마자 존재하는 것도 멈추기 때문이다. 이에 반하여 현자는 현재로서 고찰되는 한에서 거의 영혼이 흔들리지 않고 자신과 신과 사물

> 을 어떤 영원한 필연성에 의해 인식하며, 존재하는 것을 멈추지 않고 언제나 영혼의 참다운 만족을 소유한다.(321면)

신과 사물의 필연성을 인식하고 자기 삶과 일치시키면 지복을 누린다. 이치가 이런 줄 아는 사람은 많지 않다. 알아도 실행하기 어렵다. 그래서 영혼의 참다운 만족을 소유하는 것은 힘들기 때문에 드물다고 했다. 자기는 모든 이치를 올바르게 탐구하고, 탐구한 대로 실행해 그 경지에 이르렀다고 자부했다. 외면으로 보면 가장 불행한 삶이 내면에서는 가장 행복했다.

무엇을 하도록 하는가

스피노자에 대한 연구서는 너무 많아 정리해 논하기 어렵다. 일가를 이룬 철학자들의 평가가 특히 긴요하므로 집중해 다루기로 한다. 스피노자가 훌륭한 점을 하나씩 들면서 자기가 이어받아 철학을 하는 핵심 과제로 삼은 것을 주목할 만하다.

"스피노자가 없으면 철학이 없다"고 헤겔(Hegel)은 말했다.(B, 7면) 모든 것에 관한 총체적인 고찰을 철학으로 하는 본보기를 스피노자가 보여주었다고 평가했다. 그 과업을 새롭게 수행하는 것을 자기 철학으로 삼았다.

르낭(Ernest Renan)은 스피노자를 자기가 이룩하고자 하는 새로운 종교학의 선구자로 평가했다.(이에 관해 제10강에서 상론한다.) "영속적인 신, 이 세계의 원초적이고 정감적이고 궁극적인 원인"을 영원한 종교의 근거로 삼은 것이 탁월하다고 했다. 기적이나 기도를 매개로

하지 않고 "신이 우리에게 살아 있다"고 하게 된 것을 감사한다고 했다.(Re, 645면)

러셀(Bertrand Russell)은 서양철학사에서 스피노자가 기여한 바를 논하면서 높이 평가한다는 말을 앞세웠다. "스피노자는 위대한 철학자들 가운데 가장 고귀하고, 가장 사랑받을 만하다"고 하고, "지적인 면에서는 앞서는 사람들이 있어도, 윤리적으로는 최고의 위치에 으뜸이다"라고 했다.(Ru, 552면) 학문을 하는 자세가 가장 고귀해 모범으로 삼아 마땅하다고 했다.

『스피노자』라는 책을 쓴 야스퍼스(Karl Jaspers)는 마지막에서 두 번째 대목에서 스피노자의 한계를 지적하고, 마지막 대목에서 스피노자의 영향을 고찰하는 말을 이렇게 시작했다. "신념을 가져다주는 것은 추상적인 생각이 아니고 생각을 가지면서 살았던 현실이다. 스피노자의 저작이 우리에게 감동을 주는 것은 객관적인 문제라고 한 것들에 대한 해결이 아니고, 확실한 것을 얻으려고 애쓴 철학적 노력이다."(J, 116) 현실에 대처해 확실한 것을 얻으려고 한 노력이 널리 영향을 주고, 자기도 이어받고 있다고 했다.

들뢰즈(Gilles Deleuze)는 스피노자에 관한 책을 둘 썼다. 『스피노자와 표현의 문제』에서는 스피노자가 표현(expression)의 개념을 새롭게 정립한 것을 철학의 사명은 개념 정립이라는 지론을 가지고 고찰했다. 표현이 신, 세계, 신이나 세계에 관한 생각에 적용되고, "있다, 알다, 움직이다"는 의미를 함께 지닌다고 한 것이 스피노자 철학의 핵심적인 의의라고 결론을 맺었다.(De 1, 299면)

들뢰즈가 내놓은 다음 저서 『스피노자, 실용적인 철학』은 글 모음이다. 마지막의 「스피노자와 우리」(Spinoza et nous)에서 끝으로 한 말이 특히 중요하다. 스피노자는 두 가지 방법으로 읽을 수 있다고 하고, 사상 전체와 부분들의 결합을 찾아 체계적으로 읽을 수도 있고, 다른 한편으로는 전체는 돌보지 않고 이런 저런 부분을 빨리 지나가기도 하고 머물러 살피기도 하면서 좋은 대로 읽을 수도 있다고 했다. 철학 전공자가 아니어도 사용하는 뒤의 방법이 스피노자의 이해와 계승에서 더 큰 의의를 가진다고 했다.(De 2, 174면)

후계자들을 잘 만난 것이 스피노자에게 커다란 행운이다. 홀로 행운을 누린 것은 아니다. 스피노자에게서 확인되는 유럽철학의 전통이 부럽다. 동아시아의 王夫之, 安藤昌益, 崔漢綺 등은 후진의 잘못으로 과거에 감금되어 있고 다시 살아나지 못한다. 오늘날의 학자들이 사상 전체를 체계적으로 파악하려고 하다가 역부족임을 드러내는 연구나 거듭하고, 핵심적인 의의를 가진 공적을 찾아내 재창조의 출발점으로 삼고자 하는 노력은 배제한다. 최한기를 고금학문 합동작전의 상대역으로 삼은 나의 시도는 관심의 대상이 되지도 않고 있다.

그러나 스피노자에 대한 논의를 유럽문명권 안에서 하고 말 수는 없다. 유럽문명권 철학이 우월하다는 것을 스피노자가 입증해준다고 구체적인 근거 없이 막연하게 생각하는 것은 더욱 잘못되었다. 다른 여러 문명권에서 생애나 사상이 유사한 사람들을 찾아 함께 고찰하면서 위치를 재확인해야 한다. 광범위한 비교연구를 시도해 후진이 선진일 수 있게 하는 길을 찾는 것이 마땅하다.

학문은 고독의 산물이라고 할 수 있지만, 스피노자의 고독은 극단에 치우쳤다. 세상사의 경험을 너무나도 많이 한 이븐 칼둔이 다수의 가변적인 사실에서 원리를 찾으려고 한 것과는 정반대로, 영원하고 불변인 가치를 엄밀하게 추구하는 데 몰두했다. 세상에서 벗어나 자기 나름대로 학문 탐구에 몰두하는 길을 함께 택한 왕부지보다 더욱 고립되었다. 그 때문에 인식 내용이 제한되고 정상에서 이탈하는 사고를 하기도 했다.

스피노자가 이루고자 한 목표는 힌두교나 불교에서 말하는 깨달음과 견주어볼 만하다. 힌두교에서는 실체로 인식한 신이 만물이고 만물이 신이며, 하나가 여럿이고 여럿이 하나인 줄 알면 모든 것이 해결된다고 했다. 불교에서는 하나로 고정되어 있는 실체가 없고 변화 자체가 실체인 줄 깨달으면 부처의 경지에 이른다고 했다. 스피노자도 비슷한 생각을 했으나 기독교의 전통을 일거에 넘어서지 못해 출발점에 머물렀다고 할 수 있다. 신이라고 한 실체의 양상에 대한 분석이 단순한 편이다. 궁극의 경지에 이르는 종교적 수련을 하려고 하지는 않고 철학하는 사람의 바람직한 자세를 말하는 데 머물렀다.

스피노자가 말한 신이라는 실체는 氣와 더욱 근접되어 있다. 동아시아의 氣일원론과 같은 철학을 마련했다고 보는 편이 한층 타당하다. 신이 모든 것의 으뜸이라는 중세의 사고를 외형에서 잇고 내용에서 뒤집어 근대로 넘어오는 사고형태를 제시했다. 道니 理니 하는 말을 그대로 쓰면서 그런 것들이 따로 없고 氣 자체의 이치일 따름이라고 한 것과 같은 발상이고 논법이다. 기철학에서는 氣의 道나 理를 천지만물에서 사회현실까지, 다시 자기 자신에 이르기까지 일관되게 인식해 처신의 지침으로 삼으면 헛된 고민에서 벗어나 보람 있게 산다고 했다. 중세의 윤리인 초탈의 의의를 인식의 발전에 맞게 다시 정립했다. 왕부지나 최한기와 상통하는 작업을 스피노자도 했다. 그러나 원칙론에 머무르고 사회현실에 대한 고찰을 구체화하지는 않았다.

스피노자가 실체라고 한 신은 하나이기만 하지만, 기는 하나이면서 둘이라 음양으로 나누어 운동한다고 한다. 변증법에서 말하는 투쟁과 투쟁을 넘어선 화합을 함께 보여주고, 상생이 상극이고 상극이 상생이게 한다. 스피노자가 가장 바람직한 윤리적 자세라고 한 것은 그 양면 가운데 상생이다. 헤겔이나 마르크스가 말한 것처럼 투쟁하면서 스피노자가 희구해 마지않은 안정을 얻는 그 양면을 기일원론에 근거를 둔 생극론은 동시에 갖추고 있다.

스피노자가 새로운 사상을 전개하면서 겪은 것 같은 어려움이 힌두교나 불교에는 없었다. 고대에 생겨나 중세로 이어진 오랜 사상이 진보적일 수 있었다. 기일원론은 중세에서 근대로의 이행기 혁신사상이었지만 정통의 위치에 있는 이기이원론을 상대로 종교적·정치적 싸움을 정면에서 걸지는 않아 탄압을 적게 받았다. 왕부지의 수난은 스피노자만큼 크지 않았다.

유럽에서 기독교가 사상 발전을 저해하는 것과 같은 일이 다른 문명권에는 없었다. 종교의 간섭을 배제하고 사상의 자유를 쟁취한 결과 혁명 사상이 나타나는 것도 유럽에만 있었던 일이다. 자기가 하는 일이 어떤 의의와 한계를 가지고, 세계사상사의 전개에서 어느 위치를 차지하는지 스피노자가 스스로 알았어야 한다는 것은 무리한 요구이다.

이제 내게로 돌아오자. 나는 훨씬 후대에 살고, 세계 전체를 볼 수 있는 시야를 어느 정도나마 갖추어 스피노자에게 필요한 자리 매김을 할 수 있다. 스피노자가 유럽인이기에 겪어야 했던 불행에 관해서도 말할 수 있다. 그러나 지금 가질 수 있는 생각을 시간을 거슬러 올라가 스피노자에게 전해줄 수는 없다. 유감스럽다고 할 것은 아니다.

스피노자보다 내 자신이 더욱 소중하다. 스피노자의 경우를 거울삼아 내가 내 위치를 알아볼 수 있기를 바란다. 자기 자신을 아는 것은 다른 사람을 아는 것보다 더 어렵기 때문에, 쉬운 데서 어려운 데로 나아가는 길을 찾으려고 고금의 학자들을 부지런히 찾아다니고 있다. 스피노자와 만나 깊은 감동을 느끼면서 내 자신을 되돌아본다.

스피노자가 다른 사람들과 철저하게 단절된 조건에서 외롭게 살아가면서 학문에 전념해 새로운 철학을 커다랗게 이룩한 것은 만고의 모범이 된다. 나는 많이 모자라 깊이 반성하지 않을 수 없다. 그러나 영원한 진리를 추구하는 데 치우쳐 현실을 외면하고 역사를 무시한 것은 잘못이다. 단절과 유대를 함께 갖추고 하나가 여럿임을 밝혀야 한다고 재확인하면서 내 학문을 반성한다.

토론

❑ **문** : 스피노자는 욕망 이론 때문에 특히 문제가 되는 것을 왜 말하지 않았는가?

❑ **답** : 그것이 『윤리학』의 주요 내용이지만, 적극적인 관심을 가지지 못했다. 내 자신이 욕망 이론에 관한 작업을 하고 있지 않은 탓이다.

❑ **문** : 스피노자는 신비주의에 빠졌다는 비판이 있는데 어떻게 생각하는가?

❑ **답** : 적절하지 못하다. 스피노자에 대한 다양한 해석 가운데 신비주의와 연결시키는 것도 있지만, 동의하지 않는다. 스피노자가 신비주의에 빠졌다고 나무라는 것은 잘못이다.

❑ **문** : 스피노자는 마르크스주의라고 하는 데 대해서는 어떻게 생각

하는가?

□ 답 : 스피노자가 말한 신은 결국 물질이고, 스피노자는 유물론자라고 하는 것이 소련의 공식 견해였다. 유물론을 재현하려고 하면서 스피노자를 들고 나오는 것은 있을 수 있는 일이다. 스피노자는 어느 기존의 견해에 매이지 않고 새롭게 탐구하고 정립한 철학의 진면목을 보여주어 다양한 해석과 계승이 가능하게 한다.

□ 문 : 미국 시인 휘트만(Walter Whitman)도 스피노자처럼 신 · 정신 · 물질을 하나로 포괄해 이해하려고 했다. 비교연구가 필요하지 않는가?

□ 답 : 같은 생각을 한 사람들이 더 있을 것이다. 다각적인 비교연구가 바람직하다. 그러나 동아시아 유산과의 비교가 우리를 위해 더 큰 도움이 될 것이다.

□ 문 : 스피노자는 "우리가 보기에는 불합리한 일이라도 필연적임을 이성으로 인식해 신과 합치되면 고통에서 벗어나 진정한 자유와 행복을 얻을 수 있다"고 말했다. 실제로 그런 경지에 이르렀는가?

□ 답 : 스피노자가 자기의 불운을 원망하거나 한탄하지 않고 마음의 평온을 유지하면서 자기 나름대로 자유와 행복을 얻은 것은 인정할 수 있는 사실이다. 그러나 신과 합치되는 경지를 이성으로 인식하면 그럴 수 있다고 한 데는 의문을 가진다. 스피노자가 신이라고 한 존재하는 모든 것들과 합치되어 자유와 행복을 얻는다고 하려면 이성을 넘어선 통찰을 갖추어야 한다.

스피노자가 종교에서 벗어나 새로운 학문을 하기 위해 다른 것은 배제하고 이성만 내세운 것을 이해한다. 그러나 스피노자에게서도 이성은 깨달은 바를 기하학적으로 증명하는 방법을 제공하기나 하고 깨달음의 원천이었다고 하기는 어렵다. 스피노자가 한 작업을 이어받아 더 잘 하려면 이성에서 통찰로 나아가는 길을 적극적으로 열어야 한다. 아무리 불합리한 일이라도 필연적임을 인식해야 한다는 것을, 불합리가 합리이고 합리가 불합리이며 우연이 필연이고 필연이 우연임을 깨달아야 한다는 것으로 바꾸어놓아야 한다.

스피노자만 소중하게 여길 것은 아니다. 힌두교, 불교, 기철학 등에서 한 작업도 함께 이어받아야 한다. 근래 우리 주위에서도 스피노자에 대한 관심과 논의가 대단한 것은 환영할 일이다. 그러나 해설에 머무르고 남들이 하는 연구를 소개하기나 하는 것은 유감이다. 스피노자를 고금학문 합동작전의 상대역으로 삼아 창조학을 하는 것이 마땅하다. 유럽 학계에서는 하지 못하는 창조라야 창조이다. 우리 나름대로 독자적인 작업을 하는 안목을 갖추어야 한다. 신·정신·물질을 하나로 포괄하는 개념이 氣임을 밝혀 논하는 것이 특히 소중한 연구 과제라고 생각한다.

❑ **문**: 스피노자의 철학을 힌두교, 불교, 기철학 등에서 말한 우주관 또는 세계의 생성에 관한 견해와 비교해 고찰할 수 있는가?

❑ **답**: 스피노자는 모든 것의 실체라고 한 신의 시간적·공간적 크기와 그 변화에 대해서는 말하지 않았다. 그 뒤의 유럽인들도 기독교 창세기에서 말한 좁은 범위의 시공관을 믿거나 의심스럽다고 여기는 수준에 머무르고 있다가, 현대물리학에서 우주의 기원과 종말을 너무나도 거대한 규모로 제시하자 충격을 받았다. 힌두교, 불교, 기철학

등에서는 현대물리학과 상통한다고 할 만큼 열려 있는 시공관을 과학 이전의 방식으로 이미 갖추었다. 거대한 시공에서 생성하고 소멸하는 우주의 아주 작은 부분에 우리가 다른 여러 생명체와 함께 잠시 살고 있는 줄 알면 인간중심주의에 빠지지 않는다. 스피노자를 이어받으면서 이런 생각을 보태야 한다.

❑ 문 : 인간중심주의를 버리고 신중심주의로 돌아가야 한다는 말인가?

❑ 답 : 사람은 신이 지구의 주인으로 특별히 창조해 홀로 위대하다고 하는 것도 인간중심주의이다. 사람은 광대한 우주의 아주 작은 부분이며, 다른 생명체들과 함께 살아가는 줄 알아 겸손한 자세를 가지는 것이 마땅하다. 생태환경이 사람의 소유물이므로 아껴 써야 한다고 하지 말고, 사람이든 다른 생명체이든 삶을 누리는 것이 선이고 삶을 누리는 지혜를 각기 잘 갖추고 있어 대등하다고 해야 한다. 이런 생각을 하려면 이성의 인식을 넘어선 통찰의 깨달음을 갖추어야 한다. 힌두교, 불교, 기철학 등에서 이미 그렇게 했는데, 현대물리학에서 사리를 더욱 명백하게 한 성과가 인간중심주의의 잘못 시정으로 연결되지 않고 있는 것은 이성이 통찰을 방해하기 때문이다.

❑ 문 : 데카르트가 마련하고 스피노자가 이어받은 기하학적 논리 같은 엄정한 방법을갖추지 않아 동아시아철학은 결격사유가 있지 않는가?

❑ 답 : 차이점이 생긴 이유를 먼저 생각해보자. 기하학적 논리 같은 엄정한 방법은 기독교의 방해를 받지 않고 이성으로 사물의 이치를 따지는 철학을 개척하는 거점을 구축하기위해 절실하게 필요했다. 동

아시아에서는 유교가 유학이어서 사물의 이치를 따지는 작업을 스스로 했으므로, 불만을 가진다고 해도 이성을 따로 분리시키거나 논리나 방법을 별도로 마련할 필요는 없었다. 내부 혁신으로 기철학을 마련하는 것이 최상의 반론이었다. 유럽철학에서는 불리한 여건이 유익한 성과를 가져왔으나, 동아시아철학은 유리한 여건에 안주하다가 논리의 개발이나 방법론의 정립에서 뒤떨어졌다고 할 수 있다. 중세에서 근대로의 이행기 동안 축적한 역량이 피동적인 근대화 때문에 훼손되고 망각되어 동아시아는 뒤떨어졌음을 부인할 수 없게 되었다.

그러나 유럽철학은 잘 나가기만 한 것은 아니다. 이성을 사람이 지닌 다른 능력에서 극도도 분리하고, 논리를 그 자체로 가다듬어 독자적인 방법을 견고하게 구축하고자 하는 노력이 지나쳐 철학이 자폐증에 걸리고 고립되었다. 이렇게 해서 조성된 근대학문의 위기를 극복하기 위해, 사람의 능력을 일제히 발현해 이성 이상의 통찰을 갖추고, 인간만사에 대한 총괄론을 마련하는 방향 전환이 요망된다.

동아시아의 전통을 이으면서 유럽에서 개발한 논리와 방법을 활용하는 양면작전으로 포괄성과 치밀성을 함께 확보하는 것이 마땅하다. 유럽 주도의 근대학문과 선의의 경쟁을 해서 이기려면 그 쪽의 장점을 최대한 수용하고 활용해야 한다. 논리가 따로 있다고 여기거나 방법론을 그 자체로 숭상하지 말고 생극의 이치를 더욱 가다듬고 계속 풍부하게 하는 작업에서 수용과 활용을 이룩해야 한다.

제8강 安藤昌益

만난 인연

安藤昌益(안도쇼에키, 1703-1762)은 제2권 제11강에서 다룬 적 있다. 安藤昌益의 「法世物語」와 朴趾源의 「虎叱」을 비교해 두 글에서 모두 짐승이 사람을 나무란 이유가 무엇인지 고찰했다. 그 서두에서 안등창익과 만난 인연을 설명한 말을 다시 든다.

1994년 9월부터 1년간 東京大學에 초청되어 일본에서 지냈다. "한국문학과 동아시아문학"이라는 강의를 한 주일에 한 번씩 하는 것 외에 다른 일은 없었다. 많은 시간을 이용해 글을 쓰지는 않고 읽기만 했다. 입력만 하고 출력은 하지 않는 해로 정했다.

평소에 모르고 지내던 책을 찾고, 읽지 못한 책을 읽기로 작정하고 서점을 뒤지고 도서관을 찾았다. 東京 고서점 거리에 있는 모든 점포에 들리고, 동경대학의 여러 도서관, 다른 몇 도서관을 찾아다니면서 책을 마음껏 읽고 복사했다. 새로운 만남을 기대하면서 행복한 나날을 보냈다.

일본에는 책이 많고 우리는 그렇지 못해 걱정이라고만 할 것은 아니다. 책이 있으면 언젠가는 읽겠지 하고 그냥 두기만 한다. 책이 없어 고민하다가 다행히 만나면 열심히 읽는다. 뜻이 있으면 길이 있다. 간절하게 바라고 노력하면 어떤 책이라도 찾아낼 수 있다. 物各有主이다. 수많은 사람이 눈을 주고 손을 대었어도, 내가 열어야 할 비밀의 문은 온전하게 남아 있다.

일본의 도서관은 책이 많지만 붐비지는 않았다. 동경대학 문학부도서관 개가열람실에 복사기가 한 대 있는데, 내가 복사를 하려고 할 때 다른 사람이 이용하고 있던 적이 없었다. 교수나 학생이 모두 자기 책이 많아 그런 것은 아니다. 집이 좁아서 책을 둘 곳이 없다. 책은 도서관에 있다. 도서관에 있는 책을 널리 뒤져 열심히 읽지 않는다. 좁게 공부하기 때문에 많은 책이 필요하지 않다.

나는 책에 포원이 진 사람이다. 연구에 필요한 책이 없는 나라에서 어렵게 학문을 하면서 책을 마음대로 구해 읽지 못해 안달이 났다. 책의 나라 일본에 가서 빈 속을 마음껏 채울 수 있게 되었으므로 너무 기뻤다. 책을 구하러 다른 여러 나라를 돌아다닌 것도 그 때문이다. 내가 책을 널리 구하고 많이 읽은 것은 도서관이 텅 비다시피 한 나라에서 학자 노릇을 하는 덕분이다. 이 역설에 생극론의 진실이 있다.

일본에서 어느 한 분야의 책을 찾은 것은 아니다. 한국학 전공자들은 흔히 일본에 유출되어 있는 우리 자료를 힘들게 탐색하는데, 나는 국내에 없는 책의 거대한 밀림 속을 헤집고 들어가기로 했다. 분야를 정해놓지 않고 무엇이든지 탐냈다. 왕성한 식욕으로 포식을 일삼았다.

처음 갔을 때 일본에서 이룩한 지적 자산에 무엇이 있는가 하는 것부터 알아보려고 했다. 선입견을 버리고 있는 그대로 실상대로 파악하겠다고 작정하고 동경대학교 총합도서관 개가열람실에 꽂혀 있는 사상 · 역사 · 문학 분야 책을 서가에 꽂혀 있는 순서대로 보기로 했다.

보기로 했다는 것이 그냥 하는 말이 아니다. 다 읽을 수는 없으니 하나씩 꺼내 대강 보고 목록과 소감을 적는 일기를 작성했다. 그 일을 석 달 정도 했으나 큰 발견은 없었다.

고전이든 현대의 저작이든 일본에서 이룩한 대단한 성과를 모르고 있다가 만났다고 할 만한 것은 거의 없었다. 서양철학을 일본에 소개하면서 자기 나름대로의 논의를 첨부한 학자들의 전집이 여럿 있는 것을 보고 상당한 감명을 받았다. 과연 열심히 했구나 하고 말해야 했다. 그렇지만 자기 사상 창조는 아니어서 힘들여 읽을 가치는 없다고 판단했다. 일본에 사다놓은 외국 책은 대단하지만 일본인이 저술한 책은 별것 아니라는 사실을 재확인할 수 있었다.

일본인 저작 찾기에서 별다른 성과가 없는 나날이 계속되다가 예기치 않던 사건이 일어났다. 『安藤昌益全集』(東京: 農山漁村文化協會, 1982)을 발견했다.(이 책을 『전집』이라고 일컫는다.) 모두 21권이나 되는 거질이다. 꺼내서 여기저기 보니 놀라운 내용이었다. 몇 권씩 대출해 탐독했다. 구입 가능하지만 가격이 너무 비싸 뜻을 이루지 못하고, 많은 부분을 복사했다. 귀국 후 서울대학교 도서관에 구입 신청을 한 것이 기적에 가깝게 받아들여져서 전권이 들어와 있다. 몇 사람이나 이용하면서 유래를 생각할까?

안등창익에 관한 연구논저는 그리 비싸지 않아 보이는 대로 다 사서 모으고, 살 수 없는 것은 복사했다. 안등창익이 살고 활동한 곳을 찾아 일본 동북지방으로 갔다. 거주지 위치를 알리는 팻말을 확인하고, 글 가르치던 절간에도 들렀다. 사후에 농민들이 세웠다가 유력인사들이 헐어버린 비석을 근래 재건한 것도 보았다. 대단한 발견이고, 커다란 행운이다. 현장까지 가서 직접 보고 얻은 감동이 오래 이어진다.

책을 읽고 현지를 돌아보고 해서 알고 생각한 바를 논문으로 쓰기로 했다. 안등창익을 그 자체로 다루는 것은 내가 할 일이 아니라고 여겨, 박지원과의 비교연구를 시도했다. 제목을 「朴趾源과 安藤昌益의 비교연구 서설」이라고 한 논문을 1995년 5월 23일 동경대학에서 구두발표 했다.

우리말 논문은 「朴趾源과 安藤昌益의 비교연구 서설」, 『철학사상』 5 (서울: 서울대학교 철학사상연구소, 1995)에 싣고, 『한국의 문학사와 철학사』 (서울: 지식산업사, 1997)에 재수록했다. 구두발표를 할 때 이미 배부한 일본어 번역 「安藤昌益と朴趾源の比較研究序說」은 『朝鮮文化研究』 3 (東京: 東京大學 朝鮮文化研究室, 1996)에 게재되었다. 「安藤昌益與朴趾源比較研究序論」, 『延邊大學學報 哲學社會科學版』 (延吉: 延邊大學, 1999, 2000)이라는 중국어 번역도 나왔다.

남긴 자취를 찾아서

安藤昌益은 시골 사람이었다. 秋田縣(아키다켄) 大館市(오오다데시) 근교 二井田(니이타)라고 하는 곳 출신이다. 거기서 1703년에 태어나고, 1762년에 세상을 떠났다. 마을에 무덤과 추모비가 있다.

선조 대대로 농민이었다. 독학으로 의학을 공부해 의원 노릇을 했다. 의학이 아닌 다른 분야에 관해서도 많은 독서를 함께 해서 사상을 이룩할 토대를 쌓았다. 공부하기 위해 江戶에 머문 경력도 있다. 멀리 長崎(나가사키)까지 가서 네덜란드 사람들이 왕래하는 것을 보고 서양에 대한 이해를 얻기도 했다.

1744년(41세)부터 青森縣(아오모리겐) 八戶市(하찌노헤시)에서 의

원 노릇을 했다. 번화가 길가에 "安藤昌益居宅蹟"이라는 팻말이 있다. 그 근처의 불교 사찰 天聖寺가 강학의 장소였다고 한다.

무술 의례에 참가했다가 부상당한 무사 세 사람을 잘 치료했다고 지방의 지배자가 특별히 사례를 한 것이 그 곳에 정착하게 된 동기이다. 의술에 능통하고 학식이 많아 인기가 있었다. 따르며 배우고자 하는 젊은이들이 있어 모아 가르치면서 자기 사상을 폈다.

그러나 행복하게 지낸 것은 아니었다. 동북지방은 대개 그렇듯이 땅이 척박해 농사가 잘 되지 않고, 자연 재해도 잦았다. 기아에 시달려 병이 든 사람들을 치료하느라고 애쓰면서 죽어가는 사람들을 보고 마음 아파했다. 1749년(46세)에는 태풍으로 큰 피해가 생기고, 산돼지 떼가 습격해 농사를 황폐하게 하는 일도 있었다. 그 때문에 이듬해 굶어죽는 사람이 많았다. 죽는 사람들을 살리려고 애쓰면서 의학의 무력함을 절실하게 깨닫고 대전환을 모색했다.

농민의 처지를 깊이 동정하면서, 선조 대대로 해온 일을 다시 해 스스로 농사를 짓기도 했다. 농사하는 방법을 바꾸어 농민이 살 수 있게 하려고 애썼으나 마땅한 방도를 찾지 못했다. 처참한 현실을 타개해 농민을 살리려면 세상이 온통 달라져야 한다고 판단했다. 사람을 차별하는 제도의 근거가 되는 사상을 혁파해야 한다는 것을 알았다. 기존의 관념을 통렬하게 비판하고 새로운 가치관을 제시하는 커다란 학문을 이룩하고 많은 저술을 했다.

유교와 불교는 물론이고 일본의 神道도 사람을 차별하는 부당한 주장을 편다고 비판하고 그 대안이 되는 이치를 제시하려고 홀로 애쓰면서, 氣철학을 이어받아 자기 나름대로 해석하고 활용했다. 기철학은 중국 고전을 공부하면서 필요한 예비지식을 얻었으며 의학에 들어와 있어 쉽사리 만날 수 있었다. 중국이나 한국의 혁신 사상가들이 기철학을 새롭게 발전시킨 것과 같은 작업을 안등창익도 한 것은 다른 선택의 여지가 없는 필연적인 과정이었다.

그러나 하고자 하는 일이 쉽게 성취된 것은 아니다. 대등한 위치에서 토론하고 비판을 받을 수 있는 동반자가 없었다. 제자들은 있었던 것 같은데 수준이 문제였다. 가르침을 받는 사람들이 이해는 제대로 하지 못하고 숭앙하기만 할 때 절망을 느꼈을 수 있다. 고독하다고 물러날 것은 아니었다. 참담한 현실을 타개해야 하겠다고 한 강력한 사명감이 커다란 비약을 가능하게 했다.

새롭게 전개하는 사상을 널리 알리고 싶어 했다. 그 시대 일본에서는 출판이 발달되었다. 독자가 있을 만한 저작이면 바로 내놓았다. 그런데 안등창익은 혜택을 보지 못했다. 저작의 일부를 요약한『自然眞營道』3권 3책을 1753년(50세)에 출판했을 따름이다. 출판의 중심지였던 수도 京都까지 가서도 뜻을 이루지 못했다. 비판적인 내용이 문제되어 처음 출간한 것을 고쳐 다시 내놓아도 금서가 되는 위기를 가까스로 넘기고 후속 출판을 단념했다.

『自然眞營道』후편과『孔子一代記』를 "近刊"이라고 예고하고서도 출판에 회부하지 않았다. 원고본으로만 지니고 있으면서 보완하고 발전시켜 모두 100권 93책의 저작을 이룩하고『自然眞營道』라고 총칭했다. 공자에 대한 비판이라고 생각되는『孔子一代記』는 별도의 저술로 만들지 않고 여기저기에 넣어 표 나지 않게 했다. 자필 원고가 다행히도 없어지지 않고 동경대학 도서관에 소장되어 있다가 대출 중이었던 12책을 제외하고 모두 불타 없어졌다. 다른 사본이 조금밖에 없어 상실을 회복할 수 없다.

1758년(55세)에 八戶를 떠나야 했다. 흉년을 만난 농민들이 관청에 바치는 곡식을 줄여달라고 청원을 하다가 주모자가 잡혀 처형되는 사태가 벌어지자 안등창익을 배후 인물로 지목해 감시를 철저하게 했기 때문이다. 青森縣 大館市 二井田에서 조상 전래의 토지를 경작하던 형이 세상을 떠났으므로 귀향해 가문을 잇기로 했다.

고향에서 의원 노릇을 계속하면서 직접 농사를 짓고 농민들을 위해 애쓰다가 1762년(59세)에 세상을 떠났다. 마을의 溫泉寺에 묻혔으며, 무덤에 적는 戒名을 처음에는 堅勝道因士라고 하다가, 1803년 이후에는 昌安久益信士라고 했다. 불교를 믿지 않고 비판했지만 장례를 치르는 다른 방식이 없었다. 세상을 떠나고 두 해 되던 1764년에 그 곳의 제자들이 단을 쌓고 비를 세웠다.

안등창익은 불신앙을 부추기고 종교 의례를 방해한다는 이유에서 神道와 불교의 반감을 사고 있었다. 안등창익을 칭송하는 비를 세운 것이 마땅하지 않다고 해서 철거되었다. 비문을 적어둔 것이 발견되어 지금 볼 수 있는 비를 다시 세운 것이 1983년의 일이다.

비문을 보자. (安永壽延・山田福男, 『增補寫眞集 人間安藤昌益』, 東京: 農文協, 1992, 5-6면) 말이 가까스로 연결되는 한문을 사용해 안등창익이 농업에서 이룬 공적을 칭송했다. 서두에서 자기 고장은 "未無爲直耕者"(직경하지 않는 사람이 없다)는 곳이라고 하고, 안등창익이 "農業發明近人近隣弘之 終農業之爲國郡"(농업을 발명해 가까운 사람과 이웃에 널리 전해 마침내 농업으로 나라와 고을을 위했다)고 했다. 그 공적을 기려 "守農大神"이라고 칭송했다. 이 대목이 반발을 강하게 샀다.

비에서 안등창익의 사상을 전하려고 했다. 氣를 여덟으로 나누어 이해한 八氣가 방위, 자연물, 신체, 계절, 농사 등에서 각기 어디 해당하는지 설명한 내용을 길게 들고 다음과 같이 말했다. 안등창익이 했다는 말을 전하는 방식을 택했다.

> 是則轉眞常之額体 直耕也 氣行無始無終 無爲絶轉 人目前所觀也 然而三万年來 是無明見者 轉下雖廣 是無知者 人人具足之面部 八門之四行進退 互姓八氣轉眞 眞神行之俱成 無知者 故轉眞之妙道廢 予悲之 轉眞之妙道得 明俱一和 而是修 爲後世矣
>
> (이것은 바로 轉眞이 항상 지닌 얼굴이고 몸이며, 直耕이다. 氣가 行함이 시작도 끝도 없고, 轉이 끊어짐이 없는 것을 사람은 눈으로 보는 바이다. 그러나 삼만 년 이래로 분명히 알아보는 사람이 없었다. 轉下가 비록 넓어도 아는 사람이 없었다. 사람마다 갖추고 있는 얼굴은 八門 四行의 진퇴이고, 互性 八氣의 轉眞이며, 眞神 行의 俱成인데, 아는 사람이 없었다. 그래서 轉眞의 妙道가 폐지된 것을 나는 슬프게 여긴다. 轉眞의 妙道를 얻으면 하나로 화합함을 분명하게 갖춘다. 이것을 닦아 후세를 위한다.)

비문에서 "互姓"이라고 한 것은 "互性"의 오기이므로 번역에서 바로잡았다. 안등창익 철학의 가장 중요한 용어를 잘못 알고 있으면서, 최대의 평가를 했다. 근본이 되는 이치를 삼만 년 이래로 아는 사람이 없다가 자기가 비로소 설파했다고 안등창익이 자부한 사실을 전했다. 모든 것을 밝혀 논하고 轉眞의 妙道를 얻어 하나로 화합하는 이치를 닦아 후세를 위한다고 안등창익이 말했다고 했다.

위치와 특징

이 책에서 다루는 다른 모든 학자는 학문의 역사에서 차지하는 위치와 학문에서 이룬 성과에 대한 이해와 평가가 거의 정착되어 있다. 문제점이 있기는 하지만 결정적인 것은 아니다. 그런데 안등창익은 정체불명인 채로 남아 있다. 안등창익의 생애와 남긴 자취를 세밀하게 추적하면서 독창성을 찬양하기나 하고, 사상사에서 차지하는 위치에 대한 논의를 하지 않기 때문이다. 일본학계가 보여주는 이런 폐단을 밖에서는 시정하지 못하고 호기심을 가지고 바라보기나 한다.

안등창익은 외롭게 살고 남들이 하지 않은 일을 했지만, 자기 시대 동아시아철학사에서 공동으로 제기된 과업의 일익을 담당하고 세계철학사에서 일정한 위치를 차지했다. 17세기부터 19세기까지의 중세에서 근대로의 이행기 동안 동아시아 사상을 혁신하는 기철학이 여러 나라에서 일어났다. 중국에서는 王夫之(1619-1692)와 戴震(1724-1777), 유구에서 蔡溫(1682-1761), 한국에서는 任聖周(1711-1788), 洪大容(1731- 1783), 朴趾源(1737-1805), 崔漢綺(1803-1877), 월남에서 黎貴惇(1726- 1783)이 나서서 새 시대의 사상을 이룩했다. 일본에서 안등창익(1703- 1762)이 한 작업이 그 가운데 하나이다.

이들 기철학자들은 유럽에서 계몽사상가라는 사람들과 같은 시기에 유사한 성격의 사상 혁신을 해서 동아시아의 계몽사상가들이라고 할 수 있다. 동시대의 서유럽에도 氣일원론을 이룩하는 철학자들이 있었다고 해도 된다. 새로운 사상을 철학논설의 형태로 전개하는 일을 그 두 문명권에서 함께 했다. 그런데도 양쪽을 비교해서 고찰할 기회가 없었으며, 중세에서 근대로의 이행기에 동아시아 사상의 혁신에 관해서 총괄적인 이해도 하지 못했다. 이런 불균형을 시정해야 세계의 학문이 정상화된다.(이에 대한 비교론을 『철학사와 문학사 둘인가 하나인가』, 서울: 지식산업사, 2000, 367-451면에서 전개했다.)

동아시아는 서유럽에 비해 교통이 불편한 곳이어서 국경을 넘어서까지 교류하지는 못했으면서도, 동아시아 다섯 나라의 이들 사상가는 시대정신 구현의 공동과업을 수행했다. 朱熹의 理氣이원론과는 상반된 氣일원론을 각기 다르면서 같게 전개해 관념에서 현실로 관심을 돌리면서, 지배질서를 옹호하는 윤리적 규범 대신에 민중이 살 수 있게 하는 대책을 찾고자 하는 일을 함께 했다.

理와 氣를 나누어 차별하는 이원론과 함께 性과 情, 詩와 歌의 구분에 대해서도 기존의 관념을 타파했다. 민족어시에서 사고를 개방한 성과를 받아들이면서, 민족어시에 대해서 지지를 보내야 하는 이유가 어디에 있는지 해명하는 철학을 마련해 문학관도 혁신했다. 그렇지만 철학 글쓰기에서는 민족어를 사용하지 않고 시를 쓰지도 않았다. 철학글쓰기는 공동문어인 한문을 사용하고 산문을 써야 한다는 관습을 이어오면서, 글쓰기를 새롭게 하는 방법을 제각기 다르게 마련하는 창의력을 발휘했다.

논의를 정면에서 전개하는 통상적인 논설을 써서는 기존의 권위와 충돌하게 마련이므로, 갖가지 우회전술을 강구해야 했다. 경전 주해를 새롭게 해 원래의 의미를 되살린다고 하면서 朱熹 사상의 논거를 부정하기도 하고, 전후의 설명을 생략한 채 단상을 열거하기도 하고, 비유나 우언을 논술의 방법으로 사용하기도 했다. 그런 작전을 써서 반대자는 피하고 동조자는 받아들이고자 했다.

서사적인 설정에 의해 대화를 전개하거나 사건을 만드는 것이 한층 적극적인 대책이었다. 박지원이 스스로 해명한 바와 같이, '以文爲戱'

의 방법으로 '以文爲戰'을 하기 위해 그런 작전이 필요했다. 유구의 蔡溫, 일본의 安藤昌益, 洪大容과 朴趾源은 모두 그런 작전을 택해 문학을 통해서 철학을 하는 새로운 본보기를 보여주었다.

안등창익이 쓴 글은 기본 양상에서 특이했다. 다른 사람들은 정통한문을 사용하면서 변혁을 시도했으나, 안등창익은 변체한문이라고 할 것을 사용하고, 독법을 표기하는 返點을 달았으며, 본문에다 일본어를 삽입하기도 했다. 변체한문은 일본 특유의 글쓰기 방식이라고 여기고 하고 말 것은 아니다. 철학에 관한 글을 정통한문으로 쓰는 관례가 일본에서도 이미 확립되어 있는 것을 어겼다.

왜 그랬던가 하는 의문을 몇 가지 추론을 들어 풀어볼 수 있다. 안등창익이 좋은 스승을 만나지 못하고 독학을 한 탓에 정통한문을 제대로 익히지 못한 것이 기본 이유일 수 있다. 활동한 곳이 글을 존중하는 사회가 아니어서 글을 잘 쓰려고 애쓰지 않아도 되었다는 설명도 가능하다. 자기 사상을 글로 써서 알리는 것보다 주변에 있는 농민들에게 말로 전하면서 웅변을 토할 기회가 훨씬 많아 그 대본을 적어놓은 것들이 남아 있다고 하면 의문이 거의 다 풀린다. 동아시아문명의 주변부 일본에서도 사상 혁신의 선도자가 나타나고 문자 생활 밖 민중의 호응을 얻은 것은 특기할 사실이다.

안등창익 주변에는 존경하면서 따르는 농민들과 억압하는 기득권층이 있었을 따름이고, 대등한 수준에서 진지하게 토론할 상대는 없었다. 학문할 만한 여건이 조성되어 있지 않은 사회에서 자기 생각을 펴려고 일방적인 노력을 했다. 일본은 漢學 지식과 구별되는 철학적인 논란에 대한 관심이 적은 주변부였으며, 더구나 동북지방은 주변부의 주변부였다.

신도나 불교의 반발은 샀지만 유학의 구속은 없었다. 理氣이원론이 자리 잡고 있지 않아 氣일원론의 등장을 방해하지 않았다. 王夫之가 經學을 통해 어렵게 전개한 것과 같은 생각을 바로 내놓을 수 있었다. 새로운 견해를 입증하는 다른 절차도 사용하지 않고 대담한 발언을 할 수 있었던 것이 행운이었지만, 논리가 치밀하지 못하고 완성도도 부족했다.

그런데 안등창익은 자기가 하는 변체한문 글쓰기가 부득이한 선택이라고 여기지 않고 대단한 의의를 가졌다고 자부했다. 위에서 말한 분석을 알려준다면 동의하지 않고 나무랐을 것이다. 지금까지 쓴 글이 모두 진실에서 벗어나 있는 것을 바로잡기 위해 대혁신을 한다는 발언을 거듭했다. 그 가운데 몇을 들어보자.(「朴趾源과 安藤昌益의 비교연구 서설」에 자료 취급의 착오가 더러 있었던 것을 시정하면서, 해석과 논의에서 한 걸음 더 나아간다.)

(가) 書中章句 悉轉眞道非 私作妄造也(『전집』5, 94면)

(글 속의 수많은 장구는 모두 轉眞의 도가 아니고, 사사로이 망령되게 지은 것이다.)

(나) 古書家之失 拔其失字 乃用字改之 破却古書盜亂根 後後永永無限 爲令至無盜無亂安平活眞世耳矣 以失拔失 而見眞道也(『전집』19, 30면)

(옛 글을 쓴 사람의 잘못은, 잘못된 글자를 없애고 올바른 글자를 써서 고친다. 옛 글의 盜亂 뿌리를 아주 없애고, 두고두고 오래오래 무한히 도란이 없고 평안한 活眞의 세상에 이르도록 하기

위해, 잘못으로 잘못을 뽑아내고 참된 도가 드러나게 한다.)

(다) 或人問曰 書以文爲貴 古書文如何可也 今汝視書之文 不可也 何故不善乎 答曰 汝論文不知道 不可揣也 文論道器也 器疎而得器內味道 則器無用也 器假用也 文又然也 誦文字得意 則文無用也 文假用也… 好文者 好盜道妄惑甚者也 故古好詩文者 知互性眞道者絶無也(『전집』 19, 35-36면)

(어떤 사람이 물었다. "글쓰기에서 문장을 귀하게 여긴다. 옛글은 여하튼 옳다. 이제 그대가 쓴 글을 보니 옳지 못하다. 왜 좋지 않은가?" 대답해 말했다. "너는 문장을 논하기나 하고 도에 대해서는 무지하니 알 수 없는 일이다. 문장은 도를 논하는 그릇이다. 그릇이 성기더라도 그릇 안의 도를 맛볼 수 있으면 그릇은 소용없다. 그릇은 임시로 쓰는 것이다. 문장 또한 이와 같다. 문자를 외워 뜻을 얻으면 문장은 소용이 없다. 문장은 임시로 쓰는 것이다. 문장을 좋아하는 사람은 도를 도둑질해 망혹함이 심한 자이다. 그러므로 옛날 시문을 좋아하는 사람 가운데 互性의 참된 도를 아는 자가 전혀 없다.")

먼저 글쓰기를 보자. (가)의 "悉轉眞道非"는 "悉非轉眞道"라고 바꾸어야 한문 어법에 맞는다. (나) "古書家之失 拔其失字 乃用字改之"는 뜻이 잘 통하지 않아 미비점을 보충해 읽어야 한다. (다)의 "古書文如何可也"는 구어 그대로이다. "器疎而得器內味道"에도 필요한 말이 더 들어가야 한다. "故古好詩文者"는 "故好古之詩文者"여야 한다.

내용을 보자. 지금까지의 글은 진실을 말하지 않았으므로 모두 그릇되었다고 했다. 고전의 가치를 아주 부정했다. 고전을 숭앙하는 사람들이 지배하는 문화 중심지에서 벗어나 있어 주위의 농민들이 박수를 칠 발언을 했다. 그런데 잘못의 이유가 글쓰기에 있다고 하고, 글을 고쳐 바로잡겠다고 한 것은 무리한 주장이다.

어떻게 써야 글이 바르게 되는지는 말하지 못하고, (나)에서 "以失拔失"(잘못으로 잘못을 없앤다)고 했다. 자기가 글을 잘못 쓰는 것을 인정하고, 표현이 잘못된 글을 가지고 내용이 잘못된 글을 없앤다고 했다. (다)에서는 문장은 임시로 쓰는 수단에 지나지 않는다고 폄하해 자기는 문장을 바르게 써야 하는 임무에서 벗어나고자 했다. 앞뒤를 제대로 연결시키지 않고 논리적으로 세련되지도 않은 거친 발언으로 지배적인 권위를 일거에 부정했다. 수준 이하라고 나무라야 할 만한 발언이 놀라운 혁신의 의의를 가졌다.

한문을 버리고 일본어로 글을 쓰지는 않았다. 글을 쓰지 않고 다른 방법으로 사상을 펴려고 한 것도 아니다. 한문이 아니고서는 이치의 근본을 논할 수 없다는 것을 인정하고 자기 나름대로 대응책을 찾았다. 한문 글쓰기를 자기 방식대로 하고, 오랜 용어를 아주 다르게 규정하는 방식으로 사상 혁신을 이룩하고자 했다. 중세에서 근대로의 이행기에 나타난 창조적 활동의 특징을 보여준 점에서 박지원과 같으면서 선택의 방향이 달랐다.

문명권 중간부의 박지원은 정통한문을 내부에서 뒤집어 새로운 명문을 썼다고 평가된다. 문명권 주변부의 안등창익은 정통한문을 외부에서 무너뜨리고 문장의 가치를 부정했다. 뜻이 겨우 통하는 변체한문으로 쓴 글을 대본으로 삼아 말로 하던 웅변이 대안이었다고 할 수 있는데, 대안은 사라지고 대본만 남아 있다. 웅변을 잇고자 하는 사람들은 대본을 보지 못하고, 대본을 읽고 연구하는 사람들은 웅변에 관해 무지하다.

사상의 핵심

『自然眞營道』라고 총칭한 많은 저술에서 자기가 발견한 氣의 이치를 논했다. 「大序」라고 한 곳 서두에서 이치의 근본을 밝힌 말을 보자. 경전을 인용하거나 기존의 견해를 들지 않고 자기가 생각하는 바를 바로 제시했다.

> 自然 互性妙道之號也 互性何乎 無始無終土 活眞自行 小進木 大進火 小退金 大退水 四行自進退 八氣互性也(『안등창익전집』 17권, 7면의 원문)
>
> (자연은 互性의 妙道를 일컬음이다. 互性이란 무엇을 말하는가? 처음도 끝도 없는 土에서 活眞이 스스로 이루어진다. 小進木하고, 大進火하고, 小退金하고, 大退水해서 四行이 스스로 진퇴를 하는 것이 八氣의 互性이다.)

자연은 互性의 절묘한 도리를 갖추고 있다 하고, 그 내역을 五行에서 土를 뺀 나머지 四行이 대소와 진퇴의 관계를 가지는 것으로 설명했다. 그런 것들이 맞물려 돌아가는 관계가 이치의 근본이라는 말이다. 이 말을 들으면 그래서 어쨌단 말인가 하는 반문이 바로 일어날 수 있다.

이치의 근본을 바로잡아야 세상이 바르게 된다고 하면서 불의를 규탄하고 시정하려 하는 것이 구체적으로 하고자 한 일이다. 논설에서 하기 어려운 대담한 발언을 우언을 사용한 「法世物語」에서 펼쳐보인 것이 박지원의 「호질」에서 볼 수 있는 바와 상통한다. 鳥獸蟲魚 즉 날짐승·길짐승·벌레·물고기가 일제히 사람을 나무란다고 하는 것이 그 기본설정이다. 서두 두 대목을 든다.

> 諸鳥群會評議 鳩曰 吾熟思 轉定央土萬物生生 人通氣主宰 伏橫逆氣人 故活眞通回不背 轉下一般 直耕一業 無別業 故上下貴賤貧富二別無… 眞通神人世也(『전집』 2, 7면)
>
> (여러 새가 모여서 회의를 하는데, 비둘기가 말했다. "내가 깊이 생각해보니, 轉定의 央土에서 만물이 생겨날 때, 사람은 通氣가 主宰한다. 橫氣나 逆氣는 감추어진 것이 사람이다. 그러므로 活眞의 通回에 어긋나지 않는다. 轉下에서 온통 直耕 한 가지 생업에 종사하고 다른 생업은 없었다. 그러므로 상하·귀천·빈부의 二別이 없었다…. 진실로 神과 사람이 통하는 시대였다.)

> 烏答曰 汝言如然也 人轉眞通回生 故轉眞與一般 直耕穀可行之 聖釋出·不耕盜轉眞直耕及道 貪食 立私法 王公卿大夫諸侯士工商始 以來法世成 王守法 其次序 以守其宦位法 無宦無位 其其守法 法背有者 則是刑殺 故上下法守 故法世(같은 책, 8면)
>
> (까마귀가 대답해서 말했다. "너의 말이 맞다. 사람은 轉眞의 通回를 지니고 태어났으므로 轉眞과 같다. 곡식을 直耕해서 살아가는 것이 마땅하다. 聖人과 釋迦가 나타나서 농사짓지 않으면서 轉眞의 直耕 및 그 道를 도둑질해 貪食하고, 私法을 세우자 임금, 공경대부, 제후, 士·工·商이 시작되었다. 그래서 法世가 이루어

졌다. 임금은 법을 지키고, 그 아래 지위에서는 그 벼슬의 법을 지킨다. 벼슬도 지위도 없는 자라도 그 법을 지킨다. 법에 어긋나는 자가 있으면 형벌로 죽인다. 그러므로 상하가 법을 지킨다. 그래서 法世이다.)

새로운 용어를 여럿 만들어냈다. '轉定'은 천지만물의 운행을 말한다. '央土'는 하늘과 바다 사이에 있는 땅이다. '活眞'은 천지운행의 활력이다. '通回'는 천지운행이 제대로 이루어지는 것이다. '轉下'는 '天下'이다. '直耕'은 자기가 직접 농사를 짓는다는 말이다. '二別'은 둘로 나누어진 차별이다. 그것은 마땅히 상보적인 상호관계인 '互性'이어야 한다고 했다.

자기 사상을 논술의 형태로 거듭 나타내다가, 흥미를 끄는 방법이 필요하다고 판단해서 이 글을 썼다. 어렵고 복잡한 논란을 거치지 않고 자기주장을 바로 제시했다. 天地・男女・上下・貴賤은 구별되면서도 우열의 차등은 없고 대등한 작용을 한다고 하는 것을 '互性'이라고 했다. 이상적인 시대와 타락한 시대를 갈라 논하는 역사철학을 마련한 것이 또 한 가지 특별한 점이다. '互性眞活'의 '自然世'가 가고 차등과 억압을 강제하는 시대인 '法世'가 온 잘못을 바로잡아야 한다고 주장했다.

유학이나 불교뿐만 아니라 일본의 神道도 自然世의 종말을 재촉한 法世의 사상이라고 해서 극력 배격했다. 직접 농사를 지으면서 사는 直耕만 소중하고, 直耕을 하는 사람들을 억압하고 착취하는 무리는 용서할 수 없는 도적이라고 규탄했다. 그 때까지의 사상가 가운데 하층민의 세계로 그만큼 내려간 사람이 없었다.

그러면서 通氣·橫氣·逆氣의 차이가 윤리의 등급이라고 한 유학 특히 朱熹가 재정립한 이념을 문제 삼고, 통기를 지닌 사람은 마땅히 다른 생명체를 함부로 침해하지 않으면서 금수보다 나은 삶을 살아야 한다고 했다. 횡기를 타고나서 열등하다고 나무라는 금수는 살기 위해서만 살생을 하지만, 사람은 금수의 생명을 함부로 유린할 뿐만 아니라 같은 사람을 지배하고 억압하기 위해서 형벌을 휘두르고 죽인다고 했다. 이런 생각을 홍대용이나 박지원보다 더욱 분명하게 하면서, 통기·횡기·역기라고 하는 것은 차등의 증거일 수 없고 삶의 방식이라고 했다.

그러면서 안등창익의 견해는 남다른 점이 있었다. 자기 경험에 근거를 두고 直耕 옹호론을 전개했다. 일본의 현실을 문제 삼아 法世를 나무랐다. 기철학의 발전에 기여하는 일반론을 互性에 이룩했다. 셋을 하나씩 들어 살펴보자.

직접 농사를 지으면서 사는 직경만 소중하고 다른 활동의 의의는 부정하며, 직경을 하는 사람들을 억압하고 착취하는 무리는 용서할 수 없다고 한 농민철학을 개인의 경험에서 도출했다. 하층민을 옹호하고 사회 평등을 주장한 것은 다른 사상가들도 한 일이다. 그러나 안등창익만 자기 자신이 농민이 되어 농민의 견해를 대변했다.

모든 잘못이 '法'에 있다 하고, 法世를 나무란 것은 일본의 현실에 근거를 두었다. 동아시아 다른 나라에서는 禮를 표방할 때 일본에서는 法에 의한 지배를 강화했으므로, 法을 규탄의 대상으로 삼았다. 이상적인 시대인 自然世를 없애고 차등과 억압을 강제하는 시대인 법세를 만든 책임이 유학이나 불교와 함께 일본의 神道에도 있다고 한 것은 일본의 국수주의를 스스로 비판한 사상으로 소중한 가치가 있다.

天地·男女·上下·貴賤은 서로 구별되면서도 우열의 차등은 없고 대등한 작용을 하는 互性의 관계를 가진다는 것은 기철학의 전개에 기여한 소중한 일반론이다. 홍대용이 內外라고 한 것과 함께 상통하는 의의가 있다. 둘 다 상극의 다른 면인 상생에 대한 새로운 해명을 해서 생극론을 더욱 풍부하게 했다.

이해와 평가

안등창익은 아주 잊혔다가 가까스로 발견되었다. 狩野亨吉(카노우 코우키찌)라는 자연과학자가 일본사상사의 자료를 찾다가 안등창익의 저작 원고본을 발견했다. 『內外教育評論』 제3호에 「대사상가가 있다」(大思想家あり)는 글을 써서 세상에 알린 것이 1908년의 일이다.

소중한 자료를 자기가 가질 수는 없어 동경대학 도서관에서 구입하도록 주선하고 대출해서 이용했다. 1923년에 관동대지진이 일어나 도서관 보관분은 불타 없어지고 대출 중이던 12권만 남았다. 남은 자료를 대상으로 연구를 시작해 「安藤昌益」이라는 논문을 써서 1928년에 岩波講座 『世界思潮』 제3권에 수록했다. 그 뒤에 관심을 보인 사람이 더러 있었으나 논의의 진전이 있었던 것은 아니다.

안등창익에 대한 본격적인 연구는 외국인이 선도했다. 전모를 다룬 외국어 저작이 나오자 일본은 충격을 받았다. 캐나다인의 저작 E, Herbert Norman, *Andō Shōeki and the Anatomy of Japanese Feudalism*의 미간행 원고를 『忘れられた思想家』(망각된 사상가)라는 제목으로 번역해 낸 것이 1950년이다.(東京: 岩波書店) 1961년에 러시아에서 출간된 Radul Zatulovkij의 연구서가 『18世紀 日本の唯物論者』라는 이름으

로 일본어로 번역되어 1982년에 출판되었다.(東京: 雄山閣) 최근에는 Jacques Joy, *Le naturel selon Andō Shōeki* (Paris: Maisonneuve & Larose, 1996)가 나왔다. 『자연스러운 것에 관한 안등창익의 견해』라고 할 수 있는 것인데, 일본어 번역이 있는지 확인하지 못했다.

일본 학자들도 寺尾五郎, 『先驅 安藤昌益』(東京: 德間書店, 1976) ; 安永壽延, 『安藤昌益』(東京: 平凡社, 1976); 川原衛門, 『追跡 安藤昌益』(東京: 圖書出版社, 1979); 和田耕作, 『安藤昌益の思想』(東京: 甲陽書房, 1989) 등을 비롯한 여러 논저를 내놓았다. 숭앙을 일삼으면서 자료에 관한 논의나 하고 말 수 없고 연구라고 할 것을 시작해야 했다. 안등창익은 독창적이어서 유사한 예를 찾을 수 없다고 하는 것이 능사가 아니라고 판단하고, 비교연구에 착수해야 했다. 비교 대상을 유럽으로 잡아 유물변증법의 선구라느니, 오늘날 등장하는 생태사상과 상통하느니 하는 등의 견해가 제시되고 있다.

그러나 안등창익을 동아시아 철학사의 전개 속에서 이해하고자 하는 작업은 초보적인 단계에서 진행될 따름이다. 중국학자들을 불러와 학술회의를 함께 열면서 중국에서 일찍부터 나타난 기철학을 안등창익이 이어받았다고 하는 것이 예사이다.(農文協 編, 『安藤昌益 日本·中國共同研究』, 東京: 農山漁村文化協會, 1993이 좋은 예이다.) 동시대에 다른 나라에서 전개된 기철학과의 비교는 시도되지 않았다. 유럽의 논자들은 안등창익을 그 자체로 연구할 따름이고 동아시아 철학사를 알지 못해 이런 형편을 타개하는 데 도움이 되지 않는다.(위에서 든 Jacques Joy의 책에서는 안등창익을 Jean-Jacques Rousseau와 비교하기만 했다.)

안등창익의 저작 가운데 간행본과 불타지 않고 남은 원고를 정리한

『安藤昌益全集』이 1982년에 나왔다. 모두 21권이며, 13권까지의 활자본에다 옮겨 적은 원문과 함께 번역과 주석을 수록하고, 14권에서 21권까지에서는 원문을 그대로 영인해놓았다. 農山漁村文化協會라는 곳에서 책을 편찬하고 출간했다.

농산어촌문화협회는 이름이 말해주듯이 농민운동을 하는 단체이다. 안등창익이 농민운동의 선구자라고 받드는 숭배자들이 자료를 정리해 출간하는 작업까지 했다. 연구 논저도 많이 내면서 독특한 가치를 가진 사상가라고 높이 받든다. 생애에 관한 자료를 찾는 호사가들이 있어 지식을 보태면서 지혜와는 거리가 멀어진다.

대학에 재직하고 있는 학자들도 안등창익 연구에 더러 참여하지만, 학계의 주류는 관심을 보이지 않는다. 철학 전공자들은 선뜻 나서지 않고, 문제가 많은 위험 사상가이므로 거리를 두자고 하는 것 같다. 숭앙하는 사람들이 밖에서 열을 더 올릴수록 더욱 냉담한 반응을 보인다고 할 수 있다. 철학을 서양철학 · 인도철학 · 중국철학으로 나누어 연구해온 기존의 학풍으로 안등창익을 감당하기 어려운 것이 침묵하고 있는 이유일 수도 있다. 납득할 만한 이해의 체계가 없어 일반인은 안등창익을 의문점 많은 기이한 인물로 알고 호기심의 대상으로 삼는다.

안등창익은 동시대의 다른 사상가 本居宣長(모토오리노리나가)와 비교가 된다. 본거선장은 神道를 근본정신으로 삼아 일본은 신성한 나라라고 해서 안등창익과 반대가 되는 주장을 했다. 근대 일본에서 안등창익은 버리고 본거선장을 적극적으로 받아들여 국민교육의 지표로 삼았다. 중국의 영향에서 벗어나 일본 고유의 사상을 발전시킨 것을 또한 자랑스럽게 여긴다. 일본철학사 대신에 일본사상사를 거론하면서 본거선장을 주역으로 받들고, 일본사상사를 일본 고유의 사상사로 이해한다.

안등창익에 대한 후대의 평가를 유구의 蔡溫과 비교해보자. 채온은 유구가 주권을 침해당해 일본의 간섭을 받고 있는 상황에서 자기 나라를 일으킬 수 있는 방법을, 세상을 구하는 근본이치를 바로잡는 과업과 함께 수행하고자 분투한 정치인이고 학자였다. 많은 저술을 할 겨를이 없고 문장을 잘 쓴 것도 아니지만, 역경에서 커다란 각성을 얻을 수 있다는 것을 보여준다. 단상을 쓰고 서사문을 만든 가운데 동아시아 사상의 정수를 마련했다고 평가할 만한 업적이 발견된다.

채온은 "外旣無畏"한 나라는 "內必生憂"라고 했다. "밖에서 닥치는 두려움이 없는 나라는 반드시 안에서 근심이 생긴다"는 말이다.(『철학사와 문학사 둘인가 하나인가』, 서울: 지식산업사, 2000, 398면) 이 지론이 적중해 유구를 지배하는 일본에는 상하층 사이의 빈부 차이가 격심했다. 채온의 사상은 민족모순의 산물이라면, 안등창익은 계급모순 때문에 괴로워하면서 해결의 방안을 찾고자 하는 학문을 했다.

밖에서 닥치는 두려움 때문에 어려움을 겪던 유구는 결국 주권을 상실하고 일본에 병합되었다. 그러나 채온은 망국의 유민들이 높이 숭앙한다. 그 뒤에 더욱 강성한 나라가 된 일본에서는 빈천한 사람의 대변자인 안등창익을 계속 홀대하고 있다. 채온은 불행한 나라에서 행복을, 안등창익은 행복한 나라에서 불행을 겪는다.

안등창익과 깊이 상통하는 사상을 전개한 한국의 홍대용과 박지원 또한 전통사회에서는 이단자였다. 그러다가 민족의 시련이 닥친 일제 강점기에 저술이 간행되고 높이 평가되기 시작했다. 민족문화의 소중한 전통을 혁신 사상에서 찾아 당대의 시련을 극복하고 새로운 역사를 창조하고자 하는 의지가 가치관의 전환을 이룩했다.

평가에 변화가 있었다. 홍대용과 박지원의 실학을 소중하게 여기면서 사상사를 재편성하다가, 지금에 와서는 氣철학으로 논의의 중심을 옮겨 철학사를 혁신한 공적을 더욱 중요시하고자 한다. 이 두 단계에 상응하는 작업이 안등창익에게는 없었다. 일본은 근대의 기술을 유럽에서 잘 받아들이고 있어 과거의 실학을 그리워해야 할 필요가 없고, 안등창익은 실학이랄 것을 갖추지 않았다. 철학사가 없는 일본에는 안등창익의 기철학을 제대로 평가할 기반이 마련되어 있지 않다.(「일본철학사가 있는가」, 『우리 학문의 길』, 서울: 지식산업사, 1993)

앞으로 나아가려면

안등창익의 기철학은 차등을 가치로 여기는 일본인의 사고를 정면에서 비판했다. 일본이 신성한 나라임을 부인하고, 일본인이 멸시하고 억압하는 아이누인의 삶이 더욱 진실하다고 했다. 일체의 특권이 잘못되었다고 규탄하고 사람은 누구나 평등하다고 했다. 일본은 반성과 혁신의 기회를 얻지 못해 안등창익은 계속 이단자로 남아 있다.

이것은 안등창익의 불행일 뿐만 아니라 일본의 불행이기도 하다. 일본은 자기 것을 무엇이든지 자랑하고 싶어 하면서 특히 소중한 유산을 돌보지 않는다. 안등창익을 이으면 일본이 아시아의 이웃 나라들과 진정으로 화해하고 세계 평화를 위해 적극 기여할 수 있는데, 소중한 기회를 포기하고 있다.

일본의 불행은 어쩔 수 없지만, 안등창익의 불행은 행운일 수 있다. 안등창익은 일본에 머물러야 할 이유는 없고, 떠나가는 것이 마땅하다.

일본을 넘어서서 동아시아로, 동아시아에서 더 나아가 세계 전체를 위해 기여를 할 수 있다. 안등창익의 互性論은 깊이 연구하고 힘써 발전시켜야 할 특히 소중한 유산이다.

안등창익 연구가 일본 밖에서 바람직하게 축적되면 일본이 역수입할 것이다. 안등창익 역수입에서는 일본의 자존심을 부정해야 살릴 수 있다. 본거선장을 사상의 원천으로 삼아 침략주의를 키운 근대 일본의 잘못을 시정하고, 다른 모든 나라와 대등하고 평화로운 관계를 가지는 다음 시대로 나아가는 데 안등창익 계승이 크게 기여할 것이다. 보편적 가치를 추구하는 철학을 함께 하는 것도 기대되는 성과이다.

이렇게 되도록 하기 위해 우리 학계가 분발해 마땅하다. 일본의 침략주의를 나무라는 것을 능사로 삼지 말고 방향 재정립을 도울 수 있는 능력을 발휘해야 한다. 안등창익 이해에서 철학에 관한 논란을 지나치다고 할 만큼 많이 해온 우리가 앞설 수 있고, 이론을 중요시하는 오늘날의 학풍이 유리하게 작용한다. 경쟁의 논리를 안이하게 펴지 말자. 우리 학문을 더 잘해야 널리 도움을 주어 상생에 기여한다는 것을 명심해야 한다.

왕부지에 관해서도 같은 말을 해서, 우리 학계가 힘써 연구하자고 했다. 왕부지와 안등창익을 전공자들이 따로 있어 각기 연구할 것은 아니다. 임성주, 홍대용, 박지원, 최한기 등 한국의 기철학자들과 차등을 두지 말고 함께 연구하면서 다른 문명권의 경우와 비교해 고찰하기 위해서 또한 힘써야 한다. 동아시아 기철학과 유럽 계몽철학의 비교연구에서 세계철학사의 근간을 다시 만드는 작업이 그 작업에 포함되어 있는 긴요한 과제이다.

토론

❑ 문 : 안등창익을 버려두고도 일본은 잘 나가기만 하지 않는가? 무엇이 잘못되었는가?

❑ 답 : 경제의 성장이나 자연학문의 발전에 상응하는 수준을 갖추지 못하고 인문학문은 왜소하니 잘못되었다. 이것은 가장 소중한 유산인 안등창익을 무시하는 것과 무관하지 않다.

❑ 문 : 인문학문이 왜소하다는 것은 무엇을 말하는가?

❑ 답 : 수입학에 의존해 남들이 하는 말이나 전하다가 "우리 일본인은"을 주어로 삼고 자의식에 집착하면서 열등감과 우월감을 교체시킨다. 이룬 업적이 아주 많고 정교함으로 감탄을 자아내도, 근본이 허약해 일본의 위상과 어울리지 않는다. 경제대국이 학문소국이게 한다. "무릇 인간은"으로 주어를 바꾸어 보편적인 이치를 새롭게 이룩해 널리 기여해야 하고, 안등창익이 하던 작업을 이어받는 것이 방향 전환을 위한 최상의 방안이다.

❑ 문 : 유럽문명권이 근대학문을 이룩하는 데 앞서자 일제히 뒤떨어진 모든 곳들의 형편을 일본이 보여주는 것이 아닌가? 일본만 나무라는 것은 공평하지 못한 처사가 아닌가?

❑ 답 : 다른 곳들은 경제대국과는 거리가 멀지만 학문을 제대로 하려고 애쓴다. 일본처럼 성공하지 않아 일본만큼 타락하지 않았다고 할 수 있다. 일본과 인도를 비교해보자. 인도는 식민지통치의 수난을 겪으면서 가난과 무지의 극치를 보여준다는 비난을 들을 때 유럽문명권의 잘못을 비판하고 인류를 깨우치는 학문을 했다. 비베카난다와

라다크리슈난을 들어 그 성과를 고찰할 작정이다. 같은 시대 대등한 수준의 학자가 일본에는 없었다.

비베카난다는 일본의 福澤諭吉과 비슷한 시기의 서양 기행문을 반대가 되는 내용으로 남겼다. 서양을 福澤諭吉은 스승으로 섬기면서 따르고자 하고, 비베카난다는 침략자로 규탄하면서 넘어서고자 했다. 福澤諭吉은 동아시아의 철학을 버리고 서양의 과학을 해야 한다고 하고, 비베카난다는 인도철학을 계승하고 혁신해 인류를 구하는 가르침으로 삼아야 한다고 했다. 이 두 방향이 오늘날까지 이어진다.

❑ **문** : 한국은 어떻게 해야 하는가?

❑ **답** : 일본을 따르려고 하지 말고, 인도의 각성에 동참하는 것이 마땅하다.

❑ **문** : 세상 경험이 학문을 하는 데 어느 정도 소용되는가?

❑ **답** : 심각한 경험을 넓고 깊게 하는 것이 학문의 기초이고 근거이다. 안등창익의 경우가 좋은 본보기를 보여준다. 경험을 밑변으로 하고 밑변에 상응하는 꼭짓점을 올려야 학문이라는 구조물이 제대로 이루어진다. 꼭짓점을 올리려면 철학하는 능력을 가지고 이론을 창조해야 한다.

❑ **문** : 학문을 하는 데 필요한 경험은 어린 시절부터 축적된다고 해야 할 것이다. 안등창익은 어린 시절부터의 정신적 성장을 어떻게 겪었는가?

❑ **답** : 알려진 바 없다. 안등창익뿐만 아니라 다른 동아시아 학자들도 자서전을 쓰거나 자기 자신에 대해서 술회하는 것은 마땅하지 않다고 여기는 전통 때문에 이른 시기에 관해 알려주지 않았다. 어린 시절에

대해 말하지 않아 모르는 것이 학자를 이해하는 데 장애가 된다. 동아시아에서는 어린이를 어른의 미완성 축소판이라고 여기기나 하고 독자적인 의의를 인정하지 않는 것도 문제이다.

❑ **문** : 사마천은 「太史公自序」에서 어린 시절까지 이야기하지 않았는가?

❑ **답** : 사마천 시대에는 자기 자신에 대해 술회하지 말아야 한다고 여기지 않았다. 사마천이 『사기』 열전을 써서 사람 평가의 방식으로 삼자, 春秋筆法을 갖춘 사관이 해야 할 일을 스스로 할 수 없게 되었다. 이슬람이나 기독교에서는 유교의 열전에 상응하는 사람 평가의 방식이 신에게 자기 잘못을 고하고 용서를 구하는 고백록이어서 자기 행적에 대해 책임을 지고자 하는 성실한 사람이라면 자서전을 집필하는 것이 바람직하다고 여겼다. 가잘리나 르낭의 자서전이 좋은 본보기인데, 하나는 이미 다루었고, 다른 하나는 장차 다룰 것이다. 종교에 근거를 둔 사고방식의 차이 때문에 동아시아에는 이런 것들과 함께 다룰 자서전이 이루어지지 않았다. 자서전 집필은 아직도 공연히 잘난 체하면서 겸양의 덕을 어긴 짓이라고 폄하하기나 한다.

❑ **문** : 선생님의 『학문에 바친 나날 되돌아보며』도 그런 것들 가운데 하나인가?

❑ **답** : 그렇다. 나로서는 묻어둘 수 없는 진실을 기록하려고 했는데, 자기 자랑만 했다는 핀잔을 들었다. 앞뒤의 사연을 다루는 속편을 쓰고자 했으나 보류하기로 하고, 다음 학기에 할 강의에서 조금만 말하는 데 그치려고 한다. 관습을 혁신하기 어렵다는 것을 절감한다.

제9강 崔漢綺

풀리지 않는 의문

최한기(1803-1877)는 이름이 자주 들리고, 연구물이 가끔 나온다. 나도 여러 차례 거론했다. 그런데 어떤 사람이라고 말하기 어렵다. 외국이 아닌 우리나라 사람이고, 궁벽한 시골도 아닌 서울에서 살다가 130년 전에 세상을 떠났는데, 생애가 거의 알려지지 않았다. 함께 거론하고 있는 학자 12인 가운데 어떻게 살았으며 왜 학문을 했는지 가장 알기 어려운 사람이다. 2천여 년 전의 司馬遷보다 더욱 미지의 인물이다.

최한기가 누군지 알 수 없는 이유가 무엇인가? 이것이 풀어야 할 의문이다. 최한기의 학문에 대한 이해나 평가를 가능하게 하는 단서일 수도 있다. 먼저 가능한 추론을 전개해보자. 다음에는 자료를 모아 사실을 밝히려고 노력하기로 한다. 최한기의 저술에서도 해답을 찾는다. 마지막 대목에서 총괄적인 검토를 다시 하기로 한다.

우선 최한기는 자기 자신에 대한 글을 쓰지 않았기 때문이라고 할 수 있다. 사마천은 『사기』에 회고하는 말을 길게 첨부했지만, 그 뒤에는 자서전을 쓰지 않는 것이 동아시아의 전통이라고 하고 말 것은 아니다.

다른 사람들은 여러 형태의 글에서 자기 자신에 대해서 말했는데, 최한기는 많은 저술을 남기면서 오직 객관적인 서술로 일관했다. 문집이 전하지 않고, 서찰 같은 자료가 없다. 문집을 엮을 만한 글은 있었을 것인데, 자기가 모아두지 않았고 누가 맡아서 편집하지도 않았다.

벼슬을 할 수 있는 기회를 만들어주어도 응낙하지 않은 사실이 확인된다. 조용히 지내는 것이 학문을 하는 데 반드시 필요한 조건으로 여겨 그랬다고 생각된다. 시간을 확보하고, 시비를 피하려면 숨어 살아야 하겠다고 작정한 것 같다. 시골에서는 이웃에게 알려지지 않을 수 없는 정도의 번다함마저 서울에서 숨어 살면 피할 수 있었다고 생각된다.

자료를 찾아서

증거 부족의 어려움을 무릅쓰고 오늘날의 학자들은 최한기의 생애를 밝히려고 노력해왔다. 다음과 같은 자료가 발견되어 어느 정도의 추정이 가능하게 되었다. 부지런한 연구자는 수사 기록을 작성하듯 한다. 자료를 (가)에서 (마)까지로 일컫고, 인용할 때 쓴다.

(가) 집안 족보라고 하는 『朔寧崔氏世譜』가 여럿 있다. 권오영, 『최한기의 학문과 사상』 (서울: 집문당, 1999)에서 이에 관해 고찰했다.

(나) 최한기와 개인적인 친분이 있었던 것으로 확인되는 선배 학자 李圭景(1788-?)이 『五洲衍文長箋散稿』에서 최한기에 관해 두 차례 언급했다. 「石墨鐫華辨證說」에서 최한기의 養父 崔光鉉이 중국 옛 서첩을 좋아해 글씨체를 베끼고 스스로 판각까지 했다고 했다. 「士小節分編辨證說」에서는 최한기가 다방면에 걸친 학문을 뛰어나게 해서 시속 선비와 견줄 바가 아니라고 했다.

(다) 최한기의 저작 『竑觖』(횡결)이 새로 발견되었는데, 학문을 하는 삶에 대해서 말한 내용이 더러 있다. 권오영, 「새로 발굴된 자료를 통해 본 혜강의 기학」, 권오영 외, 『혜강 최한기』 (서울: 청계, 2000)에서 이것과 다음의 (라)·(마)를 소개하고 고찰했다.

(라) 최한기의 아들 崔柄大(1819-1888)가 아버지에 대해서 쓴 「礪峴山所墓誌銘」 초고본이 남아 있다.

(마) 제자 金秀實이 쓴 「祭文」 등의 글도 있다.

(바) 이름난 문인이고 관원인 李建昌(1852-1898)이 최한기의 생애를 다룬 「惠岡崔公傳」을 썼다. 혜강은 최한기의 호이다. 이 글은 필사본 『明美堂散稿』에만 있고, 인쇄본 『明美堂集』에는 들어 있지 않다. 이우성, 「최한기의 사회적 처지와 서울생활」, 『實是學舍散藁』 (서울: 창작과 비평사, 1995)에 전문을 옮겨 적고 번역하고 논의했다.

(사) 崔南善(1890-1957)의 『朝鮮常識問答 續編』 (서울: 동명사, 1947)에서 최한기의 저작에 관해 말했다.

처지와 처세

최한기 일문은 朔寧崔氏라고 했다. (바)의 서두에서 "15대조 恒은 세조 때 출사하여 벼슬이 영의정에 이르렀다"고 했다. 崔恒의 후손이라는 말이다. 그러나 (가)의 연구에서 밝힌 바와 같이, 최항의 정통 혈손 쪽에서는 그 사실을 1957년에 간행한 『朔寧崔氏世譜』에서 처음 인정했다.

선조가 대대로 개성에 살면서 상당한 재산을 모았다. 증조부·조부·養父 삼대가 무과에 급제해서, 무반으로 인정되었다. 양부 崔光鉉은 무과 급제 후 벼슬이 군수에 이르렀으며, 서울에서 거주하다가 만년에 개성으로 되돌아갔다.

개성에서 상당한 재산을 모은 것은 상업에 종사했기 때문이 아닌가 한다. 경제력을 기반으로 양반으로 상승하기를 희망해서 손쉬운 무과를 택했다고 생각된다. (나)에서 양부 최광현이 중국 옛 서첩을 좋아해 글씨체를 베끼고 스스로 판각까지 했다고 한 것은 무인답지 않은 취향이다. 문집도 남겼다.

최한기 자신은 과거를 보아 生員이 되고, 대과에는 응시하지 않았다. 대과를 하면 등용하겠다고 집권 세력 노론에서 말해도 준비가 되어 있지 않다면서 사양했다고 말했다. 과거를 거치지 않고서도 진출할 기회를 주겠다고 했으나 응하지 않았다. 노론에 가담하면 지체가 보장되지만, 바람직하지 않다고 여겼던 것으로 보인다. 이에 관해 (바)에서 다음과 같이 말했다.

> 相國 趙寅永이 隱逸士로 뽑으려고, 사람을 시켜 혜강에게 "서울 밖 교외로 옮겨 살지 않겠는가?" 하고 은근히 이르니, 혜강이 "이름을 훔쳐 벼슬에 나아가는 짓을 나는 할 수 없다"고 했다. 조공이 굳이 혜강을 끌어들이려고 사람을 보내 과거에 응시할 생각이 있는지 물으니, 혜강은 사양하면서 "책 상자를 끼고 다니지 않은지 오래 되었다"고 했다.

과거 보기를 권유하기 전에 은일사로 뽑으려고 했다는 것에 대해서 설명이 필요하다. 학행이 높은 초야의 선비를 나라에서 초빙해 벼슬을 내리는 전례에 따라 최한기를 등용하겠다고 했다. 그런 선비는 시골에서 살고 있어야 하는데 최한기는 서울 사람이어서 외형상의 조건에 맞지 않으니 시골로 이주하라고 권유했다.

그런데 최한기는 이름을 훔쳐 벼슬에 나아갈 수 없다고 했다. 높은 선비라는 것은 헛된 이름이다. 헛된 이름을 지닌 선비를 도학자라고 받들면서 초빙하는 것은 정권에서 하는 일의 도의상 명분을 합리화할 필요가 있을 때 쓰는 수단이었다. 최한기는 그렇게 하는 데 응할 생각이 없었다. 자기가 노론이 아니면서 노론 도학자 노릇을 하는 것은 이중의 위선이라고 여겼다고 생각된다.

최한기 집안은 四色黨派 그 어느 쪽에도 속하지 않았다. 그것은 양반의 지위를 제대로 획득하지 못했다는 증거이다. 노론에서 끌어들이려고 한 것은 무소속 영입이라고 할 수 있다. 남들은 알아주지 않지만 최한기 자신은 자기네 나름대로 소속이 있어 노론이 될 수 없다고 했다. (바)에서 소개한 또 하나의 사건이 다음과 같았다.

> 湖西 宋尤菴 서원의 선비들이 의심스러운 일이 있어 상국 洪奭周에게 물으니, 홍공이 "예의에 박학한 사람이 有司가 되어야 의논을 정할 수 있는 일이다"라고 했다. 마침 鷺梁 四相祠 유사가 결원이었다. 홍공은 혜강을 노량 유사로 삼고 또한 湖西院事를 겸해 의심스러운 것을 판결하도록 하려고 했다. 노량 유사가 되는 것은 당시 사람들이 아주 영광스러운 선발이라고 했다. 그러나 혜강의 뜻을 몰라 호서의 선비에게 명해, 매일 혜강에게 가기를 오래 하다가 홍공이 지시한 바를 은근히 알리라고 했다. 혜강은 정색을 하고 말했다. "홍공은 어진 재상인데, 어찌 이익과 세력으로 사람을 유인하는가? 또한 내가 비록 한미해 名族에 끼이지

못하지만 세상에 인척들이 있는데, 사람들의 이목을 막을 것인가. 다시 살피면 다행이겠다." 말한 자가 무안해서 가버렸다. 혹자가 "그대는 평생 黨目을 말하지 않더니 지금은 어째서 아주 단호한가?"라고 하니, 혜강이 말했다. "선대부터 조정에서 현달한 사람이 없으나 사사로이 전해들은 바 있는데, 어찌 내게 이르러 변할 수 있겠는가. 또한 내가 사퇴한 것은 당색 때문인 듯하지만, 내가 좋은 대로 하자는 것이지, 오직 당색을 따르지 않으려고 하는 것뿐이겠는가."

송시열을 모신 서원은 노론 단합을 위한 구심체였다. 소론의 공격을 받고 죽은 노론 네 대신을 받드는 四相祠도 같은 의의를 가진 노론의 성소였다. 그 두 곳의 유사는 노론이 옳고 다른 당파는 그르다는 것을 입증해 당쟁의 승패를 갈라놓아야 하니 학식이 대단해야 맡을 수 있고, 노론이 집권하는 동안에는 출세가 보장되었다. 최한기는 학식 때문에 천거되었다가 노론을 위할 뜻이 없어 나서지 않았다.

"선대부터 조정에서 현달한 사람이 없으나"라고 한 것은 벼슬하는 양반 노릇을 하지 않아 사색당파 그 어느 쪽에도 소속되지 못했다는 말이다. "사사로이 전해들은 바 있는데"는 자기네끼리는 어느 당파라고 해왔다는 말이다. 어느 당파인지는 끝내 밝혀지지 않았으나, 소론인 이건창이 (바)의 글을 쓴 것을 보아 소론이라고 자처했을 가능성이 있다.

"어찌 내게 이르러 변할 수 있겠는가"라고 한 것은 선대의 선택을 무시하고 자기가 노론이 될 수 없다고 한 말이다. 그 뒤에 "내가 사퇴한 것은 당색 때문인 듯하지만, 내가 좋은 대로 하자는 것이지, 오직 당색을 따르지 않으려고 하는 것뿐이겠는가"라고 한 것이 더욱 중요한 발언이다. 자기는 당색 시비에서 벗어나 자유롭게 처신하면서 다른 누구도 하지 않는 학문을 하고자 했다.

당색에 관해 길게 논한 것은 최한기의 사회적 위치를 이해하는 데 결정적인 단서를 지녔기 때문이었다. 최한기 집안은 양반 신분을 갖추기 시작하는 단계에 있어 객관적으로 인정되는 당색이 없었다. 증조에서 양부까지는 무과에 급제해 양반의 말석을 차지했다. 스스로 당색을 정했지만 남들이 알아주지 않았다. 최한기 자신은 생원이 되어 양반이 아니라고 할 수 없게 했다. 노론에 가담하라는 권유를 물리치고, 소극적으로는 선대의 당색을 지키려 하고, 적극적으로는 당색에서 벗어나 학문을 하고자 했다. 아들 병대가 문과에 급제해 비로소 당당한 양반이 되었다.

최한기는 양반이기에 학문을 할 수 있었다. 양반이 아닌 사람이 이치의 근본을 따지는 학문을 하는 것은 있을 수 없었다. 최한기에게 필요한 것은 양반으로 인정되는 최소한의 요건이었다. 그러면서도 양반의 필수 요건인 당색을 갖추는 것은 구속이라고 여겨 거부하고, 자기 나름대로 탐구해 새로운 학문을 했다. 당대에도 알아주는 사람들이 있어 지위 향상을 제공하는 대가를 주고 이름을 이용하고자 하는 것을 마다하고, 아무런 간섭도 받지 않고 학문을 크게 이룩하는 데 노력을 집중했다.

독서와 저작

최한기는 누구에게 배웠다는 말이 없다. 어려서부터 책 보기를 좋아하고, 奇書를 얻으면 즐거워 잠을 자지 못했다고 (라)에서 말했다. (바)에서는 "글을 읽다가 뜻이 깊은 곳에 이르러도 문득 (깨달아) 스스로 이해했다", "중년에 大科 보기를 그만두고 벼슬하기를 단념했으며, 경전 공부에 크게 힘썼다"고 했다.

스승 없이 스스로 공부하고, 과거를 보아 벼슬하는 것과는 무관하게 독서를 했다. 남긴 글에 선학의 학설 인용이 없다. 스스로 생각해 알아낸 바를 자기 말로 논술했다. 비판의 대상으로 삼을 것은 많았겠으나 덮어두었다. 덮어둔 것들을 드러내 말했다면 조용하게 살 수 없었을 것이다. 박해를 받아 학문을 그만두어야 했을 것이다. 편지를 써서 논쟁을 하지도 않았다.

"경전 공부에 크게 힘썼다"고 했으나 경전을 읽고 풀이한 것은 아니다. 유학의 이치를 탐구한 것을 그렇게 말했다. 새로운 사상을 전개하려고 해도 經學을 해야 하는 풍조에서 벗어나지 못하고 있을 때, 최한기는 스스로 논제를 내걸고 순서를 잡아 자기 말로 논설을 썼다.

그렇게 하기에 앞서서 많은 책을 구해 읽었다. 경전 주해로 말할 수 있는 범위를 넘어서서 광범위한 지식, 탐구해야할 이치가 얼마든지 있는 것을 옛 사람들과 다른 독서를 통해 알았다. 이에 관해 (바)에서 이렇게 말했다.

> 집안이 본래 부유했다. 좋은 책이 있다는 말이 들리면 돈을 아끼지 않고 후한 값을 주고 샀다. 읽은 다음에는 헐값에 팔았다. 이 때문에 전국의 서적상이 다투어 몰려와 거래했다. 燕京 출판계 신간이 동쪽으로 오면 혜강이 보지 않은 것이 없었다. 책 구하는 데 돈을 너무 많이 쓴다고 말하는 사람이 있으면, 혜강은 말했다.

"만약 이 책 속의 사람과 한 시대에 살고 있으면, 천 리 길이라도 반드시 찾아갈 것인데, 지금 나는 그런 수고를 하지 않고 앉아서 (그 사람과) 만난다. 책 사는 데 돈이 들어도 양식을 싸가지고 멀리 찾아가는 것보다는 낫지 않는가."

그러나 혜강의 가세가 그 때문에 기울어, 옛 집을 팔고 도성 밖에서 셋방살이를 했다. 혜강에게 시골로 가서 농사를 지으라고 하니 말했다. "그것도 내가 바라는 바이기는 하지만, 더 크게 바라는 바가 있다. 내 견문을 넓히고, 내 지혜를 여는 것은 오로지 많은 책 덕분인데, 책 구하는 길이 서울보다 편한 곳이 없다. 기아의 고통을 피하기 위해 과문과 陋習을 자초할 수 있겠는가."

몇 가지 사실을 눈여겨 볼 필요가 있다. 돈이 있어서 책을 사다가 집을 팔고 셋방살이를 하는 신세가 되었다. 도서관이 없는 시대이니 그럴 수밖에 없었다고 개탄할 것은 아니다. 도서관에 책이 많이 있어도 항상 모자란다. 책을 보고 사는 것 자체가 공부이다.

최한기는 책의 가치를 높이 평가해 사는 것이 아깝지 않다고 했다. 책을 지은 사람을 직접 만나려면 얼마나 많은 비용이 드는지 생각해보라고 했다. 읽지 않을 책은 비싸게 사는 것이 책을 구하는 좋은 방법이었다. 책을 비싸게 사야 책장수들이 찾아온다. 중국에서 나온 신간을 구하기 위해 필요한 방법을 썼다. 중국에서 신간이 많이 나오고, 서양사상을 소개한 것이 적지 않아 구해 읽어야 했다. 재력을 잘 활용해 시대를 앞질러 나갔다.

읽은 책은 헐값에 판 것은 무슨 까닭인가? 읽은 책은 가지고 있을 이유가 없다고 여겼기 때문이다. 베껴두었기 때문이 아니다. 읽으면

다 기억했다고 생각하는 것은 더욱 부당하다. 기억되어 남지 않은 것은 버려야 마땅하다고 했다. 한 번 이용한 책은 사명이 끝났다. 사명이 끝난 책은 버려야 새로운 탐구를 하는 데 방해가 되지 않았다. 책을 많이 가지고 있으면 공간을 많이 차지하고 번다하기만 하기 때문에도 헐값에 되파는 것이 책을 없애는 최상의 방법이었다.

책은 있어야 하지만, 또한 없어야 한다. 책은 학문을 하는 데 도움이 되므로 있어야 하지만, 책이 없어야 자기 학문을 할 수 있다. 최한기는 책이 없도록 하려고 책을 널리 구해 많이 보았다고 할 수 있다. 책에 묻혀 있으면 대단한 학문을 하는 듯이 착각하는 사람들에게 최한기는 경종을 울린다.

책을 비싸게 사고 헐하게 팔아서 생긴 손실이 막대했다. 집을 팔고 셋방살이를 하는 데 그치지 않고, 전당포를 이용해 돈을 구해야 했다. (라)의 자료와 논의에 나타나 있는 바와 같이 자기 저작을 전당 잡히기까지 했다. 그러나 학문을 제대로 하기 위해서는 어쩔 수 없는 일이었다.

고전을 읽는 것만 진정한 독서라고 여기는 관습에서 벗어나 최한기는 어떤 책이라도 도움이 된다고 여겼다. 책을 널리 구해 많이 읽고 고루한 생각에서 벗어났다. 새로운 지식을 널리 섭취해 자극을 받고, 전에 없던 토론 상대를 만났다. 빠지면서 읽기를 넘어서서 따지면서 읽기로, 다시 쓰면서 읽기로 나아갔다.(제4권 제2강 「쓰면서 읽기의 방법」에서 이에 관해 고찰했다.) 이에 관해 (바)에서 말한 바를 보자.

> 혜강이 평생에 사람됨이 배우기를 좋아하고 구차하지 않음이 이와 같다. 혜강은 총명하며 통달하기가 크게 뛰어나 하나라도 모르는 것이 있으면 부끄럽게 여겼다. 헤아린 바를 만나면 종이를

펴고 빨리 써서 잠깐 사이에 수천 자가 되었다. 자구에 검증되지 않은 것이 있다고 말하는 사람이 있으면, 바로 응답했다. "그런가? 나를 위해 고쳐주게나. 내가 어찌 문장가이겠나."

세 단계의 작업을 차례대로 말했다. 배우기를 좋아해 책을 구하는 데 구차하지 않았다는 것이 첫 단계이다. 앞에서 말한 바를 요약했다. 총명하며 통달하기가 크게 뛰어나 하나라도 모르는 것이 있으면 부끄럽게 여겼다는 것이 둘째 단계이다. 총명하다는 것은 능력이다. 통달하기가 크게 뛰어났다는 것은 넓은 영역을 통괄해서 이해했다는 말이다. 그래서 창조학으로 나아갈 수 있었다.

헤아린 바를 만나면 잠깐 사이에 수천 자를 썼다는 것이 셋째 단계이다. 스스로 깨달은 바가 마구 솟아올라 감당할 수 없으면 그렇다. 신명나게 써나가도 다 담아내지 못한다. 자구를 다듬거나 문장을 손질하는 것은 나중에 할 일이다. 계속 앞으로 나아가지 않을 수 없어 하지 못하고 말면, 누가 도와주어야 한다.

문장가는 글을 쓰고, 학자는 진실을 캔다. 학자가 문장가이기도 한 것이 바람직하지만, 진실이 쏟아져 나오면 문장을 돌볼 겨를이 없다. 문장을 잘 쓰려고 하다가 진실을 놓친다. 쏟아져 나오는 것이 기다려주지 않는다. 쏟아져 나오기를 멈출 때 틈을 얻어 문장을 다듬으려고 하면 막혔던 물줄기가 다시 분출된다. 이쪽을 건드렸는데 저쪽이 터진다.

최한기는 유학의 경전을 풀이하면서 자기 말을 조금씩 삽입하는 방식을 버리고, 글쓰기 방법을 새롭게 마련했다. 짧게 쓴 논을 이어 문제를 단계적으로 다면적으로 고찰하는 저작을 이룩하는 방법을 몇 차례 거치면서 20여 년에 걸쳐 사용했다. 34세(1836년) 때에 쓴 『推測錄』에서는 推測이라고 일컬은 인식의 방법을 앞부분에서는 필요한 순서대로 다루어 체계를 갖추고, 그 뒤에는 독립된 서술을 다양하게 갖추어 발상의 자유를 확보했다. 49세(1851년)부터 58세(1860년)까지 사회생활의 다양한 문제를 다룬 『人政』을 집필하면서, 여러 항목 가운데 하나인 「教人門」에서 학문과 교육에 관한 다각적인 논의를 폈다. 55세(1857년)에 쓴 『氣學』에서는 기철학으로 하는 학문을 기학이라고 일컫고 일관된 논의를 전개했다. 이 정도가 지금까지 알려진 것들이다.

최한기는 학문에서 이룬 바가 많다고 가까운 사람들은 말했다. (마)에 전하는 제자의 제문에서는 "하늘과 땅을 모두 연구해 밝히고, 갖가지 학예에 정통해, 바다 왼쪽의 제일인자이고, 천고에 유일한 안목이다"(學窮天人 精通衆藝 左海一人 千古隻眼)라고 했다. 그러나 이룬 바가 널리 알려지지 않았고 제대로 평가될 기회가 없었다.

최한기의 저작이 많다는 사실만은 알 만한 사람은 알고 있었다. 최남선은 최한기가 세상을 떠난 지 13년이 되던 해에 태어난 같은 서울 사람이다. (사)에서 우리나라에서 가장 많은 저술을 남긴 사람이 누구인가 말한다고 하고 丁若庸은 500권이고 최한기는 1000권이라고 했다. 그런데 "대부분이 미간으로 있고, 원본조차 사방에 산재하여 장차 어떻게 될지 모르는 상황에 있음은 진실로 딱한 일"이라고 했다.

출판된 것은 하나뿐이다. 『氣測體義』가 중국 북경에서 활자본으로 나왔다. 道光16年 丙申(1836)에 쓴 저자의 서문이 있고, "京都正陽門內東城根人和堂藏板"이라는 간기가 보인다. 어떤 연유로 중국에서 출판되었는지 알 수 없다. 중국의 독자들이 어떤 반응을 보였는지 궁금하다. 출간본 덕분에 책이 없어지지 않은 것은 큰 다행이다.

최한기에 대한 연구가 시작되면서 자료를 모아 출간하고자 하는 노력이 있어 1971년에 『明南樓叢書』, 1985년에 증보판인 『明南樓全集』이 이루어졌다. 새로운 자료가 더 발견되어 (라)의 논문에 소개되었다. 그래도 발견된 저작이 모두 31종에 지나지 않아, 없어진 것이 훨씬 더 많다고 생각된다.

탐구의 자세

다른 사람들의 증언에서는 더 얻을 것이 없다. 최한기가 독서를 어떻게 하고, 무엇을 탐구했는지 알아보려면 스스로 말한 바를 찾아 논해야 한다. (다)에 「藏修樓記」가 있어 독서의 의의에 대해서 말했다. 최한기의 글은 원문도 든다.

> 千載上下 聖神繼作 歲遠塵邈 誠難瞻容儀聽謦咳 萬里居賢才輩出 地逈域異 豈可接聲氣通言語 計其平生 訪得其人 薰陶其時 惟其諸聖賢之言語動作 精神骨髓 盡在於流傳之書籍 若能搜輯 可以通宇宙 無彼此
>
> (천 년의 세월을 오르내리면서 성스러운 정신이 이어진다. 세월이 오래되어 티끌처럼 아득해져 모습을 바라보고 소리를 듣기는 참으로 어려워도, 만 리나 되는 곳에서 어진 인재가 배출된다. 땅이 멀고 지방이 달라 어찌 소리를 듣고 언어가 통하겠으리오마는, 사람 평생을 헤아리고, 사람을 만나보고, 그 시절의 훈도를 받는다. 여러 성현의 언어 동작이나 정신 골수가 전해오는 책에 모두 있다. 능히 모아들일 수 있으면 우주와 통하고 피차의 구분이

없어진다.)

얼핏 보면 범속한 말인 듯하지만, 몇 가지 중요한 내용이 있다. 학문 전승은 사제관계가 아닌 독서에서 이루어진다. 독서를 하면 시대의 한계를 넘어설 수 있다. 독서를 해서 새로운 학문을 뛰어나게 이룩하는 것이 멀리서도 가능하다. 독서에서 시작한 학문의 도달점은 우주와 통하고 피차의 구분이 없어지는 경지에 이르는 것이다.

학문에서 사제 관계가 소중하다는 것은 학문의 방법을 聞道라 하고, 述而不作을 모범으로 삼아야 한다는 공자의 가르침에서 연유한다. 그러나 최한기는 실제로 스승이 없었다. 스승에게서 배울 수 있는 처지가 아니어서 자기 스스로 공부하고 깨달아서 안 바를 글로 썼다. 학문의 연원에서 시간에서나 공간에서나 멀리 떨어져 큰 기대를 할 수 없다고 생각되는 곳에서 새로운 창조를 크게 이룰 수 있다는 원리를 말하고 실천했다.

"古之言語文字及於氣至罕之中 或見其蹟而未達其體 或發其端 而未底究竟"(『氣學』 권2, 115항)(고인의 언어나 문자가 氣에 미친 것이 아주 드문 가운데, 더러는 그 자취는 보았으나 본체에는 이르지는 못하기도 하고, 더러는 그 단서를 발견하기는 했으나 궁극에는 다다르지 못하기도 했다)고 말했다. 고전이라고 받드는 것들이 많이 모자란다고 하는 대담하고 파격적인 발언을 했다. 성현을 모독했다는 비난을 면하기 어려운 말이다.

무슨 근거로 대담한 소리를 했는가? 근거는 다름이 아니라, 말이나 글은 氣에 미쳐야 한다는 것이다. 기에 미친다 함은 기를 대상으로 해서 타당하게 인식한 내용을 지녀야 한다는 말이다. 그것 외에 다른 평가 기준은 없다고 했다.

『人政』 9 「活法死法」에서는 더욱 놀라운 말을 했다. "已往之語文皆死法也 古今與方來之運化 皆活法"(이왕의 어문은 모두 死法이고, 고금 및 장래의 운화는 모두 活法이다)고 했다. 그 자체로는 죽어 있는 어문이 운화와 합치되는 경우에만 살아난다고 했다. 그렇지 못하면 누가 한 말이든지 모두 죽어 있다고 했다.

알아야 할 것이 理냐 氣냐 하는 것이 커다란 쟁점이다. 이는 변하지 않지만 기는 변한다. 기가 변하는 것을 氣化라고 했다. 성현이 이에 관해 말한 것을 불변의 지침으로 삼지만, 기화에 대한 인식은 어느 시기에 완성될 수 없고 시대에 따라 새로워진다. 기 자체의 특성 때문에 옛 사람보다 지금 사람이 더 잘 안다.

> 若以古今取捨論之 我之所資育所依賴 在今不在古 所須用所遵行 在今不在古 寧可捨古 而不可捨今 苟使文學之士 罔昧今之氣化 只將古之文蹟 欲治今之民 必多違
>
> (만약 옛날과 지금 가운데 어느 것을 취하고 어느 것을 버릴까 하고 논한다면, 내가 살아가는 데 필요하고 의지할 바가 지금에 있고 옛적에 있지 않다. 사용하고 준수해야 할 것이 지금에 있고 옛날에 있지 않다. 차라리 옛날을 버릴지언정 지금은 버릴 수 없다. 글 배우는 사람으로 하여금 지금의 氣化는 도무지 모르면서 옛날 글의 자취를 가지고 지금의 백성을 다스리게 한다면 반드시 많이 어긋날 것이다.)

『인정』 11 「古今通不通」에서 한 말이다. 옛것과 지금 것을 단순히 비교해 둘 가운데 하나를 버려야 한다면 옛것을 버려야 한다. 너무나도 명백한 이치이다. 지금 것을 버려서는 살아갈 방도가 없다. 공부하는 사람이 옛것만 숭상하고 지금의 氣化는 모른다면 허상을 좇을 따름이고 진실을 외면한다. 탐구의 대상은 옛 사람이 남긴 말이 아니고 현실이다. 현실에서 이루어지는 기화는 나날이 새로운데 옛 사람의 말로 지금의 인식을 대신할 수 없다. 당연한 말인데, 최한기가 아니고서는 할 수 없었다.

옛것과 지금 것 가운데 어느 쪽이 옳은지는 실천에서 결판이 난다. 옛것을 그대로 시행하려고 하면 착오가 빚어진다. 옛 글의 자취를 가지고 지금의 백성을 다스리면 반드시 많이 어긋난다. 지금 것은 새롭게 탐구해 실정에 맞게 실행해야 한다고 했다.

이런 대담한 주장을 펴면서 박해를 받지 않을 수 있었던가? 이 의문을 풀 수 있는 단서가 『人政』 13 「學而見害」라고 한 곳에 있다. 먼저 自修之學과 凡人之學을 구별했다. 예사 사람이 하는 범인지학은 국가에서 권장하고 보상해야 하지만, 비범한 사람이 스스로 하는 자수지학은 권면하지 않아도 한다고 했다. 보상을 바라고 범인지학을 하지 않고 대가를 기대하지 않는 자수지학을 했으므로 박해를 피할 수 있었다.

정치가 어지럽고 교육이 잘못된 시대에는 박해를 당할 수 있는데, "如非夸學而侮蔑賢俊 又也 恃學而觸忤權貴"(학문을 자랑하면서 賢俊을 모멸하지 않았다면, 학문을 믿고 權貴의 심기를 거슬렀기 때문이다.)고 했다. '현준'이란 학계의 우상을 점잖게 일컫은 말로 보아 마땅하다. 그릇된 시대일수록 우상 숭배가 더욱 성행한다. '권귀'가 권력자임은 물론이다. 학문을 잘 한다고 자랑하면서 학계의 우상을 모욕하거나, 학문을 하니 다치지 않을 것이라고 믿고 권력자의 심기를 거슬리는 언동을 하는 것은 박해를 자초하는 행위이다.

> 學問本義 畢生究竟 發前未發明 後當明 豈爲生前 夸伐而受侮觸忤而見害哉… 苟能學得運化 法天則地 和人隨應 而動和之者若響 徒之者如影 不當有見害之事 亦豈有害之者
>
> (학문의 근본 의의는 일생을 바쳐 전에는 드러나지 않은 것을 드러내고, 나중에는 당연히 밝혀질 것을 밝히는 데 있다. 어째서 생애가 끝나기 전에 자랑하면서 비판하고 나서서 모욕을 받고, 심기를 거슬러 박해를 당하는가… 만약 운화를 탐구해 알면 하늘과 땅을 본받아 사람들이 호응하는 데 맞추어 움직이면, 이에 화답하는 이들이 메아리치듯 하고, 이와 무리를 짓는 이들이 그림자 같이 따라, 해를 입을 일이 없을 것이고, 어찌 해치는 자가 있겠는가.)

학문의 근본 이치를 탐구한 성과는 자기 평생에 빛을 보지 못해도 나중에 빛을 보게 마련이라고 했다. 이해하지 못할 사람들에게 자랑해 말썽을 일으키고, 기존의 견해를 가진 쪽을 비판해 모욕 당하거나 박해를 받지 않도록 조심하라고 충고했다. 여기까지는 王夫之나 스피노자와 공유한 생각이고 다짐이다. 시류에 휩쓸리지 않고 학문을 제대로 하려는 사람이면 누구나 명심해야 할 교훈이라고 할 수 있다.

운화를 탐구해 알면 하늘과 땅을 본받는다고 한 그 다음 말은 특별하게 주목할 필요가 있다. 천지의 운행이 말이 없는 가운데 마땅하게 이루어지는 것과 같은 원리가 사람들 사이에도 있는 줄 알아야 한다고 했다. 올바른 탐구를 한 성과는 동조자들이 생겨나 알아주게 마련인 것이 정한 이치이므로 초조하게 생각하거나 요란하게 굴지 말아야 한다고 했다. 동조자들이 조용하게 움직여 박해하고자 하는 쪽에서 알아차리지 못하므로 타격을 받지 않는다고 했다.

최한기는 불우한 시대를 만나 학문을 할 수 없다고 탄식하지 않았다. 탄식한다고 해서 좋아지지 않는다고 하고, 탄식하는 것 자체가 부당하다고 했다. 『인정』 12 「遇不遇無所失」에서 한 말을 보자.

> 古人 多以不遇爲憂歎 而憂歎深則 反有害於學問 又 多以亂政爲憤鬱 而憤鬱深則 反有害於學問 如使此人 當治遇主則 而果能有不世之勳業乎 心有不協而有偏曲者 得有協意而必濫溢 烏信有所立也 是以時勢之不稱意 爲學問之琢磨 接物之違所料 爲學問之遷改 無憂樂之擾奪 有運化之進就 遇不遇 無所失 治與亂 皆有得
>
> (옛 사람은 흔히 때를 만나지 못했다고 근심하고 탄식했는데, 근심과 탄식이 심해지면 도리어 학문을 해친다. 또는 흔히 정치가 어지럽다고 분노하고 울분했는데, 분노와 울분이 심해지면 도리어 학문을 해친다. 그런 사람이 좋은 시대에 살고 훌륭한 임금을 만났다면 과연 시대를 초월할 업적을 이룩할 수 있었을까? 마음이 흡족하지 않다고 치우치고 굽어지면, 마음에 흡족하면 반드시 함부로 넘칠 것이니, 어찌 업적을 이룩할 수 있겠는가. 시대의 움직임이 뜻한 바와 다르면 학문을 갈고 닦을 일이다. 생각한 바와 어긋나는 사물을 만나면 학문을 고치고 바꿀 일이다. 근심과 즐거움에 흔들리고 빼앗김이 없이 운화를 따라 나아가야 한다. 때를 만나든 만나지 못하든 잃어버리는 것 없고, 다스려지고 어지러운 것에 모두 이득이 있다.)

發憤著書에 대한 오랜 믿음을 깨고 학문을 하는 자세를 바로잡았다. 때를 만나지 못하고 정치가 어지럽다고 하는 불평과 한탄은 심해지면 학문을 해친다고 했다. 불평하고 한탄하던 사람이 좋은 조건을 만나면 학문을 잘 할 수 있는 바른 마음을 가질 수 있는 것은 아니라고 했다. 학문을 하고 하지 못하고는 여건이 아닌 마음가짐에 달렸다고 했다.

불행하다고 해서 치우치고 굽은 마음뿐만 아니라 행복하다고 여겨 함부로 넘치는 마음도 학문을 그릇되게 한다고 했다. 세상의 잘못을 바로잡는 학문을 해야 하는 것은 물론이지만 평상심을 가져야 그럴 수 있다. 때를 만나고 만나지 못하고, 세상이 다스려지고 다스려지지 못하고 하는 것은 학문을 하고 하지 않을 이유가 아니고 운화학에서 밝혀 논해야 할 대상이다.

얻은 성과

최한기는 안전지책을 구하기 위한 방편도 아니고, 불만을 해소하기 위한 수단도 아닌 진정한 학문을 해야 한다고 했다. 진정한 학문은 천지만물의 궁극적인 이치를 밝혀 시대와 지역을 넘어서 지속적인 가치를 가진다고 했다. 성리학은 물론 오늘날 실학이라고 일컫는 것과도 다른 운화학을 해야 그럴 수 있다고 했다.

> 一切學問莫不有弊 虛無學之弊 馳騖無準的之地 其弊難救 誠實學之弊 漸篤於自縛束之境 其弊難解 運化學之弊 在於違越 其弊易救
>
> (모든 학문에 폐단이 없을 수 없다. 허무학의 폐단은 표준이나

기준이 없는 곳으로 달려가는 데 있으므로, 그 폐단을 시정하기 어렵다. 성실학의 폐단은 자기 자신을 속박하는 경지를 점차 굳히는 데 있으므로, 그 폐단을 알아차리기 어렵다. 운화학의 폐단은 벗어나거나 넘어서는 데 있으므로, 그 폐단을 쉽사리 시정할 수 있다.)

『인정』 13 「諸學之弊」에서 이렇게 말했다. 폐단이란 오류이다. 모든 학문에는 오류가 있으나, 학문의 종류에 따라 오류의 양상과 해결 방법이 다르다고 했다. 표준이나 기준이 없는 곳으로 달려가는 허무학은 오류를 바로잡기 어렵다고 했다. 아주 그릇된 학문이면 모두 이에 해당한다. 자기 자신을 속박하는 경지를 점차 굳히는 성실학의 폐단은 알아차리기 어렵다고 했다. 성리학을 성실학이라고 하면서 이렇게 비판했다. 성실이라는 덕목을 내세우니 정당한 학문을 한다고 인정할 수 있는 것은 아니고 오히려 그 때문에 독단이 생긴다고 했다. 운화학의 오류는 벗어나거나 넘어서는 데 있다고 한 말은 氣에다 기준을 두고 했다. 기와 합치되지 못하는 줄 쉽사리 알아차려 오류를 바로잡을 수 있다고 했다.

성리학을 한다고 표방하면서 학문을 망치는 행위가 갖가지로 나타나던 시대였다. 『인정』 12 「學有治亂」에서 몇 가지 사례를 들어 비판했다. "常肆其勝心 揚波濤於風靜之後"(언제나 이기고자 하는 마음을 마구 내서, 바람이 잔 뒤에 파도를 일으킨다)느니, "每掩其缺漏 援文字爲遮護之術"(항상 결함을 감추기 위해 문자로써 가리고 지키는 술책으로 삼는다)느니 한 것은 학문이 싸움의 수단이 된 것을 부드럽게 지적한 말이다. "至有筆端殺人 以此學問 徵用於朝廷 則朋黨之禍興 流轉於後世 則門

戶之爭酷"(붓끝으로 사람을 죽이는 것조차 있어, 이 학문이 조정에서 쓰이면 붕당의 화가 일어나고, 후세에 전해지면 가문의 다툼이 혹심해진다)고 한 것은 당쟁의 수단이 된 학문에 대한 직접적인 비판이다.

학문을 바로잡기 위해서는 공리공론을 배격하고 오직 실용을 소중하게 여기고 민생을 위해 힘써야 하는가? 丁若鏞은 그렇게 주장했지만, 최한기는 견해가 달랐다. 『인정』 13 「學之所求不同」를 보자. "一國一鄕"을 위한 학문과 "天下萬歲共公"을 위한 학문을 구별했다. 앞의 것은 무용하지 않고 유용한 가치를 한시적으로 지니는 데 그치지만, 뒤의 것은 허위를 버리고 진실을 취해 시대의 한계를 넘어선 不易之論을 마련한다고 했다. 앞의 것은 실학이라고 할 수 있고, 뒤의 것은 운화학이고 氣철학이다.

성리학을 넘어서서 실학이 등장한 것을 오늘날의 논자들은 크게 평가하지만, 기철학에서 더 크고 중요한 일을 했다. 실학에서 주장한 바는 서양의 전례를 본뜬 근대화에서 불만스러운 형태로라도 대부분 이루어졌으나, 기철학은 서양사상과 논쟁하면서 근대를 넘어서기 위해 재발견하고 재평가해야 한다. 정약용은 그 시대를 위해 진력했기에 평가되지만, 최한기는 이제부터 더 크게 활용할 지침을 제공한다.

여러 분야의 많은 문제를 다루는 방대한 저술을 한 것을 들어 최한기가 대단하다고 하는데, 핵심을 가려내 평가해야 한다. 이치의 근본을 다시 밝힌 성과를 중심에다 두고 다른 여러 관심사를 다루었다. 서양학문을 수용했다느니 동서사상을 통합했다느니 하고 말할 수 있는 것은 부차적인 작업이었다. 氣일원론을 발전시켜 새 시대를 이끌 철학으로 삼은 것이 가장 큰 공적이었다.

이기철학의 두 흐름 이기이원론과 기일원론은 소종래가 다르다.

이기이원론은 중국에서 이루어진 것을 한국에서 받아들여 정교하게 다듬었다. 기일원론은 중국에서 가능성을 보이는 정도에 머물렀고, 한국에서 맡아서 정립하고 발전시켰다. 徐敬德(1489-1546), 任聖周(1711- 1788), 최한기가 상당한 간격을 두고 세 단계의 작업을 했다.

셋의 계승관계가 밝혀지지 않아 연관 지어 논의하는 것이 무리라고 할 수 있을 것 같다. 그러나 이기이원론은 依樣之學이지만 기일원론은 自得之學이다. 앞 사람의 저작을 보고도 인용하지 않은 것이 당연하다. 보지 않고서도 이미 얻은 성과를 스스로 생각해내고 더 발전시킬 수 있었다. 고증적인 연구가 있어야 사태의 진상을 밝힐 수 있는 것은 아니다. 서경덕은 이기론을 새롭게 정립해 理는 다른 무엇이 아니고 氣의 원리라고 했다. 임성주는 거기다가 性情論을 보태, 性과 情이 선악으로 나누어진다는 것은 잘못이고 性이 선하면 情도 선하다고 했다. 존재론과 인성론을 혁신한 성과에다 최한기는 推測論이라 일컬은 인식론을 보태, 氣에 근거를 두고 理를 헤아리는 推氣測理가 이루어지는 양상을 여러 측면에서 고찰했다.

세 작업은 시대의 추이에 맞게 진행되었다. 이기에 관한 논란이 등장하기 시작할 때 서경덕이 기철학의 기초를 다졌다. 거기서 더 나아가지 않아 박해를 면했다. 윤리관에 관한 시비를 가리는 것이 시대의 과제일 때 임성주는 情을 평가할 수 있는 논거를 조심스럽게 제시했다. 새로운 지식을 개발하고 수용하는 작업을 활발하게 전개해야 하는 단계에 반드시 필요한 작업을 맡아 최한기가 추기측리의 방법을 확립했다.

서경덕은 무반 지체의 시골 선비였다. 굶주림을 참으면서 관직을 멀리 했다. 임성주는 당대 집권세력 노론의 일원이지만 벼슬을 버리고 시골로 물러나 학문에만 몰두했으며, 경제적인 어려움을 겪은 것 같지 않다. 양반의 신분을 겨우 얻은 최한기는 서울에서 학문을 하다가 재산을 탕진했으며, 진출의 길을 마련하겠다고 유혹했으나 넘어가지 않았다.

조용히 숨어 살면서 학문만 하고, 기록에 오를 만한 사건을 일으키지 않은 것이 생존의 전략이고, 반역의 작전이었다. 학계의 우상을 거스르거나 권력자와 충돌하지 않아 일신의 안녕을 꾀하는 데 그치지 않고, 학문을 제대로 할 수 있는 여건을 마련하고자 했다. 가장 중요한 여건은 시간이었다. 오랜 기간 동안 말없이 노력해 해야 할 일을 했다.

고독하다는 말조차 하지 않아 지장이 생기지 않게 했다. 학문을 생업으로 삼는 혜택을 누리면서 보수가 적다느니 여건이 나쁘다느니 하고 불평하는 오늘날의 우리를 부끄럽게 한다. 격정과는 거리가 먼 무표정의 이면에 창조의 용광로가 숨겨져 있는 비밀을 알아차리지 못하는 철부지를 점잖게 나무란다.

최한기가 살았던 19세기에 중세의 모순이 극도에 이른 이면에서 다음 시대를 만드는 움직임이 확대되었다. 정치가 잘못되고 민생이 어려웠던 사정을 말하면 끝이 없다. 그것은 종말의 증거이고, 종말의 증거가 신생의 증거이다. 최한기는 종말의 피해를 최소한으로 줄이면서 신생을 위해 크게 일하는 지혜를 가졌다.

세 단계로 전개된 기철학의 개요를 좀 더 명확하게 정리해보자. (가)는 서경덕이 이룩한 제1단계 작업이다. (나)는 임성주에 이어서 洪大容과 朴趾源이 보탠 제2단계 작업이다. (다)는 최한기가 보탠 제3단계 작업이다.

(가) 理는 하나인 원리이고 氣는 둘 이상의 것들로 나누어져 있다고

하는 것은 잘못이다. 無極(0)이나 太極(1)은 理이고, 陰陽(2)에서 萬物(∞)까지는 氣라고 하는 것은 부당하다. 0이나 1인 氣가 2나 ∞로 나누어진다. 1이 2이고, 2가 1이어서 상생이 상극이고 상극이 상생이다.

(나) 理는 선하고 氣는 악할 수 있어, 사람의 마음이 氣의 발동으로 악해진 것을 바로잡으려면 天理를 받은 本然之性으로 돌아가야 한다는 것은 잘못이다. 氣가 선하면 理도 선하고, 氣가 악하면 理도 악하다. 사람이 선한 것은 氣質之性이 선하기 때문이고, 선의 근거가 따로 있을 수 없다. 사람이든 다른 생명체이든 삶을 누리는 것이 선이다.

(다) 理의 원리가 별도로 있어 氣를 이해하는 지침이 된다는 것은 부당하다. 형체가 있어 증거를 찾을 수 있는 기를 먼저 인식한 것을 근거로 해서 형체가 없어 증거를 찾기 어려운 이로 나아가는 것만 올바른 인식이다. 항상 변하고 새로워지는 運化之氣를 근거로 다시 밝혀내야 하는 理가 고정불변할 수 있다는 것은 부당하다.

이기이원론으로 이룩된 정통유학의 이념이 (가)에서 존재론적 타당성을 잃었다. (나)에 이르러서는 선악 구분의 근거가 되는 심성론이 무너지고 새롭게 구축되는 혁명이 이룩되었다. (다)에서는 혁명이 인식론으로까지 파급되어 기존의 관념이 모두 무너지고 새로운 철학이 확고하게 등장했다. 혁명이 조용하게 진행되고 파급 효과가 크지 않아 상대방이 알아차리지 못했거나 대처할 방도를 찾지 못했다고 할 수 있다.

(가)는 모든 기철학의 공통점이다. 그러나 상생과 상극의 관계를 특히 서경덕이 분명하게 했다. 다른 기철학자들도 (나)에 관한 발언을 많이 했으며 安藤昌益의 경우를 주목할 만하지만 이론의 치밀함에서는 따르지 못하는 것 같다. (다)는 최한기가 홀로 앞서서 개척한 영역이어

서 독보적인 의의를 가진다. (다)의 작업에 관해서 『氣測體義』 서두의 「氣測體義序」에서 한 말을 보자.

> 氣爲實理之本 推測爲擴知之要 不緣於是氣 則所求皆虛妄愧誕之理 不由於推測 則所知皆無據沒證之言
>
> (氣는 진실한 理의 근본이고, 推測은 知를 넓히는 요체이다. 이 氣에 연유하지 않으면 탐구하는 것이 모두 허망하고 괴탄한 理일 것이다. 추측으로 말미암지 않으면 知라는 것들이 근거가 없고 증명하지 못할 말이다.)

이 말에 기존의 理는 허탄하고 기존의 知는 부당하다고 하는 강력한 비판이 함축되어 있고, 잘못을 바로잡는 대안이 제시되었다. 氣에 근거를 두어야 진실한 理에 이르고, 推測의 방법을 사용해야 타당한 知를 얻는다고 했다. 두 명제 가운데 뒤의 것이 최한기가 힘써 개척한 새로운 경지이다.

『氣測體義』 후반부의 『推測錄』에서 이에 관한 논의를 구체화했다. 「推測提綱」·「推氣測理」·「推情測性」·「推動測靜」·「推己測人」·「推物測事」를 차례대로 말해, 직접 분명하게 알 수 있는 氣·情·動·己·物에서 얻은 증거를 가지고, 모호해서 논란이 많은 理·性·靜·人·事를 판가름하는 것이 마땅하다고 했다. 推氣測理에서는 존재론을 혁신한 성과를 인식론으로 발전시켰다. 推情測性에서는 인성론에 관해서 같은 작업을 했다. 推動測靜에서는 운동개념, 推己測人에서는 인간관계, 推物測事에서는 사물존재의 문제를 고찰했다고 할 수 있다. 새로운 인식 방법을 일관된 순서에 따라 단계적으로 제시하면서 본문에 붙여서 쓴 글에 관련되는 사태의 여러 국면을 다양하게 들고 흥미로운 고찰을 했다. 집약과 확산이라고 할 수 있는 두 가지 서술 방법을 사용했다.

집약 대목은 구체적인 내용을 배제한 철학의 용어를 사용하면서 최대한 압축한 서술을 해서 불필요한 반발을 막고 특별히 문제가 될 것이 없는 듯하다. 확산 작업에서 관련되는 사태의 여러 국면을 들어 고찰한 대목은 너무 잡다하다는 인상을 주고, 과연 그런지 의문인 것들, 오늘날 보기에는 지식이 부정확하다고 비판할 것들도 있어 대수롭지 않게 생각될 수 있다. 두 가지 외형에 머물러 핵심을 놓치지 말아야 한다. 理나 性에 대한 성현의 가르침이라고 하는 것들이 잘못되었다고 배격하고 진실을 새롭게 탐구해야 한다고 혁명적인 선언을 한 말을 알아들어야 한다. 運化하는 氣, 생동하는 情을 인식의 근거로 삼아 현실을 소중하게 여기고 삶의 실상을 긍정하는 새로운 가치관을 제시했다.

33세(1836년)에 序를 쓴 『氣測體義』의 『推測錄』에서 이런 작업을 한 다음 주저를 둘 더 이룩했다. 『氣學』에서는 推氣測理와 推物測事를 발전시켰다고 할 수 있다. 『人政』에서는 推情測性과 推己測人에 관한 논의를 확대했다고 할 수 있다. 55세(1857년)에 쓴 「氣學序」와 58세(1860년)에 쓴 「人政序」를 보자. 책 전체에서 다룰 내용을 간추려 소개했다. 서문을 중요시해서 힘들여 쓴 것을 거듭 확인할 수 있다.

> 萬端變化 皆氣之蘊蓄 相推迭旋 亦乘氣之活動… 推前氣 而驗後氣 將此氣而證彼氣 得其符合 自有覺 而悅樂 辛苦而覺者 悅樂深

(만 가닥 변화가 모두 기가 쌓임이고, 서로 밀고 번갈아 돌아가는 것이 또한 기를 타고 하는 활동이다…. 앞의 기를 미루어 뒤의 기를 증험하고, 이 기를 들어 저 기의 증거로 삼아 부합됨을 얻어 깨달음이 있으면 즐겁다. 고생하다가 깨달으면 즐거움이 크다.)

天地分職 氣化之政 蓋入我神氣 而須用於人 是爲人政之胚胎也 政者正也 禁遏人爲之不正 效順天道之正 統察宇內人民 爲政之大體

(하늘과 땅이 임무를 나누어 기가 변화하는 政이 대개 나의 神氣에 들어와 사람에게 쓰인다. 이렇게 해서 人政이 배태된다. 政이란 올바름이다. 인위의 부정을 막고, 천도의 올바름을 본받아 세상 사람들을 두루 살피는 것이 政의 대체이다.)

『氣學』은 기철학의 존재론에 근거를 둔 인식론이다. 사물존재에 관한 탐구의 방법을 구체적으로 제시해 지식의 확대와 발전을 이룩하고자 했다. 『人政』은 사회철학이다. 사회문제를 해결하는 방안을 다양한 내용과 방대한 분량을 갖추어 다루었다.

되살리는 길

최한기는 사상의 근본을 바꾸는 작업을 20년 뒤에 태어난 동시대인 崔濟愚(1824-1864)와 함께 수행했다. 최제우는 새로운 종교를 창건해서 삽시간에 많은 지지자를 얻었다가 처형되었으며, 그 때문에 더 큰 영향력을 가졌다. 아무 사건도 일으키지 않은 최한기는 무명 인사였으며 아직도 묻혀 있다. 폭발과는 다른 내부 연소를 장시간에 걸쳐 진행해 얻은 사상 혁신의 성과가 대단해, 크게 활용할 후계자를 기다리고 있다.

최한기의 제자가 몇 있었다고 (다)에서 든 연구에서 힘써 밝혔으나, 두드러진 활동을 한 것 같지는 않다. 저술을 보존하는 것조차 역부족이었다. 수입학에 의거해 개화를 해야 한다는 시대가 오래 지속되는 동안 최한기는 잊혀졌다. 새로운 시대를 스스로 만들고자 하는 노력이 철학 혁신에서 있었다고 인정될 수 있는 여지마저 없어졌다.

성리학에서 실학으로 넘어온 것을 크게 평가하면서 철학을 폄하하고 기철학을 망각하고 있는 상황에서 최한기가 발견되어 갖가지 오해를 자아냈다. 정체불명의 유물론자, 서양 경험론의 수용자, 실학과 개화사상의 매개자, 외래학문의 잡다한 소개자 등으로 이해되었다. 정체불명의 외계인인 듯이 여겨 갖가지 상상을 한다고 말해도 지나치지 않다.

최한기를 소생시키려면 철학을 다시 해야 한다. 철학을 복권해 철학의 창조가 다른 모든 학문의 창조를 선도한다고 해야 한다. 理와 氣는 하나가 아니라고 하는 理철학에 맞서서 그 둘이 하나라고 하는 氣철학이 벌인 투쟁의 의의를 바르게 평가하는 철학사 인식을 마련해야 한다. 존재론과 인성론을 이룩한 성과에다 최한기가 방법론을 보태 운화학이라고 일컬은 기철학이 다음의 창조를 위한 원천이고 활력이다. 근대를 만드는 설계도로 채택되어 변질되지 않은 탓에 근대를 넘어서서 다음 시대로 나아가는 지침일 수 있다.

이치가 그렇더라도 실행이 가능한가는 의문이다. 실행은 각자의 노력에 달려 있기 때문이다. 근본 이치 정립을 과제로 삼고 최한기처럼 투철하게 생각할 수 있는가? 환경을 탓하지 않고, 아무런 대가도 기대하지 않으면서 학문에 전념할 수 있는가? 공연한 시비를 일으키지 않고 커다란 혁신을 이룩할 수 있는가? 질문하는 사람이 먼저 대답해야 한다.

토론

❑ **문** : 『기측체의』가 북경에서 출판된 경위를 어떻게 이해하는가?

❑ **답** : 최한기에게 드나들던 서적상이 원고를 가지고 가서 보이니까, 그쪽에서 팔릴 만하다고 생각해 출판하지 않았는가 하고 짐작할 따름이다.

❑ **문** : 고려대학교 도서관 육당문고에 있는 원본을 보니 크고 호화로운 출판물이었다. 판매용이 아니고 자비출판이라는 생각이 들었다. 당시에 시집을 북경에서 자비출판해 가지고 와서 자랑하는 일이 더러 있었다. 『기측체의』도 그런 것이 아닌가 한다. 최한기 자신이 한 것 같지 않고, 아들이 했을 수 있다. 이 때문에 가산을 탕진하지 않았던가 한다. 이렇게 보는 데 대해 어떻게 생각하는가?

❑ **답** : 흥미롭고 그럴듯한 추정이다. 증거가 드러나 실증될 수 있기를 바란다. 어쨌든 출판된 것은 자료 보존을 위해서도 크게 다행스러운 일이다.

❑ **문** : 『한국문학사상사시론』을 언제 냈는가?

❑ **답** : 1978년이다.

❑ **문** : 그 때 보여준 한국철학사에 대한 인식을 줄곧 간직한 것으로 생각된다. 30년 전에 어떻게 지금과 같은 생각을 할 수 있었는가?

❑ **답** : 경과를 말하기로 한다. 대학 학사과정 학생이던 1959년경에

동국대학교 교수이면서 서울대학교에 출강한 김용배 교수의 강의를 듣고 기철학에 입문하고 서경덕을 공부했다. 그 분은 기는 에너지라고 여겨 "E氣"라는 글자를 조립해 사용했다. 1961년 무렵에 북한의 『조선철학사』에서 받은 충격을 숨길 수 없다. 임성주와 최한기를 스스로 공부하고 관심을 더 확대하면서 철학사의 줄거리를 잡았다. 1976년쯤 계명대학교와 영남대학교 박사과정 합동강의에서 이기철학 원전 강독을 하면서 공부를 다지고 『한국문학사상사시론』을 썼다. 책의 성격상 정면에서 다루지 못한 한국철학사의 개요를 강의할 때에는 설명하는 것이 예사였다. 이미 잡은 기본 줄거리에 입각해 문학사와 철학사의 관련양상을 계속 고찰하면서 후속작업을 다각도로 하려고 노력해왔다.

❑ **문** : 최한기가 서양철학 수용자라고 하는 것이 잘못된 견해인가?

❑ **답** : 최한기는 중국을 거쳐 서양에서 들어오는 지식에 널리 관심을 가지고, 더러는 베껴놓은 것들도 있다. 베껴놓은 것들을 보고 최한기가 수입학을 미흡하게 했다고 나무라는 것은 적절하지 못하다. 주저에 나타난 기본사상에는 서양사상 수용이 나타나지 않는다. 충격을 받고 대응하고자 했을 수는 있어도 영향을 받아들인 것은 아니다. 백과사전적 학자로서 최한기가 대단한 것은 아니다. 최한기는 철학이 소중하다. 철학을 모르고, 한국철학사 특히 기철학사에 대한 이해가 없으면서 최한기를 연구해 공연히 딴 소리를 한다.

❑ **문** : 최한기에 대한 평가가 지나치지 않는가? 결점도 들어 공평한 평가를 해야 하지 않는가? 시대적인 한계에 대한 고찰도 해야 하지 않는가?

❑ **답** : 역사연구와 철학연구의 차이를 알아야 한다. 역사연구에서는 연구자가 연구대상과 거리를 가지고, 연구대상이 어떤 시공에서 어떻게 존재했는가를 최대한 객관적으로 고찰하면서 가치와 결함을 함께 드는 것이 마땅하다. 철학연구에서는 연구자가 연구대상과 일체를 이루어 활용할 수 있는 가치를 자기 것으로 변용시켜 새롭게 만드는 고금학문 합동작전을 수행하는 것이 바람직하다. 두 가지 연구는 겹치기도 하고, 겹쳐서 훌륭한 업적을 산출하기도 하지만, 원칙적으로 구별된다.

철학연구는 시대의 한계를 넘어서서 합동작전의 상대방을 찬양하면서 시작된다. 찬양의 근거가 되는 장점을 이용해 자기 작업을 진행하고, 새로운 시도의 타당성을 보장하는 증거로 삼아야 하기 때문이다. 결점은 말하지 않고 숨겨 두었다가 자기주장을 펼 때 은밀하게 이용하고, 이 과정이 드러나지 않게 하는 것이 현명하다. 상대방에서 자기로 넘어오는 이음새가 보이지 않게 하려면 찬양의 기조를 유지해야 한다.

지금까지 해온 최한기 연구는 모두 역사연구이다. 선행하는 기철학과의 관계를 고찰하지 못한 역사연구이다. 역사연구를 제대로 해야 한다. 그러나 철학연구는 거의 없다. 최한기를 자기가 새롭게 정립하는 철학의 원천으로 삼는 고금학문 합동작전이 없다는 말이다. 한국의 철학계는 역사연구에 휘둘려 이런 작업을 허용하지 않는 탓에 창조학이 불가능하다. 자기 철학을 온통 지어내는 창조는 더욱 철저하게 금지해 길이 아주 막혀 있다.

다른 문명권의 철학 유산과 고금학문 합동작전을 하는 것도 물론 바람직하다. 자기 중심주의의 편협한 사고는 보편적인 학문을 하는 데 장애가 된다. 그러나 멀리 있는 연구대상은 휘어잡기 어렵고, 다른 사람들이 이미 한 작업과 논란을 벌이기가 성가시다. 한국 또는 동아시아 철학자들은 고금학문 합동작전을 금지해온 풍토 때문에 파지 않은 광맥으로 남아 있어 얼마나 즐거운가. 작업을 해서 얻은 성과는 일국일향에 국한되지 않고 천하만세공공에 널리 도움이 되어야 한다.

나는 글쓰기 이론을 만들고, 공부와 연구의 단계적인 관계를 논하는 등의 작업에서 최한기를 고금학문 합동작전의 상대역으로 삼았다. 철학 전공자가 아니므로 자유를 누렸다고 할 수 있다. 내가 시도한 작업을 더 큰 규모로 철학의 중심문제를 두고 진행하는 것이 바람직하다.

제10강 에르네스트 르낭

발견의 경위

세상일에는 우연이라고 할 것이 이따금 있다. 2003년 10월에 파리에 갔을 때 학문의 현재와 장래를 논한 책을 사다가 우리의 경우와 견주어 살피려고 대형서점에서 여러 시간을 보냈다. 열 권쯤 골라서 사온 책에 *Avenir de la science*(『과학의 미래』)라는 것이 있었다.

자세히 보지 않고 오늘날의 상황을 다룬 책이라고 여겼는데, 와서 보니 19세기 사람 Renan(르낭)이 쓴 것이었다. 르낭이라는 이름은 자주 들었으나 글은 읽지 않고 소개하는 말도 눈여겨보지 않아 한물 간 진부한 인물이라고 생각하고 있었다. 그런데 책 산 돈을 아깝게 여기고 실수를 만회할 수 있을까 해서 책을 읽어보니 그게 아니었다.

백 년 이상 된 책에서 생동하는 음성이 들렸다. 과학이 무엇이며 어떻게 해야 하는가에 관해 자기가 생각해낸 바를 신념에 찬 어조로 말했다. 그렇구나. 과학을 만들어낼 때의 정열과 포부를 말해주는구나. 이 책을 사서 읽은 것이 얼마나 큰 행운인가. 학문의 역사를 논하고 학자의 생애를 말하면서 르낭을 빠뜨릴 번한 것은 실수이다. 우연한 행운으로 실수를 만회할 수 있게 되었다.

르낭의 다른 저작을 읽고, 르낭을 다룬 책도 찾아 탐구를 계속하면서 매혹되었다. 여러 해 동안 작업을 계속하니 성과가 확대되었다. 기독교의 역사에 관해 방대한 분량으로 쓴 일련의 노작은 전문 지식과 시간이 둘 다 모자란 탓에 제대로 알 수 없어 안타깝다. 그렇더라도 학문을 혁신해 종교 연구를 새롭게 하려고 노력한 내력은 가능한 한 고찰하고 평가해야 한다.

르낭의 기여는 구체적인 연구의 범위를 넘어선다. 르낭의 학문론이 제기한 문제를 다루어 새로운 해결책을 찾는 것이 힘써 할 일이다. 르낭과의 토론을 깊이 있게 하면 내 학문론을 되돌아보고 발전시키는 데 큰 도움을 얻을 수 있다.

어떻게 살았는가

르낭은 성명을 다 들면 에르네스트 르낭(Ernest Renan)이다. 어떤 사람인가? Charles Chauvin, *Renan* (Paris: Desclée de Brouwer, 2000)을 기본 자료로 삼아 우선 생애를 알아보았다. 거기다 다른 책을 더 보탠다.

Jules Chaix-Ruy, *Renan* (Paris: Emmanuel Vite, 1956); Philippe Barrret, *Ernest Renan, Tout est possible, même Dieu* (Paris: François Bourin, 1996); David C. J. Lee, *Ernest Renan, in the Shadow of Faith* (London: Duckworth, 1996) 등에서 진전된 이해를 얻었으므로 함께 든다.

Jean Balcou, *Renan et la Bretagne* (Paris: Librairie Honoré Champion, 1992); Jean Balcou ed., *Mémorial Ernest Renan* (Paris: Honoré Champion

Rditeur, 1993); Laudyce Rétat, *Religion et Imagination religieuse: leurs formes et leurs rapports dans l'euvre d'Ernest Renan* (Paris: Klincksieck, 1977) 등에서도 도움을 얻었다.

1823년에 프랑스 서북부 브르타뉴 지방 해안의 소도시 트레기에(Tréguier)라는 곳에서 태어났다.

1828년(5세)에 아버지가 세상을 떠나 살기 어려운 형편이 되었다.

1832년(9세)부터 1838년(15세)까지 자기 고장에서 신학의 기초를 공부했다. 라틴어에 뛰어난 재능을 보였다.

1838년(15세)에 파리로 가서 공부를 계속했다.

1841년(18세)부터 1843년(20세)까지 파리 인근에 있는 이씨 레 물리노(Issy les Moulineaux) 신학교에서 철학을 공부했다.

1843년(20세)부터 1945년(22세)까지는 가톨릭 최고의 교육기관인 파리의 생 쉴피스(Saint Sulplice) 신학교에 진학해 히브리어 공부에 힘쓰고, 여러 고전어, 아랍어까지 익혔다. 성직자가 되어야 하는데 그만두었다. 신앙을 버리고 과학을 택하기로 했다. 성서는 신의 말이 아니고 사람이 쓴 책에 지나지 않는다는 것을 과학의 방법으로 입증하고자 했다.

1845년(22세)부터 1848년(25세)까지 중등학교 복습교수(répétiteur) 노릇을 하면서 생계를 이었다.

1846년(23세) 1월에 대학입학자격시험(baccalauréat)을 통과하고, 10월에는 학사학위를 시험으로 취득했다.

1848년(25세)에 철학교수 자격을 얻었다.

1848-49년(25-26세)에『과학의 미래』(*Avenir de la science*)를 집필

했다.

1849-50년(26-27세)에 이탈리아에 파견되는 사절단의 일원이 되어 여러 곳을 돌아보고 박사논문 자료를 구했다.

1852년(29세)에 아랍철학자 아베로에스(Averroès)에 관한 논문으로 박사학위를 취득했다.

1855년(32세)에 『셈족 여러 언어의 전반적 역사와 비교 체계』(*L'histoire générale et système comparé des langues sémitiques*)를 출간해서 큰 평가를 얻었다.

1856년(33세)에 개신교도인 코르넬리 세퍼(Cornélie Scheffer)를 아내로 맞이하면서 가톨릭과 개신교 두 교회당에서 각기 한 번씩 결혼식을 거행했다.

1860-61년(37-38세)에 페니키아, 시리아, 팔레스타인 등지에 가는 고고학 조사단에 참가했다.

1862년(39세)에 교육과 연구의 최고기관인 콜레즈 드 프랑스(Collège de France)의 히브리어 교수가 되었다가, 첫 강의에서 "예수는 훌륭한 사람이다"라고 하면서 神性을 부정한 죄로 해직되었다.

1863년(40세)에 『예수의 생애』(*Vie de Jésus*)를 출판했다. 예수를 훌륭한 사람으로 다룬 내용이다. 사실 고증에 힘썼으나 문장이 아름답고 문학작품과 같은 감동을 준다고 평가된다. 아주 많이 팔리고 세계 거의 모든 언어로 번역되었다.(한국어 번역본도 3종 있다.)

1863년(40세)부터 1883년(60세)까지 대저 『기독교 기원의 역사』(*Histoire des origines du christianisme*)를 이룩했다.

1864년(41세)에 콜레즈 드 프랑스 교단에 다시 섰다. 『셀트민족의 시』(*La poésie des races celtiques*)를 써서 발표했다.

1870년(47세)에 제국이 무너지고 공화국이 되자 콜레즈 드 프랑스 교수직에 정식으로 복귀했다.

1871년(48세)에 독일과의 전쟁에서 패배한 프랑스가 어떻게 해야 하는지 고찰한 글을 모아 『지적이고 도덕적인 개혁』(*La réforme intellectuelle et morale*)이라는 책을 냈다.

1878년(55세)에 프랑스 한림원(Académie française) 회원으로 선출되었다. 주장하는 바를 나타내는 희곡을 쓰기 시작해서 1886년까지 네 편을 이룩했다.

1882년(59세)에 「국민이란 무엇인가?」(Qu'est-ce qu'une nation?)라는 강연을 했다.

1883년(60세)에 콜레즈 드 프랑스 행정 책임자가 되었다. 『소년 및 청년 시절 회고』(*Souvenirs d'enfance et de jeunesse*)를 출판했다.

1884년(61세)부터 브르타뉴로 돌아가 고향 가까운 곳의 시골집에서 지냈다.

1887년(67세)부터 1892년(69세)까지 『이스라엘 백성의 유래와 역사』(*l'histoire des origines ou l'histoire du peuple d'Israël*)를 집필했다.

1890년(62세)에 1848-49년(25-26세) 때 쓴 『과학의 미래』(*Avenir de la science*)를 출판했다.

1892년(69세)에 파리로 돌아가 세상을 떠났다.

학자와 작가

르낭은 어려서부터 병약하고 나중에는 류머티즘에 시달렸다. 그런데도 놀랄 만큼 많은 업적을 이룩했다. 다른 일에는 관심이 없고 오직 연구에만 몰두하는 성격이어서 그랬다고 할 수 있다. 대학에 자리 잡을 때에도 강의교수 자리는 마다하고 연구에 전념할 수 있는 곳을 원했다. 새로운 지식을 얻고, 모르고 있던 문제를 찾아 해결하는 기쁨으로 일생을 보낸 사람의 좋은 본보기이다.

르낭은 학자만이 아니고 작가이기도 하다고 일찍부터 지적되었다. 영국의 인류학자 제임스 프레이저(James Frazer)는 1923년에 열린 학술회의에서, 르낭이 문학과 과학을 완전한 조화를 이루게 결합시켰다고 했다.(Kenneth White, "Renan et le monde celtique", Jean Balcou ed., 위의 책, 35면) 고향인 브르타뉴에 관해 말할 때 문학의 능력을 잘 보여주었다. 브르타뉴 사람들의 감수성과 상상력을 문학의 유산에서 찾아 높이 평가하고 이어받아야 마땅하다고 했다.

최근의 연구서에서는 르낭이 세 가지 능력을 지녔다고 했다.(Philippe Barrret, 위의 책, 17-18면) 첫째는 언어 습득의 능력이다. 둘째는 창조적인 사고의 능력이다. 셋째는 명문을 쓰는 문장력이다. 이 셋이 합쳐져 비범한 학자가 탄생했다고 했다.

히브리어를 배운 지 두 해만에 가르칠 만한 실력을 쌓았다. 아랍어, 시리아어 등의 다른 언어에도 쉽게 능통해 전문가가 되었다. 라틴어, 그리스어, 독일어 등 다른 사람들도 흔히 아는 언어는 말할 것도 없이 잘 알았다. 언어 자료를 고찰하는 문헌연구가 학문의 기본을 이루었다.

창조력은 예사롭지 않은 직관으로 구체화되었다. 광범위한 교양에 의해 조절된 직관이 이미 획득한 영역에서 벗어나 새로운 작업이 행복스럽게 이루어지도록 했다. 어떤 작업을 하든 적절한 문제를 제기하고, 유용한 자료를 찾고, 대담한 가설을 제기했다. 지칠 줄 모르고 확장되고 혁신되는 연구가 풍부한 내용을 거듭 발견하는 충격을 주었다.

미문을 써서 문장력이 뛰어나다고 하는 것은 아니다. 복잡하고 까다로운 논의라도 명쾌하고 흥미롭게 전개해서, 학술서적을 문학작품인 듯이 읽으면서 독자가 즐거움을 누릴 수 있게 했다. 사상 표현의 방식으로 희곡을 택하기도 했다. 학자이기만 하지 않고 문인이라고 인정되고, 학계보다 문단에서 먼저 평가되고 널리 영향을 끼쳤다.

첫째 능력 덕분에 남다른 연구를 시작할 수 있었다. 광범위한 자료를 수집해 엄밀하게 다루는 방법을 마련해 실증주의 연구의 기초가 되게 했다. 둘째 능력을 발휘해 다음 단계로 나아갔다. 기존의 관습을 넘어서서 학문을 혁신하는 과학의 노선을 천명하고 실제 작업을 풍부하게 진척시켰다. 셋째 능력은 스스로 의식하지 않고 소중한 줄 몰랐으나 그 나름대로 소중한 기여를 하고, 앞에 든 두 능력으로 이룩한 연구가 설득력을 가지고 읽힐 수 있도록 했다.

르낭은 학문론을 전개하면서 학문을 실제로 해서 이론과 실제를 겸비했다. 그러나 자기 작업의 전폭을 다루는 학문론을 이룩하지는 못했다. 첫째 능력과 둘째 능력을 연결시켜 실증주의 학문을 과학으로 발전시키는 길을 열었다는 사실은 의식하고 논의했으나, 셋째 능력은 학문론의 대상으로 삼지 않았다. 의식했다고 하더라도 과학을 하는데 장애가 된다고 여겨 긍정적인 평가를 하지 않았을 것 같다.

문학 창작의 능력까지 포함한 과학은 생각할 수 없고, 과학이라는 말을 학문이라고 바꾸어도 대책이 없다고 오늘날도 생각할 수 있다. 과연 그런가? 이것이 새로운 탐구의 과제이다. 문학 창작의 능력을 가지고 연구를 해온 실천의 경험을 이론으로 총괄해서 학문론을 혁신해야 한다. 이 작업을 나는 이미 시도했다. 철학과 문학, 이성과 감성의 결합에서 통찰이 마련된다는 지론을 전개했다.(『철학사와 문학사, 둘

인가 하나인가』, 서울: 지식산업사, 1997)

나는 생극론에 입각한 학문론을 이룩하고 있다. 르낭이 말한 실증주의의 과학론과 내가 말하는 생극론의 학문론 사이에 심각한 견해차가 있어 토론이 필요하다. 르낭의 저작은 방대해 모두 들어 논할 수 없다. 그러나 학문이 무엇이며 어떻게 해야 하는가에 관한 지론은 핵심을 가려내 시비하고 내 견해를 제시하려고 노력한다.

브르타뉴와 프랑스

르낭은 브르타뉴 사람이다. 브르타뉴는 프랑스 사람과는 다른 셀트민족의 한 갈래가 사는 곳이었다. 바다 건너 아일랜드 · 웨일즈 · 스코틀랜드 사람들과 유래가 같았다. 셀트민족은 서유럽 전체를 차지하고 있다가 로마제국의 공격으로 세력을 잃고, 다시 게르만민족이 이동해 와서 변방으로 밀려났다. 프랑스의 경우에는 브르타뉴에서만 민족 공동체가 유지되다가, 14세기에 프랑스의 지배하에 들어간 이래로 영역이 축소되고 독자적인 문화의 전승이 위협받았다.

르낭이 태어난 곳은 북쪽 해안 마을 트레기에이다. 오늘날 인구가 2천여 명 되는 곳이다. 오래된 성당을 자랑거리로 삼고 있다고 만년에 쓴 회고록 서두에서 말했다.(*Souvenirs d'enfance et de jeunesse*, Paris: GF Flammarion, 1973, 57면) 대대로 그 마을 사람인 아버지는 작은 배를 가지고 어업에 종사했다. 어머니는 브르타뉴 사람이 아니고 서남 프랑스 가스콘 출신이었으나, 브르타뉴어를 완벽하게 하고 옛 이야기를 많이 들려주었다고 회고록에서 말했다.(같은 책, 57면)

르낭은 모국어가 브르타뉴어이고 프랑스어는 외국어였다. 완성해서 발표한 글은 프랑스어만 사용했으나 중간 과정은 그렇지 않아, 프랑스어로 쓰고 브르타뉴어로 보충설명을 한 것들이 남아 있다. 브르타뉴어 글쓰기는 정확하지 않아 별도로 익히지 않았음을 알려준다. 프랑스어 문장에 브르타뉴어 특유의 어법이 섞여 있는 것들이 이따금 발견된다. (Henriette Psichari, "Introduction", 같은 책, 23면)

> 나의 민족, 나의 가족, 나의 고향, 내가 자란 환경이 아주 특별해 나를 부유한 자의 허영 따위는 가지지 않고, 순수한 정신의 발현이 아닌 모든 것에 전혀 적합하지 않도록 했다. 이상주의자로 만들어 다른 일에는 관심을 가지지 않도록 했다…
>
> 브르타뉴 민족의 특징은 어느 차원에서든지 이상주의이다. 도덕과 지성을 추구하면서 때로는 방향을 잃기도 하고 이해관계를 떠난다. 상공업에는 가장 부적당한 민족이다.(같은 책, 80면)

자기가 태어나고 자란 곳에 관해 이렇게 말했다. 브르타뉴 사람다운 이상주의 정신을 가지고 학문을 하는 것을 평생의 과업으로 삼았다. 순수한 정신을 찾고 도덕과 지성을 밝히는 데만 관심을 가지고 이해관계를 떠났다. 남다른 학문을 하는 이유가 자기는 브르타뉴 사람이고 브르타뉴의 정신을 물려받았기 때문이라고 했다. 프랑스의 일부가 되어 자주를 잃어버린 브르타뉴가 지닌 대단한 저력을 입증하는 학문을 했다.

가련한 브르타뉴 사람들의 처지를 개탄하고 분발을 촉구하는 것이 우선 할 일이라고 여겼다. 희망을 말할 때에는 가정법을 썼다. "세상에 과감하게 나서고 근대 사상의 요건을 갖추겠다고 작정한다면, 브르타뉴가 지성의 영역에서 무엇을 산출할 것인지 누가 알겠는가?"라고 했다.(같은 책, 77면) 세상에 과감하게 나선다는 말은 독립을 암시한다. 근대사상의 요건을 갖추려면 근대화를 해야 한다. 브르타뉴가 근대화된 독립국가가 되어 사상 창조에서도 커다란 기여를 할 수 있기를 기대한다는 막연한 소망을 가졌다.

41세 때 쓴 민족문화론 『셀트민족의 시』에서 조상이 남긴 문화의 뿌리를 찾는 작업을 적극적으로 전개했다. 자기는 민중의 아들이라고 하고, 농부나 뱃사람의 오랜 전승이 사라지는 것을 안타깝게 여겨 되살린다고 했다. "적에게 쫓겨 지금은 구석진 곳 산골 바위틈에서 지내고 있는 가련한 민족이 중세 때에는 기독교 세계 거의 전역에 시의 소재를 제공해 유럽인의 상상력을 바꾸는 크나큰 영향력을 행사한 것을 잊지 말아야 한다"고 했다.(*La poésie des races celtiques*, Montpellier: L'Archange Minotaure, 2003, 18면)

브르타뉴보다 더 넓은 범위의 여러 셀트민족 문학을 구체적으로 고찰하는 작업을 본론에서 했다. 6세기 이후의 민요를 모은 자료집, 12세기에 기록된 서사시, 기독교 성자에 관한 전승이 특히 소중한 유산이라고 했다. 셋은 유래와 성격이 다른 것 같지만, 내면에서 연결되어 있다고 했다. 셀트민족 토착종교의 포용적인 사고를 지닌 민요가 중세 이후에도 전승되면서 은밀한 작용을 한 결과, 태양의 신이었던 아르튀르(Arthur)가 기독교의 영웅이게 하고, 독자적인 기풍의 기독교 성자전을 마련했다고 했다.(55면) 이런 전통을 당시까지 이어, 브르타뉴 사람들은 인류 사회의 다른 어느 집단보다 더욱 매혹적인 색채를 보여주고 마음을 한층 깊이 울리는 노래를 들려준다고 했다.

근대 유럽의 새로운 문명이 밀어닥치는 상황에서 셀트민족이 남아

나고 고유한 노래를 계속 부를 수 있을까? 결론 부분에서 이 의문에 대답하면서 낙관할 수는 없지만 비관에 사로잡힐 것은 아니라고 했다. 이어서 한 말에 세 가지 긴요한 논의가 포함되어 있다.(72-73면) (가)·(나)·(다)로 구분해 제시하고 검토하기로 한다. 앞의 둘은 번역이고, (다)는 요약이다.

(가) "어린 시절의 시를 셀트민족만큼 완벽하게 간직한 다른 민족은 없다. 신화, 서정시, 서사시, 공상담, 종교적 열정을 모두 갖추었다. 왜 고찰의 대상으로 삼지 않아야 하는가?"

(나) "독일은 과학과 비판정신을 마련하더니 시로 돌아갔다. 시를 시작으로 삼는 셀트민족은 비판정신을 결말로 삼지 못할 것인가? 두 경우를 합쳐, 시적인 민족이 철학적인 민족이고, 철학이란 근본을 살피면 시의 다른 형태라고 상상하는 것이 이치에서 많이 벗어나지 않으리라."

(다) 독일은 잠잠하게 있다가 한 세기도 되지 않는 기간 동안에 깨어나 재능이 뛰어난 인재가 속출했다. 이것은 민족의 쇠퇴와 소생을 말해주는 좋은 사례이다. 근대문명은 민족이 쇠퇴하게 하는 것 같지만 일제히 소생하게 하는 것이 아닌가?

(가)는 전적으로 타당한 발언이다. 셀트민족과 같은 조건을 가진 민족의 문학을 조사하고 연구하는 작업은 그 민족의 범위를 넘어서서 세계문학 일반론을 새롭게 마련하는 데 결정적인 기여를 한다.

(나)는 타당성이 의심된다. 시와 과학, 상상력과 비판정신이 어떤 관계인가 하는 문제는 간단하게 해결할 수 없다. 독일의 전례에 의거해 셀트민족도 희망이 있다고 한 것은 무리한 추측이다.

(다)의 발언에는 양면이 있다. 민족의 쇠퇴와 소생에 대한 연구를

해야 하고 독일이 좋은 본보기를 제공한다. 그러나 근대가 민족을 소생시키는 시기라고 하는 것은 부당하다. 논의를 일반화하려면 시야를 확대해야 한다. 독일이 중세의 후진이었다가 근대에는 선진일 수 있었던 것이 셀트민족에는 해당되지 않는다. 셀트민족은 근대에 후진이므로 다음 시대에는 선진일 가능성이 있으나, 가능성 실현에 관한 연구를 힘들여 해야 한다.

르낭이 활동하던 시대에 프랑스는 한창 잘 나갔다. 혁명을 이룩해 새로운 국가를 건설하고, 역사 발전을 선도하고 인류의 오랜 소망을 이룩한다고 했다. 르낭은 브르타뉴의 과거보다 프랑스의 미래가 더욱 값지다고 판단해 소속 의식을 바꾸었다. 자기가 브르타뉴 사람이라는 생각을 버리고 프랑스 사람이라고 자부했다.

59세 때인 1882년의 강연 원고 「국민이란 무엇인가?」에서 새로운 생각을 분명하게 했다. 이 글은 르낭의 사고 변천을 말해주는 것 이상의 의의가 있다. 국민이 무엇인가 처음으로 분명하게 했다고 평가되어 계속 읽히고 널리 인용된다. 요지를 간추려 보자.

민족(race)이나 종족(tribu)은 항상 있어왔지만 국민(nation)은 근대의 산물이다. 과거에 있던 어떤 형태의 국가에도 국민은 없었다. 프랑스 혁명을 거치고, 혈통, 언어, 종교, 지역 등의 차이를 넘어서서 국민이라는 공동체가 형성되었다. 국민은 과거가 아닌 미래를 공유한다. 국민은 영혼이고, 도덕의 원리이다. 국민은 희생정신으로 이루어진 거대한 유대이다. 국민은 영원하지 않고 역사적인 형성물이라고 하면서 다음과 같이 말했다.

국민이란 영원한 무엇이 아니다. 생겨나고 없어진다. 아마도

> 유럽연방으로 대치될 것이다. 그러나 우리가 살고 있는 세기에는 있을 수 없는 일이다. 지금의 시기에는 국민이 존재하는 것이 좋고, 필요하기도 하다. 국민이 존재해 법이 하나이고 지배자가 하나이면 자유를 잃어버리지 않을 수 있게 보장해준다.(*Qu'est-ce qu'une nation?*, Liberdulex: Mille et Une Nuits, 33면)

이런 논의를 한참 펴고 결론을 맺었다. "사람들의 거대한 결집, 건전한 정신, 뜨거운 심정이 국민이라는 도덕의식을 형성한다"고 했다. "이러한 도덕의식은 공동체를 위해 개인을 희생하도록 하는 힘을 입증해야 정당하고 존재 의의가 있다"고 했다.(같은 책, 34면)

이런 견해에 몇 가지 문제가 있다. 국민을 이루는 정신적 결속이 어떻게 정당화될 수 있는가에 관한 논란이 계속 필요하다. 더욱 심각한 문제는 국민은 민족이나 종족의 거대한 결집이라고 하는 데 있다. 망각이나 착오가 행복을 가져오지 못했다. 국민 형성을 주도한 민족과 그렇지 못한 민족은 처지가 달랐다. 혈통, 언어, 종교, 지역 등의 차이가 계속 문제가 된다. 하나로 통일된 법의 지배를 받아 자유를 누린다는 것이 실상과는 거리가 먼 이상론이어서 정신적 결속이 흔들린다.

국민은 영원하지 않고 더 큰 결속이 이루어지면 없어진다고 하면서 유럽공동체의 등장을 예견한 것은 탁견이다. 오늘날의 유럽은 이 방향으로 나아가고 있다. 국민이 형성되면서 혈통, 언어, 종교 등을 이유로 차별받아온 소수민족은 유럽공동체가 이루어져 국민의 의의가 약화되면서 비로소 독자적인 삶을 누릴 수 있게 되었다.

르낭은 근대국가를 바람직하게 만드는 이념을 제시했다. 세계 도처에서 수입해 가서 다투어 사용하는 기본설계를 만들었다. 그러나 이제 그 효력이 의심된다. 한편으로는 국민국가보다 더 큰 통합이 추구되고 다른 한편으로는 국민국가에 무리하게 포함되었던 소수자의 공동체들이 자기 길을 스스로 결정하는 권리를 요구한다.

르낭 자신도 「국민이란 무엇인가?」에서 말한 바를 결론으로 삼지 않았다. 그 글을 쓴 다음 해인 60세 때인 1883년에 내놓은 『소년 및 청년 시절 회고』에서 이미 말한 바와 같이 자기는 브르타뉴 사람이고 브르타뉴의 정신을 자랑스럽게 여긴다고 했다. 한 해 지난 61세 때인 1884년에는 고향 마을 트레기에를 40년만에 찾아갔다.

고향에 가고 싶어도 『예수의 생애』에 대한 가톨릭교회의 규탄에 고향 사람들 다수가 동의해 근접을 허용하지 않았다. 마침내 귀향하게 된 것을 오늘날의 연구자는 "탕아의 귀가"라고 했다.("Le retour de l'enfant prodigue", Jean Balcou, 위의 책) 탕아의 귀가는 이중의 의미를 지니지만 둘 다 불철저했다. 타향살이는 일시적으로 청산되었으며, 신앙 부정은 회복하지 않고 관용을 얻었다.

> 나는 진정한 브르타뉴 사람으로 살아왔다. 우리는 오로지 진리와 정의를 신뢰하는 소박한 민족이다. 최소한 필요한 것과 작은 이상을 지니고 우리는 제왕이라도 된 듯이 행복해 한다. 성공한다는 것은 쩨쩨하고, 행복을 누리는 것이 더욱 좋다. 정직한 덕분에 명랑하다. 악이 만연해 삶이 혐오스럽게 된 시대에도 이상적인 목적을 추구한다면 고통스러운 삶을 견딜 만하다고 우리는 줄곧 믿고 있다.(같은 책, 272면)

고향에 가서 마을 사람들에게 한 말을 이렇게 적어 잡지에 발표했다.

많은 것이 변했지만 근본은 달라지지 않았다고 했다. 그러나 고향 마을에 가서 머무르려고 했던 것은 아니다. 20킬로미터 정도 떨어진 곳에 집을 얻고 류머티즘 때문에 병고에 시달리는 몸을 쉬다가, 세상을 떠나게 되었을 때 파리로 돌아갔다. 행정책임을 맡고 있던 콜레즈 드 프랑스의 자기 방에서 최후를 맞이했다. 1892년의 일이고 그 때 69세였다.

브르타뉴 사람으로 되돌아가려고 하다가 브르타뉴를 떠난 프랑스 사람으로 자처하고, 콜레즈 드 프랑스에서 누리는 영광을 확인하면서 세상을 떠났다. 6년 전인 1886년에 누구에게나 "죽음의 순간은 본질적으로 철학적이다", "무한과 대면하기 때문이다"라고 한 적 있다.(Laudyce Réat ed., *Renan : histoire et parole*, Paris: Robert Laffont, 1984, 797면) 생각과 실제는 달랐다. 무한을 대면하는 철학이 누구에게나 같다고 한 것은 상상에 지나지 않았다. 유한한 것들끼리의 관계 때문에 빚어지는 세속적인 고민 속에서 특정 인물이 미완의 삶을 끝냈다.

고향 마을에서는 르낭을 잊지 않았다. 자취를 없애지도 않아 생가가 보존되어 있다. 그 집을 르낭 박물관으로 꾸몄다. 트레기에를 빛내고 브르타뉴 정신을 드높인 인물이라고 르낭을 자랑한다.(*Tréguier et la maison d'Ernesrt Renan*이라는 책자가 있다.) 르낭 사후에도 세상은 돌고 돈다. 배신자라고 나무라야 할 인물이 널리 알려지고 높이 평가되니 자기 마을을 빛내는 데 이용한다고 하면 말이 지나친가?

브르타뉴의 강경파는 그 뒤에 독자노선을 택했다. 프랑스의 국민통합에 동의하지 않고 획일적인 통치에 강하게 반발했다. 독자적인 언어와 문화를 잇고자 하고 독립을 주장하기까지 한다. 문화 운동이 문학 창작과 학문 연구 양면에서 활발하게 일어나고 있다.

브르타뉴 지방 브레스트(Brest) 대학에 브르타뉴 및 셀트 연구 센터

(Centre de recherche bretonne et celtique)가 있다. 거기서 방대한 분량의 『브르타뉴 문학 및 문화의 역사』(*Histoire littéraire et culturelle de la Bretagne*, Paris: Champion-Coop Breizh, 1997)를 냈다. 이 책에서 르낭을 위대한 브르타뉴 사람이라고 했다. 배신자라고 할 수 있는 면은 말하지 않고, 브르타뉴 사람다운 의식을 높이 평가했다. 「異敎의 시조 르낭」(J. Balcou, "Renan l'hérésiarque")이라는 대목에서 『셀트민족의 시』 뿐만 아니라 르낭의 저작 전반에 브르타뉴인의 의식이 나타나 있는 점을 재평가해야 한다고 했다.

르낭은 프랑스 국민 통합론을 이론으로 내세우면서 브르타뉴에 대한 애착의 감정을 깊이 지녔다. 이런 양면성 가운데 국민 통합론이 높이 평가되고 널리 수용되다가 이제 효력을 상실하게 되었다. 르낭이 바람직하게 여긴 망각이나 오해는 이루어지지 않았다. 그러면서 르낭이 버리지 못해 간직했던 자기 민족, 자기 고장에 대한 애착이 새삼스러운 의의를 가지고 이면의 진실을 말해준다. 그러나 이에 대한 인식을 이론화하기 위해 르낭으로 돌아가야 하는 것은 아니다.

프랑스와 독일

르낭은 일찍부터 독일에 관심을 가졌다. 신학교에서 공부할 때 가톨릭의 구속에서 벗어난 개신교 국가 독일에서는 철학이 독자적인 길을 찾는 것을 보고 감명을 받고 따르고자 했다고 『소년 및 청년 시절 회고』에서 거듭 말했다. 『셀트민족의 시』에서는 셀트민족이 소생할 수 있는가 하는 의문을 독일의 경우와 견주어 풀고자 했다.

독일에 대해서 제대로 알고 힘써 논하지 않을 수 없는 사태가 벌어졌다. 르낭이 48세 때인 1871년에 프랑스는 독일과의 전쟁에서 패배했다. 이 전쟁을 어떻게 이해할 것인가? 프랑스는 어떻게 해야 할 것인가? 이런 절박한 문제를 고찰한 글을 모아 『지적이고 도덕적인 개혁』이라는 책을 냈다. 실증과학의 능력을 보여주었다고 할 수 없고 역사적 통찰을 갖추어 소중하다.

머리말에서 말했다. 절박하게 외치는 말을 알아듣고 실행할 수 있을지 염려되어도 그냥 있을 수 없다고 했다. 프랑스의 패배를 통탄스럽게 여기고 독일에 대한 반감을 나타낸 것은 아니다. 전쟁을 겪고 프랑스와 독일 사이에 심연이 생겨 쉽게 메워지지 않게 된 것이 커다란 불행이라고 했다. 불행을 해결하기 위해 어떻게 해야 하는지 말했다.

"나는 독일을 사랑했다"라고 하고, "내가 지닌 최상의 의식에는 독일에 빚진 것이 있다"고 했다. 독일에서 이상주의를 배웠다고 했다. "독일이 가장 도덕적이고 가장 문명된 나라라고 프랑스 사람들에게 말해왔다"고 했다. 그런 독일이 다른 일면을 지녀 군사력을 동원해 사납고 흉측하고 몰염치한 짓을 한 것은 납득할 수 없는 일이라고 했다.(*La réforme intellectuelle et morale*, Bruxelles: Editions Complexe, 1990, vi면)

이제 어떻게 해야 하는가 하는 의문에 대답했다. 독일의 국수주의에 대해서 프랑스의 국수주의로 맞서는 것은 잘못이다. 전쟁에서 복수를 하려는 생각을 버리고, 싸움을 능사로 삼지 말고 화합을 이루어야 한다. 화합을 이루려면 서로의 장점을 인정하고 받아들여야 한다. 이런 생각을 가지고 두 나라의 장점을 구체적으로 들었다.

> 독일의 이상주의는 아주 고귀하다. 인류 전체의 품성을 계급간의 평등보다 더욱 중요시하면서 교화하고 고양시키는 과업을 담

당한다. 인간의 권리가 또한 소중하다. 이것을 우리가 맡아 18세기 철학에서 개발하고 혁명을 거쳐 사회의 기초로 삼았다.(같은 책, ix면)

독일의 이상주의와 프랑스의 인권 사상을 합치는 것을 공동의 목표로 삼고, 싸워서 이기는 것을 능사로 삼지 말아야 한다고 했다. 그렇다고 해서 화합의 의의를 역설하고 투쟁은 배격한 것은 아니다. 「프랑스와 독일 사이」("Entre la France et l'Allemagne")라는 글에서는 투쟁과 화합의 바람직한 관계에 관한 이론적이고 역사적인 고찰을 했다. "국민은 다른 국민의 압박을 받고 자아의식을 온전하게 하는 것이 예사이다"라고 했다. 그 근거가 "'나'(moi)는 '다른 나'(autre moi)와의 대립관계에서 철학적 의미를 가진 말이 된다"고 하는 데 있다고 했다. (같은 131면) 이런 관점에서 유럽의 역사를 고찰하면서 다른 나라의 도전으로 생긴 위기를 각성의 기회로 삼아 발전을 이룩한 전례를 높이 평가했다.

프랑스라는 말이 특별한 의미를 가지게 된 것은 영국이 공격해 일부를 지배했기 때문이다. 프랑스 혁명과 그 뒤를 이은 나폴레옹의 침공은 독일이 통일되어야 한다고 일깨워주었다. 통일된 국민국가를 만들어야 한다는 사상을 프랑스에서 받아들여 아직 불철저하게 실현하고 프랑스를 유린했다. 패배한 프랑스는 크게 각성해 지적이고 도덕적인 개혁을 해야 하는 줄 모르고 있는 것이 유감이라고 했다.

천박하고 옹졸한 정치, 나약하고 퇴폐적인 기풍 같은 것들이 문제될 뿐만 아니라 과학이 소중한 줄 모르고 교육 정책이 잘못되었다고 나무랐다. 종합기술학교, 고등사범학교 등의 특수교육기관을 중점적으로 육성해 일반 대학의 발전을 저해했다. 독일대학은 귀족적이고 반동적이라고 비난하지만, 토론의 자유가 보장되어 있다고 했다. 프랑스 고등교육의 약점과 독일대학의 발전을 정확하게 지적했다.

베를린대학 창설이 획기적인 의의를 가져 독일 소생의 중심이 되었다고 했다. 자유를 누리는 조건에서 학자들이 자발적으로 협력하면서 노력한 결과 후진이었던 독일이 "50년만에 유럽 최고의 국가가 되었다"고 했다. 프랑스가 이 모형을 따르고자 하면 시간이 적게 소요되겠지만, 반드시 바람직한 것은 아니라고 했다. 능력을 고갈시켜 불행해지거나 많은 가능성을 조직화하지 못하게 될 수 있다고 했다.(같은 책, 61면)

주장한 바가 실현될 수 있다고 생각했는가? 결말 대목에서 "지나친 희망도 지나친 절망도 하지 말자는 것을 우리 좌우명으로 삼아야 한다"고 말했다. "우리의 가련한 조국을 일으켜 세우는 참된 방법은 심연에 빠져 있다는 사실을 지적하는 것이다"고 하면서, "조국이 지닌 권리에는 시효가 없다"고 했다. 11년이 지난 1882년에 「국민이란 무엇인가?」를 말할 때는 사정이 나아진 것이 아니다. 정신적 공동체인 국민을 찬양하면서 지향하고자 하는 목표를 제시했다.

독일과의 전쟁에 패배한 프랑스가 어떻게 해야 할 것인가에 대해 말한 르낭의 견해는 보편적 가치가 있어 재평가해야 마땅하다. 국수주의에 국수주의로 맞서는 것은 어리석다고 하고, 전쟁에서 복수를 해야 한다는 생각을 버려야 한다고 했다. 위기를 각성의 기회로 삼아 자기혁신을 한 역사의 전례를 이으면서, 두 나라가 각기 지닌 장점을 합쳐 인류의 이상을 이룩해야 한다고 했다.

종교와 과학

르낭은 신학교에 들어가 성직자가 될려고 작정하고 신학과 고전어를 공부한 다음 신앙을 버렸다. 그것은 르낭 개인에 국한되지 않은 전형적인 과정이다. 귀족은 가정교사를 두고 공부하지만 평민은 신학교를 찾지 않고서는 공부할 길이 없었다. 신학을 공부하면서 얻은 지적인 능력으로 기독교를 부정하는 것이 흔히 있던 일이다. 신학을 철학으로 바꾸어 기독교에 반대하는 사상을 전개했다.

생 쉴피스 신학교를 다니면서 회의에 사로잡혔다. 독일철학을 접하고 자기 처지를 심각하게 되돌아보게 된 것이 첫 단계의 변화였다. 개신교를 택한 독일의 철학자들은 자기 사상을 전개하는데, 프랑스는 가톨릭의 전통에 매여 자유롭지 못한 것을 한탄했다.

> 지난 세기말과 이번 세기 전반에 마련한 독일 특유의 정신에서 충격을 받았다. 사원에 들어가는 느낌이었다. 내가 찾는 것, 고도의 종교정신과 비평정신의 합치가 거기 있었다.(*Souvenirs d'enfance et de jeunesse*, 176면)

그러나 독일철학자들과 같은 길을 간 것은 아니다. 철학사상의 체계를 만들고자 하지 않았다. 이성과 신앙 사이의 싸움을 추상적인 철학에 의거한 논의로 진행하는 것을 조심스럽게 피했다. 물리과학이나 자연과학의 방법이 진실의 법칙으로 다가와 모든 체계를 거부하도록 했다. 그것이 완전히 무색한 시선으로 철학·정치·도덕의 질서에서 진실을 찾을 수 있게 하는 유일한 요체라고 생각했다.

철학이 아닌 과학을 택했다는 말이다. 물리과학이나 자연과학에서 개척하는 방법을 받아들여 철학, 정치, 도덕 등으로 열거한 영역의 문제를 다루고자 했다. 모든 선입견을 배제하고 사실 자체를 탐구하는 과학을 해야 한다고 했다. 실증과학은 보편적인 의의를 가지고, 효력이 이미 입증되었으며, 자기도 체득하고 있다고 했다. 콩트(Auguste Comte)가 말한 실증주의에서 새삼스럽게 만들어낸 것은 아니라고 했다.

> 실증과학이 나로서는 진실의 유일한 원천이었다. 오귀스트 콩트가 속된 말로 하면 프랑스 제일의 위인인 듯이 추앙되는 것을 나중에 발견하고 일종의 당황함을 느꼈다. 과학 정신은 콩트 이전 이백 년 동안 이미 분명하게 나타났다. 과학 정신을 나는 천성으로 타고났다.(같은 책, 158면)

과학의 방법으로 새로운 학문을 하기 위해서 특별히 지닌 장기가 언어 습득 능력이었다. 기독교를 공부하면서 갖춘 고전어 특히 히브리어 해득력으로 기독교에 관한 연구를 신학이 아닌 과학으로 하고자 했다. 그렇게 되기까지의 과정을 자세하게 말했다.

셍 쉴피스 신학교에서 히브리어 공부에 열중하게 된 경위를 흥미롭게 술회했다. 히브리어는 소수만 선택하는 과목이었다. 르 이르(Le Hir) 선생이 담당했다. 그 선생이 큰 감화를 주어 자기의 일생을 결정하다시피 했다고 했다. 그 대목을 읽어보자.

> 르 이르 선생의 정확한 어학 능력이 나를 매혹시켰다. 선생은 내게 깊은 관심을 가졌다. 선생은 나처럼 브르타뉴 사람이었다. 우리는 성격이 비슷한 점이 많았다. 몇 주일이 지나자 학생이

> 거의 나 혼자만 남았다. 선생이 히브리어 문법을 셈족의 다른 언어 용례들과 견주어 설명하는 강의가 훌륭했다…. 나는 선생이 하는 말을 알아들을 수 있는 것은 모두 섭취했다. 선생의 책도 마음대로 보았다. 선생의 장서는 완벽했다. 어느 날 이씨라는 곳으로 산책하러 가서 선생은 고독의 정점으로 나를 안내하더니, 시리아어를 가르쳐주었다. 우리는 구트비에 시리아어 신약성서를 함께 검토했다. 르 이르 선생이 내 생애를 결정했다. 나는 천성이 언어학자였다.(174면)

고전어 지식이 과학의 도구이고 방법이었다. 지식으로 기독교가 과연 어떤 종교인지 스스로 탐구하기로 했다. 수도승처럼 고독과 고행에 갇혀 모든 시간을 공부에 바쳤다. 기독교를 멀리 하고 다른 학문을 찾아가지 않고, 비판과 실증의 정신으로 기독교를 재검토했다. 신비, 초자연, 신앙을 제거하고 실제로 있었던 사실 그대로의 기독교에 관한 역사적 연구를 고증의 방법으로 진행했다.

종교를 과학의 방법으로 연구하는 것은 당시에 용납할 수 없는 일이었다. 공직에 있는 사람이 할 일은 아니었다. 자기 학문을 위해 교수가 되는 것을 되도록 피하다가 39세에 교육과 연구의 최고기관인 콜레즈 드 프랑스의 히브리어 교수가 되는 좋은 기회를 마다하지 않았다가 수난이 바로 닥쳤다. 첫 강의에서 "예수는 훌륭한 사람이다"라고 한 죄로 해직되었다.

자기는 신학이 아닌 종교학을 한다고 해도 소용이 없었다. 가톨릭교회에서 규탄의 대상으로 삼고 정부를 움직여 추방하도록 했다. 신학교에서 공부한 지식을 가지고 신앙을 부정하는 배은망덕에 대해 분노하는 것만이 아니었다. 르낭의 『예수의 생애』가 출판되자 가톨릭교회는 더욱 강경하게 비난했다. 서로 용납할 수 없는 견해차가 심각했다. 르낭이 말하는 과학의 방법이 신성 모독으로 받아들여졌다.

> 과학은 오직 순수하다. 과학은 천적이라 할 것이 없고, 사람들을 건드리지 않으며, 선전과 관련이 없기 때문이다. 과학의 임무는 증명이고, 설득이나 개종이 아니다.("Préface de la treizième édition", *Vie de Jésus*, Paris: Gallimard, 1974, 56면)

『예수의 생애』 제13판 머리말에서 한 말이다. 이와 같이 규정한 과학을 자연학문에서는 그대로 실행할 수 있다. 예를 들기를 "자연과학자가 번데기의 변신을 묘사하는 것은 비난하거나 칭찬하고자 하는 것이 아니다"라고 했다.(같은 책, 57면)

인문학문이나 사회학문에서는 이런 주장이 성립되지 않는다. 사람이 하는 일에 관해서는 가치판단을 배제한 연구가 가능하지 않다. 과학의 순수성을 관철시킬 수 없다. 번데기 대신에 예수를 연구 대상으로 삼고 사실만 밝히겠다고 하는 것은 무리한 시도이다. 사람들을 건드리지 않겠다고 한 것과는 반대로 분노를 자아냈다. 기독교를 부정하는 주장을 선전하면서 신자들을 설득해 무신론으로 개종하라고 한다는 이유에서 규탄의 대상이 되는 것을 피할 수 없었다.

> 숭배하도록 하는 그 어느 형태에도 집착하지 않기 위해, 사람들은 선하고 아름다운 것을 포함하고 있는 대상에 대한 감식을 포기하지 않는다. 일시적인 현상이 神性을 독점할 수는 없다. 신은

예수 이전에도 나타났으며, 예수 이후에도 나타날 것이다. 심오하면서 아득한 모습을 하고, 크고 자연스러운 것만큼이나 성스럽게, 인간의 의식 속에 숨어 있는 신은 누구에게서나 동일하다.(같은 책, 107면)

본문 서두의 「서론」 마지막 단락에서 한 말이다. 번역하기 아주 어렵다. 과학을 한다는 사람의 문장답지 않게 최대한 압축하고 생략한 부분을 보충해 이해하도록 한 것이 시적 표현에 가깝다. 불필요한 마찰은 되도록 줄이면서 은밀하게 동조자를 구하는 작전을 폈다고 할 수 있다. 내가 알아차린 내용을 들어 보충 설명을 하고, 암시하고 있는 의미라고 인정되는 것을 괄호 안에 적는다.

선하고 아름다운 것도 일정한 거리를 두고 객관적 고찰의 대상으로 삼아야 집착에서 벗어날 수 있다. (예수가 선하고 아름답다고 절대적인 신앙의 대상으로 삼는 것은 잘못이다.) 신이 나타나는 것은 일시적일 수 없고 지속적인 현상이므로 어느 누구도 독점할 수 없다. (예수가 독점하는 것을 인정할 수 없다.) 신은 예수 이전에도 이후에도 나타난다. (예수는 신이 나타났다고 한 사람 가운데 하나이다.) 신이 나타났다는 것은 인간 내면 의식에 있는 신과 만났다는 말이다. (신은 인간 의식에 있다.) 심오하면서 온전한 모습을 하고, 크고 자연스러운 것만큼이나 성스럽다고 인정되는 신이 인간의 의식 속에 숨어 있다는 사실이 누구에게나 동일하다. (예수 또한 그런 신과 만났다.)

(가) 아직까지도 날마다 세계의 운명을 주재하고 있는 이 숭고한 인물을 신이라고 부르는 것이 허용된다. 예수가 신을 온통

흡수했다거나 신과 일치한다고 했기 때문은 아니고, 인류로 하여금 신을 향해 최대한의 발걸음을 내딛게 한 개인이기 때문이다.(같은 책, 426면)

(나) 석가모니는 제외해야 하겠지만, 예수만큼 가정, 이 세상의 기쁨, 모든 일시적인 근심을 잊게 한 다른 인물은 없다.(같은 책, 427면)

(다) 예수의 전설은 계속 눈물을 흘리게 하고, 고난은 가장 착한 마음을 끌 것이다. 예수보다 더 훌륭한 분이 인간의 아들 가운데 다시 태어나지 않았다고 모든 세기에서 선언할 것이다.(같은 책, 같은 곳)

「예수 업적의 성격」(Caractère de l'œvre de Jésus)이라고 한 마지막 장 결론 부분에서 한 말 세 대목을 옮기면 이와 같다. (가)에서는 예수가 신이라고 하는 것은 자기 자신이 신이기 때문이 아니고 신을 향해 다가가는 데 앞장서서 다른 사람들을 이끌었기 때문이라고 했다. (나)에서는 예수가 예사 사람의 희로애락을 잊은 점은 석가모니와 같다고 했다. (다)에서는 남아 있는 전설이 감동을 주어 예수는 가장 훌륭한 사람이라고 인정하게 한다고 했다.

이런 것은 사실에 대한 객관적인 인식일 수 없다. 주장을 내세우며 동의하라고 설득하는 말이다. 과학에 대한 지론을 스스로 부정하고 감당할 수 없는 영역에 들어섰다는 것을 알아차리지 못했다. 인간 의식 속에 누구나 간직하고 있는 성스러움이 바로 신이라는 것은 입증되지 않아 예수를 논하는 데 필요한 전제로 삼을 수 없으며, 예수에 관한 실증적인 연구에서 도출 가능한 결론도 아니다. 입증해 결론을 도출하는 방법은 실증과학을 넘어선 총체적 판단이어야 한다. 통찰의 학문이라고 하는 것이어야 한다.

『예수의 생애』 한국어 번역이 3종 있다고 했다. 최명관 역, 『예수의 생애』가 서울 : 훈복문화사에서 1967년에 처음 선보이고, 2003년에는 신판이 다시 나왔다. 이정 역, 『예수의 생애』가 서울: 정음사에서 1976년에 문고판으로 출판되었다. 박무호 역, 『예수의 삶』이 울산 : 울산대학교출판부에서 1999년에 나왔다. 서로 많이 달라 번역의 어려움을 더욱 절감하게 한다. 최명관의 번역은 르낭의 예수 이해가 기독교와 그리 멀지 않다고 하려는 의도를 이따금 나타내 원문과 거리가 있다. 신판에 「제13판 서문」 번역을 추가했다. 이정은 원문의 자구에 매이지 않고 내용을 문고판 독자가 읽기 쉽게 읽을 수 있도록 옮긴 장점이 있으나, 축약본을 대본으로 했다. 박무호의 번역은 원문에 충실하다가 무엇을 말하는지 알기 어렵게 된 곳이 적지 않다. 서문은 빼놓고 「부록」은 번역했다. 나의 인용은 모두 독자적인 번역이다. 원문을 빠뜨린 것 없이 이해 가능한 말로 옮겨놓으려고 노력했다.

예수나 기독교에 관한 르낭의 연구를 두고 시비를 가릴 수 없다. 개별적인 연구 대상을 넘어서서 학문 전반의 원리와 방법을 문제 삼아야 한다. 르낭은 자기 지론을 과학 일반론을 써서 정리해야 한다고 생각하고 『과학의 미래』를 마련했다. 25-26세 때 쓴 책인데 반발이나 탄압을 염려해 62세 때 비로소 출판했다. 핵심이 되는 지론을 들고 검토해보자.

"과학만 사람들에게 생동하는 진실을 제공해줄 수 있다. 과학이 없으면 삶이 이루어지지 못하고 사회도 성립 가능하지 않다"고 했다.(*L'avenir de la science*, Paris: Flammarion, 1995, 107면) 그러나 과학이 없어도 삶은 이루어지고 사회는 성립되었다. 이미 있는 것을 어떻게 이해할 것인가가 과학의 소관이다. 과학을 미화하는 것이 이제는 무의미해졌다. 어떤 과학을 어떻게 할 것인가가 문제이다.

"사람들에게 실제의 삶에 대한 느낌을 주는 실증적이며 실험적인 과학만 초자연적인 것을 파괴하고, 형이상학적인 성찰은 이 목표 달성과 거리가 멀다"고 했다.(같은 책, 116면) 그러나 가장 힘들여 연구한 종교에 관해서는 실증적이고 실험적인 과학이 효력을 발휘하지 못했다. 종교를 구성요소로 해체하면 종교다움이 사라진다. 종교가 연구된 것은 아니다. 생명을 이루는 물리적이고 화학적인 요소들을 각기 고찰한다고 해서 생명이 무엇인지 알 수 없는 것과 같다.

과학적 인식이 (1) 전체를 막연하게 아는 단계, (2) 부분을 구별하고 분석하는 단계, (3) 부분에서 얻은 것을 모아 총체적 이해를 갖추는 단계를 거쳐 발전한다고 했다.(같은 책, 320면) (1)의 허위를 거부하고 (2)의 길을 여는 것이 실증주의의 사명이었다. 실증주의는 거기서 멈추고 (3)으로 나아가지 못했다. (3)을 하는 것이 "과학의 미래"라고 했다. 그 말로 책 제목을 삼고, 대단한 포부를 나타냈다. 과학이란 말로 실증주의를 지칭했다. 실증주의가 더욱 발전하면 (3)에 이른다고 했다. "지금의 상태는 비판받아야 하고 불완전하다. 훌륭한 과학, 완전하고 생기 있는 과학은 미래의 것이다"라고 했다.(같은 책, 341면)

(1)에 대해 비난을 퍼붓고 (2)의 의의를 자부하는 말로 책을 메웠다. (2)가 완전하지 못하고 비판받아야 한다고만 말하고 한계나 잘못을 구체적으로 밝히지 않고 (2)에서 (3)으로 나아가는 길을 찾으려고 하지

않았다. (3)은 (2)의 연속이라고 믿었다. 그러나 (3)은 (2)의 부정이다. 실증주의를 넘어서야 도달 가능하다.

"과학은 인간성의 진실한 요소의 하나이므로, 사회적 형식에서 독립되어 있고, 인간성 자체처럼 영원하다. 어떤 혁명도 과학을 파괴할 수 없는 것이 어떤 혁명도 인간의 깊은 충동을 바꾸어놓지 못하는 것과 같다."(같은 책, 428면) 이런 대목에서 소박한 관점의 한계를 드러냈다. 과학을 그 자체로 절대화하느라고 과학의 역사적 · 사회적 성격을 인식하지 못했다. 과학이 시대에 따라 수동적으로든 능동적으로든 크게 변하는 것을 인식 밖에 두었다. 자기가 주장하는 학문이 근대에 와서 나타난 것을 단선적인 진보라고 여기고, 앞으로는 노선 전환이 있을 수 없다고 여겼다.

르낭은 자연과학을 전공한 사람이 아니다. 자기주장을 실현하면서 실제로 진행한 과학 연구는 기독교의 역사에 관한 것이다. 『예수의 생애』로 되돌아가 르낭이 한 작업을 재검토해보자. 실증주의 연구가 (1) 전체를 막연하게 하는 단계, (2) 부분을 구별하고 분석하는 단계, (3) 부분에서 얻은 것을 모아 전체를 아는 총체적 이해의 단계로 발전한다고 한 견해를 적용해보자.

예수가 신의 아들이라고 신앙하는 (1)에 대해 비판하기 위해 관계 자료를 면밀하게 검토하고 분석하는 (2)의 작업을 철저하게 했다. 그래서 얻은 새로운 종합인 (3)은 그리 대단할 것이 없다. 인품과 도덕에 관한 일반적인 이해 수준에 머무르고 예수를 신앙하는 종교의 본질에 대한 이해를 납득할 수 있게 했다고 하기 어렵다. 신학과 구별되는 종교학을 이룩하기 위한 노력으로 평가할 수 있으나, 종교가 무엇인가에 관한 적극적인 해명을 확보한 것은 아니다.

자료를 면밀하게 검토해 인정할 수 있는 사실을 밝히는 작업을 기독교의 역사 전반으로 확대하는 데 힘써 『기독교 기원의 역사』, 『이스라엘 백성의 유래와 역사』 등의 거작을 이룩했다. 모두 종교사에 대한 실증적 탐구를 한 업적이다. 언어학과 문헌학의 지식을 풍부하게 구사하면서 상상이 아닌 실제의 역사를 복원하는 연구의 좋은 본보기를 보여주기나 하고 종합의 성과를 새롭게 마련하는 데 이르지는 못했다.

"이성이 종교를 질식시키는 날이 오는 것은 불행이다"라고 『예수의 생애』 제13판 머리말 마지막 단락에서 말했다.(*Vie de Jésus*, 58면) 종교는 있어야 하며 그 나름대로 의의가 있다는 말이다. 그렇다면 종교란 무엇인가? 1879년에 「종교에서의 실험 방법」(La méthode expérimentale en religion)을 짤막하게 써서 이에 대한 대답을 한 것 같다. 비판적인 과학과 자연과학의 발달과 더불어 문명인은 초자연적인 것에 대한 생각을 바꾸어 종교의 본질이 달라졌다고 했다. 초자연적인 것을 그 자체로 긍정하는 종교는 설득력을 잃었다는 말이다. "이제부터는 종교는 마음속으로 후퇴해, 시나 감정이 된다"고 했다.(*Études d'histoire religieuse*, Paris: Gallimard, 1992, 330면)

이에 대해 두 가지 의문이 제기된다. 시나 감정은 예술의 소관인데 종교가 왜 필요한가? 종교가 필요한 이유를 말할 수 없으니 종교학을 한 것은 아니다. 초자연적인 것을 긍정하는 종교를 부정한 과학의 방법이 시나 감정이라고 한 종교 또는 시나 감정을 이해하는 데 어떤 기여를 하는가? 파괴나 맡고 건설은 하지 못하는 학문은 무력하다.

르낭이 목표로 한 총체적 이해는 내가 말하는 통찰의 학문이다. 부분을 구별하고 분석하는 단계를 넘어서서 모든 것을 아울러야 한다는 것은 공통된 의견이다. 그러나 나아가는 것이 집적인가 비약인가

하는 데 대해서는 생각이 다르다. 르낭은 부분을 집적하면 된다고 여겨 더 나아가지 못하고, 나는 비약을 대안으로 삼아 새로운 시도를 하고 있다.

르낭의 소망을 후계자들이 실현한 것은 아니다. 자연학문의 방법으로 인문학문까지 혁신해야 한다는 주장의 타당성을 입증할 만한 성과가 없다. 실증주의를 신봉하는 인문학자는 누구나 이론이나 방법에 관해서 말하지 않으면서 포부를 낮추고 작업의 범위를 줄인다. 자료와 사실에 머무르면서 부분을 구별하고 분석하는 데 그친다. 분석에 치우치고 종합은 하지 못해 전체는 사라졌다. 부분과 부분의 관계도 알 수 없게 되었다.

실증주의 이전 단계의 형이상학적 전제에 대한 불신이 일반화되자 실증주의는 진보적인 의의를 잃고 보수화되었다. 부분으로 해체된 것들에 고착화되어 학문 발전을 저해했다. 일본을 거쳐 한국에까지 이른 실증주의는 그런 폐단을 더욱 심각하게 지녔다. 실증주의를 넘어서야 통찰을 갖춘 총체적 학문을 할 수 있다.(이에 관해 제5권 서두에서 자세하게 고찰했다.)

르낭은 히브리어를 비롯한 여러 고대 언어를 공부하고 아랍어까지 익혔다. 『쿠란』이나 다른 이슬람 서적을 원어로 읽고 연구했다. 박사논문이 아베로에스와 아베로에스주의에 관한 고찰이다.("Averroès et averroïsme") 오늘날의 스페인 안달루시아 지방에서 태어난 12세기 아랍철학자 아베로에스는 고대 그리스의 학문을 대폭 받아들여 이성의 학문을 이룩하는 작업을 유럽에서보다 월등하게 했다. 그 성과를 후일 라틴어로 번역해 유럽이 고대 그리스와 연결되어, 중세의 무지를 청산할 수 있었다.

이러한 사실을 밝혀 논해 르낭은 두 가지 목적을 달성했다. 박식을 자랑해 학자로 인정받았다. 중세의 무지와 연결되어 있는 당대 기독교의 맹목적인 신앙을 비판하고 이성의 학문을 해야 한다는 주장을 간접적으로 폈다. 아랍어 능력을 구사해 이슬람 세계에 대해서 논하는 작업을 그 뒤에도 이따금씩 했다.

이슬람에 대한 견해를 간추려보자. 이슬람은 인류가 산출한 도덕, 종교, 예술 등을 모아서 요약한 것에 지나지 않았다. 유럽 수준의 높은 정신은 기대할 수 없었다. 열등하고 범속한 상태에 머무르던 것을 인도-유럽 민족의 페르시아가 받아들여 크게 바꾸어놓은 결과 신비주의의 성향을 지니게 되었다고 했다.("Mahomet et les origines de l'islamisme," *Études d'histoire religieuse*, 217면)

유럽인의 우월성을 믿는 인종불평등론이 나타나 있다. 당시의 편견에서 벗어나지 못한 채 관심을 확대하고 비교론을 전개했다. 유럽 수준의 높은 정신은 고대의 그리스나 당대의 독일에서 찾을 수 있다고 했으며, 기독교가 이슬람보다 우월하다고 한 것은 아니다. 그러다가 종교의 비교에서 문명의 비교로 나아가 이슬람 폄하론을 관철시켰다.

"기독교 국가에서는 종교를 개혁하려면 단일체를 격렬하게 파괴하고 중앙의 권력에 대해 공공연한 항거를 해야 하지만, 이슬람에는 교황이나 종교회의는 없으며 성직자가 누군지 분명하지도 않다."(같은 글, 218면) 이런 대목에서는 이슬람이 우월하다고 한 것 같지만, 이어서 한 말을 보고 판단하자. 그렇기 때문에 종교는 오류가 없다는 독단을 배격하고 이성이 깨어나는 충격이 유럽에서 더 크다고 했다.

『예수의 생애』 한 대목에서 불교에 관해 말했다. 예수와 석가는 "가정, 이 세상의 기쁨, 모든 일시적인 근심을 잊게 한 공통점이 있다"고 했다. 기독교와 불교는 공동의 목표를 가진다고 하고 그 내역을 불교 쪽에 무게를 두고 이해했다고 할 수 있다. 그러나 불교 이해를 구체적으로 논술한 글을 보면 기대에 미치지 못한다.

"불교의 근본 사상은 인간이 우주의 다른 것보다 우월하다는 것이다", "슬기로운 사람의 생각이 땅을 움직이고, 명상이 세계를 만든다", "세계는 그 속에 살고 있는 인간 행위의 산물이고, 창조주의 작품은 아니다"라고 했다.(같은 책, 365면) 이런 것들은 기독교의 관점에서 본 불교이고, 불교 자체가 아니다. 인간이 우월하다는 것은 공연한 말이다. 생각으로 세계를 만든다는 것을 땅의 형성으로까지 확대하면 빗나간다. 창조주를 부인한다고 하다가 핵심에서 벗어났다.

르낭은 기독교를 넘어서서 이슬람과 불교 등의 다른 여러 종교를 이해하려고 했다. 비교종교학을 근거로 삼아 보편적인 종교학의 이론을 마련하려고 했다. 얻은 결과가 빈약하고 더러는 빗나가기도 했지만, 의도와 노력은 평가해야 마땅하다. 종교란 무엇이며 어떻게 변천해왔는가 하는 문제에 대한 고찰에서 핵심이 되는 것들을 간추려 보자.

현실을 떠나 신을 찾는 종교 행위는 모두 환상이거나 거짓이라고 하는 주장에 대해서 반론을 제기했다. "신은 우리가 감각을 넘어서고자 하는 여러 필요성의 집약이며, 이상적인 것의 범주라는 사실이 앞으로 변함 없으리라"고 했다. 육체를 인식하기 위해서는 시간과 공간이라는 범주가 필요하듯이, 이상적인 것에 관해서는 신을 인식의 범주로 삼아야 한다고 했다.("M. Feuerbach et l'école hégélienne", *Études d'histoire religieuse*, Paris: Gallimard, 1992, 295면)

"종교는 그 꼭짓점이 이상적인 것의 순수한 하늘에 닿고 있는 동시에, 인간적인 것들로 움직이는 땅에 기초를 두고 있다"(같은 책 제1부

머리말, 18면)고 했다. 영원한 이상을 시간이 한정되어 있는 인간적인 것들의 방식으로 추구하니 종교가 시대와 지역에 따라 달라지게 마련이다. 두 가지 변이 요인 가운데 지역보다 시대를 더욱 중요시하면서 종교사 전개의 보편적 양상을 찾아내려고 르낭은 노력했다.

고대종교가 중세종교로 바뀐 것이 종교사의 중대한 변화였다고 하면서 구체적인 논의를 폈다. 고대의 종교는 자유민 남성의 특권을 입증하고, 외국인, 노예, 여성 등은 신앙하지 못하도록 배제했다. 사도 바울이 "유태인도 그리스인도 노예도 주인도 없으며, 남자도 없고 여자도 없나니, 예수 그리스도를 믿으면 모두 하나이다"라고 하자 보편적인 특성을 지닌 새로운 종교가 시작되었다.("Les religions de l'antiquité", 같은 책, 76면) 이런 변화는 예수 출현 이전에 유태교에서 이미 시작되었다고 했다.("De l'identité originelle et de la séparation graduelle du judaïsme et du christianisme", *Du judaïsme et du christianisme*, Paris: Desclée de Brouwer, 1995, 45-58면)

보편적인 신앙은 생기를 잃고 형식화할 수 있어 변화가 요구되었다. "여러 민족이 각기 지닌 종교적인 본능을 반영해 서로 많이 다른 모습으로 지역적 특색을 반영하는" 聖者 신앙이 출현했다고 했다.("La vie des saints", 같은 책, 226면) 성자의 좋은 본보기를 보여주는 아시시의 프란체스코(François d'Assisie, Francesco)를 들어 이상적인 상태를 말했다. "성서를 거의 읽지 않고", "일반적인 종교의례와는 거리를 멀리하고", "유랑광대가 하는 말로 기도하고 노래했다" 하고, "모든 것을 사랑하고, 모든 것을 위해 기뻐하고 슬퍼했다"고 했다. 영향을 받은 것은 아니지만 불교와 흡사하다고 하고, "불교의 아라한보다 더 높은 경지에 이르렀다"고 했다.("François d'Assisie", 같은 책, 524-525면)

보편적인 특성을 가진 기독교가 예수 출현 이전에 유태교에서 이미 준비되었다고 한 것은 기독교의 독점적인 의의를 부정하고, 기독교만 중세종교인 것은 아니라고 하는 주장을 내포한다. 고대종교에서 중세종교로의 전환은 다른 문명권의 여러 종교에서도 이루어졌으므로 세계종교사 전개의 보편적 과정이라고 생각하게 하고 구체적인 고찰은 하지 못했다. 아시시의 프란체스코를 중세 성자의 좋은 본보기로 든 것은 타당하다.

그러나 프란체스코가 불교의 아라한보다 더 높은 경지에 이르렀다고 하는 것은 이중으로 잘못되었다. 비교 대상을 불타의 직접 제자들이 아닌 중세의 고승들로 삼았어야 했다. 더 높은 경지에 이르렀다는 것은 사실로 입증할 수 없고 여러 종교를 대등한 자리에 놓고 공통점을 찾아야 하는 연구 목적과 어긋난다.

총괄 평가

여러 면모를 자세하게 살핀 방대한 프랑스의 저작에서, 르낭이 어떤 사람인가 총괄해서 말한 서두를 보자. 르낭은 신앙에서 벗어나 자유롭게 되어, 상반된 견해들 사이에서 방황하는 것을 즐기고, 도덕이니 인격이니 하는 것을 저버렸다고 했다. 이런 태도가 지드(André Gide)나 사르트르(J.-P. Sartre)로 이어졌다고 했다.(Jules Chaix-Ruy, 위의 책, 6면) 학자보다 문인으로서 더욱 소중한 의의를 가진다는 말이다.

르낭 연구를 치밀하게 진행한 연구서를 영어로 내놓은 논자도 글쓰기에서 이룩한 성과를 높이 평가해야 한다고 했다. 결론 말미에서 한 말을 간추려보자. 르낭은 "단선적이고 세속적이면서 영원하고 신성한 양면의 창조력을 가진 작가"이며, "회의적인 사고를 한정된 범위에서 한 산문"이면서 "영원한 것을 향해 헌신하는 신앙의 시"를 남겼다고 했다.(David C. J. Lee, 위의 책, 274-275면)

르낭은 문학이 아닌 과학을 한다고 했지만, 과학보다 문학에서 더욱 높이 평가되었다. 문학의 능력을 가지고 과학을 하면서 과학을 탐구하고 서술하는 작업을 문학하듯이 해서 과학에서는 배격되어도 문학에서는 환영받았다. 프랑스에는 자유로운 탐구의 지성으로 사상을 혁신하는 문학을 소중하게 여기는 전통이 있어 르낭을 그 주역의 하나로 인정한다.

그러나 철저한 자료 조사와 치밀한 논증을 거쳐 이룩한 방대한 업적이 모두 대단한 가치를 가진 문학작품이라고 할 것은 아니다. 르낭이 학문에서 이룩한 성과는 무엇인지 진지하게 물어야 한다. 그 당시에는 대단했지만 이제 와서는 효력이 없어졌는가? 종교사 연구를 가장 중요한 업적으로 보고 다음과 같이 평가하는 견해가 있다.

> 르낭이 종교사가로서 기여한 공적이 기독교 이외의 여러 종교에 관해 당시 사람들이 흔히 보인 오해를 시정하고 객관적인 인식을 제공하며, 변호나 포교를 하지 않고 기독교를 자료에 입각해 비판적으로 다룬 것임은 재론의 여지가 없다… (종교의) 역사에 관한 르낭의 저작은 능가한 것이 없고 뒤떨어지지도 않았다. (Charles Chauvin, 위의 책, 99면)

과연 그런가? 기독교 이외의 여러 종교에 대해서 객관적인 인식을 제공했다는 것은 동의하기 어려운 말이다. 이해하려고 시도하다가 말았다. 그런데 르낭의 시도는 오늘날까지 능가한 것이 없어 뒤떨어지지 않았다고 한다. 종교학을 전공한 저자가 2000년에 낸 책에서 한 말이니, 잘못 보았다든가 낡은 견해라든가 할 수는 없다.

> 종교적인 상상을 통해 종교는 사랑의 은유가 된다. 종교 및 종교적 상상력의 회전축에 따라 르낭에게 근접해, 탐구한 과정을 개념의 연속만이 아닌 상상의 전환으로, 거울 뒷면으로 가는 방식으로 읽는 것이 가능하다.(Laudyce Rétat, 위의 책, 537면)

르낭의 작업에서 종교와 종교적 상상력이 어떤 관계를 가지는지 탐구하는 작업을 방대한 분량으로 진행한 논자는 자기가 내린 결론을 이렇게 요약했다. 이에 대해서 두 가지 의문을 가지지 않을 수 없다. 르낭이 한 작업 가운데 이것이 가장 소중한가? 이에 대한 탐구가 지금부터 해야 할 종교학의 핵심 과제인가?

종교를 학문으로 연구하는 것은 어려운 일이다. 과학이라는 말이 적합하지 않아 학문이라고 하겠다. 여러 종교를 대등하게 다루면서 종교가 무엇인지 널리 타당한 견해를 마련하고, 종교의 본질, 역사, 기능에 대한 고찰을 통괄해야 종교학다운 종교학 또는 진정한 종교학을 할 수 있다. 이에 관한 르낭의 시도를 평가하면서 미흡한 점을 넘어서야 한다. 해야 할 일을 제대로 하려면 종교와 학문의 관계, 종교와 역사의 관계를 밝혀야 한다. 종교와 학문, 종교와 역사가 둘이기만 해서는 해결이 없다. 둘이면서 하나여야 한다. 둘이라는 것은 명백하지만, 하나인 것은 어떻게 가능한가? 이에 대한 탐구가 핵심과제이다.

내가 해온 작업과 연결시켜 논의를 더 하기로 한다. 르낭이 종교사의 두 가지 커다란 변화를 고찰한 것과 같은 작업을 나도 했다. 르낭이 이미 한 작업을 미처 알지 못하고 독자적으로 진행한 연구를 이제 와서 살펴보니, 기본적인 공통점과 취급 범위의 차이가 발견된다. 르낭은 기독교의 경우만 고찰하고 일반화를 시도했는데, 나는 여러 종교의 경우를 널리 들어 비교해 고찰했다. 르낭은 종교사에 국한된 고찰을 했는데, 나는 종교사와 문학사가 둘이면서 하나임을 밝히고 함께 다루면서 문명사 전체를 포괄적이고 다면적으로 이해하고자 했다.

르낭의 견해를 나의 관점에서 재론해보자. 고대종교가 중세종교로 바뀐 것은 고대의 자기중심주의를 청산하고 중세의 보편주의를 이룩한 변화이며, 여러 문명권에서 일제히 나타났다. 이에 따라 역사의 총체적인 전환이 이루어졌다. 중세의 질서를 이룩한 보편종교의 교조 신앙이 특권층에 의해 격식화되고 생기를 잃자 하층의 요구를 반영하는 성자 신앙이 등장한 것도 어디서나 공통된 현상이고, 문명의 양상을 바꾸어놓는 작용을 동일하게 했다. 중세로의 전환이 유사한 시기에 기본적으로 일치하는 양상으로 이루어진 것은 세계사가 하나라는 증거이다. 종교적이거나 정치적인 권위를 부정하고 평등하고 자유로운 삶의 방식을 깨달음의 근거로 삼은 성자들은 인류는 지향하는 바가 같다는 것을 입증한다.

(이에 관한 나의 연구가 어디 있는지 밝히려면 많은 논저를 열거해야 하므로 번거롭기 때문에, 얻은 결과가 『세계문학사의 전개』, 서울: 지식산업사, 2002에 요약되어 있다는 것만 밝힌다. 성자전에 관한 비교고찰은 "Mutual Understanding of Hagiographic Traditions", *Interrelated Issues in Korean, East Asian and World Literature*, Seoul: Jimoondang, 2006에 있다는 것을 추가한다. 결론 부분에서 "Humankind has a common ideal of an egalitarian community without privilege or prejudice. Such a view was well manifested in the medieval hagiographies of various religions... Hagiographical traditions are one of the best heritages of human civilization. Mutual comparison and general understanding of them are crucial tasks for the humanities and social sciences."라고 했다.)

치부술과는 다른 경제학이 학문으로 등장하면서 중세학문에서 근대학문으로 넘어왔다. 경제학을 비롯한 사회학문의 여러 분야는 계급모순을 진단하고 완화하는 데 기여해 성가를 높였다. 계급모순은 뒤로 물러나고 민족모순이 전면에 부각된 것이 지금의 상황이다. 치부술에 상응하는 자기 종교 옹호론으로 일관하는 사이비 종교학을 넘어서서 여러 종교를 대등한 자리에 놓고 종교 때문에 빚어지는 민족모순 또는 문명충돌을 정면에서 다루는 진정한 종교학이 이루어져야 근대를 넘어서서 다음 시대로 나아가는 학문이 시작된다.

르낭의 기독교 연구는 기독교 옹호론에서 벗어나 기독교를 보편적인 종교의 하나로 고찰해 진정한 종교학을 마련하기 위한 선구적인 작업으로서 소중한 의의가 있다. 나는 기독교를 다른 여러 중세종교와 대등한 위치에 두고 같은 정도로 다루고, 종교사를 총체적인 문명사에 포함시켜 고찰하고자 해서 내 나름대로 기여를 한다고 생각하지만, 내용이 엉성하고 논의가 치밀하지 못하다. 르낭이 기독교에서 한 것과 같은 치밀하고 깊이 있는 연구를 다른 종교에서도 해서 그 결과를 종합해 총체적인 문명사의 긴요한 부분으로 삼는 것이 장차 해야 할 일이다.

토론

❑ 문 : 학자는 글을 잘 써야 하는가?

❑ 답 : 학문 글쓰기는 정확하고 논리적이어야 한다. 미문 취향은 방해가 된다. 그러나 내면의 진실을 탐구하고자 하면 언어 표현을 위한 각별한 노력이 필요하다. 형체가 없고 미묘한 것이 생동하게 나타나게 하려면 시 창작에 근접해야 한다. 말의 낭비를 배격하고 효용을 최대한 살려야 제대로 된 시라는 점을 명심하면서 적절한 방법을 찾아야 한다. 종교연구가 우선적으로 감당해야 할 과제이다.

❑ 문 : 종교학의 현황에 대해서 무엇이 불만인가?

❑ 답 : 자기 종교 특히 기독교를 옹호하기 위해 다른 여러 종교를 들러리로 세우는 편향성이 청산되지 않고 있다. 더 나아간다고 자부하는 쪽에서는 종교현상학이나 종교사회학의 관점을 택해 밖을 살피기나 하고 안에 들어가지 않으려고 한다.

❑ 문 : 안에 들어간다는 것은 무슨 말인가?

❑ 답 : 종교가 종교다운 점을 밝혀 논한다는 말이다.

❑ 문 : 종교가 종교다운 점을 학문적 연구의 대상으로 삼을 수 있는가?

❑ 답 : 종교가 종교다운 점을 학문적 연구의 대상으로 삼아야 종교학이 할 일을 한다. 종교는 무엇이든지 사람이 이루고자 하는 이상에 대한 상징적 표현이므로 표현 자체는 달라 충돌을 일으키지만 지향하는 바는 기본적으로 동일하다고 하는 것이 종교에 대한 학문적 연구의 소중한 내용이어야 한다. 이러한 성과를 확보하고 종교의 역사와 기능에 대한 광범위한 고찰을 하는 것이 마땅하다.

❑ 문 : 모든 종교는 기본적으로 동일하다는 것이 받아들여질 수

있는 주장인가?

❏ 답 : 받아들여질 수 있게 만들려고 노력해야 한다. 선각자들이 이미 한 작업을 모아들여 공통점을 추출하는 것이 좋은 방법이다. 르낭보다 다음에 다룰 비베카난다는 더욱 훌륭한 선각자이다. 여러 종교에서 펴온 종교는 기본적으로 동일하다는 견해를 찾아내 정리하면 새로운 종교학을 이룩하는 데 많은 진전을 이룰 수 있다.

❏ 문 : 르낭이나 비베카난다를 지금의 종교학에서 어떻게 평가하는가?

❏ 답 : 한국의 종교학계를 대표한다고 할 수 있는 종교학자에게 물어보니 둘 다 모른다 하고, 종교학에서 거론하는 것을 들어보지 못했다고 했다. 종교학을 다시 해야 한다는 것을 절감했다.

❏ 문 : 새로운 종교학은 무슨 소용이 있는가?

❏ 답 : 종교가 다른 것을 주요 이유로 삼아 날로 심각해지는 민족모순을 진단하고 해결하려면 새로운 종교학이 출현해야 한다고 아무리 강조해도 지나치지 않다. 새로운 종교학을 어디서든지 학교 교육의 내용으로 삼아야 전환이 가능하다. 종교 교단에서 세운 학교에서는 그 종교를 믿으라고 가르치고, 국가가 관장하는 공교육에서는 종교를 외면하는 지금의 교육은 잘못되었다.

국가는 종교중립을 표방하고 실행하면 할 일을 다 하는 것이 아니다. 과학교육 못지않게 종교교육을 소중하게 여겨야 한다. 종교 일반에 대한 이해와 여러 종교에 대한 광범위한 지식을 학교에서 가르쳐야 학생들이 알아야 할 것을 알고, 종교 갈등을 해소할 수 있는 준비를 갖춘다. 새로운 종교학이 제대로 이루어져야 가능한 일이다.

❑ 문 : 다른 나라는 어떤가?

❑ 답 : 다른 어느 나라에서도 새로운 종교학을 이룩하지 못하고 올바른 종교교육을 실시하지 않는다. 프랑스에 종교교육이 없다고 개탄하는 말을 들었다. 르낭의 노력이 성과를 거두지 못했다. 우리가 앞서야 한다는 것을 절감한다. 여러 종교의 공존이 유리한 조건이다.

❑ 문 : 프랑스의 종교 현황은 어떤가?

❑ 답 : 거의 유일한 종교였던 가톨릭이 힘을 잃고 있다. 대성당 내부의 거대한 중앙부는 버려두고 작은 곁방에서 예배를 보는 것을 목격하곤 한다.

❑ 문 : 그래서 무엇이 문제인가?

❑ 답 : 가톨릭 독점의 인간관계 규범이 흔들려 결혼 제도가 무너지고, 가족이 해체되고 있다. 개인의 자유를 극도로 주장하는 것을 인류 역사의 도달점으로 삼지 말고 서로 존중하면서 양보하고 화합하는 사회를 이룩하는 쪽으로 방향을 선회하려면, 개신교가 다시 등장하고 무슬림이 늘어나고 불교도 받아들이는 것이 마땅하다고 생각한다. 그래야만 새로운 종교학이 이루어지고, 바람직한 종교교육을 할 수 있을 것이다.

제11강 비베카난다

누구인가

인도의 수도 뉴델리의 델리대학 교정에 커다란 체구를 한 인물 동상이 우뚝하게 서 있다. 누구인가? 비베카난다(Swami Vivekananda, 1863- 1902)이다. 그 대학의 교수였는가? 인도학문을 대표하는 학자인가?

비베카난다는 그 대학과 아무 관련이 없는 벵골지방의 인물이며, 통상적인 의미의 학자가 아니다. 학문을 직업으로 한 적이 없고, 학문을 한다는 생각을 가지고 저술을 하지도 않았다. 인도가 영국의 식민지였을 때 잘못된 세상을 바로잡으려고 분투한 종교사상가이다. 그런데도 오늘날 인도학문의 지표로 삼는다. 업적보다 정신을 더욱 중요시한 평가이다.

비베카난다가 활동한 19세기 말은 인도인에게 아주 어려운 시기였다. 영국의 식민지 통치에 항거하고 인도인의 각성을 고취하는 학문을 조용한 가운데 착실하게 할 수는 없었다. 주장하는 바를 강력하게 나타내는 사상운동이 필요했다. 자세한 내용은 뒤로 미루고 무엇이 문제이며 어떻게 해야 하는가를 분명하게 해야 했다. 그 과업을 비베카난다가 말았다.

공격의 대상은 영국뿐만 아닌 서양 전체이고, 자기가 펴는 주장의 근거는 힌두교이다. 세계 전체를 괴롭히고 있는 서양의 침략에 대해 인도의 전통사상 힌두교에 입각해 비판을 전개하고 대안을 제시했다. 인도 민족운동을 선도하면서 민족주의를 넘어섰다. 서양과 맞서는 피압박민족 전체의 자각과 사명을 말했다. 서양의 침략은 이상을 짓밟아 세계사의 진로가 그릇되게 한다고 나무라고, 인류가 추구해야 할 보편적 가치를 역설했다. 제3세계 공동전선의 기본강령이 될 수 있는 사상을 전개했다.

39세에 세상을 떠나 서론만 말하고 본론은 갖추지 못했다고 할 수 있다. 그런데도 정력적으로 활동해 많은 글을 남겼다. 대외적인 활동에서는 영어를 차용하고, 오래 두고 생각한 바를 길게 말하고자 한 글은 벵골어로 썼다. 전집을 만들고자 하는 노력이 1907년에 첫 결실을 보고, 판을 거듭하는 동안 보완이 이루어졌다. 벵골어본은 10권이고, 영어본은 8권이다. 벵골어본에는 벵골어로 쓴 글은 원문으로 나머지는 번역으로 수록되어 있다. 영어본에는 영어로 쓴 글은 원문으로 나머지는 번역으로 수록되어 있다. 전문 번역으로 이루어진 힌디어 등 인도의 다른 여러 주요 언어본도 10권이다.

(*The Complete Works of Swami Vivekananda*, Myavati, Almora, Himalayas: Advaita Ashrama, 6th ed., 1948에 의거해 논의를 전개하고, 『전집』이라고 일컫는다. Kolkata, Himalayas: Advaita Ashrama, 11th Reprint of Subsidized Edition ed. 2006을 이용해 추가 작업을 하고, 『증보 전집』이라고 일컫는다.)

스승과의 만남

비베카난다는 영국인이 세운 캘커타대학에서 공부했다. 서양의 학문을 알고 영어를 잘 하는 것이 그 덕분이다. 그러나 진정으로 소중한 것은 대학에서 배우지 않았다. 라마크리슈나(Ramakrishna, 1836-1886)라는 득도한 스승의 가르침을 받고, 그 후계자가 되었다. (Swami Nikhilandrada translated into English with introduction, *The Gospel of Sri Ramakrishna*, New York: Ramakrishna-Vivekananda Center, 1942를 참고한다.)

라마크리슈나는 캘커타 근처 시골 마을 가난한 브라만의 아들로 태어났다. 어려서 학교에 다녔으나 공부에 뜻이 없고 힌두교 신화에 매혹되었다. 형 람쿠마르(Ramkumar)가 캘커타에 가서 생활 터전을 마련하려고 애쓰면서 동생을 데려갔다. 형은 산스크리트를 가르치는 서당을 열어 생계의 보탬을 삼으면서 동생도 배우라고 했다. 동생이 게으름을 피자 힌두교 고전에 대해서 잘 알아야 브라만 노릇을 제대로 할 수 있다고 타일렀다. "형님, 밥벌이 공부나 해서 무얼 합니까? 마음을 밝혀주고 영원한 즐거움이 될 지혜를 얻고 싶어요"라고 했다.(위의 책, 6면)

천민 신분의 과부가 많은 재산을 양자와 함께 관리하면서 캘커타 일대의 수호신 칼리(Kali)를 모시는 신전을 지었다. 형 람쿠마르가 그 신전의 사제로 초빙되었다. 천민이 만든 신전의 사제 노릇을 하는 것이 고귀한 신분의 브라만으로서는 무척 창피했지만, 생계를 위해 어쩔 수 없었다. 형은 아우에게 사제에게 필요한 지식을 습득하고 훈련을 하라고 했으나 듣지 않았다. 형이 세상을 떠나자, 과부의 양자가 형의 뒤를 이어달라고 간청했다. 자격이 모자란다고 하니 신앙심이 더욱 소중하다고 해서, 후임 사제가 된 것이 1856년의 일이다.

라마크리슈나는 사제 노릇을 하다가 1857년에 갑자기 이상한 사람이 되었다. 신이 찾아와 만났다고 하면서, 사원을 떠나 숲속에서 밤새 기도하고 명상했으며, 예배의 절차를 따르지 않고 노래만 불러대기도 했다. "어머니 신이시여, 저는 당신에게서 피란처를 얻었나이다. 제가 무엇을 하고 무엇을 말해야 하는지 알려주소서. 당신의 뜻은 모든 것의 으뜸이고, 자식들을 위한 최상의 선입니다. 저의 뜻을 당신의 뜻과 합쳐, 제가 당신의 도구가 되게 하소서." 이런 말을 늘어놓았다.(같은 책, 15면)

정신이상인 것 같은 상태여서 그대로 둘 수 없었다. 종교 지도자들이 조사하고서 강신을 경험하고 신과 일체가 되는 경지에 들어섰다고 인정했다. 신이 사람의 모습을 하고 나타난다는 오랜 신앙을 재현했다고 평가했다. 글을 전혀 모르는 것은 아니지만, 글에 의지하지 않고 스스로 각성했다. 커다란 깨달음을 얻는 사람은 一字無識인 것이 마땅하다는 전통을 이었다.

깨달았으면 다 되는 것은 아니었다. 깨달아 알게 된 바를 펴기 위해서 필요한 지식을 갖추어야 했다. 예상하지 않던 일이 일어났다. 정신적 지도자로 뛰어난 명성이 있는 분들이 찾아와 "신이 시켜서 하는 듯이" 찾아와 경전의 가르침을 말로 전해주었다고 했다.("Introduction", *Sayings of Ramakrishna*, Mylapore: Sri Ramakhrishna Math, 2006, 6면)

그 사람들은 많이 알지만 깨달은 것은 아니었다. 깨달음을 전달하는데 필요한 지식을 제공해줄 따름이었다. 1864년에 만난 토타푸리(Totapuri)가 가장 많은 도움을 주어 베단타(Vedanta) 철학에 관해 소상하게 알 수 있게 했다. 그 경과가 라마크리슈나의 전기에 흥미롭게 설명되어 있다. (*Life of Sri Ramakrishna*, Kolkata: Avaita Ashrama, Fifteenth Impression, 2002, 154-170면)

토타푸리는 베단타 철학의 정수를 전해 받고 성지 순례로 남은 생애를 보내던 성자였다. 신이 시킨 줄 모르고 길을 가다가 라마크리슈나를 만나 물었다. "그대는 진리 추구에서 진전을 보이는 것 같다. 베단타를 배우겠는가?" 라마크리슈나는 신에게 물어보겠다고 하더니 승낙을 얻었다고 했다. 토타푸리가 일러주는 말을 듣고 베단타 철학에 대한 깊은 이해를 얻었다. 수천 년의 내력이 있는 가르침을 충실하게 받아들여 새로운 지혜가 되게 재창조했다.

라마크리슈나는 베단타 철학을 탐구하는 데 그치지 않고, 이슬람과 기독교를 경험하고 종교에 관한 이해를 넓혔다. 스스로 깨달은 이치를 들어서 알게 된 교리와 합쳐서 자기 사상을 만들었다. 힌두교의 경계를 넘어서서 어떤 종교에도 해당되는 보편적인 원리를 찾아냈다. 진리가 무엇인가 하는 궁극적인 의문에 대한 해답을 얻었다.

라마크리슈나는 글을 쓰지 않고 강연을 하지도 않았다. 생각한 바를 체계화해서 말한 적도 없다. 물음에 대답해 이것저것 말한 것을 들은 사람들이 기록해 전한다. 시골 사람 말투의 벵골어를 써서 쉽게 말했다. 미리 준비하지 않고 단어가 몇 개 되지 않으며 구문이 간략한 말을 즉석에서 한 데 깊은 뜻이 있어, 자세하게 풀이하려면 많은 수고를 하도록 했다. (Lex Hihon, *Great Swan, Meetings with Ramakrishna*, Burdett: Larson Publications, 1992, xi면)

한 말을 하나 들어보자. 안다는 것이 무엇인지 말하기 위해 얼음의 비유를 썼다. 인도에는 얼음이 아주 귀하다는 것을 잊지 말고 이해해야 한다.

> 많은 사람이 얼음이라는 말만 듣고 보지는 못했듯이, 신이 어떤 특징을 가지는지 책에서 읽기만 하고 알아차리지는 못한 설교자가 많다. 얼음을 보기만 하고 맛보지는 못한 사람도 많듯이, 신의 영광을 조금 알아차리기나 하고 본질을 정말 이해하지 못하고 종교를 논하는 스승도 많다. 얼음을 맛보아야 무엇인지 알듯이, 신과 하나가 되어 신에게 들어간 체험을 해야 신의 여러 면모와 만나 하인·친구·연인도 될 수 있다. (*Sayings of Ramakrishna*, 63-64면)

그렇다면 신은 어떤 존재인가? 신은 진리이다. 신은 형태가 있을 수도 있고, 없을 수도 있다. 신은 어떤 특성을 지닐 수도 있고, 지니지 않을 수도 있다. 신은 찾는 사람에게 적합한 방식으로 나타난다. 신을 찾는 모든 종교는 대등하다. 기독교나 이슬람을 배격하지 말아야 한다. 서로 인정하고 화합하는 것이 진리를 실현하는 삶의 자세이다. 라마크리슈나는 이렇게 말해 영국의 통치 때문에 신음하던 인도인들의 마음을 비추는 커다란 광명이라고 인정되었다.

라마크리슈나의 전기가 출판될 때 마하트마 간디가 머리말을 썼다. "회의주의에 사로잡혀 정신의 빛을 잃고 있는 수많은 사람에게 위안이 되는, 활기에 차고 생동하는 신념의 본보기를 라마크리슈나가 제공했다"고 평가했다.(*Life of Sri Ramakrishna*, iv면) 그 해가 1924년이다. 독립운동의 지도자로 등장하던 시기의 간디가 라마크리슈나에게서 큰 감명을 받았다는 말이다.

라마크리슈나와 비베카난다가 처음 만난 것은 1880년의 일이었다. 스승은 44세이고, 세상을 떠나기 6년 전이었다. 제자는 17세이고 캘커타대학의 학생이었다. 이상한 사람이 나타났다는 말을 듣고 친구들과 함께 시험 삼아 찾아가보았다. 어떤 젊은인가 알고 싶어 스승은 노래를 불러보라고 했다. 노랫말은 짧은 전기에 더 길고 분명하게 나타나 있다.

> 다시 돌아가자.
> 마음이여, 고향으로 돌아가자.
> 이곳 남의 땅에서,
> 딴 사람의 모습을 하고 목적 없이 헤매야 하는가?

이 노래를 듣더니 스승은 젊은이의 손을 덥석 잡으면서 말했다. 이하의 말은 긴 전기에서 가져온다.

> 아, 이제야 왔구나. 나를 너무 오래 기다리게 했다. 세속적인 사람들의 불경스러운 말이나 듣고 있느라고 내 귀는 거의 다 타버렸다. 가장 깊은 체험까지 전해 받을 수 있는 사람이 부담을 덜 수 있기를 고대했다.(같은 책, 70면)

젊은이도 스승의 손을 잡고 말했다.

> 스승이시여. 당신은 다시 태어난 옛적 성인이며, 진리의 화신인 줄 압니다. 비참한 지경에 있는 인류를 구하러 이 땅에 오셨나이다.(같은 책, 같은 곳)

스승과 문답한 말을 제자가 적어놓은 것을 보자.

신을 보셨습니까?

내가 여기서 너를 보듯이 신을 본다. 더 깊이 살피면 신을 본다.

어떻게 하면 된다는 말인가요?

신을 생각하면서 진정으로 눈물을 흘리면 신이 모습을 드러낸다.(같은 책, 77면)

신의 모습을 본다는 것이 무엇인가? 도무지 실감이 없는 말로 생각될 수 있다. 스승은 쉬운 비유를 들어 제자를 깨우쳤다. 스승과 제자가 나눈 말이 다음과 같이 기록되어 있다.

스승: 지붕이 분명하게 보이지만 오르기 아주 어렵다.

제자: 과연 그렇습니다.

스승: 누가 지붕에 올라가면 다른 사람도 올라오라고 밧줄을 내린다. 여기 네 눈앞에 밧줄이 있다.

(Swami Nikhilandrada, *The Gospel of Sri Ramakrishna*, 949면; Lex Hihon, *Great Swan, Meetings with Ramakrishna*, 238면. 같은 내용이 뒤의 것에 더 자세하게 기록되어 있다.)

밧줄을 잡고 지붕에 올라오라는 것만은 아니다. 많은 사람이 올라오도록 하라고 했다. "너는 정신적 가치의 모든 영역을 확립할 능력이 있다. 너는 일상의 세계를 완전히 뒤집을 수 있다."(Lex Hihon, 위의 책, 240면) 스승 라마크리슈나가 제자 비베카난다에게 자기 뒤를 이어 더 큰 일을 하라고 당부하면서 이렇게 말했다.

라마크리슈나에게는 많은 제자가 있었으나 비베카난다는 특이했다.

다른 제자들은 스승이 하는 말을 그대로 받아들였으나, 비베카난다는 타당성을 따져 검증하는 과정을 거쳤다. 스승은 제자의 태도를 평가하고 능력을 인정했다. "열여덟 가지나 되는 기이한 재주를 지녔다"고 하고, "그 가운데 한둘만 가지고도 온 세상에서 유명하게 될 것이다"라고 했다.(Gautam Ghosh, *The Prophet of Modern India: a Biography of Swami Vivekananda*, New Delhi: Rupa, 2007, 23면)

전수 받은 사상

라마크리슈나의 가장 뛰어난 제자가 비베카난다였다. 비베카난다는 자기는 스승이 전해 준 말을 한다고 했다. 스승이 한 깨달은 바를 풀이하고 세상 사람들이 이해할 수 있게 전하는 것이 자기가 하는 일이라고 했다. 「나의 선생님」(My Master)이라는 글 말미에서 전해 받은 가르침을 이렇게 요약했다. 말이 통하게 하려고 상당한 정도 의역을 한다.

> 교리를 존중하지 말라. 원리 · 교파 · 교회나 사원을 존중하지 말라. 그런 것들은 사람이면 누구나 지닌 본질에 견주면 가치가 아주 적다. 사람의 본질인 정신이 개발되고 힘차게 되는 것만 바람직하다. 먼저 자기각성을 이루는 것이 마땅하다. 다른 사람을 아무도 비판하지 말라. 모든 교리나 신앙은 각기 그 나름대로 좋은 점이 있다. 종교는 말이나 이름이나 교파를 의미하지 않고 정신의 실현을 의미한다는 것을 너의 삶으로 입증하라. 그렇게 느낀 사람만 이해할 수 있다. 정신 각성의 경지에 이른 사람만 타인과 교통할 수 있어 인류의 위대한 스승이 된다. 그런 사람만

빛을 주는 힘이 있다.(『전집』 4, 183면)

비베카난다는 스승과 처지가 달랐다. 부유하고 학식이 많은 캘커타 명문에서 태어났으며, 아버지는 변호사였다. 이름은 나렌드라나트 다타(Narendranath Datta)였다. 말을 줄여서 나렌드라(Narendra) 또는 나렌(Naren)이라고도 했다. 유복하게 자라나고, 캘커타대학에서 철학을 공부했다. 철학이란 서양철학이었다.

비베카난다의 전기는 여럿 있다. 한 사람이 짧게 쓴 것도 (Swami *Nikhilananda, Vivekananda*, a Biography, New York: Ramakrishna-Vivekananda Center, 1953) 보고, 여럿이 길게 쓴 것도 (위에서 든 His Eastern and Western Disciplines, *The Life of Swami Vivekananda* 1-2) 보았다.

고전을 사랑하고 학구적인 열의가 있는 부모에게서 많은 것을 배웠다. 모국어인 벵골어 외에 힌디, 우르두, 페르시아어, 산스크리트 등을 익혔다. 학교에 들어가 공부하자 뛰어난 능력을 보여주었다. 대학의 지도교수는 여러 나라를 돌아다녀보았지만 "이렇게 재능 있는 학생은 처음 본다"고 하고, "독일 대학에서 철학을 공부하는 학생들 가운데도 따를 사람이 없을 것이다"라고 했다. (His Eastern and Western Disciplines, *The Life of Swami Vivekananda*, Calcutta: Advaita Ashrama, 1979, 1권 48면)

학교에서 영어를 익히고, 서양문명에 대해서 많은 것을 알아 구체적으로 비판할 수 있었다. 그러나 라마크리슈나를 만나기 전에는 자기가 무엇을 해야 하는지 고민하고 있었다. 서양철학을 잘 알면 해답을 찾을 수 있다고 생각하지 않았다. 그 이상 나아가지 못해 고민이 고민으로 그쳤다. 서양철학을 잘 이해하는 우수한 학생에 지나지 않았을 사람이 스승을 만나 삶이 온통 달라졌다. 수천 년의 전통을 가진 인도의 전통학문과 유럽에서 전래된 현대학문의 이상적인 만남이 이루어졌다.

> 라마크리슈나는 전통적인 인도의 정신적 통찰, 『우파니샤드』의 인도를 이어받는 고행과 실천을 대변했다. 찾아온 젊은이는 근대의 질문과 회의, 종교에서 최고의 가르침이라고 하는 것이라도 검증하지 않고서는 받아들이지 않으려고 하면서도, 진리를 향한 열망이 마음속에서 타오르고 있었다.(*The Life of Swami Vivekananda* 1권, 75면)

스승을 만나자 새로운 천지가 열렸다. 스승에게서 베단타 철학을 이어받고, 자기 나름대로 탐구한 바를 보태 더욱 진전된 논의를 폈다. 스승이 체험을 통해 각성한 성과를 세상 사람들이 알 수 있게 풀이하고 현실의 여러 문제와 관련시켜 다시 고찰했다. 스승의 주장을 무기로 삼아 서양 여러 곳에 가서 투쟁했다.

베단타 철학에 두 학파가 있다. 산카라(Sankara)는 오직 신만 모든 것을 아우르는 실재이고 세계는 환영에 지나지 않으니, 진리에 이르기 위해 헛된 욕망을 버리고 신에게로 나아가야 한다고 했다. 라마누자(Ramanuja)는 신이 실재하면 세계도 실재한다고 했다. 신과 세계가 둘이 따로 놀아서 그런 것은 아니고, 세계는 신의 모습이 밖으로 드러난 것이어서 신에 의존해 있지만 드러나 있는 것 자체로 실재한다고 했다. 신의 실재와 세계의 실재는 정신으로 연관되어 있으나, 물질은 헛되다고 할 수 없다고 했다.(『철학사와 문학사 둘인가 하나인가』, 서울: 지식

산업사, 2000, 194-204면, 280-298면)

산카라는 不二論 베단타(advaita Vedanta)를, 라마누자는 限定不二論 베단타(visistadvaita Vedanta, qualified non-dualist)를 이룩했다고 한다. 두 노선은 심각한 논란을 벌여왔다. 베단타 철학을 잇는다면 어느 쪽을 택해야 하는가? 라마크리슈나는 뒤의 것을 택했다. 비베카난다가 "한정불이론이란 무엇인가요?" 하고 묻자 다음과 같이 대답했다고 기록되어 있다.

> 그것은 라마누자의 학설이다. 그 학설에 의하면, 브라흐만(Brahman) 또는 절대자가 세계 및 세계 내의 생명체들에 의해 성격이 한정되어 있다. 브라흐만, 세계, 생명체들은 하나를 이룬다…
>
> 주님이 만물이 됨을 나는 명확하게 본다. 주님의 사랑으로 내면의식이 틀림없이 일깨워졌다. 내면의식이 일깨워져 깨달음의 경지에 이른다.(*The Gospel of Sri Ramakrishna*, 733-734면)

제시한 논거가 둘이다. 하나는 신이 만물이 됨을 명확하게 보고 있어 논란의 대상이 되지 않는다고 했다는 것이다. 또 하나는 신이 만물이 되므로 만물의 하나이고 다른 만물과 더불어 살아가는 사람이 내면의식의 각성으로 깨달음을 얻는다는 것이다. 나중 것을 말하기 위해 처음 것이 필요했다.

라마크리슈나는 이론을 따져 결론을 내리지 않고, 체험에서 얻은 발견을 말했다. 비베카난다는 스승의 견해를 이어받아 한층 진전된 이론을 제시했다. 철학사적 논의를 보태고, 현실 문제와 연관시켰다.

「인도의 성자들」(The Sages of India)이라는 글을 써서 철학사를 통괄해서 논하는 관점을 보여주면서, 산카라와 라마누자를 다음과 같이 비교했다.

> 산카라는 머리가 뛰어나지만, 가슴은 그렇지 못하지 않나 싶다. 라마누자는 가슴이 뛰어나다. 짓밟힌 사람들을 위해 공감하고 동정했다…
>
> 라마누자의 시대부터 한 가지 특징이 생겨났다. 정신세계로 나아가는 길이 모든 사람에게 열린 것이다. 이것은 라마누자의 뒤를 이은 모든 예언자의 구호이다. 산카라 이전의 모든 예언자들의 구호이기도 했다.(『증보전집』 3권, 265-266면)

비베카난다가 말한 바는 둘로 요약된다. 라마누자는 산카라의 잘못을 바로잡는 혁신을 했다. 누구나 정신세계로 나아갈 수 있게 길을 열어 짓밟힌 사람들의 각성을 촉구한 것이 혁신의 가장 큰 의의이다. 신만 실재이지 않고 신이 곧 만물이어서 만물 또한 실재라고 한 라마누자 사상을 이렇게 평가해 새 시대의 사상으로 삼았다.

만물은 신의 온전함과 함께 그 자체의 갈등을 지니고 있다. 짓밟힌 사람들은 갈등을 가장 심각하게 경험하고 있어 신의 온전함을 더욱 갈망한다. 갈망을 실현하려면 투쟁을 해야 한다. 비베카난다는 이런 철학을 가지고 식민지 인도를 구하고, 민중의 어려움을 해결하려고 나서서 베단타 사회주의라고 할 것을 마련했다.(R. K. Das Gupta, *Swami Vivekananda's Vedantic Socialism*, Calcutta: The Ramakrishna Mission Institute of Culture, 1995에서 이에 관해 고찰하고, 그 한 대목 "Swami

Vivekananda on Ramanuja"에서 라마누자 노선의 계승을 다루었다.)

스승 라마크리슈나는 1886년에 세상을 떠났다. 나이 50세였다. 제자 비베카난다는 23세였다. 헤어질 때 있었던 일을 전하는 말을 보자. "스승은 제자를 불러 자기 앞에 앉아 있으라고 하고 깊은 명상에 빠졌다. 제자가 느끼기에, 어떤 미묘하고 성스러운 기운이 스승의 몸을 움직이고, 안으로 들어가는 것 같았다. 이윽고 스승은 정상적인 상태로 되돌아가 제자에게 말했다. 나의 모든 것을 너에게 주고 나는 오늘 떠나간다. 내가 전하는 힘으로, 너는 위대한 일을 할 것이다."(G. S. Banhatt, *Life and Philosophy of Swami Vivekananda*, New Delhi: Altlantic Publishers and Distributors, 1995, 7면)

제자는 스승의 기대를 저버리지 않고 스승의 깨달음을 이어받아 세상에 널리 폈다. 제자 노릇을 뛰어나게 했다. 스승의 사상에 논리와 체계를 부여하고, 현실 문제와 관련시켜 내용을 구체화하고 풍부하게 했다. 스승은 조용히 지내는 것을 좋아했지만, 비베카난다는 정력적인 활동가였다.

의심하고, 따지고, 싸웠다. 따지고 싸우지 않고서는 진리에 도달할 수 없고, 다른 사람들이 당면한 어려움을 이해할 수도 없기 때문이었다. (*The Life of Swami Vivekananda* 제1권, 95면) 차차 의심이 확신으로, 어둠이 밝음으로, 마음의 불안이 평화로운 통찰로 변모했다.(같은 책, 97면)

진리를 그 자체로 추구하는 데 그치지 않았다. 힌두 사회의 카스트에 대해서 항거했다. 나라 전체가 사제자들에게 매여 있는 것이 잘못이라고 했다. 사회개혁을 위한 강한 의지를 가지고, 천대받는 사람들의 대변자가 되는 것을 또한 평생의 과업으로 삼았다.

스승의 뒤를 이어 진리를 탐구하고 수행하는 길로 나아가겠다고 결심하고 세상에 대한 욕망을 버리기로 작정했다. 부모는 아들의 마음을 돌리려고 결혼을 하라고 했으나 따르지 않았다. 대학 공부를 그만두려고 하다가 가까스로 마쳐 학사가 되었다. 그럴 무렵에 뜻하지 않게 아버지가 세상을 떠나 집이 파산했다. 교직을 얻어 생계를 꾸려가려고 하다가 스승이 병석에 누웠다는 말을 듣고 달려가 간호하는 데 전념했다.

스승이 세상을 떠나면서 비베카난다를 후계자로 지정했다. 뒷일을 맡고 다른 여러 제자들을 돌보라고 했다. 비베카난다는 성직자가 되어 교단을 이끄는 막중한 임무를 맡아야 했다. 그래서 한 곳에 머문 것은 아니다. 밖으로 나가 더 큰일을 해서 스승의 기대를 넘어섰다.

여정에서 보탠 각성

스승의 당부로 교단을 이끄는 임무를 맡았지만 한 곳에 머물러 있는 것은 진리를 탐구하는 마땅한 자세가 아니라고 생각했다. 도를 닦는 승려가 되어 순례의 길을 떠나고 싶은 생각이 간절해서 1890년에 길을 떠나 1893년까지 거의 인도 전역을 순방했다. 수중에 돈 한 푼 없이 걸식을 하면서 걸어가는 것이 예사였다. 도움을 주는 사람을 만나야 휴식을 취하기도 하고 차를 타기도 했다.

먼저 수도승의 성지이고 학문의 본고장인 바라나시(Varanasi)로 가서 선지식이라는 이들을 만나 생각을 주고받았다. 간지스강의 성스러운 흐름을 바라보고 주위의 성전들을 돌아보았다. 불타가 설법을 처음 한 사르나트(Sarnath)에도 들렀다. 『라마야나』(*Ramayana*)의 주인공이 태어났다고 하는 아요다(Ayodha)도 찾았다. 그 밖의 다른 여러 곳에 흩어져 있는 인도 정신문화의 고장을 두루 찾아 오랜 전통을 체험했다.

책을 읽어서는 알지 못하고 스승의 가르침을 받고도 실감하지 못한 많은 것을 더욱 좋은 공부 방법이라고 할 수 있는 현장 체험에서 알아냈다. 세상 공부를 크게 해서 안목을 넓히고 생각을 발전시켰다. 인도가 지니고 있는 가능성과 문제점을 두루 파악하고 자기가 수행해야 할 임무를 더욱 절감했다.

자이나교와 불교에 대해서 이해하고, 힌두교 구도자의 수행을 이어받았다. 수많은 성자들이 해온 일에 대해서 듣고 보고 대화를 나누었다. 인도 민중의 비참한 삶을 생생하게 파악하고 깨우치도록 도와주고 해방 투쟁을 함께 해야 한다는 것을 절실하게 깨달았다. 가르침을 받아들여 제자가 되겠다는 젊은이들을 만나고, 후원자가 되겠다는 유력 인사들과 교류하기도 했다.

> 히말라야에서 집집마다 다니면서 걸식을 했다. 대부분의 시간에 나는 엄격한 정신적 수련을 하고 있었는데, 얻은 음식이 너무 거칠고 허기를 달래기에 부족했다. 어느 날은 내 생명이 소용없다는 생각이 들었다. 고지대에 사는 사람들은 아주 가난했다. 자기 자식이나 가족을 제대로 먹이지 못했다. 그런데도 나에게 조금 남겨둔 것을 주었다. 내 생명이 무슨 소용이 있는가?(Gautam Ghosh, 위의 책, 108면)

> 나는 내 생애의 가장 위대한 순간을 방금 지났다. 이 보리수 아래에서 내 인생의 커다란 문제를 풀었다. 거시세계와 미시세계가 하나임을 발견했다. 이 몸의 미시세계에 거시세계의 모든

> 것이 존재한다. 나는 전체 우주를 원자 속에서 보았다.(같은 책, 같은 곳)

> 순례를 하다가 어느 곳에 이르렀을 때 많은 사람이 몰려와 가르침을 청했다. 믿을 수 없을 듯하지만, 사흘 밤낮 말을 하도록 하고 휴식 시간을 조금도 주지 않았다. 내가 무엇을 먹었는지 묻지도 않았다. 사흘째 되는 밤에 방문객들이 다 떠나자, 가난한 천민이 내게 오더니 물었다. "선생님, 사흘 동안 아무 것도 드시지 않은 것을 보니 마음 아픕니다."… 내가 물었다. "내게 먹을 것을 주겠습니까?" 그 사람이 말했다. "선생님 자실 것을 드리고 싶은 생각이 간절합니다만, 내 손으로 만든 자파티를 드실 수 있겠습니까!"(같은 책, 106면)

순례하는 동안에 있었던 일을 스스로 술회한 말을 셋 들었다. 가난한 사람들의 처지를 더 잘 이해하게 되었다. 불타처럼 보리수 아래에서 득도하는 과정을 거쳐 이미 생각한 바를 확신할 수 있게 되었다. 가르침을 받고자 하는 사람들이 너무 많이 밀려들어 끼니를 걸러야 할 형편을 천민이 알아주었다고 했다. 천민이 만든 음식은 먹을 수 없다는 금기를 깨고 진정으로 가까운 사이가 되었다.

순례하고 있을 때 미국에서 세계의 종교에 관한 거대한 모임이 개최된다는 소식을 들었다. 거기 가서 인도의 종교에 관해서 알리라고 권고하는 사람들이 있었다. 절망에 빠져 있는 사람들을 일깨워 비참한 현실을 타개하기 위해서는 인도의 정신적 가치를 역설해야 한다. 이렇게 생각하고 미국으로 가기로 작정했다. 많은 지지자가 동참해 여비를 모았다. 지방 영주의 후원을 받기로 했다. 꼭 필요한 것만 가지고 나머지는 가난한 사람들에게 나누어 주라고 했다.

일본 사람 福澤諭吉(후쿠자와 유키치, 1835-1901)는 라마크리슈나, 비베카난다 사제와 동시대의 사람이다. 일본에 진출해 있던 네덜란드 사람들을 찾아가 그 언어를 배워 유럽을 알려고 했다. 1860년에 미국에 파견하는 사절단의 일원이 되었다. 영어를 공부하고 돌아와 1867년에 다시 미국에 갔다. 1873년에 『西洋事情』을 내서, 구미 각국의 정치, 사회, 문화, 군사, 경제, 윤리 등을 광범위하게 소개하면서 문명개화를 배우고 따라야 한다고 역설했다.

福澤諭吉는 그렇게 하면서 서세동점의 시대에 동쪽이 할 수 있는 일은 서양을 따르는 것뿐이라고 믿게 하는 데 앞장섰다. 한국에서 兪吉濬(1856-1914)이 『西洋事情』을 본뜬 『西遊見聞』을 지어 같은 지론을 편 것이 선택의 여지가 없이 당연하다고 하는 견해가 거의 지배적이다. 그러나 전혀 다른 길이 함께 열려 있었다.

비베카난다는 서양에 가서 문명을 받아들이지 않고 전해주었다. 1893년에 미국 시카고에서 열린 '종교의회'(Parliament of Religions)에 참가했다. 여러 종교 대표자들이 모여 각기 자기 종교에 관해 말하는 모임이었다. 모두들 자기 종교가 특별해서 우월하다고 했다. 힌두교 쪽에서도 다른 참가자들이 있어, 교파마다 다른 교리를 설명했다. 비베카난다는 종교의 대립을 넘어서자고 했다.

비베카난다가 하는 말을 듣고 참석자들은 크게 감격했다. 주장하는 바가 탁월할 뿐만 아니라 뛰어난 식견, 많은 지식, 청중을 압도하는 화술까지 갖추어 대단한 인기를 얻었다. 영어를 아주 잘 해서 감탄을 자아냈다. 그런 사실을 여러 신문에서 보도해 널리 관심을 가지게 했다.

행사가 끝난 뒤에 초청 강연이 계속되었다. 광범위한 지지자를 얻고, 제자로 자처하는 사람들도 생겨났다. 1895년에 영국에 가고, 1889년에는 미국에 다시 갔다. 그 쪽에서 비용을 부담해 초청했다. 1900년에는 프랑스 파리에서 열리는 '종교회의'에 참가하고 유럽 각국을 여행했다.

福澤諭吉가 『西洋事情』를 내놓았듯이, 비베카난다도 서양 여행을 글로 적어 『동양과 서양』(*The East and the West*)과 『유럽 여행 추억』(*Memories of European Travel*)을 남겼다. 둘 다 벵골어로 쓴 원고의 영역이고, 출판된 것 같지는 않다. 앞의 책에서 서양에 대한 총괄적인 고찰을 했다. 뒤의 책은 1900년 여행의 견문기이다. 내용을 보면 福澤諭吉의 경우와 많이 달라 서양을 찬양하지 않고 비판했다.

『동양과 서양』을 들어 고찰해보자. 인도인들이 비참하게 살고, 유럽이 번성하는 모습을 있는 그대로 말했다. "인도라는 몸뚱이에서 살고 있는 3억의 영혼이 영국인 관리가 보기에는 썩어가고 냄새 나는 시체에서 우글거리는 구더기 같다"고 했다.(『전집』 5, 345면) 번영을 누리면서 호화롭게 사는 유럽인의 모습을 가까이 가서 관찰한 대로 길게 서술하고, 그 쪽을 배우고 따르면 함께 행복해질 수 있다는 착각을 단호하게 배격했다. 유럽문명의 본질에 대해서 다음과 같이 말했다.

> 칼을 드는 자는 위대하다. 그럴 수 없으면 독립을 포기하고 납작 엎드려 승리자가 가진 칼의 보호를 받아야 한다. 장사를 본질로 한다. 용기와 힘이라는 찬사를 바친 칼을 가지고 지금도 장래에도 쾌락을 추구하는 문명이다.(『전집』 5, 435면)

> 유럽에서는 강한 자가 승리를 구가하고 약한 자에게는 죽음이 있을 따름이다. 인도에서는 모든 사회 규범에서 약자를 보호한다. (『전집』 5, 439면)

유럽인처럼 싸워 이겨 승리를 구가하려고 하지 말아야 한다. 유럽인과 싸워 이기는 것은 생각할 수 없기 때문이 아니다. 싸워 이기는 것이 자랑스럽지 않다. 약자를 보호하고 평등을 추구하는 인도의 이상을 소중하게 여기고 이어받기 위해 노력하는 것이 더 큰 승리를 이룩하는 길이다.

화합을 무기로 한 투쟁

비베카난다는 차별을 넘어선 총체, 갈등을 부정하는 화합, 침략에 맞서는 화해를 베단타 철학에서 구해서 서양인의 잘못을 질타했다. 기독교가 우월하다는 생각을 부정하고 종교 화합의 길을 제시했다. 화합의 길을 제시하는 사상이 진정으로 소중하다고 했다.

1893년 미국에서 열린 '종교의회'에서 한 첫 연설 「우리는 왜 의견이 다른가」(Why We Disagree)를 들어보자. 모든 종교는 교리가 서로 달라 불화하지만, 추구하는 바가 기본적으로 일치한다고 했다. 불화를 넘어서 화합을 이룩할 수 있는 이치를 찾아야 한다고 했다. 궁극적인 진리를 다르게 나타내고 각기 추구한다는 것을 알면 다투지 않을 수 있다고 했다.

바로 그 점을 말해주는 힌두교의 베단타 철학이 종교 화합의 길을 연다고 했다. 결말 대목에서 "어느 종교에도 주님이 있다고 세계 모든 곳을 향해 선언한다"고 하고, "화합의 기치를 들고 문명의 선두에서 행진하자"고 했다. (His Eastern and Western Disciplines, *The Life of Swami Vivekananda* 1, 419-421면)

그렇다면 힌두교에는 약점이 없는가? 이런 질문이 제기된다. 힌두교와 불교의 관계를 들어 자기반성을 했다. 1893년의 '종교의회'에서 한 다른 강연 「힌두교의 완성인 불교」(Buddhism, the Fulfillment of Hinduism)에서 이렇게 말했다.

> 힌두교는 불교 없이 살지 못하고, 불교는 힌두교 없이 살지 못한다, 둘이 갈라져서 어떻게 되었는지 알아보자. 불교는 브라만의 두뇌와 철학이 없으면, 힌두교는 불교의 가슴이 없으면 견딜 수 없다. 불교와 힌두교가 분리된 것이 인도 몰락의 이유이다. 그 때문에 3억 인도인이 거지가 되고, 오랜 기간 동안 정복자의 노예 노릇을 한다.(『전집』 1, 21면)

힌두교라는 말보다 베단타 철학이라는 말을 더 많이 썼다. 불교와 분리된 힌두교는 종교로서 가져야 할 장점은 온전하지 못하지만, 베단타 철학으로 큰일을 할 수 있다고 했다. 이에 대한 반론이 있어 응답해야 했다. 베단타 철학이 과거의 관념인가? 아니다. 오늘날의 사상이다. 공허한 이상주의가 아닌가? 현실 문제를 해결하는 지침이다. 1896년 영국 런던에서 한 강연 「실용적인 베단타」(Practical Vedanta)에서 해답을 제시했다.

> 세계의 어떤 종교에서는 인격적인 신을 믿지 않는 사람은 무신

론자라고 하지만, 베단타에서는 자기 자신을 믿지 않는 사람을 무신론자라고 한다.(『전집』 2, 292면)

베단타는 죄는 부인하고 잘못만 인정한다. 너는 약하다, 너는 죄인이다, 비참한 존재이다, 너는 힘이 없어 이것도 저것도 못한다고 하는 것이 가장 큰 잘못이라고 베단타에서는 말한다.(『전집』 2, 193면)

너 자신을 사랑하라는 것은 모두를 사랑하라는 말이다. 너에게서 모든 것은 하나이기 때문에 그렇다. 너 자신을 사랑하는 것은 모든 사람을 사랑하라는, 동물도 사랑하라는, 모든 것을 사랑하라는 뜻이다. 이것이 세상을 더 좋게 만드는 위대한 신념이다.(『전집』 2, 299면)

기독교 신앙과 베단타 철학이 어떻게 다른지 이렇게 말했다. 베단타 철학은 자기 자신을 남들과 함께 존중하는 신앙이라고 했다. 자기 자신을 비하하지 않고 존중하는 데서 차별과 억압을 바로잡는 평등사상이 시작된다고 했다. 너와 나를 구별하지 않고 모두가 하나임을 알아 화합을 이루자고 했다.

어디 가서든지 싸워서 이기고 세계를 지배한다고 자랑하는 제국주의의 본고장 영국에 가서 그 때문에 겪는 인도인의 고통을 말하지 않았다. 동정이나 선처를 바란다고 하지 않았다. 계속 억누르면 들고일어나 복수를 하겠다고 하지도 않았다. 차등과 투쟁이 사람의 본성에 대한 배신이고 평등과 화합이 이루어야 할 이상임을 선언하는 철학으로 제국주의를 공격했다. 싸움 부정을 최대의 무기로 삼아 반격이 불가능한 승리를 거두었다.

비베카난다는 식민지 통치를 받으면서 빈곤에 시달리고 있는 인도의 처지에 대해 가슴 아파하면서 불행의 원인과 해결책에 대해서 많은 것을 생각했다. 독립을 성취하고 불평등을 철폐해야 하는 것은 당연하다. 그렇게 할 수 있는 정신적 힘이 어디서 나오는가? 이 과제를 해결하기 위해 분투했다.

> 4천만 영국인이 3억이나 되는 이곳 사람들을 다스리는 원인은 무엇인가? 심리적인 설명을 한다면 어떻게 말해야 되는가? 4천만은 의지를 모아 무한한 힘을 내는데, 그대들 3억의 의지는 뿔뿔이 흩어진 것이 아닌가? 인도의 미래가 위대해지게 하려면 그 비결은 조직화, 힘의 집결, 의지의 통합에 있다.(『전집』 2, 299면)

「인도의 미래」(The Future of India)에서 이렇게 말했다. 인도인의 분열을 다각도로 고찰하고 해결책을 찾았다. 민족이 다르고, 언어가 갈라져 있고, 카스트 제도가 사람 차별을 하는 현실을 그대로 두고 어떻게 의지를 집결한단 말인가?

이 문제를 다루면서 민족에 관한 고찰은 납득하기 어렵게 전개되었다. 아리안민족이 이주해오자 드라비다민족은 궁벽한 곳으로 옮겨가 모든 인도 사람이 거의 다 아리안민족이라고 했다. 영국의 통치를 받으면서 인도인이라는 공동의 소속감이 생긴 것을 평가했다. 비베카난다의 식견으로 그런 문제를 잘 다루기는 어려웠다.

그러나 언어 문제에 관해서는 주목할 만한 견해를 제시했다. 산스크리트는 배우기 어려우므로 버려야 하고, 각 지방의 구어를 사용해야 한다는 주장이 대두하는 것을 반대한다고 했다. “대중을 구어로 가르치면 정보는 줄 수 있지만, 더욱 소중한 문화는 줄 수 없다고 했다.”(『전집』 2, 291면) 대중도 산스크리트를 공부하도록 해야 베단타 철학을 알고 이어받을 수 있다고 했다.

모든 국민이 훌륭한 산스크리트 학자가 되는 것을 목표로 삼자고 했다. 하층민이 삶의 조건을 향상하려면 산스크리트 공부를 투쟁의 방법으로 삼아야 한다고 했다. 진정한 힘은 교육에서 나온다고 했다. 그 주장을 불평등 문제에까지 적용해 브라만 계급을 없애려고 하지 말고 모두 다 브라만이 되도록 하자고 했다.

카스트 제도에 의한 차별을 철폐하고 평등한 사회를 이룩하는 것이 당연한 목표이다. 그러나 그 방법이 무엇인가에 관해서는 의견이 달라질 수 있다. 비베카난다는 모든 사람이 산스크리트를 배우고 브라만이 되는 상향평준화를 주장했다. 문화를 이어받고 철학을 해야 한다고 했다. 문화를 잃고 철학을 버리면 평등화에서 얻을 것이 없다고 했다.

모두가 브라만이 된다는 것은 환상일 수 있다. 그러나 우리 한국의 경우에는 모두 양반이 되어 평등을 이룩했다. 양반이라면 누구나 산스크리트에 해당하는 한문을 공부해야 하는데 일제히 버렸다. 비베카난다가 세운 두 가지 목표 가운데 하나는 저절로 달성하고, 더욱 긴요한 다른 하나는 그냥 버렸다.

비베카난다는 서양에 가서, 서양이 저지르는 침략을 규탄하고 인류 화합의 사상을 널리 알렸다. 서양의 청중을 감동시켜야 하므로 사상의 발전을 이룩했다. 생각을 깊이 하고 표현을 적절하게 가다듬어 누구나 받아들일 수 있는 보편적인 논리를 더욱 발전시켰다.

밖에서 얻은 명성 덕분에 국내에서 일하기 더 쉬워졌다. 인도로 돌아오자 커다란 환영을 받았다. 전국 도처에서 모임을 열고 와서 말해 주기를 바랐다. 나날이 늘어나는 지지자들이 더 큰 기대를 하고, 자기 스스로도 비약을 염원했다.

먹고 자는 대책 없이 몸을 굴리면서 모든 것을 바쳐 세상을 깨우치려고 했다. "지나간 12년 동안 나는 다음 끼의 식사가 어떻게 마련될지 알지 못했다"고 하는 형편이었다.(『전집』 2, 303면) 열악한 조건에서 과로해 죽음을 재촉했다. 마지막까지 건강을 돌보지 않고 분투하다가 39세에 세상을 떠났다.

강연 원고를 마련하는데 그치고 자세한 내용을 갖춘 저술을 길게 쓰지 못했다. 모르는 사람들도 알아들을 수 있는 말을 하는 데 노력을 바치고 아는 사람들이 더 잘 알게 하는 데 힘쓸 수 없었다. 할 일을 다하지 못하고 떠나가야 했다.

> 입지 못하게 된 옷을 버리듯이 육신을 벗어던지니 좋다는 생각이 들 것이다. 그러나 나는 일하는 것을 중단하지 않는다. 신과 하나임을 온 세상 사람들이 알 때까지 어디서든지 깨우쳐주고자 한다.(『증보전집』 5, 414면)

죽음에 관해 이렇게 말했다. 헌 옷 같이 된 육신을 버리니 좋다고 하지만, 세상을 깨우쳐주고자 하는 사명 수행이 중단되었다. 그러나 죽어서 모든 것이 끝난 것은 아니다.

비베카난다의 가르침을 따르고 사상을 받아들이고자 하는 사람들이 계속 늘어났다. 다음 제13강에서 다룰 현대 인도의 대표적인 학자 라다크리슈난은 젊은 시절에 비베카난다의 가르침을 받들고 인도를 발견하는 탐구의 길에 들어섰다고 했다. 서양 각국에서도 공감하는 사람들이 이어져 나왔다.

시에서 전한 말

비베카난다는 글쓰기 방식을 다양하게 구사했다. 논설, 기행문, 연설문, 대담, 편지, 단상, 시 등을 필요에 따라 쓰고, 한 말을 듣고 기록한 어록도 있다. 연구한 결과를 논문으로 써서 발표하는 학자 노릇을 하지 않고, 논란을 벌여야 할 상황이 마련되고 문제가 제기되는 데 따라 적절한 대응방식을 사용해야 했다. 자료 고증을 하고 주를 다는 수고를 덜어 많은 것을 말할 수 있었다. 표현 방식을 다양하게 해서 설득력을 높였다.

그 가운데 시를 별도로 살피기로 한다. 비베카난다는 "산스크리트 · 벵골어 · 영어로 시를 쓴 훌륭한 시인이었다"고 한다.(증보판 전집 간행사) 다른 글은 영어와 벵골어로 썼는데, 시에는 산스크리트로 쓴 것도 있는 점이 주목된다. 산스크리트시의 전통을 이어받고자 했기 때문이라고 생각된다. 동아시아 사람들이 지금도 한시를 짓는 것과 같다. 사상을 시로 나타내는 오랜 방식을 활용해, 논증을 해서는 다가갈 수 없는 심오하고 미묘한 경지를 여러 언어로 지은 시에서 보여주었다.

깨어나는 인도에게

다시 한 번 깨어나라.
　죽지 않고 잠든 이여 다시 살아난다.

새롭게, 연꽃의 눈을 뜨고 바라보라.
온 세상이 아쉽게 여기면서 기다린다. 진리여,
그대는 죽지 않는다.

발걸음을 되찾아라.
길가의 먼지도 건드리지 않고
부드럽고 화평하게 걸으면서,
느려서 강력하고 단호하게
깨어나는 그대여, 축복 · 용기 · 자유를 누리면서
이제 앞으로 나아가 복받치는 말을 내뱉어라.

("To the Awakened India", 『증보 전집』 4, 387면. 전 8연 가운데 제1 · 2연만 든다.)

인도는 독립해야 한다고 소리 높이 외치지 않고, 부드러운 것이 확고하고, 느린 것이 강력하다는 이치에 입각해 내실을 다지는 투쟁 노선을 제시했다. 미묘한 표현을 그대로 옮기면 이해하기 어려워 시가 될 수 있게 의역했다.

평화

보라. 벅차게 다가온다.
힘이 아닌 힘이,

어둠이면서 빛인 것이,
눈부신 어둠이.

말을 거부하는 즐거움,
느낌이 미치지 않는 깊은 슬픔,
경험 너머 불멸의 삶,
애도 받지 못한 영원한 죽음.
기쁨도 슬픔도 아니고
둘 사이에 있으며,
밤도 아침도 아니고
둘이 하나이게 한다.

음악 속의 감미로운 휴식,
신비로운 그림 속의 멈춤,
말하는 사이의 침묵,
정열이 거듭 발동하는
그 중간의 고요한 마음.

보지 못한 아름다움,
홀로 서 있는 사랑,
누구도 부르지 못한 노래,
알려지지 않은 지식.

두 삶 사이의 죽음,

두 폭풍 사이의 정적,
창조가 시작되었다가
회귀하는 허공.

눈물 흘리면서 찾아가
웃음 짓는 모습 나누게 하는,
이것이 삶의 목표이고,
평화이며, 거처할 집이다.

(“Peace”, 『증보 전집』 4, 395-396면. 전 7연 전문이다.)

제목으로 내세운 “평화”를 몇 가지로 이해할 수 있어 시의 성격이 다양하다. 자기가 깨달은 내심의 평화를 노래한 悟道頌이다. 사물이 존재하는 기본원리가 평화임을 알려주는 철학시이다. 현실 세계에서 다툼이 없어지게 하는 인류 평화를 위한 선언문이다. 문학과 철학이 하나이게 하는 오랜 전통을 새롭게 활용해 그 어느 하나만으로는 할 수 없는 말을 했다.

두 가지 평가 방식

프랑스의 작가 로맹 롤랑(Romain Rolland)은 위대한 인물의 생애를 탐구해 전기를 쓰는 것을 사명으로 삼았다. 베토벤(1903), 미켈란젤로(1905), 톨스토이(1921) 등의 유럽인을 다루고, 마하트마 간디(1923)의 전기도 썼다. 그 뒤를 이어 『라마크리슈나의 생애』(*La vie de Ramakrishna*,

1929), 『비베카난다의 생애와 보편적인 복음』(*La vie de Vivekananda et l'évangile universel*, 1930)을 내놓아 스승과 제자를 널리 알렸다.

앞의 책에 있는 서양 독자를 위한 서문에서 자기는 인류의 조화를 위해 일생을 바친다고 했다. 동서의 상호이해가 인류의 조화를 위해 필수적인 과제라 하고, 동양에 위대한 사상가가 있다는 것을 알리기 위해 라마크리슈나와 비베카난다의 전기를 쓴다고 했다. 잘 알아서 한 일은 아니다. 서양 독자를 위한 서문보다 먼저 내놓은 동양 독자를 위한 서문에서 이해가 부족해 실수하더라도 너그럽게 보아달라고 했다.

뒤의 책 머리말에서 두 사람이 지닌 보편적 가치를 비유적인 언사를 써서 간추려 말했다. 라마크리슈나는 "우주적인 즐거움의 은밀한 충만"을 베토벤이나 쉴러와 함께 누리면서 한층 높은 경지에 이르렀다고 했다. 그 뒤를 이어 비베카난다는 베토벤보다 더 큰 시련을 겪으면서 "현재와 과거, 동양과 서양, 꿈과 행동"이 하나가 되게 하는 투쟁에 온몸을 내맡겨 불꽃처럼 타올랐다고 했다.(Romain Rolland, *La vie de Vivekananda et l'évangile universel*, Paris: Stock, 1930, 13-15면)

이렇게 말하면 비베카난다는 아득히 높은 곳으로 올라간다. 쳐다볼 수는 있어도 따를 수는 없다. 비베카난다가 이룬 데서 한 걸음 더 나아가는 것은 생각하지도 못한다. 비베카난다를 신의 위치에 올려놓고 신만 위대하고 만물은 헛되다고 하는 것과 같은 말을 했다. 산카라냐 라마누자냐 하는 논란을 알지 못하면서 산카라 쪽을 택했다. 신뿐만 아니라 만물이 또한 소중해 만물이 하나이고 만물과 더불어 살아가는 모든 사람이 각성의 주체가 될 수 있다고 하는 것이 비베카난다 사상의 핵심을 이루는 줄 몰라 빗나간 평가를 했다.

논의의 방향을 바꾸어야 한다. 신비적인 해석을 접어두고 비베카난다가 남긴 유산을 땅에 내려놓고 가까이 다가가자. 누구나 할 수 있는 학문에 관해 비베카난다가 끼친 바를 밝혀 논하자. 재검토해야 한다. 비베카난다처럼 극적인 일생을 보내지는 않고 범속한 듯이 살면서 학문을 하는 후진이 무엇을 어떻게 해야 하는지 말해야 한다.

비베카난다는 통상적인 의미의 학자가 아니라고 했으나, 학자가 해야 할 일을 모범이 되게 수행했다고 평가할 수 있다. 별난 사람이 별난 일을 했다고 하고 말 것이 아니라, 누구에게나 열려 있는 학문의 길을 충격적인 방법으로 알려주었다고 하는 것이 적합하다. 학문이 무엇이며 어떻게 해야 하는지 일깨워준 것을 찾아내, 오늘날의 학문을 재검토하고 방향을 바로잡는 지침으로 삼아 마땅하다.

이성과 귀납법을 최대한 존중해야 한다는 근대학문의 지침을 거역하고 비베카난다는 다른 길을 갔다. 오랜 기간 동안 연구를 진행해 새로운 이론을 차츰 정립하는 과정을 거치지 않고 깨달음과 부딪힘으로 학문을 했다. 스승에게서 받아 자기 것으로 삼은 깨달음으로 식민지 통치로 고통을 받는 비참한 현실과 부딪혀 문제 해결의 길을 찾았다. 자세한 논증은 생략하고 비약적인 사고를 했다.

근대학문을 버리고 중세학문으로 되돌아간 것은 아니다. 근대학문이 감당하지 못하는 문제를 파악하고 해결하기 위해 중세학문의 유산을 적극 활용했다. 인도철학의 오랜 전통을 혁신한 성과를 스승에게서 물려받아 현실 문제에 적용했다. 짓밟힌 사람들은 갈등을 가장 심각하게 경험하고 있어 신의 온전함을 더욱 갈망한다고 하는 데서 더 나아가, 논의의 폭을 최대한 넓히고 사고의 수준을 비약적으로 높였다. 정신적 각성을 얻는 길이 모든 사람에게 열려 있다고 하고, 화합을 투쟁의 무기로 삼아 침략에 맞서 인류의 불행을 해결하고자 했다.

비베카난다는 근대를 넘어서서 다음 시대로 나아가는 학문의 방향을 제시하고 총론의 초안을 마련했다고 할 수 있다. 총론이라고 하더라도 엉성하기만 해서 신뢰하기 어렵고, 본론이 갖추어져 있지 않아 평가하기 어렵다고 하고 말 것은 아니다. 미완의 과업을 완수하는 과제를 누구나 맡아 자기 것으로 삼을 수 있다.

본론을 위해 다각도로 힘써야 할 뿐만 아니라, 총론 차원에서도 수정이 필요하다. 화합을 지나치게 내세우다가 상생에 치우친 편향성이 있어 바로잡아야 한다. 신만 실체가 아니고 만물이 또한 실체라고 하는 데서 더 나아가 만물이 생성되고 운동하는 원리와 양상에 대한 탐구를 갖추어야, 역사의 다면적인 양상을 제대로 이해하고 투쟁의 전략을 적절하게 마련할 수 있다. 이것은 철학의 혁신을 한 번 더 이룩해야 하는 과업이다.

토론

❑ 문 : "인도에서는 모든 사회 규범에서 약자를 보호한다"고 비베카난다가 말한 것이 실제 상황인가?

❑ 답 : 실제 상황과 거리가 있는 이상을 말했다고 보아야 한다.

❑ 문 : 인도에는 카스트 제도가 있어 사람 차별이 다른 어느 나라보다 심한데 그런 이상을 말해 무슨 소용이 있는가?

❑ 답 : 카스트 제도로 사람 차별을 하는 것은 사실이지만, 밖에서 생각하는 것만큼 심한 차별은 아니다. 억압이나 착취가 아닌 직분의 구별이 차별의 중심 내용이다. 노숙을 하면서 도로 공사판에서 일하는 카스트의 일가족을 이따금 볼 수 있는데, 자기가 할 일을 하는 것이

당연하다고 여기고 좌절하거나 절망하지 않는다. 미국형 노숙자는 원하지 않지만 몰락을 강요당해 삶을 포기하지 않을 수 없는 것과 다르다.

❑ **문** : 천민에 대한 멸시도 같은 방식으로 이해할 수 있는가?

❑ **답** : 천민에 대한 멸시는 분명히 잘못되었으므로 시정해야 한다. 이를 위해 비베카난다 같은 사상가들이 역설한 바를 받아들여, 오늘날의 인도 정부에서는 천민 출신에게 혜택을 주는 방식을 택해 점진적인 개혁을 하고 있다.

카스트 제도를 없애는 것은 오랜 염원이었다. 이를 위한 불교의 노력은 실패하고, 이슬람은 성공했다. 이슬람 국가인 파키스탄이나 방글라데시는 카스트가 없으나 빈부의 계급 모순은 심각하다. 국민 대다수가 힌두교도인 인도는 카스트를 없애는 것과 빈부 차이를 줄이는 것을 함께 추진하고 있다. 속도가 느리지만 평가할 만한 진전이 있다.

❑ **문** : 비베카난다는 누구나 산스크리트를 배워야 한다고 했다. 미천한 처지에서 비참하게 살아가는 사람들에게 산스크리트가 무슨 소용이 있는가?

❑ **답** : 아무리 미천하고 비참한 사람이라도 깨달음의 주체이므로, 깨달은 바를 산스크리트로 적힌 철학사상과 견주어 확증을 얻어야 한다고 해서 한 말이다. 나아갈 방향을 명시한 의의가 있다. 오늘날 산스크리트 교육이 널리 시행되고 있어 이상 실현에 다가간다. 국가가 부유하게 되면 지적 수준이 높아진다고 믿는 사람들이 많은데 그렇지 않다. 인도는 가난하지만 지적 수준이 높은 나라이다. 산스크리트 학습이 긴요한 구실을 한다. 우리는 한문 공부에 힘써야 대등할 수 있다.

❑ 문 : 산카라와 라마누자의 사상을 理氣철학의 용어를 들어 설명할 수 있는가?

❑ 답 : 산카라는 理一元論을, 라마누자는 理氣二元論을 말했다고 할 수 있다. 이기이원론은 이와 기가 하나이면서 둘이라고 한다. 그 가운데 이와 기가 하나라고 한 측면을 라마크리슈나와 비베카난다가 적극 계승했다고 할 수 있다.

❑ 문 : 라마크리슈나나 비베카난다는 유신론자이고, 이와 기가 하나라고 하는 주장은 무신론인데, 같다고 할 수 있는가?

❑ 답 : 유신론이냐 무신론이냐 하는 양단논법을 사용하면 논의가 어려워진다. 만물이 모두 신이라고 하는 지론은 기독교나 이슬람의 유일신관과 거리가 멀고, 기철학에서 氣의 움직임이 "盛大流行自是神"(성대하게 흐르고 나아가 스스로 신령스럽다)이라고 말한 것과 가깝다.(『한국의 문학사와 철학사』, 서울: 지식산업사, 1996, 247-248면에서 검토한 任聖周의 견해이다.)

❑ 문 : 비베카난다가 불교와 힌두교가 분리된 것이 인도 몰락의 이유라고 한 말을 어떻게 이해해야 하는가?

❑ 답 : 그 앞에서 "불교는 브라만의 두뇌와 철학이 없으면, 힌두교는 불교의 가슴이 없으면 견딜 수 없다"고 한 말을 다시 보자. 불교는 힌두교만큼 철학적이지 않으면서 자비라는 이름의 사랑을 실현하는 데서는 힌두교보다 앞선다고 평가했다. 이치의 근본에 대한 생각까지 들어 논의를 확대해보자. 불교는 0이 1이고 1이 0이라고 하면서 집착을 버리고, 자기를 없애 사랑에 내맡겼다. 힌두교가 0에 관심을 가지지 않고 1이 1이라고 해서 1의 철학을 발전시킨 것이 부적절한 선택일

수 있다.

❑ **문** : 그 점이 산카라와 라마누자의 논란과 어떤 관련을 가지는가?

❑ **답** : 산카라와 라마누자의 논란은 1과 ∞의 관계에서 생겼다. 산카라가 1은 진실하고 ∞는 허망하다고 하고, 라마누자는 1과 ∞가 함께 진실하다고 했다. 산카라가 이룩한 1의 철학은 절대를 완벽하고 고매하게 추구한 이상주의여서, "머리가 뛰어나지만, 가슴은 그렇지 못하지 않지 않나 싶다"고 비베카난다가 말한 결함을 지녔다. 라마누자는 ∞에 대해서도 진지한 관심을 가지고 현실주의로 방향을 돌려 "짓밟힌 사람들을 위해 공감하고 동정했다"고 평가하는 의의를 지녔다.

라마누자는 불교와 헤어져 어렵게 된 힌두교를 그 자체의 범위 안에서 살려내려 했다고 할 수 있다. 1이 ∞이기도 해서 절대적이고 완벽한 것은 따로 없다고 한 것이 평가해야 할 진전이다. 불교와의 만남까지 갖추어 1이 0이고, 0이 1이라고 하는 데까지 이르렀다면 절대적이고 완벽한 것에 대한 집착이 한층 철저하게 청산되었을 것이다.

1이 0이므로 ∞ 또한 0이라고 하는 불교의 지론은 ∞에 대한 집착에서 총괄적으로 벗어나도록 하는 데 그친다. ∞와 나날이 부딪혀 선택하고 투쟁해야 하는 삶의 현장에 소용되는 지침을 제공하지는 않는다. 라마누자가 ∞에 진지한 관심을 가지고 현실주의로 방향을 돌려 "짓밟힌 사람들을 위해 공감하고 동정했다"고 하는 작업의 철학적 근거를 분명하게 하려면 다른 측면에서의 보완이 더욱 긴요하다.

1과 ∞ 사이에 2를 넣어, 만물이 생성되고 운동하는 원리와 양상에 대한 탐구를 갖추어야 한다. 동아시아 기철학에서 힘써 전개한 2에 관한 논란이 철학만 보면 인도에서는 이루어지지 않은 것 같은데, 관심의 범위를 문학으로까지 확대하면 사정이 달라진다. 철학은 다음 단계로 나아가지 않을 때 민족어시가 혁신을 담당한 것을 확인할 수 있다. (『철학사와 문학사 둘인가 하나인가』, 370-385면)

❑ **문** : 불교학자들과 승려들이 만나 학술회의를 하는 것을 참관한 적 있는데, 의사소통에 문제가 있는 것을 발견하고 충격을 받았다. 불교학자들은 대부분 참선수행을 하지 않은 것이 그 이유라고 하니 더욱 놀라웠다. 참선수행에 해당하는 수련을 학문하는 사람들이 어떻게 겪어야 하는가? 누구나 승려들처럼 참선을 해야 하는가?

❑ **답** : 승려라고 다 같은 것은 아니다. 선승은 학승일 수 있고, 학승은 선승일 수 없다고 한 말을 다시 들어보자.(제5권 342-347면) 불교학자들뿐만 아니라 승려들 가운데도 선승이지는 못한 학승이 있어 남들이 하는 말이나 전하고 스스로 깨닫지 못한다. 참선수행을 하면 누구나 선승이 될 수 있는 것도 아니다. 어떻게 하는가에 따라 결과가 달라진다.

깨달음은 불교에만 있는 것도 아니다. 학문 또한 깨달음이다. 스스로 이치를 밝혀 논하는 창조학에 빠져들어 즐거움을 한껏 누리는 것이 학문의 참선수련이다. 학문의 참선수련에서는 깨달음을 얻으면 목적을 달성했다고 할 수 없고, 논리적 진술로 전달하기 위한 학승의 작업이 길게 이어진다. 기존연구와의 토론, 비교연구를 통한 검증이 긴요하다.

제12강 마르크 블로크

생애 개요

마르크 블로크(Marc Bloch, 1886-1944)는 역사학자이다. 역사학은 사실을 중요시한다. 마르크 블로크에 대해 알기 위해서 사실 확인에 필요한 자료를 갖추어야 한다. 수집해 이용한 자료의 목록을 먼저 든다.

(B1) Marc Bloch, *La société féodale*, Paris: Albin Michel, 1989.

(B2) Marc Bloch, *L'histoire, la guerre, la résistance*, Paris: Gallimard, 2006.

(B3) Marc Bloch, *L'étrange défaite*, Paris: Gallimard, 1990.

(B4) Marc Bloch, *Apologie pour l'histoire ou métier d'historien*, Préface de Jacques Le Goff, Paris: Armand Colin, 2005.

(A) Hartman Atsma et André Burguière ed., *Marc Bloch aujourd'ui: Histoire comparée et sciences sociales*, Paris: Édition de l'École des Hautes Études, 1990.

(F) Carole Fink, *Marc Bloch, a Life in History,* Cambridge: Cambridge

University Press, 1989; (F-J) Pierre Janin tr., *Marc Bloch, une vie au service de l'histoire*, Lyon: Press Universitaire de Lyon, 1997.

(R) Ulrich Raulff, *Ein Historiker im 20 Jahrhundert: Marc Bloch*, Frankfurt am Main: Fischer, 1995; (R-M) Olivier Mannoni tr., *Marc Bloch, un historien au XXe siècle*, Paris: Éditions de la Maison des sciences de l'homme, 2005.

(D) Olivier Dumoulin, *Marc Bloch*, Paris: Presses de Sciences Po, 2000.

(Bu) André Burguière, *L'école des Annales, une histoire intellectuelle*, Paris: Odile Jacob, 2006.

(Br) Gérard Brun, *Introduction à l'Histoire totale*, Paris: Economica, 2006.

(B2)・(F-J)・(D)에 있는 연표를 옮기면서 생애를 개관한다. 역사학은 연대기에서 출발해서 사건의 역사로 진행하고, 의미의 역사에 이르렀다. 사건의 역사를 여기서 정리해 의미의 역사로 나아가기 위한 기초를 마련하자.

1886년 : 리옹대학 교수인 귀스타브 블로크(Gustave Bloch)의 둘째 아들로 리옹에서 태어났다. 선조는 알사스의 유태인이었다.

1888년(2세) : 아버지가 고등사범학교(École normale supérieure) 교수가 되어 파리로 이주했다. 아버지는 고대사 특히 로마사 교수로 높이 평가되었다.

1904년(18세) : 고등사범학교에 입학했다.

1908년(22세) : 고등사범학교를 졸업하면서 역사 및 지리 교수자격(agrégation)을 획득했다.

1908-1909년(22-23세) : 외교부의 장학금을 받고 독일에 유학해 라이프찌히와 베를린에서 공부했다.

1909-1912년(23-26세) : 장학재단의 지원으로 자기 연구에 종사했다.

1912년(26세) : 몽플리에(Montpellier) 고등학교 교수가 되었다. 교수 자격을 얻어 고등학교 교수가 되는 것이 정상적인 과정이었다.

1913년(27세) : 아미앙(Amiens) 고등학교 교수로 자리를 옮겼다.

1914-1918년(28-32세) : 제1차 세계대전에 종군해 여러 곳에서 싸우고 대위로 승진했다.

1919년(33세) : 훈장을 받고 제대했다. 스트라스부르대학 중세사 전임강사(chargé de cours)가 되었다. 독일 대학이 되어 있던 스트라스부르 대학을 프랑스에서 특별하게 육성할 필요가 있어 인재를 모을 때 선발되었다. 시몬느 비달(Simmone Vidal)과 결혼했다. 아내는 충실한 내조자 노릇을 하고 연구 조수로 봉사했다.

1920년(34세) : 『왕과 농노: 카페왕조 역사의 한 장면』(*Rois et serfs: Une chapitre d'histoire capétienne*)을 박사학위 논문으로 제출하고 출판했다. 중세사 연구의 새로운 시야를 연 업적으로 평가되었다. 첫 딸이 태어났다. 1930년까지 여섯 자녀를 두었다.

1921년(35세) : 대우교수(professeur sans chair)가 되었다.

1923년(37세) : 아버지가 별세했다.

1924년(38세) : 『신통력을 가진 국왕들: 특히 프랑스와 영국의 왕권에 부여된 초자연적 능력에 관한 연구』(*Les rois thaumaturges: Étude sur le caractère surnaturel attribué à la puissance royale, particulèrement en France et en Angleterre*)를 출판했다.

1927년(41세) : 정교수로 승진했다.

1929년(43세) : 대학의 동료 교수이고 학문의 동지인 뤼시앙 페브르(Lucien Fèbre)와 함께 『아날』(*Annales d'histoire économique et sociale*)을 스트라스부르에서 창간했다. 이 잡지를 통해 역사를 총체적인 관점에서 연구하는 새로운 학풍을 이룩했다.

1931년(45세) : 『프랑스 농촌 역사의 고유한 특성』(*Les caractères originaux de l'histoire rurale française*)을 출판했다. 농촌의 역사 연구를 기본과제의 하나로 삼았다.

1935년(49세) : 독일에서 히틀러가 집권하자 유태인이라는 이유로 위협이 바로 닥쳐와 국경도시인 스트라스부르를 떠나야 했다. 콜레즈 드 프랑스(Collège de France) 교수를 지망했으나 뜻을 이루지 못했다.

1936년(50세) : 소르본느대학 교수가 되어 파리로 이주했다.

1939년(53세) : 『봉건사회 1: 의존관계 유대의 형성』(*La société féodale vol. 1: La formation des liens de dépendence*)을 출간했다. 제2차 세계대전이 일어나자 고령이고 자녀가 여섯이나 있는 처지인데도 지원해 입대했다.

1940년(54세) : 『봉건사회 2 : 계급 및 사람 다스리기』(*La société féodale vol. 2: Les classes et le gouvernement des hommes*)를 출간했다. 전선에서 포로가 되었다가 탈출하고, 가족과 재회했다. 『기이한 패배』(*L'étrange défaite*)를 쓰기 시작했다. 독일의 간섭을 받는 비시(Vichy) 정권 관할하의 중부지방 클레르몽-페랑에 피난하고 있는 스트라스부르대학 교수가 되겠다고 자원해 뜻을 이루었다.

1941년(55세) : 유태인이라는 이유에서 교직을 박탈당했다. 가족과 함께 미국으로 가려고 하다가 실패했다. 「유서」를 썼다.

1942년(56세) : 더 남쪽에 있는 몽플리에 대학 교수가 되었다가 독일군이 근접해오자 떠나야 했다.

1943년(57세) : 리옹으로 가서 저항운동에 참가했다.

1944년(58세) : 독일군에 체포되어 고문 당하고 처형되었다.

행복한 출발

마르크 블로크의 선조는 알사스의 유태인이었다. 1791년에 증조부가 프랑스 국적을 얻고 프랑스 군에 자진 입대했다. 조부는 계몽주의 사상가들의 저작을 애독하는 수준 높은 교양인이었다. 사범학교를 졸업하고 스트라스부르 근처에서 교사로 근무하다가 1870년에 독일이 침공해 알사스를 지배할 때 떠나오지 못했다.

그 때 아버지 귀스타브 블로크는 고등사범학교 학생이어서 파리에 있었다. 1871년에 16만 가량의 알사스 사람들이 독일의 지배를 거부하고 계속 프랑스인이고자 할 때 아버지는 그 대열에 참여했다. 그러나 아버지뿐만 아니라 마르크 블로크 자신도 유태인 여성을 아내로 맞이했다. 프랑스에서 공인되는 결혼식을 거행한 다음 유태인의 관습을 따르는 절차를 다시 밟았다.

아버지는 1872년에 문학 교수자격(agrégation de lettres)을 획득하고, 장학금을 얻어 두 해 동안 아테네와 로마에서 공부했다. 리옹대학 고대 그리스 및 로마학 전임강사(chargé de cours)가 되었다. 그 때 마르크 블로크가 태어났다. 바로 이어서 모교인 고등사범학교 고대사 부교수(maître de conférence)가 되어 파리로 이주했다. 그 뒤에 소르본느 대학의 교수가 되었다.

아버지는 아들의 교육에 깊은 관심을 가지고, 자기와 같은 길을 가는 역사학자가 되도록 하는 데 큰 영향을 끼쳤다. 박사논문을 출간한 책 『왕과 농노』 머리말에서 "내가 역사학자가 되는 데 아버지가 가장 많이 도와주셨다" 하고, "어려서 시작된 가르침이 끝없이 이어지면서, 없애고 싶지 않은 흔적을 남겼다"고 했다.(B2, 5면) 『신통력을 가진 국왕들』 머리말에서도 아버지의 가르침으로 역사학자가 되었다고 하고, 아버지가 그 책 원고를 읽어주기만 하고 출간본은 보지 못하고 세상을 떠난 것이 한탄스럽다고 했다.(B2, 22면)

마르크 블로크가 아버지 귀스타브 블로크의 뒤를 이어 역사가가 된 것은 司馬遷의 경우와 상통해 비교해볼 만하다. 아버지 덕분에 아들이 필요한 훈련을 받고, 역사가의 임무를 이어받아 家學을 발전시킨 것은 같으면서 다른 한편으로 커다란 차이도 있다. 사마천은 아버지가 이루지 못하고 비원으로 남긴 과업을 완수했으나, 마르크 블로크는 아버지의 성공을 본보기로 삼아 뒤따르면서 더 큰 것을 이룩했다.

마르크 블로크는 아버지의 길을 따르면서 인생의 행로를 정해, 아버지가 다닌 명문대학 고등사범학교에서 공부를 하고 아버지처럼 역사학자가 되었다. 아버지의 뒤를 이어 소르본느대학 교수가 되었다. 그런 행복을 누린 사람들은 자세가 안이해져 아버지만큼 학문을 하지 못하고 아버지에게 힘입어 살아가는 것이 예사라고 할 수 있는데, 마르크 블로크는 아버지를 능가했다. 학문에만 힘쓰지 않고 독일의 침공에 저항하는 투사로 나섰다가 처형되는 비극의 주인공이 되어 널리 알려졌다. 어떻게 해서 아버지를 능가할 수 있었는가? 왜 비극의 주인공이 되는 길을 택했는가? 이 두 가지 의문이 제기된다.

마르크 블로크가 아버지를 능가하는 학문을 한 이유는 우선 시대를 잘 만난 것이라고 할 수 있다. 아버지 대에 자리를 잡기 시작한 프랑스의 근대학문이 아들 대에 본격적으로 발전했다. 사회학자 에밀 뒤르켕(Emile Durkheim, 1853-1917), 철학자 앙리 베르그송(Henri Bergson, 1859-1941), 언어학자 앙트완느 메이예(Antoine Meillet, 1866-1936) 등을 위시한 많은 뛰어난 학자가 여러 분야에서 나타나 서로 영향을 주면서 세계적인 범위에서 새로운 학문 발전을 선도했다. 이 사람들이 마르크 블로크의 직접적인 선생이고 선배였다. 이 가운데 뒤르켕과 베르그송은 유태인이었다.

또 하나의 이유가 있다. 1919년에 프랑스가 제1차 세계대전에서 승리하자 알사스를 되찾아 프랑스 땅으로 삼고 독일 대학이었던 스트라스부르대학을 프랑스 최상의 대학으로 만들어 독일을 능가하는 역량을 보이고자 했다. 우수한 교수를 초빙하는 데 마르크 블로크도 선발되어 스트라스부르대학에 간 것이 또한 커다란 행운이었다.

알사스는 게르만계 주민의 독립국이었는데, 1681년에 루이 14세의 군대가 침공해 프랑스에 합병했다. 그 뒤 독립을 되찾지 못하고, 한때 독일에 편입되었다가 다시 프랑스가 되었다. 공용어의 지위를 잃은 알사스어 대신에 독일어나 프랑스어를 사용했다. 알사스 사람들은 지금도 프랑스 소수민족의 하나이다. 알사스의 수도는 스트라스부르(Strasbourg)이다. 게르만어인 'bourg'를 프랑스어로 읽을 때에는 마지막의 'g'는 묵음이다.

스트라스부르대학은 알사스가 독립국이었을 때인 1621년 개신교의 대학으로 설립되었다. 프랑스 왕정의 관대한 조처 덕분에 존속하다가 혁명후인 1793년에 폐교되었다. 1808년에 나폴레옹이 다시 세워 프랑스 국립대학의 하나로 삼았다. 1870년에 프랑스와의 전쟁에서 이겨 알사스를 차지한 독일은 독일 대학을 만들고 교명을 카이저-빌헬름-대학 스트라스부르크(Kaiser-Wilhelms-Universität Strasburg)라고 바꾸고, 프랑스에 대한 우위를 과시하기 위해 특별하게 육성하는 대학으로 삼았다. 장서가 당시에 세계 최대이게 한 도서관을 만든 것이 그 가운데 하나이다.

1919년에 프랑스는 제1차 세계대전에서 승리하자 알사스를 되찾고, 스트라스부르대학을 프랑스 대학으로 만들었다. 독일보다 프랑스가 대학을 더 훌륭하게 키운다는 것을 보여주기 위해 대단한 노력을 기울였다. 개교식에 프랑스 대통령과 전국 모든 대학의 대표가 참석했다. 귀스타브 블로크는 소르본느대학 대표로 참석해 아들의 새 출발을 함께 축하했다.

뛰어난 인재를 전국에서 선발해 교수진을 구성하는 데 마르크 블로크도 선발되었다. 아미앙 고등학교 교수였다가 스트라스부르대학의 전임강사가 되고, 부교수를 거쳐 교수로 승진해 17년 동안 봉직했다. 그 기간 동안 교수로 학자로 크게 활동해 대학을 빛냈다. 1998년에 스트라스부르대학은 교명을 마르크 블로크대학(Université Marc Bloch)이라고 바꾸었다.

1919년에 프랑스 대학이 되면서 독일인 교수는 추방하고, 독일어 대신 프랑스어를 사용했다. 알사스인 교수나 학생은 그대로 두었다. 학생들이 프랑스어를 몰라 마르크 블로크를 포함한 여러 프랑스인 신임 교수들이 프랑스어를 가르치는 일부터 해야 했다. 학생들의 수준은 그리 높지 않았으나, 뛰어난 교수들이 최상의 강의를 했다.

프랑스 대학의 인습에서 벗어날 수 있었던 것이 커다란 장점이었다. 교수들이 새로운 학문을 하고자 하는 열의를 가졌다. 다른 교수의 강의를 듣고, 합동강의를 하기도 했다. 매주 토요일에 연구발표를 하는 모임을 가지고, 외부 교수들을 초청하기도 했다. 각기 자기 학문을 새롭게 개척하는 많은 학자가 서로 영향을 주어, 창조와 종합의 정신을 구현하는 대학이 되었다.

스트라스부르대학 교수들은 행복했다. 약속된 땅에서 특별한 사명을 수행하는 자부심을 가지고 연구와 강의를 서로 격려해서 했다. 전공 분야 내부에서나 전공을 넘어서서 함께 연구하는 모임을 자주 가지는 것을 큰 힘으로 삼았다. 독일 민족주의 때문에 흐려지고, 제국주의 탓에 혼란을 겪기도 하는 학문을 바로잡으면서 멀리까지 빛을 비추는 영향력을 가지리라는 느낌을 가졌다.(B2, XXXIII면)

근대사 전공자 뤼시앙 페브르와 특별한 친분을 가지고 깊이 교류했다. 둘이 『경제・사회사 연보』(*Annales d'histoire économique et sociale*), 약칭 『아날』이라는 잡지를 함께 창간했다. 지방대학 교수들이 지방에서 내는 잡지가 전국적인 관심을 모으고, 세계적인 영향력을 가지게 되었다. 그 잡지에 기고하는 사람들이 새로운 역사학을 개척한 공적이 널리 인정되어 아날학파라고 일컬어졌다.

마르크 블로크는 중세사를 강의하면서 다양한 주제를 다루었다. 역사는 초월적인 진실을 말해 교훈으로 삼으려고 하지 말고 사실에 대한 다면적인 이해에 힘써야 한다고 했다.(F, 95-96면) 프랑스에 치우쳐 있지 않은 열린 학문을 하기 위해 독일어를 열심히 공부하고, 독일학계의 동향을 주목해야 한다고 했다.(F, 97면) 많은 언어를 알고, 역사학 주변의 여러 학문에 정통하고, 예사롭지 않은 통찰력을 보여 학생들을 감동시켰다. 수강생이 회고한 말을 들어보자.

마르크 블로크의 강의를 들으면서 내용이 풍부하고 명료할 뿐

> 만 아니라 우리에게 문제를 제기하고 새롭게 고찰하는 방법이 탁월해 나는 계속 놀랐다. 주제가 무엇이든 강의가 모두 방법에 대한 내용이었다. 문제 제기를 최대한 폭넓게 하고, 활용 가능한 다양한 자료를 든 다음, 총체적인 해명을 무리 없이 하는 희한한 결과를 보여주는 데 이르렀다. 그러면서 문제를 해결하는 결론을 내리는 것은 보류하고 논의를 미완으로 두었다. 너무 단순한 결론이 주어지는 것은 경계하도록 인도했다.(Rober Folz, "Souvenir d'un étudiant", A, 39면)

그러나 강의에서 만족을 얻을 수 있었던 것은 아니다. 학생들을 열심히 가르치고 과제를 세심하게 보아주고 했지만, 노력의 대가는 그리 크지 않았다. 자기 수준에 근접하는 후계자를 만나기 어려웠다. 박사가 될 때까지 지도해 전 과정을 다 마친 제자는 단 한 사람뿐이고 미국에서 온 유학생이었다.

강의에서 이루지 못하는 뜻을 연구에서 폈다. 박사논문을 책으로 내고, 전작저서를 계속 써서 새로운 역사학을 이룩했다. 모두 자료를 치밀하게 검토하고 논의를 엄정하게 한 전문서적이지만, 역사학계에서 높이 평가되는 데 그치지 않고 일반 지식인들도 애독하는 명저가 되어 거듭 출판되었다.

마르크 블로크는 선조가 알사스인이었지만, 자기는 알사스인이 아닌 프랑스인이라고 생각했다. 고향으로 돌아왔다는 느낌을 가지지 않고, 알사스에 대해서 특별한 애착이 있었던 것은 아니다. 알사스가 자치를 얻고 알사스어를 지키자는 운동에는 관심을 가지지 않았다. 그러나 자기는 의식하지 않았지만 알사스인의 후예라는 사실이 스트라스부르대학에 정착하는 데 유리하게 작용했다. 독일의 지배에서 벗어나자 알사스가 프랑스 중심부의 식민지가 되지 않을까 염려하는 현지 사람들이 마르크 블로크를 호의적으로 받아들였다.

알사스인, 유태인, 프랑스인, 이 세 가지 소속 가운데 프랑스인이라는 사실을 가장 중요시했다. 프랑스를 위해 프랑스를 연구하자는 것도 아니다. 프랑스인은 갖가지 편견에서 벗어날 수 있는 것을 장점으로 삼는다고 믿고, 누가 보아도 타당한 역사학을 하고자 했다. 혈통, 경제, 계급, 지역 등과 관련된 모든 편견에서 벗어나 보편적인 사고를 해야 한다고 강조해서 말했다.

그렇게 하기 위해 두 가지 방향을 택했다. 프랑스중심주의를 넘어서서 유럽 여러 나라의 경우를 대등하게 비교해 연구하고자 했다. 역사는 누가 지배할 수 없다고 하고, 동참한 많은 사람들의 다양한 삶을 여러 측면에서 고찰하려고 했다. 이 둘이 결합되어 마르크 블로크 역사학이 남다른 특징과 가치를 가졌다.

마르크 블로크가 스트라스부르대학을 떠난 것은 독일에서 히틀러가 집권하고 나치가 득세해 전쟁을 일으킬 조짐이 있었기 때문이다. 나치는 유태인 박해를 강령으로 삼았다. 스트라스부르는 독일과 인접한 국경도시여서 위험이 바로 닥쳐왔다. 불안이 엄습해 떠나야 했다.

파리는 국경에서 멀고, 학문하기에 더욱 적합한 곳이므로 옮겨가고 싶어 했다. 콜레즈 드 프랑스 비교사학 교수가 되겠다고 지망했다. 그 곳의 교수는 학생 지도의 의무를 지니지 않고 스스로 연구한 바를 공개강의만 하므로 프랑스 학자라면 누구나 바라는 자리였다. 콜레즈 드 프랑스에 가서 불안을 떨치고, 새로운 학문을 마음껏 전개할 수 있는 기회를 얻고자 간절하게 바랐으나 뜻을 이루지 못했다.

공석이 생겨 충원을 할 때 먼저 전공분야를 정하므로 지망 희망자가 전공분야를 제출해야 했다. 전공분야를 먼저, 사람을 나중에 정하는 두 차례 투표를 하는 것이 관례였다. 비교사학이라는 전공분야가 받아들여지지 않아 후보자가 될 자격도 얻지 못했다. 낙방의 이유는 분야가 생소하거나 실력이 모자라서가 아니었다. 유태인이라는 사실이 드러내 말하지 않는 가운데 가장 큰 이유였다.(Olivier Dumoulin, “Marché universitaire et innovation intellectuelle à l'époque de Marc Bloch”, A, 90면)

그러자 소르본느대학에 자리가 생겨 경제사학 교수가 되었다. 아버지가 있던 대학에 아들도 갔다. 소르본느는 프랑스의 최고대학이라고 하지만 학생들이 국가시험에 합격하도록 강의하고 지도하는 의무가 있어 학문을 하고자 하는 사람들은 콜레즈 드 프랑스만큼 좋아하지 않았다. 차선책이라도 얻어 스트라스부르를 벗어나 파리로 이주한 것이 다행이었다. 그러나 소르본느에서 근무한 기간은 3년에 지나지 않았다. 전쟁이 나서 파리 생활을 끝내야 했다.

연구의 내력

마르크 블로크는 역사학 일반론에 관한 글을 몇 편 남겼으나 그리 심각한 내용은 아니며 도달점이 분명하지 않다. 그런데 「역사학에 무엇을 요구할 것인가?」(Que demander à l’histoire)를 1937년에 써서 역사가 무엇인지 논할 때에는 역사학에 무엇을 요구해야 하는가, 역사학은 왜 필요한가 하는 질문에 명확하게 대답한다고 했다. “과거를 탐구해야 변화를 감지할 수 있다”는 등의 이유를 셋 들고, 역사 연구는 “현지와 관련을 가지고, 모든 삶의 원천이어야 한다”고 했다.(B2, 484면) 이것은 당위론이지 방법론은 아니다. 역사 연구를 어떻게 하면 현지와 관련을 가지고 삶의 원천이 될 수 있는지 납득할 수 있게 논하지 않았다.

마르크 블로크는 이론을 본령으로 삼지 않았다. 실제연구를 길고 자세하게 전개해 전작저서를 쓰는 데 힘을 기울였다.『왕과 농노』에서 시작해『신통력을 가진 국왕들』과『프랑스 농촌 역사의 고유한 특성』을 거쳐『봉건사회』에까지 이르는 일련의 작업을 보자. 분량에 제한을 두지 않고 자료와 사실에 대한 연구를 자세하게 다룬 의의가 크다고 평가되고, 새로운 학풍을 개척한 의의까지 지녀 전공자들의 범위를 넘어서도 관심의 대상이 된다.

책 이름을 다 번역하면『신통력을 가진 국왕들 : 특히 프랑스와 영국의 왕권에 부여한 초자연적 능력에 관한 연구』라고 한 것을 보자. 프랑스나 영국의 국왕은 대관식 때 나력(écrouelles)이라고 하는 질병을 손으로 만져 치료할 수 있다고 하는 소문에 대한 연구이다. 나력은 라틴어로 '국왕의 질병'을 뜻하는 'morbus regius'라고 일컬어지기 때문에 국왕과 특별한 관계를 가졌다는 속설이 생겼다. 국왕이 어째서 그럴 수 있었던가? 종래의 역사학에서는 무시해온 이 의문을 풀기 위해 많은 자료를 이용한 치밀한 고찰을 했다.

사태의 진상을 밝히려면 시대 변화에 대한 폭넓은 고찰이 필요하다. 중세 동안 교회는 국왕의 종교적인 권능을 부인했다. 이에 맞서려면 국왕도 기독교의 성자들처럼 이적을 행한다고 해야 하고, 질병 치료가 손쉬운 방식이었다. 국왕과 관련된다고 하는 질병을 갖다 붙여 그럴듯한 속설을 만든 민간전승이 사실에 근거를 두었다고 널리 인정되어 왕권강화에 기여했다. 국왕이 대관식 때 나력 환자를 손으로 만져 치료한다는 믿음이 13세기 무렵부터 19세기 초까지 지속되었다. 이에 관한 고찰을 질병학, 민속학, 민족학 등까지 원용해 다각도로 진행한 결과 정신상태의 역사(histoire des mentalités)로 나아가는 길을 열었다. (Jacques Le Goff, "La genèse du miracle royale", A에서 이에 대해 고찰하고 평가했다.)

이 작업에서 "왕국의 정치적인 종교와 민중의 종교적인 기대의 일치"를 찾아낸 것은 과거의 사실에 대한 연구에 그치지 않고 현재를 위한 발언이기도 했다는 견해가 있다. 제1차 세계대전 동안 독일의 공격을 받고 겪은 정신적 상처를 회복하고 프랑스의 정체성을 재확립해야 한다는 요구에 부응해 강단사학이 현실정치와 연결되는 통로를 마련했다는 것이다. 국왕과 민중 사이에 종교적인 유대가 이루어진 것을 들어 프랑스 국민의 단합에 대한 신비적인 자부심을 고취하기까지 했다고 한다.(R-M, 251-253면)

『봉건사회』에는 「서론: 탐구의 전반적 방향」(Orientation générale de l'enquête)이 있다. 결론은 없고 서론만 있어 전반적인 논의를 서론에서 했다고 할 수 있다. 그러나 다룬 내용은 그리 대단한 것이 아니다. '봉건적'(féodale)이라는 말의 유래를 검토하고, 서부 및 중부 유럽을 유럽이라고 일컬으면서 취급 대상으로 삼는다고 하고, 책의 편차를 들고 무엇을 고찰할 것인가 설명했다. 서론을 마무리하면서 새로운 역사학을 이룩하는 포부나 가설을 제시할 것 같은데, 뒤로 물러나 겸손하게 말했다. 역사학이 할 수 있는 일을 들지 않고 할 수 없는 일을 들었다.

> 역사가는 자유로운 사람일 수 있는 자격이 없다. 과거에 관해, 과거가 허락해주는 것만 알 따름이다. 포괄하려는 자료가 너무

방대해 모든 증언을 자기 힘으로 면밀하게 조사하는 것이 불가능하게 될 때마다 탐구 자체든 연구의 단계에서든 한계가 있다는 것을 줄곧 느낀다. 그렇다. 박식한 논객의 붓으로 연출하는 투쟁의 광경을 역사가에게서는 한 번도 기대할 수 없다. 그 경우와는 반대로, 나는 우리 학문의 인식이 지닌 결함과 불확실성을, 어떻게 해서 생겼든 감출 수 없는 처지이다.(B1, 16-17면)

역사 연구가 착실하게 이루어지면 박식을 자랑하는 논객의 투쟁이 사라질 것은 아니다. 논객의 투쟁이 역사에 근거를 두고 전개되도록 하거나 역사가 자신이 그 일을 맡아야 한다. 그런데 마르크 블로크는 역사 연구에서 무엇을 주장하지 않았다. 정치나 사회 문제에 대해서 발언하지 않았다. 세상이 잘못되어 고쳐야 한다고 한 것도 아니다. 다만 한계나 결함이 있다는 것을 인정하고 역사가의 임무를 충실하게 수행한 데 그쳤다.

사람이 하는 모든 일에 한계나 결함이 없는 것은 없다. 그래도 그만두지 않고 하는 것은 한계와는 다른 면에 가능성이 있고, 결함이 장점과 공존하기 때문이다. 역사학의 한계나 결함은 그렇다고 치고, 가능성과 장점은 무엇인가? 이에 대해서는 말하지 않았다.

일을 성실한 자세로 겸허하게 해야 한다는 일반적인 충고를 하는 데 그치고, 가능성과 장점을 살리기 위해 일을 더 잘하려고 하지는 않는다면 비난받아 마땅하다. 마르크 블로크는 말을 앞세우지 않고 실제로 잘하려 했다고 생각되므로 비난을 보류하고 책을 더 읽어보아야 한다. 본론을 시작하는 단락에서 다음과 같이 말했다. 너무 길어 중간의 두 대목을 생략하고 옮긴다.

"주님의 분노가 그대들 앞에서 터지는 것을 보라. 마을에는 인적이 없고, 수도원은 무너져 내리거나 불타고, 들판은 적막하게 되었다. 그런데도 강자가 약자를 억누른다. 사람들이 마구 뒤엉켜 서로 뜯어먹는 바다의 고기처럼 되었다." 909년에 트로슬리(Trosly)에서 회합을 가진 랭스(Reims) 지방 사제들이 이렇게 말했다. 9-10세기의 정치 및 종교의 문헌은 이런 탄식으로 가득 찼다… 그 당시에는 볼 줄 알고 견줄 줄 아는 사람들, 특히 성직자들은 무질서와 폭력의 끔찍한 분위기에서 살고 있다는 것을 분명하게 느꼈다. 중세 봉건제는 무한히 격동하는 시대의 한가운데서 생겨났다. 어떤 의미에서는, 그것은 격동 자체에서 생겨났다… 서양의 새로운 문명이 포위된 성채에서, 반쯤 침공당했다고 하는 편이 더 적합한 상태에서 모습을 드러냈다. 침공이 삼면에서 동시에, 남쪽에서는 이슬람 신도, 아랍, 아랍화한 사람들이, 동쪽에서는 헝가리인이, 북쪽에서는 스칸디나비아인이 삼면 침공을 동시에 했다.(B1, 23-24면)

구체적이고 생생한 자료를 들어 무엇이 어떻게 돌아가는지 말하고서, 부분과 전체, 미시적 관점과 거시적 관점이 유기적으로 연결되게 했다. 특정 연대에 있었던 일을 들어 여러 세기에 지속된 사태를 파악했다. 심리, 종교, 정치, 전쟁 등에 걸친 다면적인 고찰로 한 시대 전체의 모습을 파악했다. 사실 고증의 방법과 문학적 표현을 함께 사용했다.

서두에 든 자료는 프랑스의 것이지만, 논의한 내용은 여러 나라의 공통 사항이다. 여러 나라의 경우를 비교해서 얻은 보편적인 성과로 "서양의 새로운 문명"이 탄생하게 된 경위를 말했다. 『봉건사회』라는 표제에 나라 이름이 없는 것은 유럽사를 다루겠다는 말이다. 그러나 비교연구를 통해 보편성을 찾는 범위를 서부 및 중부 유럽으로 한정했다. 남쪽의 아랍인뿐만 아니라 동쪽의 헝가리인, 북쪽의 스칸디나비아인도 유럽을 위기에 빠뜨린 적대자들이라고 했다.

헝가리인이나 스칸디나비아인까지 받아들여 유럽인 전체의 역사를 다룰 생각은 없었다. 유럽의 역사와 아랍의 역사를 함께 포괄하는 더 큰 범위의 역사는 관심 밖이었다. 서부 및 중부 유럽의 봉건사회를 다루는 특수한 작업에 머물러 역사학을 새롭게 하는 의의를 스스로 감소했다. 고찰의 시각이나 방법은 달라졌어도 서부 및 중부 유럽의 역사만 제대로 된 역사라고 하는 오랜 편견을 그대로 지속시켰다.

연구 대상을 한정하는 것은 당연한 일이지만, 선택한 대상과 선택하지 않은 대상을 우열의 관점에서 보지는 말아야 한다. 선택한 대상이 봉건사회를 거쳤다는 사실에 관해 선택하지 않은 대상과의 더 넓은 비교에서 재론해야 하는 과제가 당연히 제기된다. 이러한 사항에 대해서는 관심을 가지지 않고, 서두에서 말한 결함에 포함된다고 여기지도 않았다.

수난과 투쟁

마르크 블로크는 온건한 사람이고 정치적인 견해라고 할 것은 없었다. 어느 정당에도 가입하지 않았다. 그런데 독일의 침공에 저항하는 투사로 나섰다가 처형되었다. 왜 그랬는가? 독일의 침공이 이유는 아니다. 유태인이었으므로 다른 길을 택할 수 없었던 것도 아니다. 프랑스의 유태인이 모두 항거하다가 죽지는 않았다. 마르크 블로크는 자기 나름대로의 예사롭지 않은 선택을 했다. 그 내막을 알려주는 책이 『기이한 패배』이다.

전쟁을 겪으면서 몰래 쓴 책이다. 서두에서 말했다. "쓰고 있는 글이 언제 출판될 수 있을까? 알 수 없다." 그래도 써야 한다고 했다. 전쟁을 겪은 증언을 남기면서 프랑스가 패배한 이유를 밝히겠다고 했다. 프랑스는 독일에 비해 인원이나 무기가 모자라지 않았으면서도 졌다. 그 사실을 "기이한 패배"라고 했다.

기이한 패배를 한 이유가 무엇인가? 군대를 조직하고 운영하는 방식에 잘못이 있었다고 하면서 자기가 겪은 바를 들어서 자세하게 고찰했다. 그 내역에 관심을 가지고 시비를 가릴 필요는 없다. 주목할 것은 사실을 밝히고자 하는 의지와 노력이다. 그것이 역사가의 마땅한 자세라고 했다.

"역사가가 감당해야 할 첫째 의무는 '삶'에 관심을 가지는 것이다. 시골에서 일어난 일에 대해서 특별히 주의를 하면서 연구를 하는 동안에 현재에 의존하지 않으면 과거를 이해할 수 없다는 것을 깨달았다."(B3, 30면) 이렇게 말하면서, 현재의 중대사에 참여한 경험으로 최상의 역사 연구를 하겠다고 했다.

현재 경험하고 있는 사건은 연구의 대상으로만 할 수 없다. 관찰자로 머무를 수 없고 당사자가 되어야 하기 때문이다. 스스로 선택하지 않아도 당사자가 되지 않을 수 없는 사태가 닥쳐왔다. 당사자 노릇을 남다른 방식으로 해야 했다. 자기가 유태인이기 때문이다. 독일의 나치는 유태인을 적으로 삼아 없애려 했다. 독일의 간섭을 받는 프랑스의 비시 정권이 하수인 노릇을 해서 박해를 하는 것만이 아니었다. 프랑스에서도 이따금 문제를 일으키던 반유태인 감성이 그 시기에 격화되었다.

나는 유태인이다. 유태인의 종교는 믿지 않으니 이유가 되지 않고 다른 이유도 없으며, 다만 혈통이 유태인이다. 나는 이 점을 자랑스럽다고도 부끄럽다고도 여기지 않는다. 인종에 대한 편견은 헛되고, 순수한 인종이 있다고 믿는 것은 더욱 허망하다는 것을 밝히는 진정한 역사가이기를 나는 바란다.(B3, 31면)

위에서 인용한 말이 있는 곳 다음 면에서 자기가 유태인이라는 사실에 관해 말했다. 독일에 대한 저항 운동에 참여하기로 작정하고 언제라도 죽을 각오를 하고 먼저 쓴 「유서」도 유태인이라는 사실을 말하는 것을 가장 중요한 내용으로 삼았다. 네 단락으로 이루어진 글 둘째 단락과 넷째 단락에서 한 대목씩 든다.

많은 선조뿐만 아니라 아버지까지도 히브리 기도의 울림을 최후의 위안으로 삼았지만, 그런 것을 내 무덤에서는 들려주지 말기 바란다.(B3, 211면)

나는 평생토록 오직 프랑스인이었다. 오랫동안 친숙하게 되고, 역사의 정신으로 풍요롭게 되어 다른 무엇을 받아들일 수 없게 하는 조국의 전통을 마음 놓고 호흡하면서 깊이 사랑하고 온갖 힘을 기울여 섬겼다. 내가 유태인이라는 사실이 이러한 느낌을 가지는 데 조금도 장애가 되지 않았다.(B3, 212면)

프랑스 교육이 실용주의로 기울어져 위기를 초래하는 것을 염려하고 프랑스 정신을 살려나가야 한다고 했다. 대학에서 초등학교까지 교육제도나 방법이 잘못되어 있는 것을 다각도로 비판하고 총괄적인 결론을 내렸다. “인간을 존중하고, 자발적인 정신과 자유를 소중하게 여기고, 우리 기질을 이루고 있는 예술과 사상의 형식을 연속시키는 것”이 핵심 과업이라고 했다.(B3, 268면)

1871년 독일과 전쟁해 프랑스가 패배했을 때 프랑스의 재생과 분발을 촉구하기 위해 에르네스트 르낭이 쓴 『지적이고 도덕적인 개혁』은 마르크 블로크의 『기이한 패배』와 여러 모로 상통한다. 독일 때문에 겪는 수난이 69년만에 다시 닥치자 마르크 블로크 또한 프랑스가 나아갈 길을 진지하게 찾았다. 에르네스트 르낭이 서재에서 한 작업을 마르크 블로크는 투쟁의 현장에서 참담한 심정으로 진행해 설득력이 더 크다고 지적된다.(Raymond Aron, “Méditations sur la défaite”, B2, 1013-1020면) 그런데 프랑스의 교육을 비판하고 대학의 개혁을 주장한 내용은 프랑스의 특성을 없애고 독일의 장점을 받아들여야 한다는 점에서 거의 같다.

‘그랑제콜’(grands écoles)이라고 일컬어지는 특수전문학교가 명문으로 평가되어 인재를 모으는 것이 잘못이라고 했다. 일반대학도 세분화된 분야의 전문가를 양성하는 것이 그쪽과 다르지 않아 보완책이 미흡하다고 했다. 전공이 세분되지 않고 연결이나 통합이 가능하게 대학을 개편하고, ‘그랑제콜’은 없애고 필요한 기능을 일반대학에서 수행해야 한다는 대안을 제시했다.

이런 주장을 펼 때 마르크 블로크는 프랑스의 소생에 기대를 걸었다. 프랑스가 더 좋은 나라가 되기 위해 독일의 장점까지 받아들여야 한다고 했으나, 상황이 긴박하게 되어 낙관이 사라졌다. 교육 문제 같은 것을 논하고 있을 형편이 아니었다. 그래도 나이 58세나 되고 여섯 자식을 둔 학자가 죽음을 각오하고 투쟁에 나서야 했던 이유는 납득하기 어렵다.

독일의 나치가 유태인의 적이므로 싸워야 했다고 보는 것은 적합하지 않다. 자기는 유태인이 아니고 프랑스인이라고 했다. 조국 프랑스를 위해서 목숨을 바치는 것은 자기가 프랑스인임을 입증하는 최상의 방법이었다고 하는 것이 더 나을 수 있다. 인간을 존중하고 자발적인 정신과 자유를 소중하게 여기는 가치관을 지키는 것이 더 큰 사명이라고 여겼다고 하는 것이 최상의 해답이다.

마르크 블로크는 더 오래 살았으면 더 많은 일을 했을 것이다. 쓰고자 한 책이 여럿 있었다. 아들이 전한 명단을 보자.(Étienne Bloch, "Marc Bloch: Souvenirs et réflexions d'un fils", A, 35면)

1 『역사를 위한 변명』(*Apologie pour l'histoire*)

2 『독일 제1제국』(*Le premier Empire allemand*)

3 『프랑스 화폐의 역사』(*Histoire de la monnaie française*)

4 『미국 이민』(*Le peuplement des États-Unis*)

5 『나의 추리소설』(*Mon roman policier*)

1은 역사학 일반론이다. 완성하지 못한 채 남아 있는 원고가 1949년에 출판되었다. 2에서 4까지에서 하고 싶은 것은 역사 연구의 통상적인 작업이다. 5를 희망한 것을 보면 소박한 생각을 가졌음을 확인할 수 있다.

1을 살펴보자. "역사란 것이 무슨 소용이 있는지 말해주세요"라고 하는 어린 아들의 물음에 아버지인 역사가가 대답한다는 말을 서두에서 했다.(B4, 37면) "역사학자는 어떻게, 왜 연구를 하는가"(Comment et pourquoi travaille un historien)라는 부제를 붙였는데, 출판할 때 "역사가의 직분"(métier d'historien)이라고 수정되었다. 역사가의 연구 작업에 관해 누구나 이해할 수 있게 설명하고자 했다.

책의 성격을 한 말로 규정하면 "역사학 방법론이고 역사철학은 아니다."(B4, 17면의 해설) 역사철학에는 반감을 가졌다. 역사학은 추상적 원리, 법칙, 구조 같은 것을 찾으려고 하지 않고 연구 대상의 다양성과 복합성에 대한 이해를 목표로 한다고 했다. 그렇다고 해서 사실 자체로 관심을 돌려야 한다고 한 것은 아니다. 사실 자체에 대한 실증주의의 주장에 대해 반대하고, 연구 대상의 다양성과 복합성을 연구자가 마음속으로 이해하는 작업을 더욱 새롭게, 한층 깊이 있게 하는 데 힘쓰는 것이 마땅하다고 했다.

> 역사적 사실은 본질적으로 심리적인 사실이다. 그러므로 그 선례가 상이한 심리적 사실에서 발견되는 것이 정상이다. 물론 사람은 물질세계에서 살아가며 그 무게를 받아들인다. 그러나 물질세계에서조차도, 외부의 힘이 최대로 거세도 사람이, 사람의 정신이 선택하는 바에 따라 작용을 미친다.(B4, 156면)

정신의 주체성을 중요시하는 데는 동의할 수 있지만, 역사적 사실이 심리적인 사실이라고 한 것은 주관주의이다. 심리나 주관은 경우에 따라서 달라지므로 확고한 판단을 배제한다. 역사 연구를 이렇게 해야 한다는 지론이 자기 자신이 당면한 고난과 투쟁을 해명하는 데 무력하다고 하지 않을 수 없다. 『기이한 패배』에서 프랑스가 실패한 원인을 찾는 작업이 타당하게 이루어졌다고 보장하지 못한다. 죽음을 각오하고 투쟁해야 할 필요가 있는가 하는 반문에 자기 나름대로의 신념을 말하는 것 이상의 설득력 있는 대답을 할 수 없다.

평온하게 살면서 심각한 논란거리는 없는 역사학을 하고자 한 학자와 격동에 휘말려 싸우다가 희생된 인간 사이에 상당한 거리가 있다. 자기가 당면한 무거운 문제를 감당하지 못하는 가벼운 역사학이 어느 정도의 가치를 가지는지 의문이다. 마르크 블로크의 생애는 미완으로 끝나 이에 대해 추구해야 하는 작업이 독자에게로 되돌아온다. 사실과 심리, 물질과 정신, 객관과 주관이 하나이게 하는 학문을 해야 하는 오랜 과제가 제기된다.

얼마나 기여했는가

마르크 블로크는 널리 받아들일 만한 학설이나 이론을 제시하지는 않았다. 생애에 관한 다른 여러 사실은 제외하고, 역사 연구 자체만 보면 연구 태도나 방법을 가장 높이 평가해야 한다고 한다. 논의를 거칠게 하면 간과하게 마련인 세부적인 사실을 찾아내 여러 측면에서 정밀하게 고찰하면서 총체적인 이해를 다시 하는 출발점으로 삼은 점이 특히 탁월하다고 한다. 독일 학자가 최근에 낸 연구서에서 조심스럽게 내린 결론이다.(R-M, 332면)

그러나 마르크 블로크는 역사가만이 아니었다. 군인이고, 프랑스인이고, 역사가여서 일인 삼역을 한 것을 주목하고 평가해야 한다고 했다.(O, 229면) 역사가가 군인이기도 했던 것은 시대의 불행 탓만이 아니다. 다른 역사가는 하지 않은 일을 스스로 선택했다. 군인이 되겠다고 자원하고 군인의 임무를 철저히 수행하다가 목숨을 잃은 것은 프랑스인이고자 했기 때문이다. 유태인이기 때문에 프랑스인이기에 결격 사유가 있는 것을 역사가이기만 해서는 해결하지 못해 군인이 되어 싸우는 더욱 적극적인 대책을 마련했다.

마르크 블로크는 프랑스인 노릇을 너무 잘 하려고 하다가 역사가의 임무 수행이 손상되게 했다고 하지 않을 수 없다. 역사가는 국가의 구분을 넘어서서 보편적인 진실을 찾는 것이 마땅하다. 한창 일할 나이에 세상을 떠나 보편적 진실 추구에 차질이 생긴 것이 안타까운 것만은 아니다. 프랑스를 위해 순교자가 되었다고 찬양되면서 프랑스를 넘어서는 역사학을 하고자 한 노력이 제대로 이해되지 않고, 미비점에 대한 논의가 이루어지지 않고 있는 것이 더 큰 불행이다.

마르크 블로크의 역사 연구를 프랑스에서 크게 자랑한다. 1986년에 탄생 백주년 기념행사를 거행하고 평가가 더욱 높아졌다. 『봉건사회』 두 권을 하나로 합쳐서 다시 출판한 신판 머리말에서는, "인간의 모든 면을 파악하는 총체사(histoire totale)를 오랜 기간에 걸쳐 변하는 지속(une durée longue et changeante)에서 파악하는 작업을 시작했다"고 했다.(Robert Fossier, "Péface", B1, iv면) 몇 대목이라도 다시 읽으면 "젊음, 고갈되지 않은 풍부함, 대담성" 때문에 놀라고, "연구를 자극해 앞으로 나아가게 한다"(O, 15면에 인용되어 있는 Georges Duby의 말)고 하기도 했다.

마르크 블로크가 창간하고 참여한 학술지 『아날』이 한 학파를 이루었다고 해서 아날학파의 중심인물로 평가된다. 아날학파가 역사학의 발전에서 기여한 바에 대해서 소극적 평가도 있고, 비판론도 있다. 그 일원이 쓴 책에서는 적극적인 평가를 주장하고, 그 이유에 관해 다음과 같은 결론을 내렸다.

이 학파는 관용을 특징으로 한다. 인간 행위의 다양성을 받아들이는 것을 연구 성과로 삼고, 자연의 이치나 신의 섭리라고 하지 않는다. 그렇다고 해서 무엇이든지 좋다는 것은 아니다. 학자가 지닌 놀라운 능력이고 무기인 비판정신을 살려 오늘날 당면한 수수께끼를 풀고 사물의 질서에 의존하지 않으면서 책임감을 가지도록 도와준다.(Bu, 317면)

아날학파는 다양성을 인정하는 관용을 특징으로 한다고 한 말은 사실과 부합된다고 할 수 있다. 그러나 자기들 나름대로의 다양성이고 관용이다. 유럽 중심부 밖의 사람들은 어떻게 생각하는지 알지 못하고 관심조차 없어 한쪽에 치우친 학문을 한다. 관용은 최대로 확대된다고 해도 학문의 성과라고 말할 것은 아니다. 비판정신이나 책임감이 더 중요한데, 이에 관해서는 크게 내세울 만한 것이 없다.

그런데도 마르크 블로크는 국내에서 높이 평가되는 데 그치지 않고 프랑스에서 유럽으로, 유럽에서 세계 전체로 퍼져나가 커다란 영향을 끼치고 있다. 이러한 현상에는 과대평가 또는 우상화의 경향이 없지 않다. 프랑스가 위대하다는 증거를 마르크 블로크가 보태고 있다고 프랑스에서는 이해한다. 마르크 블로크가 프랑스를 위해 목숨을 바친 애국투사였다는 사실을 학문에 대한 평가를 확대하는 데 이용한다.

마르크 블로크는 알사스 유태인의 범위를 넘어서서 프랑스인이라고 자처하는 것만으로는 부족하다고 여기고, 프랑스를 넘어선 유럽인의 정신을 가지고 유럽사학을 하고자 했다. 독일사 공부를 선결과제로 삼아 독일 유학을 했다. 스트라스부르대학 교수가 되어 프랑스학문의 위세를 입증해야 할 때 독일사 연구 성과의 수용에 힘쓰면서, 그 대학

도서관에 있는 방대한 독일문헌을 철저하게 이용했다. 『봉건사회』에서 독일사에 관한 논의에 많은 비중을 두었다.(Karl Ferdinand Werner, “Marc Bloch et recherche historique allemande”, A, 129면)

프랑스사와 독일사의 비교연구에서 국가권력의 차이점은 버려두고 사회구조의 공통점을 소중하게 여기면서 정치사에서 사회사로 나아갔다. 이웃 여러 나라의 경우도 함께 살펴 “진정한 의미의 유럽사”를 개척했다는 평가를 받는다.(위의 글, 128면) 그러나 고찰의 범위가 서부 및 중부 유럽을 벗어나지 않는다. 북유럽이나 동유럽은 어쩌다가 언급할 때면 정상에서 벗어나 있다고 했다. 준비 부족으로 감당하지 못한다고 하지 않고, 전형적인 유럽이 아닌 곳은 다루지 않아도 된다고 했다. 위에서 든 인용구에서 볼 수 있는 바와 같이, 아랍화한 사람들, 헝가리인, 스칸디나비아인은 유럽에 살아도 유럽인이 아니며 침공자에 지나지 않는다고 했다.

『봉건사회』의 한 대목에서 지방분권의 봉건사회가 유럽뿐만 아니라 일본에서도 발견된다고 일본의 경우를 한참 논의한 다음 “다른 곳들도 두 곳과 마찬가지로 봉건사회를 거쳤는지 장차 연구할 과제이다”라고 했다.(B1, 610-612면) 뒤의 논자들이 이에 관해 깊은 관심을 보인다. 유럽 봉건사회의 지방분권이 일본의 경우와 유사하다고 한 말을 인용하고 비교사학의 발전에 크게 기여했다고 칭송하는 것을 거듭 볼 수 있다.(Claude Tardits, “L'invitation au comparatisme: Marc Bloch et les anthropologues”, A, 136면; Aleksander Gieysztor, “Le comparatisme en histoire”, A, 256면)

지적한 사실이 전혀 새로운 것이 아니다. 상투적으로 거론되는 속설을 받아들이는 데 그쳤으므로 칭송하는 대신 비판해야 마땅한 실수이다. 유럽 봉건사회의 다른 여러 특징을 버리고 지방분권만 비교의 대상으로 삼아 자기가 한 연구 성과를 축소했다. 봉건사회는 지방분권을 특징으로 한다고 하면 비교연구가 더 진전되지 않는다. 유럽과 다른 여러 문명권의 중세를 비교하는 작업을 하려면 그런 견해를 버려야 한다.

「유럽사회 비교사학을 위하여」(Pour une histoire comparée des sociétés européennes)에서 비교사학 일반론을 전개하면서 한 말을 보자. "시대와 지역이 멀리 떨어져 있어, 서로 대응되는 유사한 현상이 상호영향이나 공통기원에서 생겨났다고 설명할 수 없는 사회를" 찾아내는 데서 비교사학이 시작된다고 했다.(B2, 351면) 그러면서 "여러 유럽 사회, 특히 서부 및 중부 유럽의 동시대 여러 사회가 공간적으로 가까이 있으면서, 단일하지는 않더라도 공통적인 원천을 지닌 양상을 밝히고자 한다"고 했다.(B2, 355면)

두 말은 서로 어긋난다. 연구의 범위를 그렇게 좁히면 상호영향과 공통기원으로 설명할 수 없는 유사한 현상을 찾기 어렵다. 자기 자신이 제시한 기준을 사용해 판별하면 비교사학을 시작했다고 할 수 없다. 콜레즈 드 프랑스 교수를 지망할 때에 전공분야를 비교사학이라고 했다. 그 소원이 받아들여지고 전쟁이 나지 않아 오래 연구를 했다면 작업의 범위를 더 넓혀 비교사학다운 연구를 했을 수 있다는 변명이 가능하다. 그러나 그럴 만한 준비를 갖춘 것은 아니다. 이론과 실제를 일치시키기 위한 노력을 연구의 초기부터 해야 성과를 얻을 수 있다.

넘어서기

2004년 스웨덴에서 열린 학술회의에서 발표한 「한국 · 동아시아 · 세계문학의 중세」에서 나는 마르크 블로크를 비판했다.(제3권 제9강에 논의한 "The Medieval Age in Korean, Eastern Asian, and World Literary Histories"이며, *Interrelated Issues in Korean, East Asian and World Literature*, Seoul: Jimoondang, 2006에도 수록했다.) 스웨덴은 마르크 블로크가 무시한 유럽의 변방이어서 비판을 제기하기 알맞은 곳이다. 유럽을 제대로 다루지도 않고 일본으로 건너가 지방분권이 봉건사회의 공통된 특징이라고 한 것은 부당하다고 지적하고, 지방분권이 중세문학 이해에 어떤 기여를 하는가 하고 반문했다.

(여기까지 한 말의 원문을 첨부한다. A proponent of so called the total history, Marc Bloch recently reaffirmed that the medieval age was the feudal society which divided power and land. And he insisted only Western Europe and Japan honourably passed such a stage. Scandinavia was mentioned reluctantly when it had undeniable relations with the core of Europe. The other civilizations were not considered. Such a one-sided theory makes the situation worse. The hope of a universal understanding of world history seems to be a fantasy. The periodization of the ancient, medieval, and modern ages explains only a specific aspect of world history, and without any convincing result. What is the common characteristic of the literary products of those two societies, Western Europe and Japan, that divided power and land? There is no answer forthcoming.)

마르크 블로크의 잘못을 시정하는 나의 대안은 중세는 공동문어의 시대라는 것이다. 공동문어 이전의 고대, 공동문어 시대의 중세, 공동문어 이후의 근대가 구분되는 것은 어디서나 같다고 했다. 공동문어 사용 여부를 출발점으로 삼아 문화사를 이해하고, 사회사에 이르는 것이 마땅하다고 했다. 한국문학사에서 동아시아문학사로 나아가고, 동아시아문학사를 다른 문명권의 경우와 비교해 고찰한 성과를 근거로 세계문학사를 새롭게 이해한 성과를 간추려 발표했다.

마르크 블로크에 대한 평가에서 성과보다 지향점이 더욱 긴요하다. 서로 직접적인 관련이 없는 여러 사례를 견주어 살피는 비교사학을 통해 국가의 범위를 넘어서는 보편적인 역사학을 이룩하겠다는 것이 마르크 블로크가 남긴 가장 소중한 유산으로 받아들일 수 있다. 그 가치를 더 크게 하려면 마르크 블로크가 실제로 한 작업을 과감하게 넘어서야 한다. 마르크 블로크를 계승하고 있는 아날학파가 할 수 있는 일이 아니다.

두 가지 중대한 과제가 제기되어 있다. 마르크 블로크는 총체사의 개척자라고 평가되지만, 아날학파 전체를 보더라도 아직은 시도에 그치고 성과가 얼마 되지 않는다. 총체사로 나아가기 위해 무엇을 해야 할 것인가 길게 말하고 "방법의 완성은 미래 사가들이 감당할 일이다"라고 한 말이 적절하다.(Br, 402면) 유럽문명권중심주의를 극복하고 세계 전체를 통괄해서 연구해야 하는 또 하나의 과제는 아날학파가 빈말조차 하지 못하고 있어, 다른 문명권에서 선도해야 한다.

세계문학사에 관한 나의 작업은 이 두 가지 중대한 과제 해결에 기여한다. 문학사를 사상사와 사회사와 합쳐 총체사로 나아간다. 한국문학사에서 출발한 연구가 동아시아문학사와 제3세계문학사로 나아가 유럽문학사를 아우르면서 기존의 편견과 오류를 시정하고 세계문학사를 다시 이룩한다. 이룬 바는 아직 크지 않으나 방향 전환과 방법

정립에 기여한 공적은 분명하다.

토론

❑ **문** : 마르크 블로크는 지금까지 다룬 다른 학자들보다 격이 떨어지는 것이 아닌가? 선택할 만한 가치가 있는가?

❑ **답** : 마르크 블로크는 격이 떨어진다고 할 수 있는 것이 근대인의 범속함을 말해주기 때문이다. 교수 노릇을 생업으로 삼으면서 학문을 하는 근대학자는 그리 대단하지 않아도 오늘날의 우리와 가까운 관계에 있어 관심을 더 가질 수 있다. 근대학자를 많이 선택하지 않은 것을 불만으로 삼을 수 있다.

❑ **문** : 수많은 근대학자 가운데 마르크 블로크를 선택한 이유는 무엇인가?

❑ **답** : 아날학파에 대한 근래의 관심과 평가를 문제 삼을 필요가 있는 데다 더 보태 생애가 특이하기 때문이다.

❑ **문** : 마르크 블로크는 학문과 생애가 어긋난다고 하지 않았는가?

❑ **답** : 그렇다. 온건한 자세로 학문하다가 비극적인 최후를 맞이하게 된 것을 보고, 산다는 것이 쉬운 일이 아님을 새삼스럽게 알아차린다.

❑ **문** : 학문과 생애 가운데 어느 쪽을 더욱 중요시해야 하는가?

❑ **답** : 학문에서 이룩한 업적을 더욱 중요시해야 한다. 칭송받는 생애 때문에 학문을 과대평가하지 말자고 했다.

❑ **문** : 비난받는 생애 때문에 업적이 과소평가되는 것도 부당한가?

❑ **답** : 그렇다. 업적을 더욱 중요시해야 하는 것은 학자나 작가나

마찬가지이다. 업적은 생애에서 어느 정도 독립된 가치를 지닌다.

❑ 문 : 요즈음 친일이 문제되고 있다. 나중에 친일을 했다는 이유로 이광수의 작품을 과소평가하는 데 반대하는가?

❑ 답 : 이광수를 높이 평가할 수 없는 더 큰 이유는 친일보다 작품에 있다. 처음부터 자기는 구원자로 자처하면서 우리 민족을 멸시하고 개조해야 한다고 한 것을 비판하지 않을 수 없다. 친일을 한 작가는 많이 있었다. 모두 단죄할 것은 아니다. 친일의 정도, 자발성 여부, 후일의 참회 등을 가려 등급을 정해야 하지만, 더 중요한 것은 업적이다. 마지못해 최소한의 친일을 하고 철저하게 참회한 작가들은 생애의 과오를 문제 삼지 말아야 할 것은 아니며, 그 전의 작품이 생애의 과오를 상쇄하고 남는다고 할 만한지 따져야 한다. 염상섭이나 채만식이 이에 해당한다.

❑ 문 : 학자나 작가가 아닌 사람들도 업적과 생애를 구별해서 평가해야 하는가?

❑ 답 : 정치가나 사회운동가는 업적이 생애와 아주 근접되어 있어 구별하기 어렵지만, 시기를 나누어 평가하는 것은 가능하고 필요하다. 잘 되다가 잘못 될 수도 있고, 그 반대일 수도 있다.

❑ 문 : 유럽이나 일본의 봉건제가 중세의 전형적인 제도라고 널리 인정되고 있는 것을 간단하게 무시해도 되는가?

❑ 답 : 봉건제라고 일컬어지는 지방분권은 극히 일부 지역의 특수한 제도였다. 유럽에서도 서유럽에서나 있었다. 비잔틴제국은 중앙집권을 택했다. 비잔틴제국은 서유럽보다 뒤떨어졌다고 낮추어보았다. 서

유럽의 근대학자들이 비잔틴제국 비난을 일삼는 것은, 형이 얕잡아본 데 대해 앙심을 품고 형이 죽고 없어진 다음 아우가 복수를 지나치게 하는 짓이다. 그래서 아우가 못난 것을 계속 입증한다. 형이 죽은 것은 중앙집권을 더 잘 한 이슬람의 침공을 견디지 못했기 때문이다.

□ 문 : 유럽이나 일본의 봉건제를 거쳤기에 근대화에 앞설 수 있었던 것이 아닌가?

□ 답 : 그 두 곳은 중앙집권을 이룩하지 못할 사정이 있어 지방분권으로 대안을 삼아야 했다. 국가를 이루기 전 단계의 게르만민족 여러 집단이 각기 이주해 한 곳씩 차지한 탓에 서유럽이 지방분권으로 분열되었다. 일본에서는 지방을 분할해 통치하고 있는 군사 집단을 해체하지 못해 지방분권을 인정해야 했다. 지방분권은 중세에서도 후진의 제도였다. 중세의 후진이 근대를 이룩하는 데 앞선 것을 보고 중세에도 선진이었다고 착각하지 말아야 한다. 서유럽이나 일본은 중세에는 갖추지 못한 중앙집권을 오래 유지해온 곳들보다 더욱 견고하고 효율적으로 하는 극전 전환을 이룩한 덕분에 근대화에 앞섰다. 이것은 후진이 선진이 되는 좋은 본보기이다.

□ 문 : 아날학파의 역사관은 총체사 · 지속사 · 심리사의 세 가지 특징을 가진 것으로 이해된다. 이 가운데 총체사에 대한 논란은 있었으나 나머지 둘에 대해서는 왜 말하지 않는가? 의의를 그대로 인정하는가?

□ 답 : 좋은 질문 덕분에 마무리를 온전하게 할 수 있어 감사하다. 총체사 · 지속사 · 심리사를 하자는 것은 종래의 역사학이 분야사 · 사건사 · 사실사에 치우친 편향성을 시정하는 의의가 있다. 그러나 반대

쪽의 편향으로 나아가는 잘못이 있어 다시 시정해야 한다. 내가 해온 작업에 다시 시정하는 대안이 있다.

총체사는 역사의 여러 국면을 이것저것 언급하면서 뒤섞으면 이루어질 수 있다고 믿지 말아야 한다. 개별 분야사의 독자적인 의의를 인정하면서 하나씩 보태 평면에서 입체로, 입체에서도 면이 증가되는 다면체로 나아가야 한다. 문학사에다 사상사와 사회사를 보태는 것과 같은 작업을 더욱 확대해서 하자는 말이다.

지속사가 지속되는 것들을 개별적으로 파악하고 제한 없이 지속되는 듯이 여기면 연구 성과를 인정할 수 없다. 지속되는 것들을 상호관련에서 파악하고, 관련 양상이 지속되는 기간을 알아내는 시대구분을 갖추어야 제대로 된 연구일 수 있다. 공동문어문학과 민족어문학의 공존은 중세 동안, 교술시와 서정시의 공존은 중세후기 동안 공존했다.

심리사는 구조사의 다른 측면이다. 구조를 명확하게 밝힐 수 있는 원리가 참여자들의 주관에서는 심리적인 것으로 이해되는 것이 예사이다. 이러한 사실을 밝히는 데 문학작품이 좋은 자료이다. 소설에 나타난 계급과 신분, 남녀 관계 등을 고찰한 나의 작업이 구조와 심리의 관계를 잘 보여준다.

제13강 라다크리슈난

전기를 발견하고

2005년 2월 16일부터 시작된 인도 네루대학의 학술회의에 참가했을 때 있었던 일이다. 그 대학 구내서점에 들렀다가 Sarvepalli Gopal, *Radhakrishnan, a Biography* (New Delhi: Oxford University Press, 1989)라는 책을 우연히 발견하고 샀다. 현대 인도의 대표적인 철학자 라다크리슈난(Radhakrishnan, 1888-1975)의 전기인데 아들이 집필했다. 책을 탐독하고 이 대목을 쓰게 되고, 학자의 생애를 다루겠다는 구상을 구체화하는 데 이르렀다.

아버지는 성명을 다 들면 Sarvepalli Radhakrishnan이다. 앞에 오는 말이 성인 것이 우리와 같다. 성은 빼고 이름만 거론하는 것은 인도 특유의 관례이다. 아들(1923-2002)은 탁월한 역사학자이고 네루대학 교수였다고 책 서두에 소개되어 있다. 아들이 아버지의 전기를 쓰면 개인적인 회고에 치우칠 것 같은데 그렇지 않다. 역사학자다운 시각을 갖추었다고 할 수 있다.

객관적인 사실을 정리하려고 애썼다. 자기가 겪어서 아는 바와 이용

가능한 기록을 충실하게 결합시켰다. 문제가 있는 대목은 다각적으로 검증했다. 살아온 과정을 시대와 연관시켜 고찰하며 학문을 하고 사상을 전개한 내용도 충실하게 다루었다. 비판도 더러 소개했지만 긍정적인 평가로 일관한 것에는 어느 정도의 편향성이 있다고 할 수 있다.

인도에 머무르는 동안 이 책을 통독하면서 긴장을 늦출 수 없었고 줄곧 감동을 받았다. 기차를 타고 가는 긴 시간이 독서를 위한 최상의 기회였다. 인도에서 읽으니 절실하게 들어오고, 이 책 덕분에 인도를 더 잘 알게 되었다. 특히 중요한 대목은 밑줄을 그었다. 그 가운데 몇 개를 긴요하게 이용하고, 내가 생각한 바를 말하기로 한다.

불우한 처지를 넘어서서

만년의 영광을 보면 라다크리슈난은 유복한 환경에서 자란 것 같은데 전혀 그렇지 않았다. 안드라 프라데쉬(Andra Pradesh) 지방에서 가난한 브라만의 아들로 태어났다. 모국어는 텔레구(Telegu)였다. 인근 고장 타밀(Tamil)의 수도인 마드라스에서 생장했다. 아버지가 생활 능력을 잃어 부모와 동생들, 그리고 자기 처자의 생계를 책임지는 힘든 임무를 학생 시절부터 감당해야 했다.

대학 진학이 가능한 형편이 아니었는데, 장학생으로 선정된 덕분에 마드라스기독교대학(Madras Christian College)에 입학했다. 철학과를 졸업하는 사촌이 교재를 물려주어 비용 절약을 위해 철학과를 택했다. 법학과로 옮기고 싶어도 장학금을 놓칠 수 없어 철학 공부를 계속했다. 장학금 25루피가 전가족의 생계비였다. 대학에서 가르치게 되었을 때의 월급이 500루피였다고 하니, 25루피가 어느 정도인지 짐작할 수 있다.

난관이 겹쳐도 일이 잘 풀리고, 생애나 학문에서 예상하거나 기대한 이상의 진전이 있었다. 못될 만한데 잘되기의 연속이었다. 이 점을 두고 스스로 생각한 바를 전기에서 기록했다. "자기 생애는 자기 힘이 아닌 다른 힘, 자연, 운명, 섭리, 신 등 어떻게 불러도 좋을 무엇에 의해 이루어졌다고 확신한다"고 했다.(15면)

이것은 불가사의한 일이 아니었다. 지나친 기대나 욕심을 가지지 않고 겸허한 자세로 성실하게 노력한 덕분에 모든 것이 잘 되었다고 보는 것이 타당하다. 一切唯心造라는 말이 그대로 적용될 수 있다. 힌두교, 불교, 도가사상 등이 공유한 아시아인의 지혜가 이런 것이며, 야망과 용기를 찬양하는 유럽인의 영웅주의와는 반대가 된다고 할 수 있다.

옥스퍼드대학에 유학하는 장학생 시험에 합격했으나, 자기가 떠나면 가족이 살 길이 없으므로 포기했다. 떠나지 못한 불운이 행운으로 바뀌었다. 유학을 하지 않은 것이 오히려 다행이었다. 이에 관해 아들이 쓴 전기에서 "옥스퍼드대학에 배우러 가는 대신에 가르치러 가게 되었다"고 했다.(19면)

영국에 처음 간 것은 캘커타대학 교수일 때였다. 영연방 대학협의회에 캘커타대학 대표로 갔다. 그 기회에 옥스퍼드대학에서 특강을 해서 크게 평가되고, 몇 년 뒤에 교수로 초빙되었다. 인도에서 공부하면서 인도철학 연구를 개척하고, 동서철학 비교연구의 업적을 낸 것이 높이 평가되었기 때문이다. 유학을 해서 공부했으면 수입학이나 하고 창조학으로 나아가지 못해 영국의 교수가 되지는 못했을 수 있다.

마드라스기독교대학은 기독교 선교를 위해 만든 대학이었다. 영국인 교수들이 기독교 옹호에 필요한 서양철학 지식을 강의하고, 인도철학은 비난의 대상으로 삼기나 했다. 그 때문에 이중의 혼란을 겪었다고 다음과 같이 회고했다.

> 기독교를 선교하는 대학 교수들은 기독교적인 사고와 생활을 위한 철학을 가르치면서, 주해·해설·변호를 하기나 하고, 엄격한 의미에서 진리 탐구는 하지 않았다. 인도인의 사고방식을 비판해 나의 신념을 혼란시키고, 전통적 정신의 지주를 흔들었다. ("Fragments of a Confession", Paul Arthur Schilpp ed., *The Philosophy of Sarvepalli Radhakrishnan*, New York: Tudor, 1952, 9면)

이런 도전에 대처하기 위해 두 가지 노력을 했다. 철학을 철학답게 진리를 탐구하는 학문으로 하고자 했다. 인도철학을 찾아 자기 학문의 근간으로 삼기로 했다. 혼자 애써서 얻은 탐구의 성과로 『베단타의 윤리와 형이상학적 전제』(*Ethics of the Vedanta and its Metaphysical Presupposition*)라는 석사논문을 썼다. 베단타 철학의 원문을 읽을 능력은 없으므로 영역본을 자료로 삼아, 인도 전통철학 베단타에는 윤리에 관한 사상이 없다는 비판에 응답하고자 한 내용이었다.

마드라스 기독교대학에서는 인도철학은 강의하지 않을 뿐만 아니라, 학위논문의 주제로 택할 수 없었다. 그런데 지도교수가 관대한 사람이어서 영어 문장이 훌륭하다는 이유를 들어 석사학위를 받을 수 있도록 했다. 그 논문이 관심을 끌어 출판되고 문제작으로 평가되었다.(Madras: The Guardian, Press, 1908)

인도철학으로 관심을 돌리면서 타고르를 주목했다. 타고르의 작품에서 보여준 "순수한 마음, 우주와의 조화, 모든 인류에 대한 배려"가 인도정신의 핵심이라고 여겼다. 그런 생각을 정리한 『타고르의 철학』이라는 책을 써서 영국에서 출판했다.(*The philosophy of Rabindranath Tagore*, London: Maxmillan, 1918) 타고르의 작품 영역본을 이용하고, 원전은 읽지 못했다. 이에 관해 아들의 전기에서는 "기본적으로 벵골의 시인인 타고르를 벵골어를 읽지 못하는 라다크리슈난이 고찰한 것은 분별없는 용기이다"라고 말했다.(33면)

인도철학을 찾아가는 중간 거점이 필요해, 타고르가 한 것과 같은 일을 자기도 하려고 했다. 타고르는 모국어인 벵골어로 시를 쓰고, 라다크리슈난은 영어로 철학을 했다. 시와 철학이 달라 차이점이 생겼다고 할 수 있다. 일찍부터 시는 인도의 여러 언어로 썼지만, 철학은 공동문어인 산스크리트로만 해왔으므로 모국어 철학은 생각하기 어려웠다. 산스크리트를 새로운 공동문어인 영어로 대치하는 것이 그리 잘못된 일이 아니다.

인도철학을 찾아서

인도철학에 대해서 본격적으로 공부하려면 산스크리트 원전을 읽어야 했다. 브라만이지만 집안에서 산스크리트를 배우지 못한 것이 큰 잘못이었다. 시골에 있는 전통학문 전수자들을 찾아다니면서 서당에서 하던 방식대로 공부해야 했다. 그렇게 한 지 그리 오래 되지 않아 산스크리트에 능통하게 되어 철학의 원전을 탐독했다. 그 뒤의 저술에서는 원전을 이용했다. 원전을 번역하고 주해하는 일을 만년까지 계속

했다.

단기간에 커다란 진전이 있었던 것을 기적이라고 해야 할 것인가? 아니다. 조상 대대로 축적해온 능력이 잠재적으로 계승된 결과로 보아 마땅하다. 一字無識이면서 크게 깨달은 성인들이 있다고 하는 나라가 인도이다. 소중한 것은 지혜이다. 지식을 열심히 공부하면 지혜가 생기는 것은 아니다. 지혜가 없는 지식은 헛것이다. 지혜를 이미 갖추고 있으면 그것을 드러내 알리는 데 필요한 지식은 쉽게 얻을 수 있다.

서양철학 공부를 그만둔 것은 아니다. 산스크리트 원전을 읽고 글은 영어로 쓰면서, 인도철학과 서양철학을 비교해 고찰하는 작업을 계속해서 했다. 전기에서 누가 '철학의 이중언어 사용자'(philosophical bilinguist)라고 한 말을 옮겨놓고, "동서양 양쪽의 철학과 종교사상에 같은 정도로 정통한 사람이 20세기 전 세계의 철학계에 더 없다"고 했다.(아들의 전기, 25면)

서양철학도 제대로 배우지 않아 독학해야 했다. 노력과 재능 덕분에 스스로 많은 것을 알아냈다. 이치의 근본을 따지는 조상 전래의 능력이 잠재의식 속에 축적되어 있어 서양철학도 꿰뚫어 볼 수 있었다고 하는 것이 더욱 합당하다. 인도철학과 서양철학을 비교해 고찰한 결과를 서양 학계에 내놓고 논란을 벌이면서 둘 다 더 잘 알게 되었다. 잘 안다는 것은 기존 지식의 되풀이를 넘어서서 창조적인 재해석을 갖춘다는 말이다.

힘든 작업에서 커다란 결실을 얻었다. 1923년에 『인도철학』(*Indian Philosophy*) 첫 권을 써서 영국 런던과 미국 뉴욕에서 동시에 출판했다. (Radhakrishnan, *Indian Philosophy*, London: George Allen and Unwin, New York: Macmillan, 1923) 제1권 표지에서 저자를 "King George V Professor of Philosophy, University of Calcutta"라고 소개했다. 제2권은 1927년에 나왔다. 1931년에는 개정판을 냈다.

그 때 라다크리슈난은 캘커타대학 교수였다. 식민지 통치하의 인도에 대학이 서고, 대학에서 철학강의를 하고, 인도인이 철학교수 노릇을 할 수 있었다. 인도인 교수라도 석학이라면 인도의 대학에서 존중받는 자리를 차지할 뿐만 아니라 식민지 본국 영국대학의 교수가 될 수 있었다. 그런 점이 모두 일본의 지배를 받은 한국과는 크게 달랐다.

라다크리슈난이 식민지 통치에 순응해서 그렇게 되었던 것은 아니다. 영국에 항거하고 인도인의 각성을 촉구하면서, 그 방법을 학문에서 찾았다. 논리를 존중하면서 이치를 따지려는 사람이라면 누구나 납득하고 동의할 수 있는 논의를 전개하면서 지난 시기의 인도철학을 평가하고, 그것을 현대사상으로 계승하고 재창조해서, 억압과 불평등에서 벗어나 자유와 평등을 이룩하는 길을 제시하고자 했다.

『인도철학』의 서론과 결론에서 왜 인도철학을 재평가해야 하는지 거듭 밝혀 논했다. 결론에서 편 논의가 더욱 진전되어 있어 먼저 들기로 한다. 영국이 인도에서 식민지통치를 하면서 "영국인 자신들보다 더욱 영국적인 인도인"을 만들어내는 교육을 하는 데 치중하고, "영국을 정신적인 어머니로, 그리스를 정신적인 할머니로" 삼아 인도인의 정신을 유럽화하려고 한 것이 문제라고 했다. 이에 맞서서 인도문명을 재인식하기 위해서 철학에 대한 탐구가 절실하게 요망된다고 했다. 영국인이 인도인에게 주입시키는 "인도는 철학이 우스꽝스럽고, 예술이 유치하고, 시는 영감이 없고, 종교는 괴이하고, 도덕은 야만적이다"라고 하는 편견을 시정하기 위한 긴요한 과업의 하나가 철학사 서술이라고 했다.(『인도철학』 2, 779면)

인도의 보수주의자들이 과거의 영광을 상실한 당대의 불운을 개탄하기만 하고, 급진주의자들은 과거의 유산을 버리고 합리주의로 무장해야 한다고 하는 것이 둘 다 잘못되었다고 했다. 그런 양극단의 과오를 시정하고, 인도에서 철학을 어떻게 이룩해왔는가 살피고, 무엇을 어떻게 계승해야 하는지 밝히는 작업을 해야 한다고 했다. 인도 고전에 정통한 전문가가 아니라도 읽어서 이해할 수 있는 철학사를 영어로 써내야 그렇게 할 수 있다고 판단했다.

인도에는 종교만 있고 철학은 없다는 비방에 맞서는 것이 무엇보다도 긴요한 일이라고 여겨 서론에서 거론하고, 인도에는 독단적인 교리를 가진 종교가 없으며, 종교와 철학이 합리적인 사고를 함께 개척해왔다고 했다. "철학에서 추구하는 진실이 언제나 많은 사람의 일상생활에서 살아 있게 하는 것이 인도에서 종교가 하는 구실이다"라고 했다. (『인도철학』 1, 26면) 또한 종교에서 제기되는 문제가 철학의 탐구를 촉진하는 작용을 해왔다고 했다.

머리말에서 먼저 "인도사상은 인류정신사의 한 장을 이루고, 우리에게서 생동하고 충만한 의의를 가진다"고 했다.(같은 책, 7면) '우리'가 인도인만은 아니다. 인도철학사를 읽고 이해하고 공감을 나누는 모든 인류가 '우리'가 되어, 인류 공유의 재산을 재평가해야 마땅하다고 생각해서 그렇게 말했다. 산스크리트나 인도의 다른 언어가 아닌 영어로 책을 쓴 것이 그 점에서 적절한 선택이라고 여겼다.

인도철학의 진면목을 영어로 전달할 수 있는가 하는 것은 문제이다. 산스크리트철학의 핵심을 영어로 옮길 수 있다고 믿고, 산스크리트 원어를 되도록이면 등장시키지 않고, 영어에 있는 말을 이용해서 논의를 전개하려고 했다. 원전을 영어로 번역해서 인용하는 것을 피하고,

그 내용을 간추려 영어권 독자가 이해할 수 있는 형태로 바꾸어 전달하려고 했다.

라다크리슈난과 같은 시기에 인도철학사 서술 작업을 시작한 또 한 사람의 저자 다스굽타(Dasgupta)는 모두 다섯 권이나 되는 방대한 규모의 『인도철학사』(*A History of Indian Philosophy*)를 냈다. 그 서론 첫머리에서, 인도철학은 표현방법이나 용어가 유럽철학과 너무 달라서 정확하게 번역을 하는 것이 거의 불가능하다고 했다. 산스크리트를 모르는 사람이 번역을 통해서 인도철학을 이해하는 것이 아주 어렵다고 했다.(Surendranath Dasgupta, *A History of Indian Philosophy* vol. 1, Cambridge: Cambridge University Press, 1969, 1면. 처음 출판된 해는 1922년이다.)

다스굽타는 산스크리트를 사용한 것은 아니다. 자기도 영어를 사용해서 인도철학사를 쓰면서, 원전을 인용하고, 원래의 용어를 직접 활용하는 데 힘썼다. 용어를 영어로 번역한 경우에도 원래의 말이 무엇인가 괄호 안에 적어서 밝히기를 힘쓰고, 이따금 주를 길게 달아 보충설명을 했다. 라다크리슈난이 일반인을 위한 개설서를 쓴 것과 거리를 두고, 다스굽타는 인도철학의 전공자에게 소용되는 전문적인 연구서를 내놓았다.

라다크리슈난의 업적은 "여러 견해의 집합체"(collected opinions)가 아니고 일관성 있는 저작이라고 전기에서 말했다. 철학사는 철학의 여러 경향에 대한 다양한 논의를 모아놓은 자료집의 성격을 지닐 수 있고, 다스굽타가 한 작업은 이런 경향을 지닌다고 하는 점을 알고 이해해야 할 말이다. 라다크리슈난의 『인도철학』은 독자적인 성찰과 정확한 분석을 갖추어 최상의 철학 반열에 들어간다고 전기에서 말했다.(53면) 이것이 서양 학계에서 높이 평가된 이유라고 했다.

모든 것을 하나로 아울러 말하는 기본원리는 산카라(Sankara, 700-750)의 不二論 베단타(advaita Vedanta) 철학에서 가져왔다. 모든 것의 궁극적인 실체는 브라흐만(Brahman)이고, 브라흐만을 떠나서 주관이든 객관이든 존재하지 않는다고 하는 사상을 이어 갈등을 넘어서는 화합을 이루고자 했다. 우리가 경험하는 세계는 환영이라고 하고 그것과는 별도로 존재하는 진실을 찾아야 했다. 그것은 신의 경지이다. 신의 경지인 진실의 존재와 가치에 대한 주장을 이해하기 쉽게 풀어 말한 대목을 들어보자.

> 우리의 경험은 자가 당착을 지니고 진실하지 못하다. 진실이란 최소한 그 자체로 일관성을 가져야 하기 때문이다. 산카라는 말했다. 진실은 하나이고 둘이 아니어야 하는데, 우리의 경험은 달라지고 어긋난다. 진실은 감각을 통해 파악하라고 열려 있지 않다. (『인도철학』 2, 532면)

산카라 철학의 핵심을 이처럼 간명하고 이해하기 쉽게 풀이한 것은 놀랄 일이다. 탁월한 능력을 분명하게 확인할 수 있다. 그러나 그 덕분에 모르던 것을 알고나니 의문이 더 커진다. 그 자체로 일관성을 지닌 하나이면서'감각을 통해 파악할 수 없는 진실, 그런 것이 있다고 어떻게 보장하는가? 있다 하더라도 무슨 소용이 있는가? 어떻게 도달할 수 있는가? 그런 전제를 내세우는 것은 공허한 이상주의가 아닌가?

변하는 것 자체가 진실이거나 변하는 것이 진실을 향해 나아가는 과정이라고 하면 왜 안 되는가? 변하는 것 자체가 진실이라고 불교에서 말했다. 변하는 것이 진실을 향해 나아가는 과정이라고 변증법이나 생극론에서는 말한다.

철학사 이해의 핵심 과제

산카라와 함께 라마누자(Ramanuja)가 인도의 양대 철학자로 숭앙되고, 두 가지 학파를 이루었다. 라다크리슈난도 그 점을 인정해 『인도철학』에서 산카라에 이어 라마누자를 고찰했다. 그런데 비중에서 많은 차이가 있다. 산카라에게는 214면, 라마누자에게는 73면을 배정했다. 산카라를 크게, 라마누자를 작게 본 것은 사실 판단의 차원에서도 부당하다.

> 탁월한 철학자이고 변증가이며, 냉철한 판단과 폭넓은 관용을 갖춘 위대한 인물인 산카라는 우리에게 진리를 사랑하고, 이성을 존중하며, 삶의 목적을 실현하라고 가르쳤다.(『인도철학』 2, 658면)

> 산카라와 라마누자는 베단타 철학의 두 대가이다. 한쪽의 장점이 다른 쪽의 단점이다. 산카라의 논리 체계는 건조한 것처럼 보이고, 종교적으로는 매력이 없다… 라마누자는 종교적인 재능에서 위대하다… 종교적인 요구와 논리적 사고의 요건이 합치되도록 하는 데 최선을 다했다.(같은 책 2, 720면)

산카라와 라마누자를 이렇게 비교했다. 산카라와 라마누자에 관한 논의 마무리에서 한 대목씩 가져왔다. 산카라 철학의 논리와 내용에 대해서는 전면적인 평가를 하고, 건조하다는 것은 선입견이고 종교적으로 매력이 없다는 것은 피상적인 견해라고 했다. 라마누자는 종교적인 재능을 장기로 삼고, 종교적 요구와 논리적 사고가 합치되도록 하는 것 이상의 작업은 하지 않았다고 했다.

산카라와 라마누자는 철학이냐 종교냐 하는 차이가 있을 따름이라 하고, 철학을 높이고 종교는 낮춘 것이 라다크리슈난 견해의 핵심이다. 세계는 허망한가 실재하는가 하는 시비는 심각한 문제가 아니라고 여겨 논의를 축소해 결론을 맺었다. 산카라와 라마누자가 상이한 주장을 편 것은 철학사에서 차지하는 위치가 달랐기 때문이라고 생각하지는 않았다.

누구나 같은 생각을 가진 것은 아니다. 비베카난다는 이와 다른 견해를 이미 제시했다. 라다크리슈난은 비베카난다를 스승으로 삼아 인도인의 각성을 촉구하는 학문에 뜻을 두고, 인도철학을 탐구하는 길에 들어섰으나, 인도철학을 소중하게 여겨야 한다는 것만 받아들이고 무엇이 소중한지 심각하게 생각하지 않았다. 인도철학사에 관한 비베카난다의 가장 중요한 견해는 논의의 대상으로 삼지 않고 외면했다.

비베카난다는 라마누자와 산카라를 비교해, 산카라는 머리가 뛰어나지만, 라마누자는 가슴이 뛰어나다고 해서, 라다크리슈난이 산카라는 철학에서, 라마누자는 종교에서 앞선다고 한 것과 차이가 없는 것 같다. 그러나 라마누자의 종교는 광범위한 각성을 촉구하는 열정이다. 철학을 배제하지 않고 수정해 각성의 근거가 되는 새로운 견해를 제시했다. 세계를 이루는 만물이 허망하지 않고 신의 특성을 지니고 실재하므로 진리를 추구하고자 하는 각성이 광범위하게 일어날 수 있다고 했다.

비베카난다는 산카라를 버리고 라마누자를 택해 짓밟힌 사람들을 위한 애정을 실현하고자 했다. 라다크리슈난은 산카라를 높이고 라마누자는 낮추어 인도에도 종교가 아닌 철학이 건재하다는 것을 바깥 사람들에게 알리려고 했다. 내부의 혁신에는 동참하지 않을 뿐만 아니라 관심을 보이지도 않으면서 대외적인 홍보에 힘쓰는 것을 학문하는 이유로 삼았다. 비베카난다가 현실인식과 사상투쟁을 위한 철학을 한 것과 거리를 두고, 라다크리슈난은 자기 나름대로 생각한 탁상공론의 철학을 훌륭하게 가다듬어 널리 인정을 받고자 했다고 해도 지나친 말이 아니다.

라다크리슈난은 "철학사는 공감을 주는 상상력과 창조적 통찰을 요구한다"고 하고, "과거의 사상가들이 우리 자신이 지닌 마음과 동기의 깊이를 갖추었음을 확인해야 한다"고 했다.("Reply to Critics", Paul Arthur Schilpp ed., 위의 책, 821면) 전적으로 타당한 말인 것 같으나 논란이 필요하다. 그릇된 객관주의를 주관주의로 대치했다. 오늘날의 생각을 과거에 투영하려고 하고, 과거와 현재의 연관을 밝히고, 과거에 입각해 현재를 재검토하려고 하지 않았다.

라다크리슈난은 철학이 사변적인 논리여야 하므로 종교적인 성향이 적을수록 가치가 크다고 생각하고, 유럽문명권철학과 견줄 수 있는 인도철학의 대표선수로 산카라를 등장시켰다. 그쪽의 근대철학과 맞서는 최상의 작전이 "모든 것은 하나이다"라고 하는 주장을 재확인하는 데 있다고 보았다. 그래서 철학은 이상의 설정에 지나지 않는다고 하게 되었다. 이상을 설정해서 이상과는 어긋나는 현실을 나무랄 수는 있어도, 이상과 현실의 거리, 이상에 이르는 방법은 철학의 소관사로 삼을 수 없었다.

그보다 더 큰 손실이 있다. 상대방이 일방적으로 정한 규칙을 받아들여 입지가 좁아졌다. 철학은 사변적인 논리만이 아니고 삶의 경험과 다양하고 풍부하게 얽혀 있는 것이 마땅하다고 하는 반론을 제기할 수 없게 만들었다. 유럽문명권에서는 철학을 개념과 논리 위주의 탁상공론으로 삼는 데 맞서서 현실인식과 사상투쟁을 위한 철학을 이룩하고자 하는 노력과 열정을 진정시키는 데 가담했다.

라다크리슈난은 자기 작업의 한계를 알고 책 이름을 『인도철학』이라고 하고 『인도철학사』라고 하지 않았다고 할 수 있다. 그래도 과오를 용서받을 수 있는 것은 아니다. 라다크리슈난처럼 생각하면, 8세기의 산카라에서 11-12세기의 라마누자로 이행하면서 인도철학은 후퇴를 했다고 하지 않을 수 없게 되었다. 인도에 대한 유럽인들의 가장 큰 비난이 일찍이 수준 높은 문명을 이룩한 것은 사실이지만, 그 뒤에 발전이 없었다는 것이다. 이런 비난이 타당하다고 인정하고 새로운 논의를 할 수 없게 만들었다.

산카라에서 라마누자로의 이행은 중세전기철학이 중세후기철학으로 바뀐 세계사적 전환의 하나라고 나는 밝혀 논했다. 라마누자가 신뿐만 아니라 세계 또한 신의 모습을 지니고 실재한다고 한 것은 아랍어문명권에서 가잘리, 한문문명권에서 朱熹, 산스크리트문명권에서 토마스 아퀴나스가 수행한 과업과 기본적인 일치점이 있다.(『철학사와 문학사 둘인가 하나인가』, 서울 : 지식산업사, 2000, 219-365면) 라다크리슈난은 이러한 사실에 대한 인식이 있었던지 의심스럽다.

라다크리슈난은 인도철학에서 발전이 인정되지 않는다고 했다. 라마누자의 사상이 후퇴를 보이고는 사소한 움직임이 더러 있었을 따름이라고 했다. 이 정도의 서술을 막연하게 하지 않고, 「최근 철학의 몰락」(The Decline of Philosophy in the Recent Past)을 결론의 한 대목으로 삼고, 인도철학은 3~4백 년 동안 몰락을 겪어 철학사에 공백이 있다고 명언했다. 유럽은 진보하고 인도는 퇴보했다는 주장을 그대로 받아들여 사실임을 입증했다.

잘못을 시정하려면 라마크리슈난과 비베카난다를 철학사에 등장시키는 것이 선결 과제이다. 이 두 사람이 철학을 되살린 공적에 대한 역사적인 평가를 하려고 하지 않은 잘못을 시정해야 한다. 영국 식민지 시대 이전의 철학을 다루는 데 그치고 근대의 동향은 논외로 해서 그랬다고 할 수 있지만, 철학의 소생에 관한 논의는 하고 철학사 서술을 끝내야 했다.

그렇게 해도 영국 식민지 시대 이전의 철학이 침체하고 몰락했다는 것을 부인하지는 못한다. 중세에서 근대로의 이행기에 철학이 새롭게 창조되어 시대 변화를 이끈 자취가 인도에서는 발견되지 못해 고민이다. 라다크리슈난은 짐작조차 하지 못한 이 문제를 해결해야 인도철학사를 제대로 쓸 수 있다.

아주 막힌 것 같은 길을 열어주는 업적이 있다. 인도의 철학에는 산스크리트철학과 민족어철학 두 계열이 있는데, 그 가운데 한 쪽만 보고 다른 쪽은 무시한 것이 잘못이라고 했다. 오랜 연원이 있으나 특히 17세기 이후, 중원이 아닌 변방에서 크게 성장한 여러 언어의 민족어시를 문학이라고만 여겨 미루어두지 말고, 거기 내포되어 있는 철학을 찾아내 정당하게 평가해야 한다고 했다.(K. Satchidanada Murty, *Philosophy in India*, New Delhi: Montil Banarsidass, 1985)

구체적인 내용이 갖추어지지 않아 보완하는 작업을 내가 시도한 바 있다. 철학사와 문학사는 둘이면서 하나이므로 철학사의 공백을 문학사로 메우는 것이 세계 어느 곳에서도 당연하다는 일반론을 앞세우고 인도의 경우를 고찰했다. 마라티의 투카람(Tukaram, Toukaram)(1598-1649), 텔레구의 베마나(Vemana)(1625년경), 칸나다의 사르바즈나(Sarvajna)(1700년경) 등 여러 시인이 시에서 이룩한 철학을 주목할 만하다고 했다. 그 가운데 투카람의 시를 구체적인 예증으로 들어 민족어시에서 중세에서 근대로의 이행기에 새로운 철학을 창조한 성과를 평가했다.(같은 책, 373-378면)

이러한 작업을 더욱 풍부하고 철저하게 해서 인도철학사를 다시 써야 한다. 라다크리슈난이 한 일은 최초의 시도에 지나지 않으므로 미흡함을 길게 나무라는 것은 적합하지 않다. 최초의 시도가 지나치게 높이 평가되어 새로운 작업을 방해하지 않도록 해야 한다. 비베카난다의 각성을 더욱 소중한 원천으로 삼고 세부적인 사항에 대한 구체적인 논의를 빗나가지 않게 해야 한다.

인도철학사가 따로 있고, 유럽철학사와 경쟁해야 한다고 하는 것도 문제이다. 모든 철학사는 세계철학의 일부이고 서로 보완하는 관계에 있다. 이것은 라다크리슈난의 기본사상이라고 할 수 있는데 스스로 어긴 후유증이 길게 남아 있다. 주장의 일관성을 되찾으면 되는 것은 아니다. 세계 여러 곳의 철학을 널리 탐구하고 성실하게 비교하는 작업을 어느 곳에서든지 힘써 해야 한다.

활동영역 확대

"옥스퍼드대학에 배우러 가는 대신에 가르치러 가게 되었다"는 말을 앞에 소개했다. 옥스퍼드대학 교수가 되어 인도를 떠난 것은 아니다. 인도 대학의 교수와 겸직해서 두 나라를 오가면서 강의했다. 1939년부터 바라나시 힌두대학 총장일 때에도, 독립 후 1949년 러시아 주재 대사일 때에도 일정한 기간 동안 옥스퍼드대학에 가 있었다.

영국에서 식민지의 학자에게 자국 최고 명문대학 교수 자리를 준 것은 대단한 일이다. 인도대학 교수와 겸직해 두 나라를 오가면서 강의할 수 있게 한 것은 더욱 높이 평가해야 할 배려이다. 그런 조건을 인도에서 받아들인 것도 부러운 일이다. 총장이나 대사가 되어 막중한 임무를 수행하는 동안에도 시간을 내서 옥스퍼드로 갔다.

그런 방식으로 근무할 수 있게 허용한 대학이나 정부의 너그러움 덕분에 대학자가 마음껏 활동했다. 인도에서 연구한 바를 영국에 전해 세계에 널리 알리는 데 필요한 최상의 조건을 누렸다. 인도에만 있으면서 국내용 생산을 하는 데 그치는 학자, 영국으로 가서 국제적인 유통에나 종사하는 학자가 각기 지닌 편향성을 넘어서서 생산과 유통을 바람직하게 결합시킬 수 있는 행운을 누렸다.

그러나 모든 좋은 일에는 나쁜 측면이 있다. 라다크리슈난은 영국인의 반응을 고려해, 다른 말로 하면 유통에 대한 배려를 앞세워 인도철학을 연구하고, 동서철학 비교론을 전개했다. 자기 학문의 진정한 수요자가 인도 안에 있다고 여기지는 않았다. 자기 언어로 학문을 하지 않고 모든 것을 영어로 옮겨 말했다. 자기 모국어 텔레구로는 글을 한 줄도 쓰지 않았다. 힌디어를 익혀서 학문의 언어로 삼은 것도 아니다. 인도 전통학문의 본거지인 바라나시 힌두대학 총장 노릇도 영어만 사용하면서 했다.

아들이 쓴 전기에서, 라다크리슈난이 세상을 떠났을 때 라다크리슈난이 영어로 쓴 책을 하나도 읽어보지 못한 사람들까지 모여들어 애통해 했다고 했다. 명성을 듣고 모여든 것이다. 이름이 영국에서 먼저 나서 지나치게 커졌다.

라다크리슈난은 만년이 화려했다. 1939-48년에는 바라나시 힌두대학 총장, 1949-1952년에는 소련 주재 대사, 1952-1962년에는 부통령, 1962-1967년에는 대통령이었다. 최대의 영광을 누렸다고 할 수 있으나 학자의 생애에 적합한가에 관해서는 검토가 필요하다.

라다크리슈난이 그렇게 활약한 이유를 이해하는 데 인도와 중국의 비교가 도움이 된다. 당대의 중국을 대표하는 馮友蘭은 철학사가에 머물었으나 라다크리슈난이 철학사 서술을 새로운 철학 창조의 출발점으로 삼은 것은 스스로 선택한 바가 서로 달랐기 때문이라고 할 수 있다. 그러나 毛澤東이 영도하는 중국에서 풍우란은 조심스럽게 처신해야 했던 것과 다르게, 인도의 수상 네루(Nehru)는 라다크리슈난을 수상 위의 대통령으로 모신 차이점을 개인의 기질로 이해할 수는 없다. 중국에서는 모택동 철학 외에 다른 철학이 필요하지 않아 풍우란은 철학사를 다루는 전문가 노릇을 하는 데 머물러야 했지만, 인도의 네루는 정치를 하는 전문가로나 자처하고, 정치의 차원을 넘어서는 철학의 문제에 관해서는 인도 국민이 라다크리슈난과 상의하는 것이 마땅하다고 했다.

소련 주재 대사가 된 것에 관해서는 별도의 설명이 필요하다. 네루는 중립외교를 표방하고 제3세계의 지도자로 자처하면서 소련과의 관계 개선을 희망했다. 인도가 제국주의의 앞잡이가 아닌지 의심하는 스탈린의 의구심을 풀어주고 인도를 존중하도록 하기 위해서 거물 외교관이 필요하다고 네루는 판단했다. 그 작전은 성공했다. 스탈린은 라다크리슈난을 직접 만나 대등한 위치에서 이야기를 나누었다.

소련에서 무엇을 보고, 그곳 사회를 어떻게 생각했는가? 이 의문에 대답하는 많은 글 가운데 핵심이 될 만한 발언을 하나 들어본다. "러시아가 계급이 없고, 협동적이고, 응집력 있는 사회를 민주적인 원칙에 의해 만들도록 우리가 도울 수 있다"라고 하고, "공산주의를 저주하지 않고 갱생하게 하는 것이 우리 임무이다"라고 했다.("Repply to Critics", Paul Arthur Schilpp ed., 위의 책, 836면) 공산주의 사회로 나아가고자 하는 목표는 긍정하고 방법은 바꾸어야 한다고 했다.

마침 한국전쟁이 발발하자, 라다크리슈난은 쌍방이 휴전하고 화해할 수 있게 하는 방안을 만들어 실현하기 위해 애썼다. 38선 이남으로 내려온 군대가 철수하는 대가로 중화인민공화국이 국제연합 상임이사국의 자리를 차지한다는 것이었다. 그 방안에 대해 미소 양국이 다 관심을 가지다가 거부했다. 그 일을 계기로 라다크리슈난은 국제정치에 대해서도 깊은 관심을 가지고 세계평화를 긴요한 과제로 삼았다. 그러나 학문 전반의 성격이 바뀐 것은 아니었다.

인도의 부통령이나 대통령은 정치적인 실권도 책무도 없다. 국민화합을 위해 힘쓰고 정신적인 지주가 되면 그만이었다. 라다크리슈난이 그 점에서 최적임자였다. 그래서 큰 기여를 했다고 하지만 잃은 것 또한 적지 않다. 학자의 영광은 학문을 죽인다고까지 말할 수 있는 결과를 보여주었다.

네루 수상이 하는 일이 다 옳은 것 같은 느낌을 주는 것이 실제로 한 일이다. 그래서 관여나 토론을 배제하고 막연한 이상주의 쪽으로 더 많이 기울어졌다. 견해차나 대립이 있는 과제는 피해 경향성을 최대한 배제하는 경향성을 보여주었다. 현실 문제는 적극적으로 다루지 않아 죽은 철학을 했다고 할 수 있다.

영광의 이면

비베카난다와 라다크리슈난은 거의 동시대인이었다. 생년은 1863년과 1888년이어서 25년, 몰년은 1902년과 1975년이어서 73년 차이가 난다. 비베카난다는 극도로 불운하고, 라다크리슈난이 대단한 행운을 누린 것이 아주 달랐다. 비베카난다는 생업도 주거도 가족도 없이 지내다가 39세의 젊은 나이에 거의 굶어죽다시피 했다. 라다크리슈난은 교수로 일생을 보내다가 관직에 나아가 대통령까지 되어 널리 존경받다가 87세에 세상을 떠났다.

비베카난다는 식민지 시대 인도의 수난을 온몸으로 감당하고, 라다크리슈난은 독립 인도의 영광을 잘 보여준 점이 서로 달랐다고 하면 일면적인 진단에 지나지 않는다. 비베카난다가 안정된 삶을 거부하고 투쟁으로 일관하는 것을 학문의 자세와 내용으로 삼은 식민지 시대에도 라다크리슈난은 인도와 영국 양쪽의 교수 노릇을 하면서 안정된 조건에서 학문을 했다. 비베카난다가 남긴 단편적인 논설의 범위를 넘어서서 라다크리슈난은 일련의 대저를 이룩한 것이 당연하다.

행운이 불운이고, 불운이 행운이다. 라다크리슈난이 쓴 인도철학사가 널리 알려지고 높이 평가되는 동안에, 비베카난다가 보여준 각성은 사라지고 없다. 누구나 정신세계로 나아갈 수 있게 길을 열어 짓밟힌 사람들의 분발을 촉구한 혁신은 무시되었다. 업적의 외형이 내질과 반대가 되었다. 라다크리슈난이 전개한 동서양의 정신적 우위 비교론은 비베카난다가 제시한 침략에 맞서서 화합으로 투쟁하자는 원리를 따르지 못한다. 학문은 관조의 산물인지 분발의 성과인지 다시 생각하게 한다.

라다크리슈난은 인도의 범위를 넘어서서 제3세계 학자 가운데 가장 성공한 사람이라고 할 수 있다. 식민지 시대에도 고난을 겪지 않고 자국민의 각성을 촉구하는 학문을 순조롭게 이룩한 성과가 가해자의 나라에서도 인정되었다. 밖으로는 국제적인 학자로 평가되고 안으로는 정신적 지도자로 숭앙되어 독립 후에는 대통령이 되기까지 했다. 제1세계나 제2세계에서는 있을 수 없고 제3세계의 학자이기에 가능한 영광을 최대한 누렸다. 누구나 부러워할 만하다.

영광의 이면에 공허함이 있어, 평가에 유보조항을 두어야 한다. 학문 내용에서 현실의 문제를 핍진하게 고찰하지 못하고 이상주의에 치우쳤다. 상극은 배제하고 상생만 찾는 편향성을 지녀 공감을 얻는 데 한계가 있다. 세상의 어려움을 외면하고, 억압받고 고통당하는 사람들을 멀리 하는 사상이 위대하면 얼마나 위대한가. 이런 원론적인 의문이 생기게 한다.

라다크리슈난은 과대평가된 탓에 이런 결함을 스스로 알아차리고 시정할 수 없었다. 과대평가의 폐해가 뒤에도 심각해, 결함 시정의 작업을 후진도 하지 못하게 방해한다. 행운이 불운이다. 불운이 행운일 수 있게 하는 과소평가가 최상의 평가임을 재확인할 수 있다.

토론

❏ 문 : 비베카난다든 라다크리슈난이든 모두 힌두교도인데 왜 다른 주장을 하는가?

❑ 답 : 힌두교는 다양성이 크다. 교리상의 논란에 상이한 철학이 갖추어져 있다. 신이 수만이나 있다고도 하고, 모두 하나인 신의 분신이라고도 하고, 형체가 없는 순수한 있음이라고도 한다. 신과 만물의 관계에 관해서는 심각한 견해차가 있다.

❑ 문 : 라다크리슈난이 대통령이 된 것은 바람직하지 않은가?

❑ 답 : 아니다. 대통령 노릇을 기대한 대로 잘했다. 인도인의 단합, 자부심 고취, 국제적인 위상 향상을 위해 긍정적인 기여를 했다. 그래서 문제가 된다. 학문과 정치 양면의 활동이 합쳐져 평가가 지나치게 높아진 것이 라다크리슈난을 위해서나 인도를 위해서나 바람직한 일이 아니었다.

❑ 문 : 학자가 국정을 담당하는 것을 어떻게 평가해야 하는가?

❑ 답 : 라다크리슈난이 대통령이 된 것은 추대였으므로 선거에서 이기기 위한 노력이 필요하지 않았다. 정치인의 능력을 갖추어 대통령이 된 것은 아니므로, 논의를 일반화할 수 있는 사례가 아니다. 라다크리슈난에 대한 논의를 떠나 제기된 문제를 검토해보자.

학자는 정치인과 상이한 능력을 지녀 선거로 선출되는 국정 담당자가 될 가능성이 거의 없다. 머릿속에 가장 많은 비중을 차지하면서 저장된 것이 학자에게는 연구를 위한 지식이고, 정치인에게는 만난 사람들에 대한 기억이다. 대인관계에서는 낙제급인 학자가 정치인이 될 수 없고, 사람이 하는 일에는 엄격한 논리가 있을 수 없다고 여기는 정치인은 학문을 할 수 없다. 정치인은 평생의 노력을 기울여 만든 잘 만든 인명사전을 이용해 국정의 과제 가운데 학문 연구를 근거로 하는 어떤 사안은 누구에게 물어야 하는지 알면 할 일을 제대로 할 수 있다. 선거를 도와주는 사람들만 인명사전에 등재해 놓고 집권 후에도 줄곧 가까이해서 실패자가 되는 것이 예사이니 안타깝다.

❑ 문 : 선생님의 능력은 어느 쪽인가?

❑ 답 : 사람을 기억하는 능력은 최저 수준이다. 어느 정도인지 말하려면 일화를 들어야 한다. 서울대학교 재직 시에 내 방의 남자 대학원생과 옆에 있는 이상택 교수 방의 여자 대학원생이 세 쌍이나 결혼을 했다. 그런데 나는 청첩장을 들고 와서 주례를 청할 때까지 전혀 모르고 있었다. 온 학과가 다 관심을 가지고 있는 사건에 대해서 나만 전혀 무지했다.

지금은 서울대학교에 재직하고 있는 방민호 교수가 국민대학교에 있을 때 어느 잡지사의 부탁을 받고 인터뷰를 하러 찾아온 적 있다. 내가 "처음 뵙겠습니다"라고 인사 했더니, 화를 내다시피 하면서 "선생님 정말 너무하십니다"라고 했다. 무슨 말인지 이해하지 못해 어리둥절하자, "바로 옆의 박동규 교수 방에서 석・박사를 하면서 아침저녁으로 인사를 드렸습니다"라고 덧붙였다.

나는 사람은 기억하지 못하면서 발표한 논문은 생각나는 경우가 흔하다. 책 읽은 내용이 머리를 온통 차지하고 있어 다른 무엇이 비집고 들어서기 어렵다. 어디든지 자리를 잡기만 하면 아무 준비 없이 즉시 발동이 걸려 공부에 몰두한다. 한참만에 머리를 들어보면 시간이 너무 많이 지나가 놀란다. 학자 노릇을 하라고 운명이 정해져 있어 군말 말고 순종해야 한다.

❑ 문 : 인도를 어떻게 평가하는가?

❑ **답** : 인도는 아주 좋아하는 사람과 아주 싫어하는 사람만 있는 이상한 나라라고 한다. 인도 음식을 즐길 수 있는 사람과 먹을 수 없는 사람이 반대의 평가를 한다고 할 수 있는 것이 농담이면서 진담이다. 나는 인도를 아주 좋아하는 쪽이다. 음식을 즐기고, 문화유산을 보고 감탄하는 것만은 아니다. 인도의 학문과 대학을 높이 평가한다. 수준 높은 연구 업적이 있어 감명을 받고, 실제로 가서 겪어보니 교수나 학생이 진지한 자세를 가지고 열심히 공부하고 있었다. 학문을 이해타산과 직결시키는 풍조가 없었다.

❑ **문** : 실상이 어떤가?

❑ **답** : 네루대학 산스크리트학과 교수를 만나 산스크리트학자는 『마하바라타』를 왼다고 하는데 사실인가 하고 물었더니, "그런 것을 못 외고 어떻게 산스크리트학을 합니까?"라고 반문했다. 상상을 초월한다고 할 만큼 엄청난 노력을 즐거운 마음으로 당연하게 한다는 말이다. 자기 대학에 와서 산스크리트로 강의를 한 미국인 교수가 있었다고 칭찬했다. 인도에서 오래 공부하고 간 결과라고 했다. 인도인 산스크리트교수가 산스크리트로 강의하는 것이야 물론 당연하다는 전제에서 한 말이다.

네루대학 한국어 전공 3학년 학생과 하루 동안 구경을 같이 다니면서 함께 지냈는데, 순수한 마음씨를 간직하고 공부에 전념하는 자세에서 깊은 감명을 받았다. 힌디어, 남인도의 한 언어, 산스크리트, 영어를 비슷한 수준으로 공부하고, 대학에 입학해서는 한국어를 배우고 있다고 했다. 한국어로 대화하는 데 어려움이 없었다. 이따금 틀리게 말하는 것이 있어 고쳐주니 아주 고마워했다. 학비와 생활비를 모두 나라에서 대주어 공부를 방해하는 잡념이 필요하지 않다고 했다. 저녁을 잘 낼

터이니 좋은 식당으로 가자고 하니, 학교 옆 허름한 곳으로 안내했다. 다른 식당은 알지 못하고, 그 곳 음식이 으뜸이라고 했다.

국제학술회의에서 인도인 교수가 인도와 한국 두 나라의 대학교육 비교론을 발표했다. 한국에 와서 공부한 경력이 있는 사람이다. 대학교육의 특성이 인도에서는 꼭짓점이 높고, 한국에서는 밑변이 넓은 것으로 나타나, 각기 약점을 보충해야 한다고 했다. 쉽게 풀이하면 한국에는 대학이 아주 많지만 대학다운 대학은 없다는 말이다. 학자다운 학자도 거의 없다고 덧붙일 수 있다. 대학은 질적 향상을 목표로 한다는 것을 명심해야 한다.

❑ 문 : 인도의 가난을 무시할 수 있는가?

❑ 답 : 인도는 아직 가난하다. 해결하기 어려운 문제가 많은 나라이다. 도로 사정을 보면 너무나도 열악해 말이 나오지 않는다. 다른 분야의 관찰자는 상이한 평가를 할 것이다. 그러나 대학과 학문에서는 따라야 할 모범이다. 식민지시대의 경성제국대학을 이었다는 서울대학교에 상응하는 캘커타대학이나 델리대학, 식민지시대 민족운동의 산물인 민립대학인 바라나시힌두대학, 독립 인도의 포부를 살려 신설한 네루대학이 최상위 명문대학 노릇을 함께 하면서 선의의 경쟁을 벌이고 있어 부럽다. 우리는 민립대학 운동이 실패로 돌아가고, 네루대학에 해당하는 대학은 만들지 못했다.

제14강 무엇을 얻었는가?

최상의 유산

지금까지 열두 학자에 관해 다룬 내용 가운데 길이 기억할 만한 것들이 많다. 최상의 유산을 사람마다 하나씩 들고, 내가 오늘날 생각할 수 있는 바를 조금씩 덧붙이기로 한다. 각기 서로 다른 말을 하는 것 같지만, 모두 합치면 하나가 될 수 있다. 체계화를 바라고 순서를 재조정하지 않아 혼란을 막는다. 완성을 바라지 않는 겸허한 자세를 가진다.

司馬遷은 치욕스러운 형벌을 받고 『史記』를 집필하면서 말했다. "제가 이 책을 정말 완성해 명산에 감추어 두었다가 알 사람에게 알려지고 여러 고을이나 큰 도시에 전해지면 전에 받은 치욕을 보상할 수 있으니, 비록 만 번 피살된다 해도 무슨 후회가 있겠습니까? 그러나 이 말은 슬기로운 사람에게나 할 수 있고, 속된 사람에게는 할 수 없습니다."

원통함을 달래는 최상의 대책은 커다란 업적을 이룩하는 것이어서 發憤著書가 불변의 교훈이다. 저작으로 끝을 삼지 말고 알아줄 사람을 만날 때까지 기다려야 한다. 이 두 말을 듣고 공감할 사람은 드물고

빈정거리기나 할 속물이 흔하니 조심해야 한다. 겸허한 자세를 잃지 말고 몸을 최대한 낮추어야 한다.

元曉는 나라에서 백 명의 고승을 모아 법회를 열 때 참여하지 못했다. 새로운 경전이 나타나 난해한 뜻을 풀이할 사람을 찾을 때에는 서까래에 견준 그 백 명 가운데 감당할 사람이 없어 원효가 나서서 대들보 노릇을 해야 했다. 백 명 고승에 끼이는 것은 서로 인정할 정도로 이름만 나면 된다. 대들보의 임무는 이름이 아닌 능력으로 감당해야 한다. 백 명의 명단은 남아 있지 않아, 한 때의 득세는 허망하다는 것을 말해준다. 원효가 어떤 능력을 발휘했는지는 남긴 저작이 지금도 말해준다. 천 년 이상 빛을 내면서 학문의 길을 밝혀준다.

서까래 노릇이나 하는 백 명 명단에 끼이려고 애쓰지 말고, 대들보 노릇을 하는 학문을 해야 한다. 대들보학문의 저술이라고 해서 썩지 않고 타지 않는 종이를 사용하는 것은 아니다. 옮겨 적고 다시 출판해 시간이 흐를수록 평가가 높아진다. 처음부터 높은 평가를 받겠다는 것은 망상이고 학문을 제대로 하지 않는 증거이다.

가잘리는 교수로서 최고의 명성을 누리고 있을 때 깊은 회의에 빠져 이렇게 말했다. "나는 세속적인 욕망과 영원한 삶을 향하는 이끌림 사이에서 번민했다. 어쨌으면 좋겠는가 하다가 마침내 선택의 여지가 없어졌다. 혀가 말라 강의를 할 수 없었다. 어느 날 고마운 분들에게 감사한다는 말을 하려고 해도 한 마디도 혀에서 나오지 않았다."

'세속적인 욕망'은 인기를 누리는 것이다. 세상에 널리 통용되고 있는 지식을 요령 있게 설명하는 말솜씨를 자랑하면서 부귀에 만족하자는 유혹이다. '영원한 삶을 향한 이끌림'은 궁극적인 진실을 절실한 체험으로 다시 추구해야 한다는 내심의 요구이다. 내심의 요구에 따라 모든 것을 버리고 떠나 새로운 삶을 시작했다. 당대의 지위와 명성을 버려야 천고의 스승이 될 수 있다는 것을 보여주었다.

이븐 칼둔은 신앙이 단일하고 문명권은 하나인 일면과, 여러 곳에서 많은 사람들이 각기 자기네 방식대로 살아가는 실제의 생활은 아주 다양한 다른 일면을 함께 포괄하고 양자의 관련을 밝혔다. 거대한 질서가 형성되고 파괴되며, 문명이 성장하고 쇠퇴하는 원인이 무엇인가 하는 문제를 깊이 다루어, 일관성 있는 해답을 얻으려고 했다. 나타난 현상에 머무르지 않고 근본원리를 찾아내려고 해서 세계사 전체를 이해할 수 있는 보편적인 원리를 마련하는 데까지 나아갔다.

본보기를 보고, 취급하는 영역을 최대한 확대하자. 그 모두를 일관된 체계에 입각해 파악하는 것은 생각하기에 따라 가능하다. 하나는 여럿이고 여럿은 하나이다. 형성된 것은 파괴되고, 파괴되면 다시 형성된다. 표면에 나타난 양상을 살피는 데 그치지 않고 그 내면을 알아내야 한다. 보편적인 의의를 가진 근본원리 정립을 목표로 삼아야 한다. 이처럼 크고 벅찬 일을 일생을 걸고 해야 한다.

王夫之는 말했다. "군자는 비록 커다란 재난을 만나 욕을 당할 수도 있고 죽을 수도 있지만, 도를 탐구하는 것이 자기 본분이다. 죽지 않았으면 하루라도 쉬지 말아야 한다. 자기를 위함이고 타인을 위함이 아니다." "군자는 도는 하나를 으뜸으로 삼아 만행을 통괄하고 천리를 따르므로, 변화가 극도에 이르러도 행하는 바가 순조롭고 마음이 충실하다.

소인의 도는 의로움과 이로움, 도리와 욕망이 서로 다투며, 둘 다 가하다고 하면서 요행히 굽은 것이 온전하기를 바란다. 의로움이라고 하기 부족하고 이로움도 반드시 잃어 마음에 불만이 많다."

군자와 소인은 사람을 차별하기 위해 지어낸 말이 아니다. 스스로 선택하는 길이다. 소인의 득세를 나무라고 군자의 수난을 옹호하는 수준을 넘어서야 둘의 차이를 제대로 안다. 군자는 역경에서 도를 탐구해도 순조롭고 편안하며, 소인이 한껏 욕망을 충족시키고 이로움을 누려도 무리한 짓이니 불안하다. 궁극적인 조화에서 최대의 만족이, 겹겹의 갈등에서 해결하지 못할 불만이 생긴다. 이런 것을 궁리해 탐구하려고만 하지 말고 체득해 실천해야 한다.

스피노자는 생계 대책이 전혀 없는 처지였으면서 대학교수로 초빙되자, 혼자 조용하게 지내도 불필요한 시비에 휘말리니 선망의 대상이 되는 지위를 얻는 것이 두렵다고 했다. "더 좋은 기회를 바라는 것이 아니고, 공개적으로 강의를 하지 않아야 누릴 수 있다고 여기는 평화를 사랑하므로" 초빙에 응할 수 없다고 했다. "공공기관이 재정을 부담해 설립한 대학은 정신을 개발하지 않고 억압하게 되어 있다"고 했다.

생활의 안정, 명성이나 지위를 다 버리고, 간섭을 받지 않으면서 학문을 하는 자유를 가장 소중하게 여겼다. 대학이 정신을 개발하지 않고 억압하는 데 가담하는 것을 수치로 여겼다. 이룬 업적을 발표하려고 하지 않고 알려지는 것을 바라지 않았다. 그래서 허위를 논파하고 권위를 뒤집어엎는 학문을 할 수 있었고, 또한 무사할 수 있었다. 악조건을 견디느라고 생명이 단축되는 형벌을 달게 받으면서 학문을 위한 순교자가 되었다.

安藤昌益은 농민의 처지를 깊이 동정하면서, 선조 대대로 해온 과업을 이어 스스로 농사를 지으려고 했다. 농사법을 바꾸어 농민이 살 수 있게 하려고 애썼으나 마땅한 방도를 찾지 못하고, 처참한 현실을 타개하려면 세상이 온통 달라져야 한다고 판단했다. 사람을 차별하는 기존의 관념을 통렬하게 비판하고 노동을 존중하고 평등을 실현하는 새로운 가치관을 제시하는 커다란 학문을 했다.

하층민의 어려움을 동정하고 고통을 해결하는 데 학자가 기여하는 방안을 셋 생각할 수 있다. 하층민이 되어 함께 싸운다. 하층민의 삶이 나아질 수 있게 하는 기술을 개발한다. 하층민을 차별하는 제도와 가치관을 바로 잡고 새로운 세상을 만들기 위해 분투한다. 첫째의 싸움은 희생만 가져올 수 있다. 둘째의 노력에서 생기는 이익이 하층민에게 돌아갈 것인가 의문이다. 첫째와 둘째는 셋째와 연결되어야 한다. 하층민은 가지지 못한 학자의 능력을 발휘해 셋째 작업에 힘쓰면 역기능은 배제하고 장래에는 큰 도움을 준다.

崔漢綺는 말했다. "옛 사람은 흔히 때를 만나지 못했다고 근심하고 탄식했는데, 근심과 탄식이 심해지면 도리어 학문을 해친다. 또는 흔히 정치가 어지럽다고 분노하고 울분했는데, 분노와 울분이 심해지면 도리어 학문을 해친다. 그런 사람이 좋은 시대에 살고 훌륭한 임금을 만났다면 과연 시대를 초월할 업적을 이룩할 수 있었을까? 마음이 흡족하지 않다고해서 치우치고 굽어지면, 마음에 흡족하면 반드시 함부로 넘칠 것이니 어찌 업적을 이룩할 수 있겠는가? 시대의 움직임이 뜻한 바와 다르면 학문을 갈고 닦을 일이다. 생각한 바와 어긋나는 사물을 만나면 학문을 고치고 바꿀 일이다."

자기 마음을 마음대로 하지 못하니 세상을 마음대로 하려고 하지 말아야 한다. 세상이 바르게 되면 그 때 학문을 하겠다는 것은 전혀 부당하다. 학문을 해도 알아주지 않는다고 한탄하는 것은 학문이 무엇인지 모르고 하는 말이다. 학문은 내심의 욕구 때문에 하고 자기가 즐거워서 한다. 자기 마음을 바르게 하면서 그릇된 세상을 고치려고 학문을 한다. 세상이 그릇되었기 때문에 더욱 분발해야 한다. 세상이 그릇된 것이 학문의 대상이고, 바로잡는 방안이 학문의 내용이다. 지금의 세상만 그릇된 것은 아니고, 바로잡는 방안은 임기응변일 수 없다. 시대의 어려움을 직접적인 동기로 삼아 시대를 초월한 학문을 해야 한다.

에르네스트 르낭은 소외되고 배척받는 브르타뉴 사람이어서 이상주의의 기질을 가지고 남다른 학문을 한다고 했다. "나의 민족, 나의 가족, 나의 고향, 내가 자란 환경이 아주 특별해 나를 부유한 자의 허영 따위는 가지지 않고, 순수한 정신의 발현이 아닌 모든 것에 전혀 적합하지 않도록 했다. 이상주의자로 만들어 다른 일에는 관심을 가지지 않게 했다"고 말했다. 자주성을 잃고 소외된 소수자의 불리한 처지를 비약의 발판으로 삼았다.

나라의 중앙에서 기득권을 누리고 있는 쪽에서 학문의 혁신자가 나올 수 없다. 혁신을 하는 것은 세력을 잃고 배척 받는 쪽의 특권이다. 학문을 하지 않아도 만족스럽게 살 수 있다면 학문에 열정을 쏟을 이유가 없다. 다른 것을 하기에는 부적당하고 오직 학문에 생애를 걸어야 할 사정이라야 순수한 열정을 가지고 탐구의 이상을 실현할 수 있다. 행운이 불운이고, 불운이 행운이다.

비베카난다는 스승을 만나자 이렇게 노래했다. "다시 돌아가자. 마음이여, 고향으로 돌아가자. 이곳 남의 땅에서, 딴 사람의 모습을 하고 목적 없이 헤매야 하는가?"

학문은 고향으로 돌아가는 길이고, 본래의 자기를 찾는 방법이다. 남의 땅에서 딴 사람의 모습을 하고 있는 것이 잘못인 줄 알면 진정한 탐구의 길로 들어설 수 있다. 남의 땅을 비옥하게 보이려고, 딴 사람의 모습을 아름답게 꾸미려고 하는 헛된 노력을 거두고 마땅히 해야 할 일을 해야 한다.

마르크 블로크는 말했다. "역사가는 자유로운 사람일 수 있는 자격이 없다. 과거에 관해, 과거가 허락해주는 것만 알 따름이다. 포괄하려는 자료가 너무 방대해 모든 증언을 자기 힘으로 면밀하게 조사하는 것이 불가능하게 될 때마다 탐구 자체든 연구의 단계에서든 한계가 있다는 것을 줄곧 느낀다. 그렇다. 박식한 논객의 붓으로 연출하는 투쟁의 광경을 역사가에게서는 한 번도 기대할 수 없다. 그 경우와는 반대로, 나는 우리 학문의 인식이 지닌 결함과 불확실성을, 어떻게 해서 생겼든 감출 수 없는 처지이다."

연구에는 한계가 있다. 완벽한 연구는 있을 수 없다. 가능한 범위 안에서 최선을 다하는 것으로 만족해야 한다. 무엇이든지 다 알고 말하려고 하는 박식가와, 결함이나 불확실성을 피할 수 없다고 인정하는 학자는 다르다.

라다크리슈난은 난관이 겹쳐도 일이 잘 풀리고, 생애나 학문에서 예상하거나 기대한 이상의 진전이 이룩되었다. 그 점에 관해 스스로 전기에서는 "자기 생애는 자기 힘이 아닌 다른 힘, 자연, 운명, 섭리, 신 등 어떻게 불러도 좋을 무엇에 의해 이루어졌다고 확신했다"고 말했다. 그것은 불가사의한 일이 아니다. 지나친 기대나 욕심을 가지지 않고 겸허한 자세로 성실하게 노력하니 모든 것이 잘 되었다고 보는 것이 마땅하다.

투쟁하는 자세로 격렬하게 노력하는 것이 능사가 아니다. 물러서야 나아갈 수 있다. 겸허한 자세로 성실하게 노력하면 난관에 부딪히지 않는다. 숨어 있던 진실이 나타나고, 미처 모르던 의미가 발견된다.

생애와 학문

비베카난다는 39세, 스피노자는 45세밖에 살지 못해 아주 단명했다. 비베카난다는 가족도 생계 대책도 없이 지내면서 정신적 투쟁으로 일관한 순교자이다. 스피노자 또한 가족도 생계 대책도 없었으나, 투쟁을 피하고 순교자이기를 바라지 않고 학문에만 몰두하다가 건강을 잃고 일찍 작고했다.

가잘리는 53세, 마르크 블로크는 58세에 세상을 떠나 단명한 편이었다. 둘 다 가족이 있고, 생계도 보장되어 있었으나 스스로 버렸다. 가잘리는 방랑의 길을 떠나 고난을 겪으면서 새로운 각성을 얻고자 했다. 마르크 블로크는 학문을 중단하고 억압에 항거하려고 나섰다가 처형되었다.

安藤昌益은 59세, 이븐 칼둔은 63세, 司馬遷은 68세, 元曉와 에르네스트 르낭은 69세까지 살아 어느 정도의 수명을 누렸다고 할 수 있다. 어려운 조건에서 살아가면서 시련을 겪었으나 좌절하지 않고 이겨내 학문에 필요한 시간을 확보했다. 사마천은 엄청난 수모를 견디면서 분발했다. 르낭은 지병의 고통을 참고 견디었다.

王夫之는 73세, 崔漢綺는 74세, 라다크리슈난은 87세에 이르도록 장수했다. 그러면서 삶의 실상은 서로 달랐다. 왕부지는 위험을 피해 숨어 지냈다. 최한기는 세상에 알려지지 않아 시련을 피할 수 있었다. 라다크리슈난은 높이 평가되어 과분하다고 할 만한 영광을 누렸다.

수명과 학문의 성취는 어떤 관계가 있는가? 단명은 어느 모로 보아도 불행이며, 해야 할 일을 미완으로 남기게 마련이어서 안타깝다. 그러나 비베카난다와 스피노자는 계속 높이 평가되는 획기적인 업적을 일찍 이룩했다. 가잘리와 마르크 블로크는 비교적 단명한 공통점이 있으나, 작업의 완성도가 많이 다르다. 가잘리는 할 일을 다했다고 하겠으며, 마르크 블로크의 연구는 중단되었다. 안등창익 · 이븐 칼둔 · 사마천 · 원효 · 르낭은 학문에 필요한 시간을 확보할 만큼 수명을 누렸다. 왕부지 · 최한기 · 라다크리슈난처럼 장수한 사람들은 많은 작업을 하고 논의를 자세하게 전개할 수 있어서 다행이지만, 시간에 비례하는 질적 발전을 이룩한 것은 아니다.

열두 학자를 생업과 학문의 관계에 따라서 세 유형으로 나눌 수 있다. (가)는 학문을 생업으로 한 쪽이다. (나)는 학문을 생업으로 하는 데서 벗어나려고 한 쪽이다. (다)는 학문이 생업이 아닌 쪽이다. 학문을 생업으로 하면 안정을 얻는 대신에 구속된다. 자유로운 처지에서 학문을 하면 생계가 어렵다.

(가)	(나)	(다)
司馬遷		
元曉		
	가잘리	
이븐 칼둔		
		王夫之
		스피노자
		安藤昌益
		崔漢綺
	에르네스트 르낭	
	비베카난다	
마르크 블로크		
라다크리슈난		

이 도표를 보면, 처음과 나중은 (가)이고, 중간에 (다)가 있으며, (나)는 처음과 중간, 중간과 나중 사이에 있다. 처음에는 학문을 생업으로 하다가, 중간에는 생업이 아닌 학문을 하는 학자들이 있었다. 나중에는 다시 학문을 생업으로 하는 것이 오늘날의 상황이다.

(다)라고 분류한, 생업이 아닌 학문을 하는 학자들이 중간에 있었다고 한 것은 중세에서 근대로의 이행기의 상황이다. 중세를 거부하고 근대를 이룩하고자 하는 투쟁을 생업일 수 없는 학문을 어렵게 하면서 전개한 자취가 찬탄과 존경을 불러일으킨다. 오늘날은 학문을 하는 사람들이 교수여서 고난과 함께 혁신이 줄어들었다.

근대 학문을 하는 방식은 유럽문명권에서 마련했으며 동아시아를 비롯한 다른 곳들은 수용자에 지나지 않아 뒤떨어져 있다. 그렇지만 (다)에서는 동아시아가 유럽보다 못하지 않으며 더욱 자랑스럽다고 할 수 있다. 자기 유산의 인식과 계승이 주체성과 창조력을 확보하기 위해 필수적인 과제가 된다. 근대 학문을 넘어서려면 중세에서 근대로의 이행기 학문을 이어받아야 한다.

(가)에 속하는 학자들은 학문을 생업이어서 주어진 의무를 수행했다. 다른 사람들은 같은 의무를 맡았으나 관습에 따라 대강 하는 일을 특별한 사명과 정열을 가지고 별나게 했다. 의무를 충실하게 하는지 반문하는 데 그치지 않고 의무 수행을 통해서 더 큰 것을 추구했다. 사람의 도리를 제대로 하는지 반성하고 최선을 다하고자 했다.

이 쪽에 속하는 사람들은 둘로 나누어진다. 사마천은 국가의 관직, 원효는 승려의 직분, 이븐 칼둔 또한 국가의 관직을 맡았다. 학문과는 거리가 있는 임무를 맡고 학문의 본론을 개척했다. 마르크 블로크나 라다크리슈난은 대학의 교수였다. 가르치는 임무를 남다른 연구를 해서 감당했다. 학문이 교육에 매몰되지 않게 했다.

(나)로 분류한 사람들은 (가)와 (다)의 중간이다. 주어진 임무를 수행하면서 학문을 하는 점에서는 (가)와 같은데, 임무 수행이 구속이라고 여기고 벗어나려고 했다. 벗어나야 진정한 학문을 할 수 있다고 해서 고난의 길을 택했다. 주어진 임무는 대학에서 봉직하는 것이다. 대학에서 가르치면서 학문을 할 수 없다고 여기고, 연구를 택했다. 가르치는 것은 기존의 지식을 전수하는 데 그치므로, 새로운 진실의 자유로운 탐구인 학문을 택했다. (가)의 자리를 버리고 (다)로 향했다. 가잘리와 에르네스트 르낭은 교수 자리를 버렸다. 비베카난다는 성직자이면서

고정된 임무를 넘어섰다.

(다)에 속하는 사람들은 임무를 맡지 않고 자유로운 처지에서 하고 싶은 학문을 했다. 학문이 생업과 전혀 관련이 없었다. 학문을 하는 데 시간을 빼앗겨 생업에 종사하지 못하는 어려움을 겪었다. 학문에서 추구하는 바가 당시의 규범과 어긋나 박해가 닥칠 수 있는 위험을 감수했다. 갖가지 고난을 겪으면서 학문을 위한 순교자가 되었다. 王夫之·스피노자·安藤昌益·崔漢綺가 모두 그렇다고 할 수 있다. 시대나 나라가 달라도 시련을 견디며 학문하는 자세를 함께 보여주었다.

차이점을 말하느라고 공통점을 잊지 말아야 한다. 세 경우 처지가 달라 서로 다른 학문을 한 것은 아니다. 학문을 하는 자세에 기본적인 공통점이 있었다. 길게 이어질 수 있는 논의를 간추려 말해보자.

(1) 관습의 거부 : 일상생활에 매몰되기를 거부한다. 주어진 방식을 따르지 않는다. 별난 성격이어서 예사롭지 않게 살아간다.

(2) 독자적인 결단 : 자기 삶의 주인이 된다. 집단에 매몰되지 않는다. 누가 무어라고 해도 자기가 판단하고, 판단한 대로 행동한다. 누가 알아주는 데 개의하지 않고, 전에 없던 것을 만들어내는 비약을 성취한다.

(3) 진실의 발견과 입증 : 자료를 원료로, 논리를 도구로, 결론을 생산물로 한다. 원료를 찾아내고, 도구를 개발해, 전에 없던 생산물을 내놓아 세상을 놀라게 한다. 처음에는 거부 반응을 보이던 사람들이 차차 이해하고 동조하고 칭송하기까지 하게 한다. 유용성이 당대의 검증으로 끝나지 않고 후대에 더욱 확대되게 한다.

위의 두 조항에서는 학자가 예술가와 같다. 예술가와 학자는 창조 작업을 스스로 한다. 세 번째 것은 예술가와 다른 학자의 길이다. 예술과 학문은 방법이 다르다.

학문하는 동력

학문을 왜 하는가? 즐겁기 때문이다. 학문을 고행으로 하는 것은 아니다. 고난을 견디고 시련을 이겨낸 것은 학문의 즐거움을 추진 동력으로 삼은 덕분이다.

학문의 즐거움은 미리 알 수 없다. 전해 들어서는 소용이 없다. 스스로 학문을 하면서 깊이 들어가야 체험하는 즐거움이다. 깊이 들어갈수록 더 커지는 즐거움이다. 지금까지의 논의에서 고난이나 시련은 자주 들고 즐거움은 제대로 알리지 못했으므로 한 데 모아 강조한다.

학문의 즐거움이 다른 사람이 보기에는 괴로움 같다. 미친 짓처럼 보일 수도 있다. 학문을 함께 하지 않는 다른 사람들은 이 즐거움에 동참할 수 없으나, 즐거워서 얻은 결과 때문에 혜택을 얻을 수는 있다. 일반인에게 직접 전달되는 결과도 있지만, 몇 단계를 거쳐 간접적으로 전달되는 것이 예사이다. 응용이나 적용이 간접적인 전달의 과정이다.

학문의 즐거움을 다른 사람들에게 알려 이해를 구하는 것은 아주 어렵다. 배우자나 가족이 이해를 더 잘 할 수 있는 것은 아니다. 연구의 결과가 평가되는 것으로 이해를 대신하는 것은 이해가 아니다. 학자는 고독할 수밖에 없다. 고독해도 즐겁기만 하므로 학문을 한다.

교육과 연구는 겹치면서 어긋난다. 가르쳐야 탐구가 촉진되고 검증된다. 배우는 학생들이 최상의 공동연구자이고 토론자이고 이해자이다. 그러나 가르치는 일이 부담이 되면 연구는 방해를 받는다. 학생들을 학문의 길로 인도하는 것은 너무 힘들고 성취가 보장되지 않는다. 교육은 연구와 겹치기는 하지만 많이 다르다는 것을 거듭 깨닫는다.

예전에는 가르치지 않고 학문을 할 수 있었다. 그 대신에 나라에 매이거나 종교 교단을 위해 봉사해야 했다. 나라에 매여서도 자기 학문을 하고, 교단의 성직자이면서 교리를 넘어서는 모험을 하면서 학문을 했다. 어디에도 매이지 않은 자유로운 학자가 되는 것은 가능하지 않았다. 생계를 해결하고 학문하는 데 필요한 지원을 얻기 위해 선택하는 방식 가운데 교수 노릇을 하는 것이 최상이라고 할 수 있다.

교수가 다 같은 것은 아니다. 자유와 재량권을 가진 교수라야 학문을 마음대로 할 수 있다. 대학을 개혁하고 강의를 새롭게 하기 위해 계속 노력해야 한다. 학문의 정책과 제도가 달라져야 하는 이유를 밝히고 구체적인 방안을 제시하는 노력을 피할 수 없다.

모든 제도는 오래 지속되면 기득권이 생겨 창조를 방해한다. 자기가 연구하는 방식 또한 그렇다. 새로운 모색과 시험에서 창조가 가능하다. 창조는 기존의 권위에 대해 항거하고, 불변의 것을 변화시키는 모험을 하고, 형체가 없는 것이 형체가 있게 하는 실험에서 이루어진다.

학문의 즐거움 이외의 다른 목적이 있으면 학문이 망쳐지고 즐거움이 사라진다. 평가나 명예를 목표로 하면 학문이 죽어 평가나 명예가 헛것이 되고 만다. 사기꾼이 되고 만다. 과소평가되거나 오해되는 것이 당연하다. 정당한 평가는 없다. 과소평가가 시정되면 과대평가가 된다. 오해가 시정되면 새로운 탐구의 가치가 대부분 소멸된다.

판에 박힌 견해를 잘 풀어내 인기를 얻고 명성을 얻는 것이 얼마나 허망한가. 자랑스럽게 여기던 지식이 진실과 얼마나 거리가 먼지 절실하게 깨닫고 모든 것을 버리고 다시 출발한 가잘리의 결단이 커다란 깨우침을 준다. 그대로 머물러 있는 채 학문을 하면서도 이런 정신을 가지고 같은 결단을 계속 내려야 한다.

일반이 제기한 문제, 시대의 고민을 자기 발견의 과정에서 받아들여 해결한다. 안에서 밖으로 나아가야 하고, 밖에서 안으로 들어올 수는 없다. 난마와 같이 얽힌 데서 길을 찾아 불분명한 데서 분명한 데로, 단순한 데서 복잡한 데로, 낮은 데서 높은 데로 나아가는 총체적인 작업에서 많은 일을 한꺼번에 한다.

학자는 많이 아는 사람인가? 아니다. 학자는 박식가가 아니다. 박식가는 많이 안다고 자랑한다. 학자는 모르는 것이 너무 많아 불만이다. 또한 남들이 하는 말을 믿을 수 없어 자기 나름대로 의문이 많아 알고 싶어 하면 학자일 수 있다. 알고 싶어 하는 것을 아는 방법을 발견해야 학자가 된다.

박식가는 학문의 즐거움을 알지 못한다. 남보다 더 안다고 자랑하는 것이 학문의 즐거움이라고 착각한다. 학자라야 학문의 즐거움을 알 수 있다. 공부하는 데 학문의 즐거움이 있는 것은 아니다. 공부해 지식을 얻으면 박식가가 되기나 한다. 공부와는 다른 연구를 통해 의문을 풀어 알고 싶은 것을 알 수 있게 되어야 학문의 즐거움을 누린다. 아직 학자가 되지 않았어도 학자의 길에 들어서면 학문의 즐거움을 누리기 시작한다.

박식가는 많이 알기 때문에 더 알려고 하지 않는다. 더 안다고 해도 이미 알고 있는 것에 보탤 따름이다. 알고 있는 것을 모두 의심하거나 안다는 것의 근거가 무엇인지 따지지 않는다. 지식은 불변이라고 믿는다. 학자는 근본을 재론하면서 알고 있는 것을 뒤집고 다시 찾아낸다. 시대가 달라지면 무엇이든지 재론이 필요하고 역사의 움직임과 함께 나아가면서 진실을 다시 찾아낸다. 학문의 역사를 혁신하고자 하고 자기 학문에서도 새로운 역사가 거듭 시작되어야 한다고 한다.

근본을 재검토하는 역사의식은 통찰력의 산물이다. 누구든지 근본에 관심을 가지고 역사의식을 지니고자 한다. 그러나 이 둘이 하나일 수 있는 것을 알아내고, 하나일 수 있는 것이 하나이게 하는 임무를 자기가 지니고 있다고 깨달아야 탁월한 학자가 된다. 커다란 깨달음을 그 자체로 메고 다니면 도사일 수는 있어도 학자는 아니다. 커다란 깨달음을 바로 드러내지 않고 작게 보이는 문제에 대한 자세한 검토에서 구체화해야 학문 연구를 실제로 한다.

탁월한 학자라야 학자인 것은 아니다. 범속한 학자도 학자이다. 박식가로 행세하려고 하지 않고 의심스러운 것이 있어 풀고자 하면 범속한 학자가 되어 작은 문제를 다루어 특정 영역에서 그 나름대로 기여할 수 있다. 학문하는 즐거움을 어느 정도는 누린다. 범속한 학자라도 학문으로 생업을 삼을 자격이 있으며, 명예를 누려 마땅하고 학문의 역사에 이름을 올리는 것이 당연하다. 탁월한 학자는 학문의 정도를 가지 않는다는 비난을 듣고 밀려날 수 있다.

범속한 학자라도 각기 그 나름대로 필요하므로 많이 있어야 한다. 탁월한 학자는 기여하는 바가 더 크다. 구체적인 연구를 범속한 학자들과 함께 진행하면서 분야의 한계를 넘어서서 일반화되는 논의를 전개하고, 궁극적인 의문을 해결하려고 한다. 탁월한 학자는 얼마나 많은가가 아닌 있는가가 문제이다. 있어도 알려지지 않고 묻힐 수 있다. 저술마저 전하지 않아 얻은 것이 무효가 될 수 있다.

탁월한 학자는 생애가 평탄하지 않다. 문제아, 이단자, 반역자, 순교자 등이라고 말할 수 있는 방식으로 살아간다. 종교의 교조와 견줄 수 있는 큰 과업을 이룩하지만, 자기 자신을 낮추고 숭앙되기를 거부한다. 성자와 같은 위치에 서면서, 신비의 장막에 쌓이지 않고 검증과 비판의 대상이 된다. 모자라고 틀리고 잘못 나가 학문을 새롭게 하지 않을 수 없게 하는 본보기를 보여주는 것을 으뜸가는 가치로 삼는다.

마치는 말

지금까지 해온 작업을 되돌아보면 많이 노력했으나 미흡하다. 준비를 제대로 하고 반평생은 해야 할 일을, 몇 해 동안 감당할 수 있는 범위 안에서 진행했다. 독자가 지나친 기대를 하다가 실망하지 말고, 나의 능력과 관련된 한정된 의의만 가진다고 인정하기 바란다. 불만이 있으면 자기 자신에게로 돌려 더 나은 작업을 하는 것이 마땅하다.

학자의 삶에 대한 강의가 많은 곳에서 개설되어 여러 사람이 맡는 것이 바람직하다. 대학이 학문의 전당이라는 간판을 내리지는 않았으므로 학문론을 반드시 가르쳐야 하고, 학문론에서 학자의 삶에 대한 고찰이 긴요한 부분이어야 한다. 내가 한 작업이 자극이 되고 참고가 되어 세상이 달라지기를 감히 바란다.

학문론은 논의를 잘 하면 되는 것은 아니다. 학문을 하는 실제 작업에서 학문론이 생동하는 내용을 갖춘다. 학문론이 미흡한 것은 어쩔 수 없다. 더구나 남들의 학문에 대한 논의에서 내 견해를 도출하는 작업은 노력한 만큼 성과가 클 수 없다. 학문론이 수입학에 머무르고 창조학으로 나아가지 못한다면 실망스럽게 된다.

학문론에서 학문으로 관심을 돌려 다시 반성해보자. 학문론보다 학문이 더욱 소중하다. 내가 해온 학문은 어느 정도이며 어떤 의의가 있는가? 이에 대한 검토가 마지막 순서로 하는 다음 강의의 과제이다.

토론

❑ **문** : 지금까지 논의한 열두 학자는 생애가 아주 다른데 탁월한 학문을 할 수 있었던 비결에 공통점이 있는가?

❑ **답** : 질문 덕분에 가장 요긴한 마무리를 할 수 있게 되어 감사하다. 탁월한 학자는 생애가 평탄하지 않다고 했다. 생애가 평탄하지 않으면 탁월한 학자가 될 수 있는 것은 아니다. 평탄하지 않게 살아가면서 세상에 대한 커다란 불만을 학문으로 해결하려면 흔들리지 않는 진지를 구축해야 한다. 마음을 편안하게 하고 주의를 집중하는 것이 진지 구축이다. 필요한 조건을 슬기롭게 마련한 경우는 물론이고, 생명이 위태로울 만큼 불우한 처지라도 편안과 집중을 비결로 삼아 근본적인 문제에 대한 차원 높은 해답을 찾았다. 불안한 마음으로 주변을 기웃거리면서 당장의 평가를 기대하고 하는 학문은 이루었다고 자랑하는 것들이 아무리 많아도 너절하다. 元曉에 관한 일화를 들어 말하면, 백 개의 서까래에 끼면 대성공이고 대들보 감일 수는 없다.

❑ **문** : 학문은 독백이 아니고 대화와 토론이라는 말을 거듭 들었다. 일생을 고독하게 살고 제자라고는 없었던 분들은 어떤가? 예외를 인정해야 하는가?

❑ **답** : 어떤 경우라도 사람은 혼자 살지 않는다. 학문을 함께 하는 동지나 제자가 없어도 농사짓고, 장사하고, 물건 만드는 사람들이 나날이 살아가면서 제기하는 절실한 의문을 풀어주려고 하다가 생각이 크게 트였을 수 있다. 安藤昌益은 농민들을 상대로 강학을 한 것으로 알려져 있다. 농민들이 安藤昌益에게서 배운 것보다 安藤昌益이 농민들에게서 배운 것이 더 많았으리라고 생각한다.

나도 같은 경험을 자주 한다. 학문의 길에 아직 들어서지 않은 신입생이나 학문 밖의 논평자들이 감당하기 어려운 질문을 해서 헛된 자부심을 무너뜨린다. 다음 학기 강의에서 다루려고 내 책에 관한 서평을 모으다가 놀라운 사실을 발견했다. 전공학자들의 공식서평은 예상할 수 있는 내용인 것과 달리 아무나 써서 인터넷에 올린 감상문에 생동감으로 충격을 주는 것들이 있어 깨우침을 얻게 한다.

❑ **문** : 다음 학기 강의로 5년 10학기 동안의 강의가 끝나는 것으로 안다. 그 뒤에는 무엇을 할 작정인가?

❑ **답** : 65세에 정년퇴임을 하고 시작한 지금의 강의는 일관된 계획을 가지고 계속 앞으로 나가는 논의를, 학술논문 작법을 무시하고 자유롭게 글을 써서 전개하면서, 토론에 힘입어 발전시켰으므로 전에 하던 것과 다르다. 70세가 되어 다시 퇴임하면, 일관된 계획은 세우지 않고 요청이 있으면 응하면서, 글은 쓰지 않고 토론을 본론으로 삼는 것이 어떨까 하고 생각하고 있다.

❑ **문** : 글을 자유롭게 쓰는 것마저 왜 그만두려고 하는가?

❑ **답** : 학술논문 작법을 지키면 수속이 복잡해 할 말을 하지 못하므로, 정년퇴임과 더불어 업적 평가가 필요하지 않게 되자 벗어났다. 그 덕분에 미완성이나 착상 단계인 것들까지 들어 많은 논의를 전개할 수 있었다. 덮어두면 병이 날 것들이다. 기존연구를 검토하고 고증을 철저하게 해서 논문을 완성하는 것은 까마득한 일이고, 그래 보았자 내 생각은 말하기 어려우니 끔찍하다. 절차나 규칙을 무시하고 이치 따지기를 천진난만하게 하고나니 기쁘다. 문예창작과가 있어 작품을 쓰듯이 철학창작과나 학문창작과도 있으면 할 만한 일을 시험 삼아 해보았다고 자부하고 싶다. 문예창작은 혼자 해도 되지만, 학문창작은 토론을 필수로 한다. 글을 자유롭게 쓰는 번거로움마저 떨쳐버리고, 원하는 사람들과 토론창작이나 함께 하면서 지은 것이 있으면 상대방

이 거두게 하고 싶다.

❏ **문** : 비베카난다의 스승 라마크리슈나가 一字無識의 정신을 가지고 글은 한 줄도 쓰지 않고 제자들 질문에 대답하기만 한 것을 다시 하려는가?

❏ **답** : 어찌 감히 바랄 수 있겠는가? 사실은 눈이 아파 책을 읽기 어렵고 교정 보는 것이 더욱 힘들어 편안한 방법을 찾고자 하는 속셈을 고백하고, 잘못 전해져 과대평가되는 것을 경계한다.

저자 조 동 일

1939년생. 경북 영양군 출신.

1962년 서울대학교 불어불문학과, 1966년 서울대학교 국어국문학과를 졸업했다. 1976년 서울대학교 국어국문학과에서 문학박사 학위를 받았다. 계명대학교, 영남대학교, 한국학대학원, 서울대학교 교수를 역임하고, 2004년 9월부터 계명대학교 석좌교수로 재직 중이며, 대한민국 학술원 회원이다.

주요 저서로 『서사민요연구』, 『한국문학통사』(전6권), 『우리 학문의 길』, 『인문학문의 사명』, 『소설의 사회사 비교론』(전3권) 등이 있다.

홈페이지 : http://chodongil.x-y.net

세계 · 지방화시대의 한국학 9

학자의 생애

인쇄 | 2009년 2월 23일
발행 | 2009년 2월 27일

저　자 | 조동일
펴낸이 | 신일희
펴낸곳 | 계명대학교출판부
대구시 달서구 달구벌대로 2800
전화 053-580-6233
팩스 053-583-5213
등록 | 1970. 9. 1. (신고번호 제347-1998-1호)

ISBN 978-89-7585-456-9 93810

값 20,000원